21世纪全国高等院校财经管理系列实用规划教材

CROSS-CULTURAL MANAGEMENT

跨文化管理

（第2版）

主　编◎晏　雄
副主编◎李永康

北京大学出版社
PEKING UNIVERSITY PRESS

内 容 简 介

本书以通俗浅显的语言生动地描述了跨文化管理的理论与方法,全书包括7章,第1章导论,介绍了跨文化管理学的产生以及特点;第2章介绍了文化–跨文化与跨文化管理;第3章介绍了跨文化管理的基本理论;第4章介绍了跨文化沟通与谈判;第5章介绍了跨文化团队建设;第6章介绍了跨文化管理的方法与实践;第7章介绍了中国企业实施跨文化管理的对策分析。全书贯穿丰富有趣的案例进一步阐释这些理论和方法,增强了教材的可读性。每章前均有教学目标与教学要求,便于读者掌握学习重点;各章的章首有导入案例和点评,让读者带着问题进入学习,从而加深对内容的理解;各章末有小结和复习思考题,便于读者加深对本章重点问题的理解。

本书既适合高等院校本科生、研究生的跨文化管理教学,也适合外事工作人员、跨国公司管理人员作为学习参考用书。

图书在版编目(CIP)数据

跨文化管理 / 晏雄主编. —2版. —北京:北京大学出版社,2016.8
(21世纪全国高等院校财经管理系列实用规划教材)
ISBN 978-7-301-27279-4

Ⅰ. ①跨… Ⅱ. ①晏… Ⅲ. ①企业文化—跨文化管理—高等学校—教材 Ⅳ. ①F270

中国版本图书馆CIP数据核字(2016)第165784号

书　　名	跨文化管理(第2版)
	KUAWENHUA GUANLI
著作责任者	晏　雄　主编
策划编辑	李　虎
责任编辑	李瑞芳
标准书号	ISBN 978-7-301-27279-4
出版发行	北京大学出版社
地　　址	北京市海淀区成府路205号　100871
网　　址	http://www.pup.cn　　新浪微博:@北京大学出版社
电子信箱	pup_6@163.com
电　　话	邮购部 62752015　　发行部 62750672　　编辑部 62750667
印刷者	北京鑫海金澳胶印有限公司
经销者	新华书店
	787毫米×1092毫米　　16开本　　18印张　　426千字
	2012年2月第1版
	2016年8月第2版　　2020年7月第4次印刷
定　　价	42.00元

未经许可,不得以任何方式复制或抄袭本书之部分或全部内容。
版权所有,侵权必究
举报电话:010-62752024　电子信箱:fd@pup.pku.edu.cn
图书如有印装质量问题,请与出版部联系,电话:010-62756370

第 2 版前言

应读者的要求,我们在第 1 版的基础上,对本书进行了修改和增补,强化了本书的实用性、可读性、新颖性,使全书内容更加完善,质量进一步提高,希望得到广大读者的认可:

(1) 对全书文字表述进行了完善,力求使语言表达更准确、更科学。尤其对一些错别字进行了纠正。

(2) 对全书前后重复之处,做了相应的删改,使全书逻辑更加严密,内容更加精练。

(3) 更换了最新的数据,使本书更具有时效性和实用性。例如,表 7-1~表 7-3 均增加了 2011—2015 年的数据;7.1 节增加了"之后逐年增加,2014 年年底达到 38 430.18 亿美元"等内容。

(4) 增补了一些案例,使内容更加与时俱进,更具有可读性。

本书编写分工如下:晏雄负责编写第 1、2、5 章,并总纂全书;甘开鹏负责编写第 3 章;李永康负责编写第 4、6、7 章。本书的修订得到了北京大学出版社编辑的大力支持和帮助,在此表示感谢。

由于作者的理论水平和实践经验有限,本书必然存在着不足,敬请广大读者批评指正。

晏 雄

2015 年 10 月于云南财经大学逸夫楼

前　言

所谓跨文化管理，又称交叉文化管理，是指涉及不同文化背景的人、物、事的管理。跨文化管理作为一个全新的概念，20 世纪 70 年代开始在美国形成和发展起来，并随着跨国经营活动在全球范围内飞速发展。

在当前国内竞争国际化，国际竞争国内化的趋势下，跨国经营日渐成为企业求生存、求发展的必然选择。戴维·A. 利克斯曾指出："大凡跨国企业大的失败，几乎都是仅仅因为忽视了文化差异——基本的或微妙的理解所招致的结果。"因此，如何有效地进行跨文化管理成为跨国企业跨国经营必须首先解决的现实课题。基于此，我们编写了这本教材，以期培养普通高等院校学生的文化敏感性和在跨文化环境下的沟通能力、交际能力和跨文化管理能力，为跨国公司输送具有国际视野的跨文化管理人才。本书共分七章，具体内容如下：

第 1 章，主要介绍学习跨文化管理的目的和意义，认识跨文化管理作为一门学科的内容和特点、形成过程和研究方法。

第 2 章，主要分析文化、跨文化和跨文化管理三者之间的内在关系及文化与管理的关系；不同文化形成的文化生态和文化圈的特点；跨文化产生的原因和跨文化差异的正、负效应。

第 3 章，主要介绍西方跨文化管理的 4 个经典理论的内容，并进行简要阐述。

第 4 章，主要分析了跨文化沟通的模型、类别和技巧，跨文化谈判的方法和不同国家、不同文化人们的谈判风格、谈判方式上的差异，并介绍了部分国家人们的谈判特点。

第 5 章，在跨文化经营过程中，越来越多的跨文化团队出现在我们的身边，如何发挥团队优势，打造跨文化团队，正是该章的主要内容。

第 6 章，主要介绍了开展跨文化管理的几种方法，如共同文化管理、渐进式文化整合模式等，并分别选取了几个跨文化管理成功与失败的案例进行分析。

第 7 章，针对中国企业跨国并购的数量越来越多，而成功率越来越低的现实，为中国企业成功实施跨文化管理提出了建议和对策。

全书由晏雄设计框架和统稿，各章节撰稿人分工如下：晏雄编写第 1 章、第 2 章；甘开鹏编写第 3 章；李永康编写第 4 章、第 6 章、第 7 章；杨广灿编写第 5 章。

本书在编写过程中，参阅了大量文献资料，谨向有关作者表示由衷的谢意！由于编者的能力有限，本书还存在许多不足和错误之处，敬请各位专家和读者批评指正！

晏　雄

2011 年 7 月 18 日

目 录

第1章 导论 ·· 1
  1.1 学习跨文化管理的原因 ·············· 2
    1.1.1 文化挑战及文化冲突无处不在 ························ 2
    1.1.2 人类已进入文化时代，文化力彰显魅力 ············ 3
    1.1.3 全球经济一体化挑战企业管理 ························ 7
  1.2 跨文化管理学的产生 ·················· 8
    1.2.1 跨文化管理活动的历史溯源 ···························· 8
    1.2.2 跨文化管理学的产生 ······ 10
  1.3 跨文化管理学的特点 ················ 12
    1.3.1 文化界域的复杂性 ·········· 13
    1.3.2 文化选择的规律性 ·········· 13
    1.3.3 跨文化传通的有效性 ······ 13
    1.3.4 跨文化管理的环境适应性 ································ 13
  本章小结 ·· 15
  复习题 ·· 15

第2章 文化－跨文化与跨文化管理 ···· 16
  2.1 透视文化 ·································· 17
    2.1.1 文化概述 ·························· 17
    2.1.2 文化的层次 ···················· 24
  2.2 文化生态与文化圈 ···················· 30
    2.2.1 文化圈理论 ···················· 31
    2.2.2 文化生态 ························ 32
  2.3 文化与管理的关系 ···················· 36
    2.3.1 管理也是一种文化 ········· 36
    2.3.2 文化与管理具有共生性 ·· 37
    2.3.3 文化对企业管理的影响 ·· 38
  2.4 跨文化与跨文化管理 ················ 40
    2.4.1 跨文化概述 ···················· 40
    2.4.2 跨文化产生的原因 ········· 41
    2.4.3 跨文化差异的影响——文化冲击 ······················ 43
    2.4.4 跨文化管理概述 ············ 47
  本章小结 ·· 50
  复习题 ·· 50

第3章 跨文化管理的基本理论 ············ 53
  3.1 克拉克洪与斯乔贝克的六大价值取向理论 ······························ 54
    3.1.1 对人性的看法 ················ 55
    3.1.2 对人自身与外部自然环境的看法 ······················ 56
    3.1.3 对自身与他人的关系的看法 ······························ 56
    3.1.4 人的活动导向 ················ 57
    3.1.5 人的空间观念 ················ 57
    3.1.6 人的时间观念 ················ 57
  3.2 吉尔特·霍夫斯泰德的文化维度理论 ···································· 58
    3.2.1 个人主义和集体主义 ······ 58
    3.2.2 权力距离 ························ 61
    3.2.3 不确定性规避 ················ 63
    3.2.4 价值观男性化与女性化 ·· 66
    3.2.5 长期取向与短期取向 ······ 68
  3.3 特罗姆皮纳斯的文化架构理论 ···· 70
    3.3.1 普遍主义－特殊主义 ······ 71
    3.3.2 个人主义－集体主义 ······ 73
    3.3.3 中性化－情绪化关系 ······ 74
    3.3.4 关系特定－关系散漫 ······ 75
    3.3.5 注重个人成就－注重社会等级 ······························ 78
  3.4 个人主义－集体主义理论 ········ 79
    3.4.1 个体对自我的定义 ········· 79

　　3.4.2　个人目标与群体目标的相对
　　　　　重要性 ……………………… 80
　　3.4.3　个体对内群体和对外群体
　　　　　的区分程度 ………………… 81
　　3.4.4　个人态度和社会规范决定个体
　　　　　行为时的相对重要性 ……… 82
　　3.4.5　完成任务和人际关系对个体的
　　　　　相对重要性 ………………… 83
本章小结 …………………………………… 84
复习题 ……………………………………… 84

第4章　跨文化沟通与谈判 …………… 88

4.1　跨文化沟通 ……………………………… 89
　　4.1.1　跨文化沟通的定义 …………… 89
　　4.1.2　跨文化沟通模型 ……………… 92
　　4.1.3　影响跨文化沟通的主要
　　　　　因素 ………………………… 95
　　4.1.4　跨文化沟通的手段——语言
　　　　　符号和非语言符号 ………… 100
　　4.1.5　开展有效的跨文化沟通 …… 114
4.2　跨文化谈判 …………………………… 117
　　4.2.1　谈判概述 ……………………… 117
　　4.2.2　跨文化谈判中的文化
　　　　　差异 ………………………… 120
　　4.2.3　跨文化谈判的模式 …………… 126
　　4.2.4　各国谈判掠影 ………………… 132
本章小结 ………………………………… 145
复习题 …………………………………… 145

第5章　跨文化团队建设 ……………… 152

5.1　组建团队的意义 ……………………… 153
　　5.1.1　团队的定义和特征 …………… 154
　　5.1.2　团队的理想状态 ……………… 156
　　5.1.3　团队的不理想状态 …………… 157
　　5.1.4　对团队假设的检验 …………… 158
　　5.1.5　团队合作是时代发展的
　　　　　必然 ………………………… 160
5.2　跨文化团队 …………………………… 165
　　5.2.1　跨文化团队的类型 …………… 165
　　5.2.2　跨文化团队的优势和
　　　　　劣势 ………………………… 166
　　5.2.3　跨文化团队的合作基础 …… 167
5.3　打造优秀的跨文化团队 ……………… 171
　　5.3.1　打造优秀的象征性文化
　　　　　团队 ………………………… 171
　　5.3.2　打造优秀的双文化团队 …… 172
　　5.3.3　打造优秀的多文化团队 …… 174
本章小结 ………………………………… 176
复习题 …………………………………… 176

第6章　跨文化管理的方法与实践 …… 180

6.1　共同文化管理 ………………………… 181
　　6.1.1　共同文化管理的理论
　　　　　来源 ………………………… 181
　　6.1.2　共同文化管理及其特征 …… 187
　　6.1.3　跨国企业共同文化的
　　　　　培植 ………………………… 189
　　6.1.4　共同文化管理模型 …………… 194
　　6.1.5　共同文化管理的实施 ……… 196
6.2　渐进式文化整合模式 ………………… 198
　　6.2.1　渐进式文化整合模式的
　　　　　理论来源 …………………… 198
　　6.2.2　渐进式文化整合模式 ……… 199
　　6.2.3　渐进式文化整合模式的
　　　　　实施策略 …………………… 200
6.3　跨文化管理典型案例 ………………… 205
　　6.3.1　从海尔集团美国建厂看
　　　　　海尔国际化战略 …………… 205
　　6.3.2　伊莱克斯中国战略：
　　　　　在迷失中转型 ……………… 208
　　6.3.3　森马实施本土化战略与
　　　　　温州服企实现对接 ………… 212
　　6.3.4　中老跨国企业——老挝万荣
　　　　　水泥厂的渐进式文化整合
　　　　　模式分析 …………………… 214
　　6.3.5　格力电器在巴西的跨文化
　　　　　管理经历 …………………… 215
本章小结 ………………………………… 218
复习题 …………………………………… 218

第7章 中国企业实施跨文化管理的对策分析 …… 224

- 7.1 中国企业跨国并购的成与败 ……… 226
  - 7.1.1 中国企业跨国并购发展脉络 …… 226
  - 7.1.2 中国企业跨国并购的动因与特点 …… 231
  - 7.1.3 并购取得的成功与经验 …… 235
  - 7.1.4 并购的挫折与教训 …… 238
  - 7.1.5 中国企业跨国并购的政策建议 …… 242
- 7.2 中国企业实施跨文化管理的现状分析 …… 243
  - 7.2.1 中国企业跨国经营的发展阶段 …… 244
  - 7.2.2 中国企业跨文化管理存在的问题 …… 247
- 7.3 中国企业实施跨文化管理的对策建议 …… 253
  - 7.3.1 正视文化差异，拓宽多元交流 …… 253
  - 7.3.2 注重沟通，提升文化理解力 …… 255
  - 7.3.3 使命陈述，塑造共同目标 …… 257
  - 7.3.4 正确调整和选择管理模式 …… 260
  - 7.3.5 中国企业跨文化管理的本土化战略 …… 262
  - 7.3.6 打造优秀跨文化团队，实施人本型法制管理 …… 265
  - 7.3.7 大力开展中国企业跨文化人力资源培训与开发 …… 266
  - 7.3.8 政府在企业的跨文化管理过程中发挥保护和促进作用 …… 269

本章小结 …… 270
复习题 …… 270

参考文献 …… 278

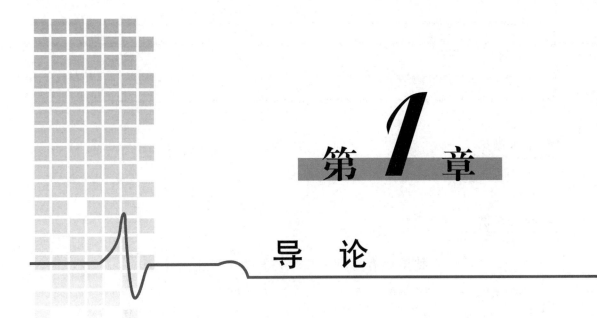

第 1 章 导 论

教学目标

通过本章的学习了解学习跨文化管理的目的及意义,掌握跨文化管理学产生的原因及过程和跨文化管理学的学科特点。

教学要求

知识要点	能力要求	相关知识
学习目的及意义	(1)管理中存在文化冲突原因的理解;(2)文化时代的文化力的概括和理解;(3)全球经济一体化挑战企业管理	(1)文化的挑战;(2)管理中的文化冲突无处不在;(3)人类三个时代的三种力量:政治力、经济力、文化力;(4)文化时代的基本特征;(5)全球经济一体化改变传统企业管理模式;(6)经济全球化带来文化全球化;(7)跨文化管理关系企业经营成败
跨文化管理学的产生	(1)跨文化管理活动历史溯源;(2)跨文化管理学的产生	(1)商业时代、开发时代、政治让与时代、国家化时代;(2)价值取向的差异;(3)对异文化的缺乏敏感性;(4)美、日企业管理的差异
跨文化管理学的特点	跨文化管理学学科特点的理解	(1)文化界域的复杂性;(2)文化选择的规律性;(3)跨文化传通的有效性;(4)跨文化管理的环境适应性

> 性相近，习相远。
>
> ——孔子

■ **基本概念**

政治力　　经济力　　文化力　　跨文化管理学　　文化界域　　文化选择　　跨文化传通

■ **导入案例**

德国梅赛德斯－奔驰公司的全球化战略

　　一辆梅赛德斯－奔驰豪华轿车从装配线上行驶下来，行驶 20 分钟后到达斯图加特下蒂尔克海姆区的康采恩总部，然后运到买主手中。虽然汽车只行驶了 20 分钟，但是它的上万个零部件却已经做了一次世界旅行。它的电缆来自奥地利、斯洛伐克和墨西哥，暖气和空调来自日本，音响系统来自美国，总之，这辆"德国制造"的高质量、高信誉的汽车，不过是 15 个国家 4 000 名伙伴合作组装的产品。德国的梅赛德斯－奔驰公司就在这转手之间，一年净赚了几十亿马克。

　　点评：全球经济一体化挑战企业管理。

　　随着经济全球化带来的文化全球化，国际市场国内化、国内市场国际化的格局已经形成，企业的跨国经营已成趋势。跨国企业管理面临着一个新的难题，那就是如何管理来自不同国家，具有不同文化背景、不同宗教信仰和风俗习惯的员工。在此背景下，跨文化管理也就应运而生。本章主要介绍学习跨文化管理的目的，跨文化管理学的产生及其学科特点。

1.1　学习跨文化管理的原因

1.1.1　文化挑战及文化冲突无处不在

1. 文化的挑战

1）地球村经济日益拓展其发展空间，文化差异仍可清晰界定

　　由于电视、通信、网络和交通的高速发展，我们正走在马歇尔所提出的"地球村"的道路上，21 世纪的人们会有相似的服饰和行为，都穿着 LEVIS 的牛仔裤、鳄鱼的衬衫、阿迪达斯的跑鞋，戴着瑞士的手表，吃着麦当劳，唱着卡拉 OK。世界正在变成一个单一的市场，哪里成本低，就在哪里生产。任何国家和个人，如果不顺从这种"地球村"经济，就会无法开展贸易和占领市场。政治领导人、企业管理者必须迈开步子并跟上"地球村"经济的前进步伐，否则，他们将无力控制经济事务的方方面面。

　　尽管如此，文化差异仍可清晰界定。在被誉为"大熔炉"的纽约市街头，可以清晰地发现：不会有意大利人沿街坐在唐人街；乌克兰的餐厅一般在第十大街，并用乌克兰语书

写菜单……即使文化已被融合，仍有明显痕迹。正如法国哲学家琼·伯治劳德认为的那样："在美国，每个人种和种族都在发展一种有竞争力的语言和文化。"同样，1992年欧洲联盟（以下简称欧盟）成立后，人们所期望的一个共同的欧洲文化并没有出现，相反，要求保留文化的意志性和完整性的呼声却越来越高。

2）国内市场与国际市场的界限不复存在，文化的界限仍很清晰

一方面，随着中国加入世界贸易组织（World Trade Organization，WTO），传统的"国内市场"与"国际市场"的界限已不复存在。国内市场国际化、国际市场国内化趋势越来越明显。每一个公司或企业所面对的都是"国际市场"，这些公司或企业在经营时都必须按照"国际准则"和"国际惯例"进行，否则就可能面临被并购的危险。另一方面，跨国公司纷纷到中国抢占市场，但他们不得不实施本土化策略，改变原有的一些文化以适应中国消费者的文化需求；同时，中国企业在与外资企业的竞争中不断成长，开始"走出去"拓展海外市场，尤其是在2008年金融危机之后，海外并购成本下降，许多中国企业纷纷到海外开展并购业务，如四川民营企业腾中重工收购通用旗下品牌"悍马"，中投12亿美元增持摩根士丹利股份，联想收购IBM的PC业务等。但在这些轰轰烈烈的并购业务中，成功者甚少。其中一个重要的原因就是文化差异的存在和企业跨文化管理能力的缺失。

2. 管理中的文化冲突无处不在

《哈佛商务评论》前任编辑罗萨贝斯·莫斯·肯特在对25个国家11 678个管理者进行调查后得出结论："由共同的管理文化而获得商务实践上的统一，从而建立一个全球性的公司村的想法最终只是一个梦想，在现实中很难实现。"下面的一些事实就生动地说明了这一点：

（1）日本文化特别注重认同感和归宿感。这种文化所创造的"表面上的和谐"及"模棱两可"的态度常使外国人根据日本人的表象做出错误的结论。

（2）在沙特阿拉伯，正式会议上所签订的协议书仅仅是用来得到社会认可及建立信任，而不是用来执行的。

（3）在印度尼西亚做生意时，你与任何性别的人都可以握手，但用左手握手则是不能被允许的。

上述故事从一个侧面反映了文化冲突的普遍性，它们为那些管理者及那些将要选择以经理作为职业的学生们提供了要提高跨文化管理能力的基本理由。

1.1.2 人类已进入文化时代，文化力彰显魅力

1. 人类三个时代的三种力量：从政治力到经济力到文化力

有文字的历史，就是人类文明的历史。人类创造自己的世界，人类推动自己的世界。人类创造世界凭借三种力量：经济力、政治力和文化力。经济力是基础的生产力，它在人类历史的全过程中发挥作用；政治力是派生的、附着的创造力，它由经济力而派生，附着在经济力之上，通过经济力而发生创造世界的作用。但在特殊的历史阶段，政治力也能单独发挥创造世界的作用。文化力是人类拥有的深层次的创造世界能力，它贯穿在经济力和政

治力中，影响或促进经济力的发挥。文化力也能单独发挥创造世界作用，那就是社会进入文化时代之时。

（1）政治时代的政治力。从有文明开始直至近代资本主义时代，是人类的政治时代。政治时代的标志，是人类对国家统治的依赖具有决定性。政治力发自于国家，政治成为社会的主题，谁掌握国家政权，谁就拥有最强大的力量，谁就能改造世界。而政治力表现为武装暴力，表现为军队。谁拥有军队，谁拥有暴力，谁就是国家的主宰。但当政治力量转移到他的对手手中，他的对手就会拥有军队，拥有革命暴力，新的政治力会否定旧的政治力，从而爆发政治革命。

（2）经济时代的经济力。人类进入近代资本主义时代，就跨进了经济时代的大门，社会的经济力跃居于人类创造世界力量的首位。资本决定一切，资本改变一切。社会的经济力来源于资本的力量，在资本运动的基础上建立了国家，国家反过来服务于资本的运动。经济力居统治的时代，是人类第一次战胜自然的时代，是人类凭借科学技术能力极大提高自己的时代，是人类有史以来最自信的时代。人类自信"征服自然"，是人类无所不能的能力所在。

（3）文化时代的文化力。20世纪行将结束的时期，人类惊讶地发现，另一种力量以不可阻挡之势勃发而生，这种力量就是文化的力量。这种力量尽管千百年来一直伴随人类而存在，但是它始终处于从属的地位，从属政治力和经济力，从未独立地发挥过作用。20世纪末，文化力突然显得地位如此显赫，以至政治力的发挥也要借助文化力才能达到目的，于是经济文化、商业文化、科技文化、企业文化的说法不绝于耳。于是人们普遍相信，今后将由文化力来改变社会。今天的文化就是明天的经济，拥有文化力就拥有国富力，现代国富论就是文化力论。

老子说，"天下万物生于有，有生于无"（《道德经》）。所有有形的东西都来源于无形的东西，无形的东西对企业来讲就是企业文化。正如企业界所流传的"三流企业做产品，二流企业做品牌，一流企业做文化"所描述的状况一样，企业文化对企业管理的重要性已被许多企业的实践证明。方太集团总经理茅忠群曾认为，"几十个人的企业靠企业主个人管理，几百个人的企业靠制度管理，几千个人的企业必须靠文化管理"。例如，海尔"先卖信誉，后卖产品"的品牌文化，使海尔的知名度不断提升。海尔品牌文化有3个层次：一是知名度，即花钱打广告；二是信誉度，即良好的售后服务承诺；三是美誉度，即有口皆碑，满足用户潜在需求。在国际市场上，采取"在发达国家创牌子（在美国设厂），在发展中国家扩牌子"的先难后易的品牌推广战略，使海尔成为世界级的品牌。

2. 文化时代的基本特征

20世纪80年代，日本首相大平正芳提出了"文化时代"的概念。文化时代显示了一系列与以往不同的特征[1]：

（1）商品中的文化含量、文化附加值越来越高。商品的文化附加值包括商品的构思、设计、造型、款式、装潢、商标、品牌、广告、颜色、韵味、民族风格、伦理价值、审美

---

[1] 黎永泰，黎伟. 企业管理的文化阶梯[M]. 成都：四川人民出版社，2003：15-20.

意识等。它们凝结着商品生产者的文化素养、文化个性、文化价值理念，有丰富的文化内涵。它是民族文化、社会文化、区域文化和企业文化个性的结晶。人类的消费包括物质消费和精神文化消费。物质消费是对人的生理和安全需要的满足，精神文化消费是对人的情感、参与、自我实现、学习和信仰的满足。一般情况，人只要物质消费得到一定的满足，就有可能上升到心理和文化的消费。

拿吃、穿、住来说，温饱时代大多数穿衣服主要是为了穿暖，但也为了心理的愉悦和审美的需要；大多数人吃饭为了吃饱，但也为了吃饭时的心理愉悦和审美的需要；大多数人住房是为了有一个能遮风避雨又安全的家，但也为了有一个舒适享受的心理文化空间。那时心理和文化的享受对多数人来说是奢侈，但到了小康时代就不同了。吃不吃饱已不是什么问题，关键是吃出质量、吃出文化，讲究的是色、香、味、形、器、服务、环境和人性尊重；穿不穿暖已不是什么问题，关键是穿出时髦、穿出个性、穿出文化，讲究的是设计、款式、流行、品位、风格和个性的张扬；住的也不是什么大问题，关键是营造美学空间、选择利益空间、社区空间和生态空间，住出身份、地位、群体、阶层、个性，住出文化水准来。人们购买商品，大量的是为商品的文化附加值付费，甚至同一种商品，为了不同的颜色象征，为了不同的包装，人们多花一些钱也不在乎。越来越多的商家，把产品的设计由机能重点转移到文化重点上。

（2）市场营销越来越变成了文化营销。营销是一种交易行为、买卖行为、生意行为。在文化时代的营销中，人们在进行交易时，显著的特征是先交换文化，后交换产品。这就使交换变成文化行为。交换双方的文化沟通成为实现交换的重要桥梁。买卖双方找到卖点和买点的共同点是文化，人们卖产品更卖文化，人们买产品更买文化。文化的高的认同性，成为买卖得以实现的前提。企业在寻找卖点的时候，更多地从文化上去构想、去形成概念；而顾客在寻找买点的时候，往往把购买机能降到其次，文化附加值成为主要买点。有了构思的方法、手段，必须有无穷的创意，才能吸引顾客。只有这样，企业才会生机勃勃，而构思、方法、手段的创意，依赖文化和智力。例如，卷烟这类看似与文化无关的产品的销售，也都浸入了越来越多的文化气息。安徽黄山牌香烟才打出"品黄山，天下无山"的广告词，云南红塔山香烟就打出了"山外有山，红塔集团"的广告，紧接着又打出了更具文化气息的广告词——"山高人为峰"。可见文化营销，烽烟正起。

文化时代的营销人员，不仅要有较强的商品素养、市场素养、人际关系素养，还要有较强的文化素养和智力素养。国际营销中跨文化问题成为突出问题，跨国营销成为跨文化的交流活动。怎样实现跨文化传通，怎样克服文化障碍，在营销中怎样尊重双方的文化，怎样加深对异文化的理解，怎样实现文化交流中的融合、吸收、借鉴等，成为跨国营销的主题。营销人员在跨国营销过程中，面临的首先是不同文化的价值体系，包括语言、风俗习惯、社会组织亚文化、宗教信仰和生活方式等。它们决定了目标市场的选择、产品的文化风格、营销的文化形式、买卖的文化习惯方式，以及文化的理解等。

总之，文化时代的营销已不是卖什么东西的问题，而是怎样运作文化手段和工具的问题。正如彼得•德鲁克所警告的："昨天的商业挑战与其说是技术上的挑战，还不如说是文化上的挑战，就像任何其他商业现象一样，文化也必须得到妥善处理。"

（3）企业必须更加注意消费者文化心理要求和审美要求。人们的消费价值观，随着可能达到的消费水平的变化而变化。在人们消费能力较低,基本停留在温饱水平时,消费价值观的主流是金钱价值观。金钱是消费的尺度,花尽量少的钱,买到尽量好的和尽量多的商品,是消费者的主要消费心理。

当人们生活水准逐渐脱离温饱水平时,消费心理的主流转向受时间价值观支配,时间成为消费的价值尺度。购买商品除了质量要好外,如何省时及时,成为消费中要考虑的主要因素。要求周到、及时、准时、省时的上门服务,以及体现身份、地位、阶层、个性的服务等,成为消费中必须考虑的问题,金钱的支出已不成为唯一的决定因素。

当生活水平进一步提高,人们的文化消费心理越来越突出,消费转向受审美价值观和个性价值观支配。审美和个性成为消费的尺度,付出高额的金钱当一次潇洒的上帝,已成为流行和时尚。消费的关键在于满足审美的要求,时尚成为消费者的价值选择。少女们夏天所穿的露脐装、露背装、露胸装,冬季所穿的超短皮裙等,无不因满足了她们的审美要求而被青睐。

文化时代的消费市场全面受到美学观念的冲击,人们的生活质量中的美学含量全面提高。产品中的美的追求,市场组合中的文化审美战略,现代企业服务中的文化美学服务,企业环境的美学生态特征,无不成为文化时代企业和市场、企业和消费者相互关系中的大问题。"美的文化标准",要求企业在产品的构思、造型、款式、风格、包装等方面,体现美学的价值,把对美的关注导入产品中去。

(4) 人们的文化价值观越来越趋于多元化价值观,这是文化的核心。它是一种文化对意义、取向、状态、类型的态度。这些成分包含了人们对真、善、美可取或不可取的观念,价值观包含了内容属性和强度属性。内容属性强调某种方式的行为或存在状态是重要的;强度属性则表明其重要的程度。一般情况,社会面貌受价值观的统一状况和多元状况的影响极大。如果社会价值体系趋于一元抑制多元,则社会呈现稳定而保守;如果社会价值体系在一元中趋于多元,则社会既稳定又呈现发展和充满活力的局面;如果社会价值体系只有多元,则社会呈现急剧变化而又混乱的局面。上述三种状况一再为实践所证明。文化时代的社会价值观,是第二种状况。社会有主导的价值观,这种价值观为国家和企业及组织所倡导,为民众所认同;但又有多元的价值观包含其中,丰富而多彩。这种文化多元使文化时代称为最有生气、最有希望、最富于创造的时代。文化时代价值观的统一性来自于多元性,它是多元中的一元,一元中的多元,一元贯穿多元,多元表现和丰富一元。因而社会有主导的价值标准,稳定而有序,理性而发展,同时社会又活跃而生机勃勃,自由祥和而宽松。文化价值观的迅速变化和多元化,使短暂性取代了永久性。对于企业来说,企业家已不能再幻想能生产一种永久的产品吸引公众,公众也不会对某种产品做单一的价值选择和永久的价值选择。

可见,文化时代的价值观是一元和多元的统一,所以消费也呈现出一元与多元的统一。

(5) 企业的伦理道德水平已成为企业安身立命的根本。企业的伦理水平是企业文化的衡量指标。文化时代要求企业将伦理素养和实践提高到很高的水平。企业产品的质量,不仅表现为机能质量,而且表现为文化健康质量、环境健康质量、伦理素养质量。任何产品不仅应有益于大众的身体健康、生活健康,而且应有益于人的精神健康,有益于环境的保护和生活质量的提升，在伦理上有助于社会风气的淳化和提升。

许多企业都提出了"用道德治厂，用心灵工作"的口号。韩国企业提出"21世纪的企业是讲究伦理道德的企业"；日本住友公司的经营理念是"为国家和社会做贡献，重视人"。总之，文化时代的企业伦理，成为文化时代经营行为的准则。它使人更加文明，使社会生活更加美好，从而使人和社会更加和谐。企业高度伦理化，成为文化时代的显著特征。

1.1.3　全球经济一体化挑战企业管理

1. 全球经济一体化改变传统企业管理模式

随着全球化（Globalization）成为时代潮流，全球经济一体化已成为不可阻挡的趋势。所谓全球化，最早是由西奥多·莱维于1985年提出的。他在《哈佛商报》上的一篇题为"谈市场的全球化"一文中，用全球化这个词来形容此前20年间国际经济发生的巨大变化，即"商品、服务、资本和技术在世界性生产、消费和投资领域中的巨大扩散"。莱维认为，全球化只是涉及国际贸易，特别是跨国公司的全球化管理及他们在世界各地建立工厂并销售自己的产品的能力问题。根据上述定义，全球化意味着市场的融合，意味着跨国公司可以在全球任何地方以同一方式生产、销售自己的产品，从而改变传统的只限于一国、一地的企业管理的模式。例如，美国波音公司生产的波音客机所需的450万个零部件，来自6个国家的1 500家大企业和1.5万家中小企业，波音公司所完成的不过是科技的设计、关键零部件的生产和产品的最终组装。跨国公司把全球变成了自己的原料地、配件和产品加工厂、商品销售市场，这必然带来企业管理模式的变革。

2. 经济全球化带来文化全球化

经济全球化推动了文化全球化的发展，作为文化与经济相互作用在全球化中的体现，文化全球化对经济全球化也会产生重要的影响。所谓文化全球化指文化在全球范围内跨国、跨民族流动，各国各民族文化在世界范围内相互作用、相互交流、相互渗透、相互交融；但民族文化特色得到全球尊重，如古埃及、古巴比伦文化对希腊文化的影响，印度佛教文化对中华文化的影响，中华文化对日本、韩国、越南乃至欧洲等民族文化的滋养等。可以说，当今世界几大文化传统或体系，都是历史上多种文化交融而成的，同时，文化全球化中各民族文化之间的交流使得各国加深了对其他国家文化的了解。虽然文化全球化的过程中也呈现出民族文化本土化，凸显各民族文化之间的差异的现象，文化差异显然不利于蕴含本国文化的商品和服务在其他国家的销售，但是，这种民族文化本土化是在各民族文化相互交流的前提下展开的，而文化差异一旦被本国所了解就能使本国商品和服务在国际营销时根据文化差异在不同程度上完成符合其他国家文化的差异化，从而有助于本国商品和服务在世界市场上的销售。

3. 跨文化管理关系企业经营成败

《电子世界》杂志在20世纪90年代初以"什么是全球市场做生意的最大障碍"为题

在全球范围内的调查表明,在法律法规、价格竞争、信息、语言、交货、外汇、时差、文化差异8个项目中,文化差异被列为首位。

美国麦肯纳利和德斯哈内1990年曾统计,美国企业派往国外从事对外贸易的人员中,失败率(即未完成任务被迫返回美国)高达20%~50%,每人给公司所造成的经济损失为55 000~150 000美元。按此换算,每年给美国公司造成的损失大约为20亿美元。加拿大的凯林教授通过研究发现,合资企业具有很高的失败率,在全部合资企业中,失败的占30%~40%。其原因之一在于合资各方的母国文化、母公司文化和个体文化的背景、风格和素养的差异。在当今时代,市场竞争的激烈程度已到了不允许企业决策犯任何错误的地步,哪怕是小小的失误也可能导致被强手如林的市场竞争所淘汰。因此,如何有效地进行跨文化管理正成为目前我国企业跨国经营,参与国际竞争所必须首先解决的现实课题。能否成功地进行跨文化管理,直接关系到企业在国际市场上经营的成败。

1.2 跨文化管理学的产生

1.2.1 跨文化管理活动的历史溯源[①]

人类跨文化管理活动的历史可追溯到古埃及人、腓尼基人、古希腊人时期。那时,人们就开始了海外贸易,并懂得与不同文化背景下的人们做生意。在文艺复兴时期,丹麦人、英国人及其他一些欧洲国家的商人就已经建立起了世界范围的商业企业集团。当人们与自己文化环境以外的人们进行贸易时,他们就需要对在与他们文化背景不同的条件下产生的语言、信仰及习惯保持敏感。所有这些事实上是人们在从事交叉文化条件下的经营与管理。

依据美国经济史学家罗宾森的观点,从16世纪开始的国际商业史按照其经营管理特征可分为四个时代,即商业时代、开发时代、政治让与时代和国家化时代,如表1-1所示。

表1-1 跨国经营贸易史

时代名称	时 间	动 机	目 的
商业时代	1500—1850年	个人的淘金热	建立公司"君主国"
开发时代	1850—1914年	建立海外企业	殖民地统治
政治让与时代	1914—1945年	经营与开发	政治让与
国家化时代	1945—1970年	市场发展	跨国贸易和经营

1. 商业时代(1500—1850年)

哥伦布发现新大陆后,冒险家们纷纷外出寻求个人致富。商业时代开始于大批到海外

---

① 胡军. 跨文化管理[M]. 广州:暨南大学出版社,1995:11-14.

淘金的冒险家的出现，一直延续到欧洲工业革命阶段。富于创业精神的商人们到遥远的大陆去购买外国的产品，诸如稀有金属、香料、丝绸及奴隶等，然后在国内售卖以获取高额利润；然而，这种贸易的风险也是很大的，其成功不仅取决于强烈的赚钱动机，而且还取决于高超的航海技术。

然而，欧洲的统治者并不满足于通过这种形式的交往获取常规的利润，他们需要的是对海外经营与贸易的直接介入。他们鼓励国家垄断资金向海外发展，以攫取最大限度的利润。因此，在整个商业时代，在英国、法国和荷兰发展起许多由国家特许的大公司。这些大公司在贸易和政治上拥有很大的权力，如当时的英国东印度公司就被称为"君主国"。荷兰的东印度公司也被授予了绝对的贸易权力，可以与当地的统治者订立盟约，任命行政长官，甚至可以雇佣军队等。

2. 开发时代(1850—1914 年)

开发时代的显著特征是工业大企业的发展。工业革命改变了欧洲海外企业的性质。对于廉价而来源稳定的原材料的需求使得进口的内容从国外商品转向工业原材料。英国当时是世界上占主宰地位的国际性力量，所以一些大的国际公司属于英国也就不足为奇了。壳牌石油公司(Shell)的第一艘油轮于1892年通过了苏伊士运河。该公司又在以后的21年中购买了近一半的德士古石油。19世纪80年代，英国的商业银行不仅资助了美国的铁路建设，而且资助了拉丁美洲的铁路建设。1884年在英国建立的以制造业为主的利华兄弟公司(Unilever)不久也在瑞士、澳大利亚、加拿大、比利时、法国、荷兰、美国和德国开业。在非洲，采矿业的发展导致了殖民统治的深化。在东南亚和拉丁美洲，采矿业和农业的发展也导致了同样的结果。工业国家对海外投资的介入，这些国家以及个人投资的规模扩展，再加上这些投资对欧洲经济发展的重要性，所有这些因素促进了这些国家政府卷入对殖民地的统治。

欧洲国家起初是保护他们殖民地的传统政治机构的，但这些机构越来越依靠外国的统治。同时，西方的公司也在谋求政治上和经济上的主导地位。这些都进一步削弱了殖民地传统的政治权力，导致了西方国家在殖民地政治权力的确立。

此外，当地殖民地公司的管理人才十分缺乏，技术工人也不能满足需要。因此，大量的管理人员和工程技术人员被派往殖民地。西方公司在培训当地工人方面花费了很大精力。所有这一切导致了殖民地传统政治体系和文化价值观的解体，西方文化在一定程度上取代了部分殖民地文化。这种不断增强的政治权力对下一个时代产生了重要影响。

3. 政治让与时代(1914—1945 年)

这个时代的显著特征是东道国经济给予外国公司一定的权利让与，如石油开采权的让与，或是一定领土的经营开发权。外国公司可以在容许的范围内，有权进行住房、交通、教育等的经营与开发，提供住房、健康、卫生保健等服务设施。而这些是当地政府所无力提供的，所以他们也乐于让外国公司做这些事情。

这个时代的后期出现了许多变动，民族主义和经济发展促进了殖民地统治的解体。20世纪30年代的经济危机促使许多公司用当地的训练有素的雇员代替原有的工薪昂贵的本国雇员。在西方的公司中，亚洲人、非洲人和拉丁美洲人的数量有了很大的增长。随着公共服务机构中外国雇员的减少,曾经取代过殖民地国家政治统治权的西方公司也开始逐渐丧失了其家长式的特权。尽管这些公司企图以长期合同来巩固其地位,但政治改革已经是不可避免的了。政治让与时代随着民族主义浪潮的兴起而结束。

4. 国家化时代(1945—1970年)

尽管许多西方公司并没有意识到在亚洲、非洲、拉丁美洲发生的政治变化,第一次世界大战的爆发已经结束了政治让与时代。两种新的影响因素,即殖民地富有责任心的政治领导人和冷战时期政治与经济的两极化,以及由此所导致的资本和技术资源的替代性,增强了殖民地国家与西方公司讨价还价的能力,特别是当这些公司已经得不到西方政治权力保护的时候。

在这个时代,许多国家已经把西方人的出现看作是对当地事物的干涉,纷纷开始寻求自治和独立。由于这些国家一直依赖于西方的统治,因此,它们对于这个时代的变化准备不足,由此导致了这个时代是以政治动荡为特征的。但最终殖民统治还是结束了,大量取得独立的国家开始出现。

1.2.2 跨文化管理学的产生

跨文化管理学(Cross-culture Management)是20世纪70年代后期在美国逐步形成和发展起来的一门新兴的边缘科学。它研究的是在跨文化条件下(不同民族文化的人们在一起工作和生产)如何进行管理的问题。

跨文化管理学产生之前,公司及企业很少注意到有关文化及文化差异的研究。20世纪70年代后期,美国人开始大量研究跨文化管理,使跨文化管理学逐渐成为一门学科。主要原因如下:

1. 价值取向的差异

人们的不同价值取向,导致不同文化背景中的人采取不同行为方式,从而导致文化摩擦。这是跨文化管理学产生的根本原因。

随着国际化经营的不断增长,人们对文化环境及其对跨国经营的影响的认识不断加深。人们越来越意识到,当企业跨国经营时,他们所面对的是与其母国文化根本不同的文化以及由这种文化所决定的价值观、态度和行为。文化的不同直接影响着管理的实践。一个在特定文化环境中行之有效的管理方法在另一种文化环境中的应用,会产生出截然不同的后果。

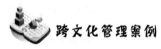
跨文化管理案例

美国式民主在秘鲁的失败

一位美国人在秘鲁子公司担任生产经理,他坚信美国式的民主管理方法能够提高秘鲁工人的生产积极性。他从公司总部请来专家对子公司各车间的负责人进行培训,教他们如何征求工人的意见,并从中选择合理的部分加以采用。可是,这种民主管理方法推行不久,秘鲁工人就纷纷要求辞职。原因是,在秘鲁以及整个拉美文化中,人们敬重权威,下属不仅服从上司,而且还把上司看作是自己的主人,并希望上司对自己的生活负责。工人们认为，征求工人的意见是上司自己不知道该做什么，才反过来问他们。既然上司无能，公司就没有希望，不如提前离职，以便及时找到新的工作。

这是典型的价值取向差异导致的跨文化管理失败的例子。由于美国人对秘鲁文化缺乏了解，以美国人崇尚个人主义、参与意识强的观念去揣度秘鲁员工，想当然地认为在美国公司行之有效的民主式管理在秘鲁的分公司也一定适用，结果导致跨文化管理的失败。

2. 对异文化缺乏敏感性

由于美国人对他国文化的迟钝和缺乏文化背景知识，美国跨国公司在新文化环境中的经营失败，使得美国人不得不去研究别国的管理经验，从而产生了跨文化管理这个新领域。

20世纪60年代末70年代初，日本跨国公司和合资企业的管理日益优越于美国和欧洲的公司，使美国人产生了研究和学习日本的要求。其研究方式主要有两种：一种是专门介绍日本，从中总结出好的东西；另一种是联系美国实际来研究日本，进行对比。经过研究，发表了许多论文和专著，其中影响较大的专著有三本[①]。

1979年，埃兹拉·F.沃格尔（Ezra F. Vogel）出版了《独占鳌头的日本——美国的教训》一书，他用大量无可辩驳的事例，从各方面赞扬日本的经济发展和工业成就，摆脱了美国人一向以工业技术先进而自居的习惯和学术研究的风格，并在书中解答了为什么天然资源如此贫乏的日本，却能巧妙地解决美国人认为非常棘手的问题。

1981年，理查德·帕斯卡尔（Richard Tanner Pascale）和安东尼·阿索斯（Anthony G. Athos）合写的《日本企业管理艺术》正式发表。该书从战略、结构、制度、人员、技能、作风和最高目标7个方面，将日本企业和美国企业进行对比，以大量事实说明，在战略、结构、制度这3个"硬件"方面，日美企业之间没有重大差别，差别在于日本企业更重视人员、技能、作风和最高目标这4个"软件"，并善于从整体配合上把握这7个方面。该书出版后，立即成为畅销书，被公认为是美国研究日本企业管理的一本名著，美国一些著名大学把它列为研究企业管理的必读书。

1981年，威廉·大内出版了《Z理论——美国企业如何迎接日本的挑战》一书，他和同事查德·T.帕斯卡尔合作，制订了一个对日本和美国企业管理方法进行比较研究的两阶段计划，他们访问了20多家日本和美国的所谓"双国公司"，即在日、美两国都设有子公司、工厂或办事处的公司，经过深入细致的调查对比，发现了许多发人深省的现象。例如，这些双国公司在本国经营的企业，总是日本较为成功，尤其在生产率方面；在对方国家开办的工厂，总是日本的管理方式能够奏效；在具体管理措施方面，日本公司提高生产率主要依靠人与人之间的信任和亲密关系及一些微妙的东西，美国公司在管理中不仅缺少这些东西，甚至无法说明和理解它们，从而揭示了西方个人主义价值观对于现代工业生产的不相适应。

上述研究结果表明，日本人并没有仿照美国的管理系统进行管理。事实上，日本人建立了适合于本民族文化和环境的管理系统，却远比美国已有的系统成功。作为这种发现的

---

① 胡军. 跨文化管理[M]. 广州：暨南大学出版社，1995：18.

结果，人们对文化及不同文化条件下管理行为的研究开始风行起来。

3. 美日企业管理的巨大差异

美国人对日本企业管理进行研究后，最初的发现是日本的一些具体管理办法不同于美国，如终身雇佣制、年功序列工资制、禀议决策制、企业工会等所谓"日本管理成功的四大支柱"。这些具体的管理办法同日本的民族传统与社会习惯有很紧密的联系，美国人很难借鉴，没法学习。于是，美国人得出一个结论：管理同国情、同民族文化有很密切的联系。后来，发现美日管理的根本差异并不在于表面的一些具体做法，而在于对管理因素的认识有所不同，美国过分强调诸如技术、设备、方法、规章、组织机构、财务分析等"硬件"，而日本则比较注重诸如目标、宗旨、信念、人和、价值准则等"软件"。如果说美国人偏重于从经济学角度去考虑管理问题，那么日本人则更偏重于从社会学角度去对待管理问题。如果说美国人在管理中注重的是"科学"因素，那么日本人更注重的是"哲学"因素。美日两国的这些管理的根本差别不是具体方法技术问题，而是属于对管理因素的认识问题，属于最高层次的管理理论问题，即"管理哲学"问题。美日两国在企业管理方面的具体差别见表1-2。

表1-2 美日企业管理比较

内 容	美国（A管理模式）	日本（J管理模式）
雇佣制度	短期雇佣、契约关系、劳资双方是劳动力和技能的租赁	长期雇佣、契约和誓约关系、全人格的献身、终身服务企业
决策制度	个人决策（T型模式）	集体决策——两上两下（U决策模式）
责任制度	推行能力主义、下级服从上级、谁决策谁负责	集体负责，上、下级关系密切
控制机制	依靠契约关系、规章制度、行为模式进行等级控制	依靠企业理念系统，例如使命、宗旨、目标、哲学、价值观和企业精神等进行控制
晋升方式	能力主义、考核和考绩	年功序列制
员工职业发展	阶梯式发展、横向交流困难	内部轮换和流动、内部培育
对员工关怀	员工与企业是契约关系、公事公办、保护个人隐私	契约关系、缘约关系（类似血缘关系），过问私人事情、感情联系、相互认同

1.3 跨文化管理学的特点

跨文化管理学作为一门新兴学科，其学科的性质决定了其必然要与文化学、管理学、社会学、人类学，甚至心理学、语言学等都有交叉和联系，同时又有其独特的学科特点。主要体现在以下几方面。

1.3.1 文化界域的复杂性

研究跨文化条件下的管理问题，首先要弄清楚文化的主体和文化的边界，才能讨论跨文化的问题。文化一般为特定的群体所拥有，这个群体可以代表一个企业、一个地区、一个民族，也可以代表一个国家，也可以是上述几种情况的交叉，如跨国企业的文化既受国家、民族文化的影响，也受到企业自身人员文化构成情况的影响。要研究文化对管理的影响，首先要确定不同文化之间的界域。由于文化主体的复杂性，在研究文化对管理的影响时，为便于比较，一般都把国家作为主要的分析对象，原因有3个方面：①国家是受它文化的历史、教育制度、法律系统、人力及管理系统影响的基本单位；②国家对该国国民具有很强的象征价值；③文化的调整来自特定国家人们的生活行为方式。

1.3.2 文化选择的规律性

文化选择是文化学研究中的一个新问题，是相对于自然选择而提出的一个概念。尽管这个概念被使用的范围和频率都不低，但对这一概念的使用可谓仁者见仁，智者见智。然而，有一点是可以确定的，即面对外来文化的冲击时，本民族对外来文化的选择总会遵循一定的规律，这种文化的选择规律对管理理论的引入和应用有很重要的影响。一般情况下，文化选择规律的表现形式有两种：①低位势文化向高位势文化趋同；②选择那些与本民族文化深层结构相契合的文化内容。根植于一定社会文化基础上的管理理论方法在另一种文化背景下的应用效果，也要受到文化选择规律的制约。

1.3.3 跨文化传通的有效性

在跨文化条件下，不同文化背景的人们在一起工作、交流、做生意已成常态，由于人们的观念和生活经验的差异，在交往过程中常常存在信任和理解的障碍。例如，"I don't understand you"（我不明白你的意思）这个短句可以理解为3种意思：①我不明白你所用的词；②对你所说，我可以理解，但我不知道这是不是你真正想说的；③在我看来，你的言语和非言语行为之间不一致，所以我有点迷惑。因此，需要通过跨文化传通来达到理解和共识。而事实上，跨文化传通是非常复杂多变的活动，人们要通过口头语言和肢体语言传递信息，并要互相"读懂"对方传递信息的含义，才能实现有效的传通。跨文化传通实质上是一个信息沟通的过程，它是跨文化管理学研究的一个主要内容。

1.3.4 跨文化管理的环境适应性

不同的文化是在不同的环境中产生的，不同的地理差异也导致了文化的差异，如高原文化、盆地文化、流域文化、岛国文化等。因此跨文化管理就是要适应不同文化特点，实行有效的管理，以文化的协同效应，发挥跨文化优势，减少跨文化冲突。例如，中美两国国家地理上的不同导致的文化差异就是一个典型例子。

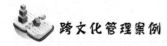 跨文化管理案例

国家地理：左岸一只鸡，右岸一只鸭[①]

站立在世界地图前，上面挤满了密密麻麻、形状各异的国家，但是国家地理形状看上去明显像某种动物轮廓的国家极为少见。不过，说来也怪，中美两个大国的地理形状看上去却非常像两种与人类关系密切的动物。前者活像一只站在水边觅食的"雄鸡"，后者很像一只兴冲冲准备下河游水的"鸭子"。

美国地理形状像不像"鸭子"，中国地理形状像不像"雄鸡"，事情本身也许并没有什么意义。否则，美国也不会用雄鹰作为国家的象征，中国也不会把大熊猫定为国宝。这种相似性也许只是一种巧合，只是一种附会而已。但是，作为企业人，只要回顾一下中美两国的发展历史，联想一下中美两国企业的行事风格，同时，从北京往深深的太平洋瞅上一眼，就会觉得，这种相似性似乎并不完全是一种附会，一种巧合。为什么这么说呢？因为中美两国的文化特性以及企业风格与各自的地理形状之间似乎存在有某种对应性。

从历史角度看，中国确实堪称一个陆地国家，一直以来，它与海洋的关系似乎都不怎么亲近。很难想象，中华民族如果没有郑和的航海壮举，那将成为一种什么样的民族心理缺憾。即便在今天，中国与海洋的关系仍然没有某些人想象的那么亲近。否则，不应该有那么多针对中国海洋国土的嘈杂声音在我们耳际萦绕。平心而论，中国即便靠郑和的遗泽而不被列为"缺水国家"之列，也会被视为"远水国家"。这是一种感觉，也是一种现实。目前，中国企业似乎也"远水"，真正跨太平洋的为数不多，就那么少数几家，而且跨得也很艰难。这种"远水"的历史与现实似乎都与"雄鸡"的习性颇有几分相似。众所周知，鸡不喜水，甚至畏水。否则，中国文化中就不会有"落汤鸡"一说。

从同样的角度看美国，感觉就有点不一样，结论也不太相同。以前，人们都说，西班牙人、荷兰人和英国人喜欢水，也最擅长跟水打交道。实际上，迄今为止，世界上最喜欢水、最擅长水的国家非美国莫属。这个国家至今还有一个洲看上去与本土大陆似乎没有什么直接关联，却与海水密切联系，因为它四面环水、一望无垠。这就是位于太平洋的夏威夷群岛，那里还泊着当前世界上最牛气的舰队——美国太平洋舰队，也就是曾经被日本人暗算过的那支舰队。此外，美国企业人似乎也喜欢水，他们跋山涉水，翻山越岭，足迹已经遍布五湖四海。但就那两瓶美国的可口可乐与百事可乐，就已经塞满了全球大街小巷的冷柜，足见美国企业人的好"水性"。其实，美国的强大与其地处太平洋与大西洋之间的地理位置不无关系。大西洋在东，太平洋在西，自己夹在当中，两面全是水，无处可退啊，没有点水性，怎么能行？于是，就有了点鸭子的水性，恰好美国的地理形状正好又像一只"鸭子"，正可谓造化成人之美，让自然与人的步调和谐了起来。

美国的历史比中国短得太多，但美国却在短短的"历史小溪"中练就了好水性，而中国却没能在长长的历史长河中形成好的水性。这是为什么呢？我们只能勉为其难地提供这样一种过于简单的解释：中国一面临海，有陆地屏障，危机意识较弱，而美国两面临海，没有陆地屏障，危机意识较强；关键时刻，前者还可以躲到山里暂时当"山鸡"，而后者不行，只能主动冲到海里当"水鸭"；于是，前者拥有了"鸡"的习性——不逼得已不下水，后者拥有了"鸭"的习性——白天下海晚上登陆。这既像巧合，又不像巧合。

中国企业与美国企业争夺亚洲资源乃至全球资源已是公开的秘密。因此，中国企业人放弃一些"鸡"的习性，吸收"鸭"的一些习性，如水性，恐怕很有必要，尤其在全球化布局既成一种时髦又成为一种需要的情况下。只有这样，中国企业或许才能凭借两种文化的合力来加速自身的步伐。但是，中

[①] 葛存根. 文化融通[M]. 北京：经济管理出版社，2006：122－125.

国企业人绝不可以将"鸡"的一切习性全部放弃。

拿破仑曾经说过,了解一个国家的地理就懂得了这个国家的外交政策。中国企业人虽然不是搞政治的,但是了解中美两国的地缘关系肯定有助于解读并应对美国企业的"外交政策"。

本章小结

本章主要介绍了学习跨文化管理的目的及意义,即管理中的文化冲突无处不在,文化时代文化彰显魅力,全球经济一体化挑战企业管理;介绍了跨文化经营活动的4个阶段:商业时代、开发时代、政治让与时代、国家化时代;跨文化管理最早产生于美国的3个原因是价值取向的差异、对异文化缺乏敏感性、美日企业管理的差异;跨文化管理学的4个特点:文化界域的复杂性、文化选择的规律性、文化传通的有效性、跨文化管理的环境适应性。

名人名言

欲称霸世界,先逐鹿中国。

——1999年上海全球财富论坛

没有进入中国市场不能称之为真正的跨国企业。

——安利(中国)董事长 郑李锦芬

复 习 题

一、选择题

1. 人类深层次的创世能力是( )。
A. 政治力　　　　B. 经济力　　　　C. 文化力　　　　D. 生产力
2. 一项调查表明,全球市场做生意的最大障碍是( )。
A. 法律法规　　B. 价格竞争　　C. 信息　　　　D. 语言　　　E. 文化差异
3. 以建立公司"君主国"为目的的跨国经营时代是( )。
A. 商业时代　　B. 开发时代　　C. 政治让与时代　　D. 国家化时代

二、判断题

1. 跨文化管理学(Cross-culture Management)是20世纪70年代后期在日本逐步形成和发展起来的一门新兴的边缘科学。　　　　　　　　　　　　　　　　　　　　　　　　　　　　( )
2. 跨文化管理学产生的根本原因是跨文化差异。　　　　　　　　　　　　　　　( )
3. 美国企业管理模式在员工晋升方式上主要推行年功序列制。　　　　　　　　( )

三、简答题

1. 为什么要学习跨文化管理?
2. 跨文化管理学产生的原因是什么?

四、论述题

跨文化管理学的学科特点体现在哪些方面?

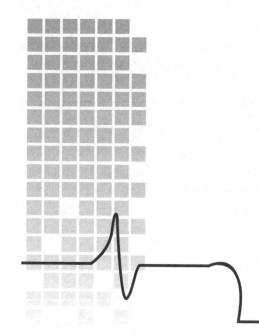

第 2 章

文化-跨文化与跨文化管理

教学目标

通过本章的学习掌握文化的内涵、特点、功能、层次和范畴,理解文化生态和文化圈的联系与区别,掌握文化与管理的关系及跨文化、跨文化管理的内涵,理解跨文化冲击与跨文化效应。

教学要求

知识要点	能力要求	相关知识
透视文化	(1)文化的内涵、特点和功能的理解;(2)文化的层次、范畴的界定和理解	(1)认识文化;(2)文化的定义、特点和功能;(3)文化的洋葱比喻、冰山比喻;(4)文化的基本范畴
文化生态与文化圈	(1)文化圈理论的理解;(2)文化生态内涵的概括和理解	(1)格雷布纳的文化圈理论;(2)施米特的文化圈理论;(3)文化生态的定义;(4)人类历史上的四种文化生态;(5)文化生态与文化圈的关系
文化与管理的关系	文化与管理关系的提炼和理解	(1)管理也是一种文化;(2)文化与管理具有共生性;(3)文化对企业管理的影响
跨文化与跨文化管理	(1)跨文化的含义、产生原因及其影响的理解;(2)跨文化管理内涵和开展跨文化管理目的的理解	(1)跨文化的含义;(2)跨文化产生的原因;(3)跨文化冲击;(4)跨文化管理的定义;(5)跨文化管理的目的

第2章 文化-跨文化与跨文化管理

> 文化可以成为竞争的优势，也可以成为劣势。
>
> ——[瑞士]苏珊·C. 斯奈德
>
> [法] 简－路易斯 巴尔索克斯

■ 基本概念

文化　约哈里之窗　文化层次　文化范畴　文化圈理论　文化生态　跨文化　同文化
文化冲击　跨文化管理　跨文化效应

■ 导入案例

英国一家鞋店的阿拉伯语广告

在英国有一家鞋店，希望能够吸引当地的穆斯林顾客，于是它打出了一条用阿拉伯语写的广告："这里没有上帝只有安拉。"这条广告的后果是灾难性的，一辆汽车冲过了商店前面的玻璃，这个行为被冠以报复的名义。虽然要打进穆斯林市场的动机是好的，但它却没有考虑到把安拉和踏入尘埃的鞋子联系起来是一种亵渎。

点评：忽视文化差异的后果是灾难性的。

由于价值观、宗教信仰等在不同文化中的差异常常被人们忽视，或者当遇到差异时人们很容易用自己认为正常的标准去判断，必然造成跨国经营中灾难性的后果。因此，跨国公司在进行战略合作、实施海外经营、开拓当地市场时，既要认识到文化对这些商业运作的推动作用，更要认真分析潜在的文化冲击，才能在跨国经营中立于不败之地。本章主要介绍认识文化的方法，文化的层次、功能和特点，如何处理文化冲击，如何运用跨文化效应开展跨文化管理。

2.1 透视文化

2.1.1 文化概述

1. 认识文化

如果你被要求描述自己的文化，你会说什么？其实这并不是一件容易的事情。这就像问一条在水里游的鱼：你在水里游是什么感觉？当在沙滩上被清洗时，这条鱼可能很容易认识到其中的差异，但仍然不能（或不想）描述。它最迫切的愿望只是回到水中。

一个人只有离开自己的文化而面对另一种文化时才开始真正认识它。正如18世纪的英国作家萨米尔·强生所说："当我站在另一个国家的国土上时，我更理解我的国家了。"文化就像一个透镜，我们通过它来认识其他的事物。就像鱼儿身边的水，文化扭曲了我们对世界的看法，同时也扭曲了世界对我们的看法。而我们总是在以自己的文化作为参照物来评价他人。

文化差异无所不在，我们必须首先承认文化差异，然后再把这种差异拿出来公开讨论，才能超越意识，达成共识。"约哈里之窗"模型提供了一种讨论和"协商"不同观察角度的方法，如图2.1所示。

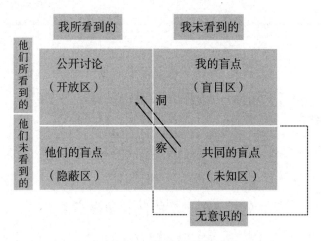

图2.1　约哈里之窗

"约哈里之窗"试图阐明关于"我"个人的情况，哪些是"我"所清楚的，哪些是"我"不清楚的，哪些是别人清楚的，哪些是别人不清楚的。我们如何认识自己和别人如何认识我们，这些因素可能影响到有效的交互行为。我们可以通过自我发现和反馈，对其中的盲点进行更深入的认识。

"约哈里之窗"提供了一种从"我"的角度和"他们"的角度看待同一种文化的4种情况，分别是开放区、盲目区、隐蔽区、未知区。

（1）开放区(Open Area)指那些我们自己和对方都知道的信息，双方可以公开讨论和交流。例如，在面对面的人际交往中，这种信息包括谈话者的人种、性别和大致的身高、体重、年龄等。

（2）盲目区(Blind Area)指那些对方知道而自己不知道的信息，即"我"的盲点。这包括神态和偏见等信息。

（3）隐蔽区(Hidden Area)指那些自己知道而对方不知道的信息，即"他们"的盲点。是那些我们不愿告人的或秘密的事情。

（4）未知区(Unknown Area)指那些自己和对方都不知道的信息。

要能够充分地认识一种文化，增加彼此的了解，就必须扩大开放区，有两条途径，一是缩小盲目区和未知区，二是缩小隐蔽区。

（1）缩小盲目区和未知区。沟通者要对自己文化的各个要素有系统的了解，对对方文化的各要素有系统的了解；对自己和对方文化的异同有深入的了解，特别是对引起冲突的因素有充分的了解。沟通者对自己本身和沟通对方本身应有尽可能多的了解，才能进一步缩小盲目区和未知区，扩大开放区。

（2）缩小隐蔽区，扩大开放区。在不同文化中的人们，由于彼此的相对隔绝，我们自己知道的常识性的信息，对方不知道，形成了跨文化沟通中隐蔽区膨胀的状况。这就需要适当地扩大"自我暴露"，就是把自己知道的常识性的而对方不知道的信息暴露出来，即通过"提供背景知识""通俗解说行话"等手段来扩大"自我暴露",以利于彼此的了解,达到有效地跨文化沟通。

2. 文化的定义

1)西方文化中"文化"的内涵

文化一词,在德文中为 Kultur,在英文中为 Culture,他们都源于拉丁文 Cultura,意为耕作、教育、培养、发展、尊重。18 世纪以后,其含义逐步演化为个人素养,整个社会的知识,思想方面的素养,艺术、学术、作品的汇集,以及引申为一定时代、一定地区的全部社会生活内容等。最早给文化下定义的是英国人类学家泰勒,他在 1871 年著的《原始文化》一书中提出,文化或文明就其广泛的人种学而言,是一个复杂的整体,包括知识、信仰、艺术、法律、道德、风俗及作为社会成员的人所获得的才能与习惯。自泰勒以后,文化人类学家、社会学家、哲学家、考古学家、民族学家、管理学家等从自身研究的目的出发,从不同的角度对文化给予不同的解释。据《不列颠百科全书》的统计,文化的定义在世界上的正式出版物中有 160 种之多。下面是一些较有代表性的文化定义。

《美国传统辞典》是这样对"文化"一词进行规范阐释的:"人类群体或民族世代相传的行为模式、艺术、宗教信仰、群体组织和其他一切人类生产活动、思维活动的本质特征的总和。"

美国人类学家克拉克洪和凯利区分了描述性的文化概念和解释性的文化概念。描述性文化概念的特点是列举物质性的和非物质性的文化作品,仿佛文化是可以直接看到、感觉到和经历到的。解释性文化概念则是深入分析决定文化作品的思想方面和准则方面的上层建筑。

吉尔特·霍夫斯泰德将文化定义为在一个环境中人的"共同的心理程序"。他认为,文化不是一种个体特征,而是具有相同的教育和生活经验的许多人所共有的心理程序,不同的群体、地域或国家的程序互有差异,这是因为他们的"心理程序"是在多年的生活、工作、教育下形成的,具有不同的思维、文化是一个群体在价值观念、信仰、行为准则、风俗习惯等方面所表现出来的区别于另一群体的显著特征。

文化人类学家怀特认为每种人类文化可以分成 3 个部分:①经济和技术;②社会结构;③意识形态。他认为经济与技术是社会结构和意识形态的基础。要理解社会结构和意识形态只有在经济与技术的基础上才能做到。

管理学家们对文化比较一致的看法是:文化就是人们的生活方式和认识世界的方式。人们总是遵循他们已经习惯了的行为方式,这些方式决定了他们生活中特定规则的内涵和模型,社会的不同就在于它们文化模式的不同。从一般意义上说,文化可以定义和表示为人们的态度和行为,它是由一代一代传下来的对于存在、价值和行动的共识。文化是由特定的群体成员共同形成的,它形成了社会与人们共同生活的基础。社会生活在很大程度上依赖于人们的共识,这种共识就构成了特定的文化。

2)中国文化中"文化"的内涵

在中国文化在汉语中是古已有之的词汇。"文"的本义指各色交错的纹理,"化"的本义为改易、生成、造化。西汉之前,"文""化"分开来用较多。《易·贲卦·象卦》

曰："刚柔交错，天文也。文明以止，人文也，观乎天文，以察时变；观乎人文，以化天下。"天文，指天道自然规律；人文，指人伦社会规律。西汉之后，"文""化"合成一词，如刘向《说苑·指武》中有："圣人之治天下也，先文德而后武力。凡武之兴，为不服也，文化不改，然后加诛。"这里的文化与武力相对应，指的是以文教化，即以人伦秩序教化世人，使人们自觉遵守规章、规范①。又如《文选·补之诗》中称"文化内辑，武功外悠"，其主要意思与天成的自然相对，与没有经过教化的质朴、野蛮相对。可见，在中国文化中，"文化"概念有不同含义，一是与"武力"对应，指的是文治教化；二是与"天文"对应，指的是人世间的社会秩序。

3）中西方"文化"内涵的异同

（1）相同之处。西方文化（Culture）源于拉丁文 Cultura，意为耕作、培养、教育、发展、尊重，与中国古代"文化"一词"文治教化"的内涵相近。

（2）不同之处。首先，中国的"文化"一开始就专注于精神领域，而 Culture 却是从人类的物质生产活动出发，继而才引申到精神领域。因而，Culture 的内涵比"文化"更宽广，与中国"文明"一词更接近。其次，西方对文化的理解和规定主要侧重于"结果"，而中国则主要侧重于"过程"。正是这一源头的细微分野，导致了今后中西文化及其文化模式的巨大差异。

4）文化的定义

从以上对文化内涵的分析中，我们得出本书采用的文化定义：文化是群体成员连贯一致的、后天习得的、群体共享的观念，人们借此决定事情的轻重缓急，就事情的适宜性表明自己的态度，并决定和支配后续的行为。

3. 文化的特点

1）文化是连贯一致的

每一种文化，不管是过去的还是现在的，其自身都具有一致性和完整性，即文化是一种完整的宇宙观。正如文化学研究先驱爱德华·泰勒在1871年曾说过：从广泛的人类学意义上讲，文化或文明是一个复杂的整体，它包括知识、信仰、道德、法律、习俗及其他所有人作为社会成员所获得的一切能力和习惯。它是某个特定的人群在遇到困难时所产生的统一的、持久的愿景的外在表现，而这些困难往往都涉及诸如以下这些核心问题：宇宙的起源、自然环境的不可预知性（这对人类来说是非常残酷的）、社会的本质及人类在大千世界中的位置②。

历史上，不同时期、不同群体的人有着不同的愿景，这就有了奇迹的诞生，但同时我们也应该认识到，它又是产生误解的原因之一。文化的多样性简直令人难于置信，因而使得历史学家、人类学家、旅行者甚至可以说每一个人都着迷不已。

不管文化的某个组成部分看起来是多么的怪诞，一旦把它放在整个文化的大背景下，它就会意义无穷。

---

① 蔡建生. 跨文化生存[M]. 广州：南方日报出版社，2004：26 - 27.

② [美]Raymond Cohen, *paraphrasing Tylor's Primitive Culture. In Negotiating across Cultures* [M]. Washington, DC：United States Institute of Peace, 1991：8.

第2章 文化-跨文化与跨文化管理

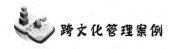

中国人在墨西哥湾的遭遇[①]

让我们假设，一艘满载中国人的船只将从中国南北部海岸起航驶向圣弗朗西斯科，一个自从19世纪开始就被中国人称为"旧金山"的地方。他们都相信，在那里可以淘到金子，就算不能靠采矿得到，也可以靠打工挣到。可是，船在途中遇到了大风暴，偏离了航道，最终在墨西哥湾沿海靠岸了。时值10月的最后一周，他们疲惫不堪，上了岸，来到最近的小镇，想打探自己在什么地方。但是，他们看到，在每个橱窗和每户人的家里都放着骨架和头骨之类的东西，这让他们感到恐怖和失望。在中国，人们是不谈论死亡的，就算使用同音异义的词语也不行（听起来与死亡有关联的词语也要回避），更不用说这样大张旗鼓了。但是，西班牙有个宗教节日叫"死者之日"（the day of the dead），它对于西班牙家庭来说具有特别深刻的寓意。西班牙人通过这种庆祝仪式来悼念逝去的亲人，并把它们的灵魂带出坟墓，让他们能够和在世的亲人团聚一堂。（其实，中国传统的"清明节"也与之相似。）这些头骨和骨架都是用糖果和面包做成的，人们吃掉它们是为了说明死亡根本不可怕，而并不意味着亲人的离世。如果这些中国人知道墨西哥人到处摆放头骨和骨架的原因，就会尊重墨西哥人的这种死亡观了。但是，如果他们"只见树木不见森林"，只看到墨西哥人的行为表现而不探究其深层次的文化渊源，就很可能感到奇怪。

文化的完整性还说明，群体成员从自己狭隘的宇宙观出发，就很可能看不到自己"统一的、持久的愿景"中所缺少的东西。我们在和来自其他文化的人交往的过程中，或者在和其他的文化价值观接触的时候，要清楚自己传达给对方的文化价值观，同时也要了解对方的文化价值观。并要认识到，在这个过程中可能存在"鸿沟"。

2）文化是后天习得的

文化并不是天生的。相反，文化是通过学习而掌握的。人们不仅可以学习本文化，还可以学习他文化。但这并不是说，人们能够客观地谈论自己的文化。个体所学到的关于自己文化的东西，大部分都是在社会化过程中耳濡目染，不知不觉形成并存储在大脑里的。只有当他受到来自迥然不同的事物的挑战时，才会回想起自己的文化。我们必须接受教育，去学习自己的文化，这种学习的过程从我们一出生就开始了，甚至更早。

如果文化是后天习得的，那它就是可以学习的。也就是说，谁也不必一辈子都只局限在一种文化之中。如果你想了解其他文化，你就可以去学习。不只是浅尝辄止地了解，而是要深入进去，认同你所学习的文化，并按照其行为准则来规范自己的言行。许多人已学习过不止一种文化并且能够出入其间，游刃有余，他们会依据环境的改变轻而易举地从一种文化过渡到另一种文化。

3）文化是群体共享的观念

文化是为社会所共享的。社会成员在事物的含义及这种含义的归因上达成了共识。他们从自己身边的人（如家里的长辈、老师、德高望重的长者、自己的同龄人等）身上学习文化，以为这些人的生活阅历本身就证明了其价值观的正确性。由于他们从来都没有怀疑过

[①] [美]艾里丝·瓦尔纳，琳达·比默. 跨文化沟通（原书第3版）[M]. 高增安，马永红，孔令翠，译. 北京：机械工业出版社，2006：5.

这种正确性,因此他们都认为自己对此的阐释也没有错。他们一直认同什么是重要的,什么是真正值得尊重的。

社会各成员的意见即使不表达出来,也很可能会达成默契。因此,为了取得这样的默契,有些东西看来是不可或缺的和至关重要的。社会被共同的价值观所驱动,这些观念能够推动整个社会实现既定的目标,如保护自己的经济资源,使之免受不道德的局外人的破坏。

同一文化背景中的人员共享该文化的各种符号、标识。语言是最明显的一套文化符号系统。当然,不同的文化也可能有相同的视觉符号,如公司的品牌形象、专用标识、宗教标志和国旗等。

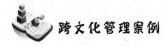
跨文化管理案例

苏丹的身份

文莱的苏丹是世界上最富有的人之一。一次,他在曼哈顿的一家百货公司购物,正要结账的时候,销售员要求他证明自己的身份。但是,由于身上没有带任何有效的身份证件,尽管他不断声明自己是文莱的苏丹,但销售员还是执意要求他出示证明。这时,他的一个助手灵机一动,从口袋里掏出一张文莱钞票,原来文莱所有的钱币上都印有苏丹的画像[①]。

4. 文化的功能

1)文化决定事情的轻重缓急

对一个民族至关重要的东西,可能对另一个民族来说根本毫无意义。以财富的积累为例。在太平洋岛国新几内亚的古鲁伦巴,一个富有的人要将自己辛苦积聚的财富,也就是自己的猪,全部用来奢华地款待全岛的居民。因为,只有能够这样款待全岛的人才能真正体现出财富的意义,才能显示出款待者事业上的成功,这样的人常常享有很高的威望。但是,对于一个用尽自己一生的心血来积累财富的美国、中国或者意大利商人来说,这是难以置信的,因为在他们的文化中,资源是需要节俭利用并不断发掘的,而不能大手笔地一次就消耗干净。虽然他们也常常慷慨捐赠,支持慈善事业,但是他们的文化教导他们要珍惜财富,不断地积累财富。是文化在决定事情的重要性程度并决定先后次序,也就是说,文化教给我们以价值观或者帮助我们决定事情的轻重缓急。

价值观是态度的基础,它是还会左右我们的行为。价值观使我们得以判定哪些东西对我们来说是重要的,或者对我们的态度和举止形成价值判断。它隐含着一种相对的价值等级观念。我们可以把价值观看成是一种文化优先关系。在同一文化背景中,不同的价值观受到的重视程度也可能不一样。例如,某一文化可能很看重诚实,却看低走捷径的行为,认为这样做不够诚实。另外,同一价值观在不同的文化中受到的礼遇也会不同。一家日本公司和一家荷兰公司有着商业往来,荷兰这家公司就十分重视出货的进展情况报告,哪怕只是一个小小的零部件,但是等着收货的日本公司却认为没什么大不了的。

---

① [美]艾里丝·瓦尔纳,琳达·比默. 跨文化沟通(原书第3版)[M]. 高增安,马永红,孔令翠,译. 北京:机械工业出版社,2006:6.

2) 文化决定态度

态度是通过学习而形成的，它是对事物的总体评价。态度是一种倾向，它要求对同一样东西、同一种情况或者同一个想法都做出相同的反应。态度就是在价值观基础上形成的对事物的感觉，它可以是积极的，也可以是消极的，还可能是介乎其间的任何一种。态度是可以改变的，尽管有时候比较难。

人们对事物重要性的看法不同，对它的态度也会随之改变。在墨西哥，如果某人的亲人去世了，其同事必须将此视如自己失去了亲人一般；如果公司雇员由于办理丧事而没能在最后期限以前完成报告，那老板也要表示理解。在英国就不一样了。英国人认为，亲人去世纯属个人私事，其他同事会感到遗憾，甚至可能会很难过，但他们绝不赞同可以因此而严重影响工作。事实上，要想处理好这样的情况，就要尽可能按时完成报告，不要让它影响到自己的工作。

3) 文化支配行为

继续讨论上面提到的例子。在英国，当你再次遇见丧失亲人的同事时，简单地表示自己的哀悼之情是最恰当的。如果你们已经共事了很长时间，你也可以送张卡片。但是，在墨西哥，仅仅表示同情是远远不够的，公司同事可能要参加葬礼、送花、义务接送死者家属，还要到死者家里拜访以表哀悼。

人们的行为直接受到价值观的支配，直接来源于对事物价值的判断。价值观促使人们采取行动。在商业交往中，文化的差异首先就表现在行为上，因为行为与待人接物的态度息息相关，是基于文化的价值观排序的外在表现。

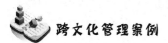

美国和日本员工的不同遭遇

在东京的一家公司里，有一位员工没有能够赶在最后期限之前把报告交给他的老板。具体情况是这样的：由于和妻子不和，上下班后，他就和公司同事一起喝酒，很晚才回家。他喝得头昏脑涨，所以无法用心写报告。他把这一切都向老板做了解释。在日本，员工酗酒和家庭矛盾都不是令人羞愧的事，所以他的上司完全接受了他的解释，并对他的困境表示出父般的关怀。在接下来的几周，这位老板很可能会极力相劝，热心询问他的家庭情况。

然而，在美国工作的员工却说，如果一个雇员解释说他是因喝了太多的酒（不管是不是借酒浇愁来逃避家庭问题）而没有完成报告，那么他很可能会受到上司的双重责备——其一，酗酒；其二，没有按时完成报告。

一般来说，在美国，上司会告诫这样的雇员要学会自控，或者寻求帮助，否则就会以雇员因失误带来令人不快的后果为借口把他解雇。所以，在美国，如果雇员遇到这种情况，他们往往会找其他的托词来解释自己为什么没有如期完成报告。他们可能会对老板说，自己病了，在家休养。

由此可以看到，在美国和日本，对待同一件事情，雇员和上司的行为模式是不同的；对于上司应该扮演的角色的看法是不一样的；上司对于下属的处境的态度也是不同的。所有这些差异都源自一个根本的差别：对于按时上交报告的重要性的价值判断不同。在日本，在最后期限内完成报告可能不及保持上司与下属之间的良好关系重要，因为这种关系是家长式的或者是主顾式的。相反,在美国,雇员按计划完成工作被看成是负责任的表现,这说明员工把公司的成就看成是自己的奋斗目标,并把公司利益置于个人利益之上。当然,在美国和日本这两个国家,也会有个别的人或者公司不会这么做,但总体上对此事的反应是一致的。

2.1.2 文化的层次

在讨论文化时,常常用两个比喻使文化的抽象定义形象化:一个是将文化比喻成洋葱,有层次之分;另一个比喻则是文化冰山说,指出文化的显性隐性双重特征。

1. 文化的洋葱比喻

为了让人们更好地理解文化,霍夫斯坦德把文化比喻成洋葱,包括4层:"符号"代表最外层,"价值观"为最深层,中间为"英雄"和"礼仪",如图2.2所示。

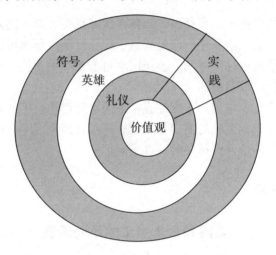

图2.2 "洋葱图":不同深层次的文化表征

资料来源:[荷]G. 霍夫斯泰德. 跨越合作的阻碍:多元文化与管理[M]. 尹毅涛,等译. 北京:科学出版社,1996:8.

第一层是符号。符号有的是语词,有的是姿势,有的是图表或物体,这些东西都有其特定的含义,只有分享这一文化的人才能识别。例如,在日本,喝汤时发出很大的吮吸声音会被认为是你喜欢这种汤的表现;在印度,一个出租车司机左右摇头时,他的意思是他会带你去你要去的地方;等等。

第二层是英雄人物性格。在一种文化里,人们所崇拜英雄的性格代表了此文化里大多数人的性格。因此,了解英雄的性格,很大程度上也就了解了英雄所在文化的民族性格。

第三层是礼仪。礼仪是每种文化里对待人和自然的独特表示方式。例如,在中国文化中,在主要场合吃饭时的位置安排就很有讲究。又如,日本人的鞠躬和进门脱鞋。

第四层是价值观。文化的核心是由价值观构成的。价值观是指人们喜欢某种事态而不喜欢其他事态的一种普遍倾向性,或相信什么是真、善、美的抽象观念,是文化中最深邃、最难理解的部分。

第 2 章　文化-跨文化与跨文化管理

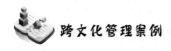

墨西哥人的金钱观

在墨西哥，美国老板给墨西哥工人增加工资，反而减少了工人愿意工作的时间长度，与美国工人的表现迥然不同。究其原因，美国人追求物质利益，对金钱强烈需求，工资增加了，单位时间里赚的钱也越多，自然愿意加班。而墨西哥人的价值观是非常珍视与家人朋友在一起的时间，涨工资了，那每天只需花费较少的时间就可赚同样多的钱，正好可以把业余时间给家人，因此拒绝加班。

图2.2中的符号、英雄和礼仪最终都被归结到"实践"这一项。作为实践，它们是可以为外界的观察者看到的；但它们的文化意义却是无形的，全得靠这一文化圈内的人通过实践去确切地表示出来①。

2. 文化的冰山比喻

澳大利亚国立大学的布鲁斯·史坦宁教授在讲授跨文化管理课程时，用冰山这个概念来形容文化所具有的不同层次。他把文化比喻成"冰山"：一座浮在大洋中的冰山，七分之一在水面之上，七分之六在水面之下（图2.3）。即冰山的一小角显而易见，如打招呼、使用名片、办公室的穿着、用餐礼仪、风俗习惯、社会传统等。只要你是一个敏锐的文化观察者，通常都不会引起严重的跨文化问题。但是，一座冰山的大部分都深藏在海面以下，而这部分才是造成海难的原因。在我们与文化背景不同的人相处时，引发问题的诱因也多为文化中被深藏的一面，如藏于文化表面下的价值观、信仰、思考及沟通模式等。这些看不见的文化差异，往往在跨文化关系中造成"海难"。下面这张清单罗列了非语言沟通中的一些禁忌：

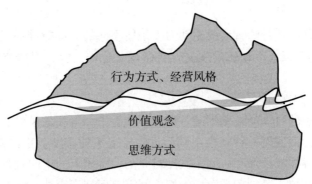

图2.3　文化的冰山理论

资料来源：张静河. 跨文化管理[M]. 合肥：安徽科技出版社，2002：120.

在科威特，不要拒接你的生意伙伴递给你的咖啡。
在泰国，不要跷起"二郎腿"，把自己的脚尖指向别人。
在日本，不仅要脱掉外衣只穿衬衫工作，除非你的日本同事先这么做。

---

① 朱筠笙. 跨文化管理：碰撞中的协同[M]. 广州：广东经济出版社，2000：34-35.

在中国，作为贵宾参加宴会时不要自取食物。

在委内瑞拉，如果你和一位商人约好见面，在等了他半个小时或者更长时间后，千万不要生气。

当然，这种列在清单上的禁忌是非常确切的，但如果我们不深入该文化的"海平面"下去进行了解，是很难解释清楚为什么在特定的地方应该这么做或者不应该那么做的。由于文化具有连贯性，是由纵横交错的各个部分组成的有机整体，只有懂得了"为什么"，才知道应该"怎么做"。

依据内在的文化因素，我们分析一下出现在上面清单上的项目。科威特人待人友好，拒绝咖啡会伤害到科威特人的感情。在崇尚佛教的泰国，脚尖是人体距离天堂最远、对佛祖最不敬的部位，把脚尖朝向他人是不尊重他人的表现。同样，泰国人把触摸他人的头也视为不敬，因为，对他们来说，头部是神圣的地方。还有，如果你坐在寺庙里，把脚尖指向佛祖也是不敬的。在日本，与众不同和标新立异都有碍于社会的和谐统一，一切有关形式的问题，如着装，都以统一为最高原则。在行动上也是一样，例如，其他人都站着，你却坐着；或者，其他人都坐着，你却站着，这些都是不恰当的。在中国，如果客人表现得很饥饿而自取食物，会让主人很没有面子，因为应该是主人招呼客人吃饭、夹菜，哪怕是客人吃不下了也是这样。在拉丁美洲的文化里，时间观念是很灵活的，只要事情做得好，时间可以任意延长。尽管在一些文化看来，让人久等是很不礼貌的，但在拉丁美洲，事情能够拖多久就会拖多久，主人会和到访的客人交谈尽可能长的时间，即使这意味着下一位约会的人得耐心地等待，他们也在所不惜。你可以想象一下，当拉丁美洲人看到其他文化背景的商人为了早些到达而结束一个会面后匆忙赶赴另一个约会时，他们会怎么想呢？

3. 文化的基本范畴

文化是人类各种举止行为背后的驱动力，是使不同的人群能够加以区别的东西。以下所提供的10对范畴可以成为理解宏观文化或微观文化的工具，对研究任何人类的群体都有帮助。

1）自我感和空间感

各种文化所表达的自我舒适感不同。在一个社会中，自我的身份和自我评价可以通过卑微谦逊表现出来，而在另一种社会中则通过咄咄逼人的态度表现出来。在有些文化中，独立性和创造性与群体的合作和协调是截然对立的。美国人的空间意识是在人与人之间保持较远的距离，而在拉丁美洲和越南，人们之间需要保持亲密感。

在不同的文化中，办公空间的大小和布置反映了不同的文化价值观。

美国办公室的大小和位置反映了一个人的成就、重要性、权力及在组织等级结构中的地位。在这个许多办公室都没有窗户的国度里，窗户是地位的象征。高层管理人员的办公室通常在顶楼，那里有很多开有窗户的办公室。例如，在美国中西部的大学里，办公室的分配是与资历挂钩的，每一位教授的共同目标都是，最终在为数极少的、靠外面且带窗的办公室中拥有一间自己的办公室。

当法国人看到典型的美国办公室和这些办公室里人为的灯光时，他们觉得可怕。因为，在法国和德国，每一位员工都有使用自然光的权力。他们感到迷惑：人们怎么可能在没有自然光的环境中专心工作？德国法律规定：学校必须有窗户，而且窗户的尺寸、面积应该至少等于教室面积的 2/3。

在日本，个人需要融入集体，尊重集体的目标与规范。和谐是至高无上的原则。所以，在日本，一种典型的办公室布局是，沿着办公室的外墙有许多档案柜，员工们以组为单位坐在屋子中央的大办公桌周围。许多情况下，这些桌子都是普通的桌子，没有抽屉，所有东西都放在桌面上。员工们面对面坐着，课长坐在上位。日本人相信，这种布局强调了集体的重要性和团队合作的必要性。当一个雇员需要与同桌或者邻桌的同事讨论问题时，他会走到离档案柜较近的桌子，以避免打扰他人。日本办公室的另一种大型布局是，每人一张办公桌，而且都朝同一方向摆放，有时候课长坐在屋子前面，面对员工；很多情况下，课长坐在后面，在所有员工的背后。美国和加拿大人对这种布置很不以为然，他们感觉，在他们工作的时候，好像有人一直在监视着自己。日本人习惯于相互监督和遵守规范，对这种布局很少存有疑问。在工作中，员工首先是集体里的一员，而不是注重个人隐私的个人主义者。

2）沟通方式和语言

沟通的系统，无论是语言的还是非语言的，都可以将不同文化的人群区分开来。除了众多的"外国语"之外，一些国家本身就有 15 种以上的不同语种（在一种语言群体内，还存在方言、口音、俚语、行话等不同的变体）。而且，不同文化中，相同的手势也有不同的意义。因而，尽管身体语言可能具有普遍性，但各地的表现形式各不相同。甚至，在同一种语言体系中，由于沟通方式使用不当，也会带来不好的结果。

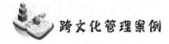

跨文化管理案例

三个人的心愿

一位推销员、一位文秘和一位经理正要去吃午饭的时候发现了一盏古老的油灯。当他们擦拭这盏灯的时候，一个妖怪从一阵烟雾中冒了出来。这个妖怪说："我通常只许三个愿，所以我要让你们每个人都许一个愿。"

"我先来，我先来！"文秘说道，"我想驾着高速游艇到巴哈马群岛去，而不管这世上发生了什么事情。""噗"的一声，她已经不见了。

惊讶之中，推销员说："我是第二个！我是第二个！我想到夏威夷去，在海滩上放松放松。那儿会有喝不完的冰镇果汁朗姆酒，还有我生命中所爱的人。""噗"的一声，他也不见了。

"好了，轮到你了。"妖怪对经理说。经理回答道："我想让那两个人午饭后马上回到办公室。"①

这个故事的寓意是：一定要让你的上司先发言。

3）服饰与仪表

服饰与仪表包括外衣、装饰品（或没有装饰品）以及对身体本身的修饰等方面的文化差

---

① [美]艾里丝·瓦尔纳 琳达·比默. 跨文化沟通（原书第 3 版）[M]. 高增安，马永红，孔令翠，译. 北京：机械工业出版社，2006：105.

异。我们所熟知的如日本的和服、非洲人的文身、英国人的礼帽与雨伞、爱尔兰男人的裙子等。

按照习惯与他人的预期来着装显示了我们对传统的尊重，并会为将来的交际打下基础。人们能从一个人穿着的细微方面判断他来自哪里。

两位美国教授坐在德国一家公司的外贸部办公室里，等待商谈业务。这时，另一位商人走了进来，坐下，很明显他也是在等待会面。没有和刚来的人交谈，也没有听到刚来的人说话，两位教授对视了一下，然后得出结论：他也是美国人。他们是怎么知道的呢？有纽扣的衬衣领子、西服的款式、尖皮鞋都是明显的信号。他们猜得完全正确，这位商人的确是美国人。

一般情况下，男性的正装在全世界普遍统一，然而也有区别。虽然西服、衬衣与领带被普遍接受，但是，它们的款式大不一样。欧洲人的西服比美国人的西服做工更加精细，显得更有朝气。非常正统的职业装在欧洲几乎已经看不见了。相比之下，日本人仍然比较保守，他们倾向于穿灰色或黑色的西服，搭配白衬衣。阿拉伯人可能穿西服，但是，在阿拉伯国家进行商务活动时，他们通常穿传统服饰——漂亮的长袍，戴头巾。

妇女的服饰更加复杂。美国的职业女性倾向于穿套装。德国年轻的职业女性的穿着通常是一条短裙外加一件衬衣。法国职业女性比美国职业女性穿着更女性化，更加时髦。日本妇女经常在办公室充当服务员角色，端茶倒水，迎送客人。她们没有必要担心她们的衣着，公司会给她们提供制服，通常是一件保守的西服套上一件女衬衣、一副白手套、一顶帽子。然而，越来越多的日本女性加入了公司管理培训项目。她们可以通过仪表的改变来暗示自己的地位已经发生了变化。

4）食物与饮食习惯

不同文化在食品的选择、制作、端送方式和吃法上常常不同。一种文化中的宠物在另一种文化中则成为美味佳肴，如狗就是如此。美国人喜欢吃牛肉，但牛肉在印度却是禁食食品；猪肉在穆斯林和犹太文化中是禁食的，而在中国和其他一些地方则成了大众化食品。饮食习惯也是不同的，有的直接用手，有的用筷子，有的用成套餐具。即使同样使用叉子，欧洲人与美国人的握法也大相径庭。

5）时间与时间观念

各种文化对时间有不同的观念，有些文化持有准确的时间观，有些文化的时间观是相对的。一般而言，德国人以严守时间而著称，而拉丁人对时间则较随意。在一些文化中，是否守时是由年龄和地位决定的。在员工会议上，下属要按时参加会议，而老板则可以姗姗来迟。而在另一些文化中，人们并不以时分来计时，而是根据太阳的升落来安排时间。

以季节来计时的时间观在不同文化中也不相同。在世界的一些地区把一年分为春、夏、秋、冬四季，有些地区则分为雨季和旱季。

6）人际关系

文化确定了由年龄、性别、地位、辈分及由财富、权力和智慧构成的人际和组织关系。家庭单位是最典型的体现。这种家庭单位大小不等，如在印度的一户人家中，在一个屋檐下，一对夫妇及孩子会与父母、伯伯、叔叔、姑姑、婶婶和侄子、侄女生活在一起。在这种房子中，一个人的住处常由性别所决定，男性住在房子的一边，女性住在房子的另一边。在世界上，有的地方实行一夫一妻制，有的地方实行一夫多妻制。

在有些文化中，家庭的权威人士是男性，这种固定的关系从家庭扩大到社区，这就解释了为什么一些社会在民族的大家庭中，倾向于选出男性作为国家元首。在有的文化中，年长者是受到尊重的，而在有的文化中则不然。在有的文化中，女性必须披戴面纱和表现得恭顺，而在有的文化中男女的地位是平等的。

文化中的人际关系也会影响到商务领域。在以关系导向为主的文化中，人们倾向于与熟人做生意，拒绝与陌生人打交道。例如，在东南亚的一些国家，如果没有熟人引进，当地人是不愿意与外国人做生意的。

7）价值观与规范

正如不同的行为在群体中的优先顺序不同一样，文化的需求系统也是变化的。那些为解决温饱问题而努力的人们，自然会看重吃、穿、住等生存问题；而那些具有较高安全需要的人们则重视金钱、工作性质、法律和秩序等实用性的事情。

一种文化从价值观中衍化出一系列的行为规范。这些为社会成员所认可的标准的范围既包括工作伦理或乐趣，也包括对儿童的绝对服从的要求或纵容；既包括妻子对丈夫的严格的遵从，也包括妇女的完全解放。正如一位人类学家所提醒我们的那样，不同文化中的人们对不同事情的感觉——欣喜、关注、烦恼，是完全不同的，因为他们是以不同的前提感知世界的。由于习俗是可以继承的，有的社会文化把诚实作为本社会做人的标准，但对外来人则采用较为宽松的标准。

习俗有许多表达方式，如送礼方式、婚礼、丧礼、出生礼仪的方式等，在不同的文化中的寓意都不相同。例如，花卉的习俗，荷花在中、印、泰、埃及等国，被喻为"出淤泥而不染"的"花中君子"，在日本则被视为不吉利，意味着祭奠。荷花是印度的国花，印度是佛教的发源地，佛家视荷花为圣洁吉祥之物，观音菩萨的基座就是由荷花瓣组成的。菊花是日本皇室的专赏花卉，国民十分尊重它，中国人也有赏菊的雅兴，但是在意大利和拉美国家，它被视为"妖花"，只能用于墓地和灵前。郁金香是荷兰的国花，在土耳其是爱情的象征，在德国人眼里却是无情无义之物。杜鹃花是尼泊尔的国花，然而，在国际社交场合忌用杜鹃花已成为惯例①。

8）信仰与态度

可能最困难的事情莫过于对人的信仰问题进行分类，以及该信仰与其他因素是如何影响他们对自身、对他人、对世界上所发生事情的态度的。所有文化中的人们似乎都对超自然的现象给予关注，这可以从他们的宗教实践活动中得到证明。例如，古代人就有一种被我们称作"灵魂"的精神存在物的信仰。在人类发展的历史上，这种精神上的感觉也在发展演化。直至现在，许多现代人还使用诸如"宇宙知觉"来描述他们所信仰的超凡力量。各种文化中的宗教传统也自觉和不自觉地影响着我们对生、死及来世的态度。西方文化似乎受到基督教和犹太教的更大影响，而东方文化似乎受到佛教、儒家文化和印度教的主宰。从某种程度上说，宗教表达了人们对生活中的重要事物的哲学认识，它受到文化影响的同时也在影响着文化的发展。

妇女在社会中的地位如何也表明了这种信仰。在一些社会中，女性被奉为神圣，如云

---

① 蔡建生. 跨文化生存[M]. 广州：南方日报出版社，2004：77.

南丽江的摩梭人至今仍保留着母系社会的传统,老祖母的地位至高无上。有的社会男女是平等的,而在有的社会,女性被认为是男性的奴仆,被当作牛马一样对待。

人们的宗教信仰体系在一定程度上取决于人类的发展阶段:处于氏族社会的成员和原始社会的人们都很迷信,例如,西印度群岛和美国南部等地某些黑人中流行的巫术伏都教就反映了这种情况。有些宗教宗派仍处于农业发展阶段,而有些先进社会,人们很少相信宗教,取而代之的是信仰科学。

9)心理过程与学习

一些文化强调自身智力的发展超过其他文化,所以我们可以看到人们思维和学习的方式的极大不同。有的文化人类学家认为思想是一种主观的文化,它是一个包括人们如何组织和处理信息的过程。在生活中的特定场合,学习或是不学习特定的信息,或以什么方式学习,都是明确界定的。例如,德国人强调逻辑,而日本人则拒绝西方的逻辑观念。中国人偏好综合思维,思维上整体优先,英美人偏好分析,思维上部分优先。一些文化喜欢抽象思维和概念化,而有些文化则倾向于机械的记忆和学习。各种文化的共同点是,它们都有自己的推理的过程,但这个过程又具有各自独特的方式。

10)劳动习惯和实践

检验一个群体文化的另一个指标是它对劳动的态度,包括占主导地位的劳动类型、分工、工作的习惯和实践,如提拔和奖酬制度。劳动可以被定义为以生产某种产品或完成某件事情为目的的努力或尝试。有很多词与劳动有关联,如劳动力、雇佣、辛劳、职业、行业、专业等。一些文化信奉使全体成员都乐于从事劳动并从中实现自己价值的劳动伦理。在另一些文化中,这种劳动价值仅是狭隘地与劳动收入联系在一起。在过去或者在宗教活动仍然很流行的地方,劳动被认为是服务于上帝和他人的。在日本,对家庭忠诚的文化传统被转换到组织中,形成了群体参与、沟通和公示的高质量的劳动表现。

在一个国家中,劳动可以被理解为大多数人的主导职业性活动。在人类发展的各个阶段,人们依其工作特点分成猎人、农民、工人、知识分子和服务人员。大多数经济发达的社会正从一种工业化劳动向后工业化或技术化劳动文化转变。在19世纪,劳动还需要大量的体能支出,而今天,由于劳动和工具性质的转变,劳动需要更多的情感和精神的支出。劳动作为谋生的手段的态度正在改变,劳动和娱乐的界限也在消失。劳动的概念也从生产物质产品转向非物质产品,如信息处理和服务。

上述10种基本范畴是我们确定一种特色文化的简单模式。它并未包括文化的每一个方面,也不是分析文化的唯一方式。这种方法只是使管理者能系统地考察一个人。这10种划分方法只是理解文化、认识文化的一个简单的开始,它也可以用来研究一国主流文化中的亚文化。需要记住的是,所有的文化因素都是具有内在联系的,如果变化了其中的一部分,就会牵动其整体的变化。

2.2　文化生态与文化圈

文化圈的概念和理论,在20世纪初就已形成和完善,但这种研究是一种纯文化的研究。随着日本及"亚洲四小龙"经济的崛起,人们开始运用文化圈理论来研究它们经济成长背后的原因，提出了"儒教文化圈"的理论，开始把"文化圈"的概念与理论应用到对管理形态及模式的研究中。德国史学家弗里茨·格雷布纳和奥地利语言学家、民族学家威廉·施米特就是这方面研究的代表。

2.2.1 文化圈理论①

1. 格雷布纳的文化圈理论

格雷布纳从文化传播和发展的角度提出文化圈理论，他认为：

（1）文化圈是一个地理上的空间，它在内容上是一个由若干数量的文化物质构成的文化丛，丛内的各种文化特质均散布于该文化圈的地理空间之中。

（2）他认为，每一个文化圈总是起源于一定的空间和时间，由于传播，部分文化圈发生重叠，从而使每一地区一般都存在着若干时间上有先后的文化圈，这就是文化层。

（3）文化层的层序反映文化发展的时间顺序和传播路径。

2. 施米特的文化圈理论

施米特在格雷布纳理论的基础上做了修正和新的发展，他摆脱了文化圈理论在格雷布纳理论中所具有的纯地理性标志的特征，赋予它更广泛、更普遍的意义，使它具有文化发展的世界历史阶段的性质。他认为：

（1）如果一个文化丛包括了人类文化的主要范畴，如器物、经济、社会、宗教和道德，这个文化丛就可以成为文化圈。文化圈具有自足性、独立性和恒久性。自足性是指文化丛必须包括可以满足人们生活的各种重要范畴。而具备了自足性的文化圈，也就具有了独立性。文化圈的恒久性则意味着构成文化丛的各主要范畴的固定不变。一般来说，一个文化圈占有的地域越广大，就越持久不变。

（2）文化圈在地理上包括一大群部族和民族，通常是若干民族群的综合体。因为只有这样，它才能抵抗外来影响，历久不变；也正因为它具有一切主要的文化范畴，它才能满足该地域人们的需要。

（3）文化圈是一个有机整体，构成它的各个文化范畴在功能上是相互关联的。诸如经济、器物、社会、道德、宗教等范畴，并不是彼此无关地排列在一个地域内的，而是相互联系在一起的。

（4）文化圈有多种类型，若以地理分布特征划分，有地理上相连的文化圈、被其他文化冲破的文化圈、洲际文化圈、两个或更多间隔胶原地带形成的文化圈等。

上述文化圈的概念对研究管理模式的发展、演变及范围有着十分重要的意义。从以国家为单位的范围来看，各该国的管理模式肯定是不同的，但若从一个大文化圈的范围来看，属于同一文化圈范围的各个国家文化，其管理模式肯定会有相同之处。这就为研究管理模式的移植、转移、嫁接提供了更广阔的视角。

---

① 胡军. 跨文化管理[M]. 广州：暨南大学出版社，1995：50-51.

2.2.2 文化生态

1. 文化生态的定义

文化生态是指文化适应其生成环境而产生的不同形貌,它反映着文化发育的地理背景给予文化的作用和制约。如大陆文化、海洋文化、岛国文化等。

2. 人类历史上的 4 种文化生态[①]

让我们超越国界和种族的区分,从整体上鸟瞰人类文明的发展进程,我们发现,沿着自东向西的方向逐次成功地出现了 3 种文化生态:古老的沿河文化生态(黄河、印度河、底格里斯河、幼发拉底河及尼罗河)、地中海文化生态、大西洋文化生态和可能出现的环太平洋文化生态。所有这些文化生态都以水为立足点,在特定的历史时空里凭借必要的环境条件发展了自己的特性、追求和潜能,创造了灿烂的历史文明,如图 2.4 所示。

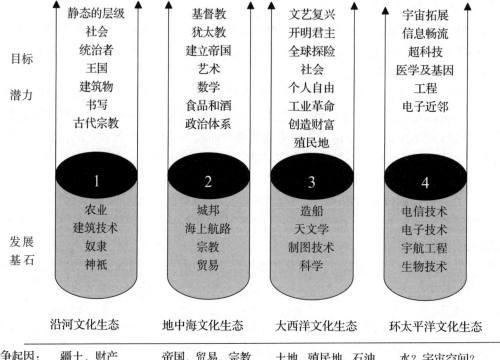

图 2.4 四个文化生态

资料来源:[美]理查德·刘易斯. 文化驱动世界[M]. 李家真,译. 北京:外语教学与研究出版社,2007:128.

---

① [美]理查德·刘易斯. 文化驱动世界[M]. 李家真,译. 北京:外语教学与研究出版社,2007:123-129.

1）沿河文化生态

早期黄河及印度河谷文明诸文化与地中海与大西洋诸文化之间的联系我们所知甚少，但对稍后的两河文明及尼罗河文明的沿河文化生态却有足够的了解，并能确定它们的一些特征对后起文明的发展起到了怎样的先导作用。苏美尔人在公元前三千年发明了书写和轮子。巴比伦人和古埃及人在建筑方面取得了辉煌成就——金字塔和古代世界七大奇迹①就出现在这个伟大的时代。强大的王国在努力劳动的基础上建立起来，神祇、古代宗教及盛大的典礼占据着舞台的显要位置并深入当时人们的心中。农业为广泛的游牧活动画上了句号，它给了人们更多的自由，也为拓疆行动带来了更多的机会。这一时期出现了等级森严的静态社会，它为盛行于此后四千年的各种社会制度奠定了基础。

2）地中海文化生态

地中海文化生态植根于克里特岛②、古代希腊和罗马，它有自己的独特使命。风格崭新的宏伟建筑仍然随处可见并占据着重要的地位（特别是在希腊），但政治制度却迅速趋于精巧复杂，在希腊城邦时代及稍后的罗马列帝国形成时期更取得了长足的发展。除了政治以外，这一文化生态还取得了以下推动历史进程的成就：现代基督教和犹太教的产生、西方艺术和数学的创立、食物和酒浆的精加工以及由繁忙的贸易驱动的对地中海地区的探索。腓尼基人、希腊人、迦太基人③、阿拉伯人及罗马帝国边缘地区的民族提高了贸易地位，使之成为人类活动的重要形式。不过，这一时期的贸易时常受到战争的侵扰（战争起因于帝国之间的冲突、宗教以及贸易本身）。这是一个有限（地区内）发现的时代，其中出现了科学的萌芽、一定程度的种族霸权及在已知世界——其中心无疑是地中海——范围内的财富积聚。在这一文化生态后期的几个世纪里，阿拉伯人的表现令人瞩目。在第一个千年结束之时，伊斯兰教的科尔多瓦④是西欧最文明的城市，也是中国之外的世界上最大的城市。在公元711年渡过直布罗陀海峡的阿拉伯人/柏柏尔人很快到达了法国。他们没在那里待多久，但却在西班牙停留了相当长的时间。

3）大西洋文化生态

大西洋文化——尤其是在毗邻北大西洋的地方——的基础是人类构建社会的不懈努力。这里的人们不仅齐心协力地发展着更为高级的政府形式，也在科技、造船、天文学、

---

① 公元前2世纪的希腊作家安提佩特最早提出了"世界七大奇迹"的说法。最后确定的名单中包括巴比伦的空中花园、罗德岛的太阳神雕像、哈利卡纳苏的摩索拉斯陵墓、埃及的吉萨金字塔、亚历山大城的灯塔、奥林匹亚的宙斯巨像及以弗所的阿尔忒弥斯神庙。囿于古代人的见识，这些建筑都位于西亚、北非和地中海沿岸地区。

② 克里特岛（Crete）是希腊东南沿海的一个岛屿，为世界文明发源地之一，其文明于公元前17世纪达到了顶峰。

③ 腓尼基是由地中海东部沿岸城邦组成的古国，位于今叙利亚和黎巴嫩境内。到公元前1250年，腓尼基人成为地中海地区最著名的航海家和商人，并建立了许多殖民地。迦太基是非洲北部的古代城邦，位于今突尼斯东北部突尼斯湾沿岸，由腓尼基人于公元前9世纪建立。

④ 公元711年，以北非柏柏尔人为主的阿拉伯人军队渡海进攻西南欧并占领了西班牙。后来，伊斯兰倭马亚王朝的后裔在安达卢西亚建立了后倭马亚王朝，首都是科尔多瓦（即中国古史中的"白衣大食"）。阿拉伯人在西班牙的统治直到15世纪晚期才结束。

制图等方面取得了显著成就,并最终向着全球探索迈开了大步。浩荡的大西洋本身就是对人类的挑战,哥伦布、麦哲伦及其他一些人接受了这一挑战,文化生态由此迅速覆盖了大洋两岸。瓦斯科·达·伽马绕非洲航行并到达了印度,开辟了欧洲和远东之间的交流通道,它就是第一条信息高速路。这是个文艺复兴的时代,也是意大利的光辉时代,其中涌现了路易十四、凯瑟琳大帝和腓特烈大帝①等开明君主及笛卡儿、弥尔顿、洛克、杰斐逊、富兰克林和达尔文等知识分子。这一时期的成就在很大程度上是物质的——土地开发和殖民扩张、迅速增长的财富、空前丰富的物产及全球探索和征服。这一时期战争的起因多半是对殖民地、贸易路线及港口控制权的争夺,后来还出现了争夺石油资源的战争。大英帝国的势头随着工业革命的结束而减弱,年轻的美国则蒸蒸日上。

4)环太平洋文化生态

环太平洋文化生态的基础不会是工业或政治成就,它将以电信产业、电子科技、航空航天过程及生物技术为依托。硅片使大部分工业制造程序成为历史,它的不断发展——加上遗传工程、医学及营养科学方面的进步——将决定我们生活、工作和被管理的方式。大型联合企业——其中许多是植根于电子科技的企业——手中的资产和权力大大超过了世界上半数的政府。信息产业革命以其令人难以置信的发展速度使得某些特定群体在不同程度上拥有了规避国家决策机器的能力。

最新的信息科技造成了"电子近邻",它将拉近隔太平洋相望的强大邻居们——中国、日本和美国(特别是加利福尼亚州)——之间的距离,使它们如同比邻而居。太平洋虽然大得足以容纳地球上所有的土地,但却会因人们在信息共享方面的合作而"缩小"。信息可以跨越国家之间的疆界,"电子近邻"更将促进地区内的民主化进程。要达到这一目的,他们就必须接受处于优势地位的民主国家所制定的规则,这些民主国家正在开始创建"信息市场"。

环太平洋各国在文化上大相径庭,但它们都会积极投身于信息交流当中——信息交流是最古老的交流形式,只不过它的范围现在已经扩展到了全球。人们已经把环太平洋地区看作是 21 世纪人类奋斗目标——例如宇宙探索、最大信息交流及医学和遗传学方面的超科技②等——的发射台。世界上最大的 10 个国家中有 5 个——中国、美国、日本、印度尼西亚和俄罗斯——共享着浩瀚的太平洋。这 5 个国家拥有地球上 1/3 的人口,而墨西哥、加拿大和澳大利亚也将对环太平洋地区的发展产生重要作用。

人们曾把太平洋描述为日本未来的内湖。这种说法高估了日本的力量,更严重低估了中国的影响及美国加利福尼亚州和其他地方科学家和研究人员的聪明才智。中国最终将主宰大半个太平洋,而这并不仅仅是因为其人口的压倒优势。美国、日本和朝鲜会在太平洋

---

① 绰号"太阳王"的路易十四是法国历史上在位时间最长(1643—1715)的国王。他在统治期内建筑了宏伟的宫殿,并扩大了法国对欧洲的影响;凯瑟琳大帝即俄国女沙皇叶卡捷琳娜二世(1762—1796年在位),她极大地拓展了俄国的疆域;腓特烈大帝是指普鲁士国王腓特烈二世(1740—1786年在位),他使普鲁士在欧洲取得了巨大的军事优势。

② 超科技是一个科学技术学上的概念,指超常规科学技术,即科学技术变革时期孕育的大量非常规、不规范的交叉学科、边缘学科、横向学科和综合学科。一些科学技术学学者认为 21 世纪将是超科技时代的开始。

第 2 章 文化-跨文化与跨文化管理

地区扮演重要角色,但这一地区的富裕和主导地位将主要由海外华人促成,他们已经蓄势待发。目前,海外华人控制着泰国 75% 的上市公司,这一比例在印度尼西亚、菲律宾、马来西亚和新加坡分别是 72%、50%、60% 左右和 81%。

我们完全可以把环太平洋地区在经济上——也许还有政治上——的杰出表现定义为下一个伟大文明,但这个地区不太可能变成一个明显的文化统一体。环太平洋各国的文化差异过大,反应型的亚洲人、多元主动型的墨西哥人和智利人及线性主动型的加拿大人、美国人和澳大利亚人有着各自不同的文化追求。但是,很可能会出现一种太平洋精神(Pacific Ocean Mentality),它将尽情地沐浴着科技的光辉,并将取代逐渐老去的大西洋精神。拥有惊人科学成就的太平洋"时代"必将是人类历史上最为辉煌的一个时代。

3. 文化生态与文化圈的关系①

文化生态对文化圈的形成从而对经济及管理模式的形成会产生重要影响。地理环境影响文化的因素主要有 5 个方面:文化圈的地理位置、地形、土壤、气候、资源等。

地理位置就是文化圈的空间方位,如东方、西方、大陆、海洋、内地、沿海、岛国等区域划分。由此而带来了区域的文化差别,相应的则有"东方文化""西方文化""大陆文化""海洋文化""内地文化""沿海文化""岛国文化"等分别。

地形即文化圈的地表构造,如高原、盆地、山区、平原等,相应也会产生诸如"高原文化"等文化区域。其他如土壤、气候等同样会产生相应的文化圈。

对于文化生态与文化圈的关系,胡潇(1991)认为,人类在长期的生存发展中,首先,依据地理环境形成了不同物质的文化心理和文化行为方式。例如,依据资源条件,便有了农业、牧业的划分,逐步形成"农耕文化""游牧文化""渔业文化"的特质。其次,不同的地理环境给予生存于其中的人们对社会生活的文化选择以特定的影响。一个国家、一个民族之所以在某一历史时期会形成有这样和那样特征的社会体制,由人们的抑制作用贯彻于其中。但从文化学的角度看,这种选择意志便不是个别人或部分人的纯心理产物,而是人们依据在特定地理条件下形成的生产力特质、社会活动特质,经过相互作用的文化冲突、价值遴选而形成的对社会体制的一种合理认定。

马克思曾经从地理环境的角度分析评价过亚洲的社会生活体制。他指出:"气候和土地条件,特别是从撒哈拉经过阿拉伯、波斯、印度和鞑靼区直至最高的亚洲高原的一片广大的沙漠地带,是利用渠道和水利工程的人工灌溉设施成了东方农业的基础。……节省用水和共同用水是基本的要求,这种要求,在西方,例如在费兰德和意大利,曾使私人企业家结成自愿的联合;但是在东方,由于文明程度太低,幅员太大,不能产生资源的联合,所以就迫切需要中央集权的政府来干预。因此亚洲的一切政府都不能不执行一种经济职能,即举办公共工程的职能。"②

从马克思的这段话中,我们已经可以看到文化生态—文化圈—管理形态的联系了。而事实上,地理环境—文化模式—管理模式本身就有着紧密的联系。以岛国的文化及其经济

---

① 胡军. 跨文化管理[M]. 广州:暨南大学出版社,1995:54-55.
② 中共中央马克思恩格斯列宁斯大林著作编译局. 马克思恩格斯选集(第 2 卷)[M]. 北京:人民出版社,2005.10:64.

发展为例，以英国、日本、"亚洲四小龙"为代表的"岛国"（或半岛，有些是地区）曾在人类经济发展史上创造了奇迹，其独特的地理环境及相应的文化形态对其管理模式的影响发挥了重要作用。

2.3 文化与管理的关系

2.3.1 管理也是一种文化

美国著名管理学家德鲁克认为，管理不只是一门学科，还是一种文化，有它自己的价值观、信仰、工具和语言。管理是一种社会职能，隐藏在价值、习俗、信念的传统里，以及政府的政治制度中。管理也是文化。

所谓"管理文化"主要是指管理的指导思想、管理哲学和管理风貌，它包括价值标准、经营哲学、管理制度、行为准则、道德规范、风俗习惯等。它是一个特定民族、社会、文化圈的特定文化对管理过程的渗透和反映。

文化也是一种管理手段。文化对企业管理和发展具有十分重要的作用。第一，它是用共同的价值标准培养企业意识的一种手段，可以统一员工的思想，增强企业的内聚力，加强职工的自我控制。第二，能激励员工奋发进取，提高士气，重视职业道德，形成创业动力。第三，它是一个企业进行改革创新和实现战略发展的思想基础，有助于提高企业对环境的适应性。第四，有利于改善人际关系，是全体产生协同效应。第五，有利于树立企业形象，提高企业声誉，扩大企业影响。事实上，世界上许多成功的公司和企业都有自己独具特色的"管理文化"。例如，麦当劳公司，其在全世界拥有的分店比美国的分店还多，遍布全球118个国家，且每17小时就有一家分店开张。公司之所以取得如此骄人的成就，与麦当劳提倡的"快乐文化"不无关系。

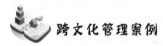
跨文化管理案例

麦当劳的快乐文化

麦当劳的企业文化由3个部分组成：

（1）"Q、S、C+V"精神：质量，周到的服务，清洁的环境，为顾客提供更有价值的食品。

（2）麦当劳的作风：顾客第一；高效、快速；"苛刻"的管理。

（3）麦当劳的营销策略：麦当劳叔叔；以情感人；连锁经营；知人善任。

麦当劳的企业文化是一种家庭式的快乐文化。有人评论麦当劳在中国上演新文化帝国主义，强调其快乐文化的影响，甚至说有麦当劳的国家不会进入战争。

麦当劳的同事之间不论管理级别彼此称呼对方名字，大家在一起感觉很轻松，像一家人。员工在工作上犯错误没关系，只要你不是严重违反公司的有关政策和规定，麦当劳不会开除你。

人在于用，每个人都有长处，麦当劳一直提倡对人应表扬于众，提倡分享经验而不是高压。

麦当劳不是靠人员流动而主要靠培训来解决员工的发展和提高问题，公司每年仅培训费用就达1 000多万美元。

2.3.2 文化与管理具有共生性

文化与管理的共生性,主要指管理也是伴随着文化的发展而发展的,它本身也是文化发展中表现出来的一种物质。以中西方文化变迁为例,如图2.5所示。司马云杰先生认为[①],西方文化模式主要起源于古希腊文化,它是在海上竞争环境中发展起来的,一开始就充满了自由竞争的精神。由于海上贸易多有不测之事,为祈求神的保佑而发展为宗教;为了进行物与物的交换,首先必须进行人与自然的交换,于是发展了自然科学技术;自然科学技术发展了,人与自然界的交换越来越多,为了把有限的资源合理地分配到多种用途和社会需求上,于是发展了经济及研究经济的学问——经济学;为了使有限的资源得到有效、合理的使用,于是发展了管理学;经济发展了,为了争而不乱,于是发展了法律。所以西方文化模式的主要结构不外乎4种基本特质:一是宗教神学;二是科学技术;三是经济学;四是法律;而哲学则是关于人与神、人与自然、人与物、人与社会的思辨。这种文化模式结构规定了人的价值取向是宗教的、自然的(科学技术)、物质的(经济)、法律的。而中国的文化模式则主要是在封闭的黄河流域土地上创造和发展起来的。它的主要结构是个体农业和宗法家庭。以农业为基础,故质朴厚重,绵延世泽,富有土地的生命力;以宗法家庭为主体,故尊祖宗、尚人伦、重感情。中国儒家思想可以说是这种文化模式的核心,它的价值取向主要是土地、道德和礼教。这也是历史上的中国经济、管理、科学技术

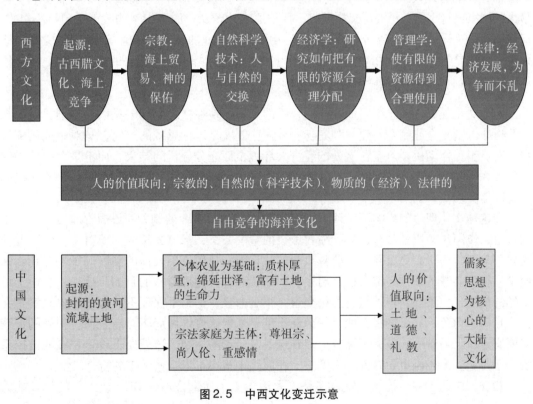

图2.5 中西文化变迁示意

---

① 司马云杰.文化价值论[M].济南:山东人民出版社,1992:85-90.

没有得到充分发展的原因之一。

2.3.3 文化对企业管理的影响①

1. 文化对企业组织结构设置的影响

文化对企业结构设置的影响表现在两方面。一是企业结构。相对来说，西方国家强调平等的理念比东方国家要强一些。因此西方最早提出了组织扁平化的概念。如比较美国企业和中国或者韩国企业，可以发现美国的企业结构比中国或韩国的企业要扁平一些，层级更少。但当我们比较美国的传统企业如波音和北欧一些国家的企业时，又发现北欧国家的企业其内部的层级更少，更扁平。从文化角度去看，北欧文化的平等观念是深入人心的，人们从内心深处感到人与人之间的平等。二是企业的决策程序，是自上而下为主，还是由下而上为主。这与企业的层级结构相对应，亚洲国家的企业决策通常是自上而下，一般都是上面做好决策之后往下传达贯彻，很少听取下面的意见；而西方社会就更多是由下而上的决策，有时即使不完全从下开始，一般也会给下面的员工反馈的机会，以便修正原先决策。

现在，西方管理越来越趋向于组织的扁平化、决策的民主化，例如，多种多样的团队的使用，以自我管理小组、项目小组、跨功能团队等方式取代原来的层级架构，都反映西方文化追求平等的管理理念。

而这样的管理模式引进到了亚洲国家，却几乎都被变形成了摆设或形式。例如，韩国最大的国家银行，前几年进行架构调整，要把原来比较森严的组织架构改革成项目小组式，但却不验证这样的架构对银行是否最合适。中国许多企业的民主管理也有形式为主之嫌，表面上有员工参与，但最后的决策却很少参考员工的意见，不是深入内心的民主管理。

2. 文化对企业制度建立和执行的影响

西方文化强调理性思维习惯和强调公平的意识表现在社会制度上是以法治国，表现在企业运作上则是企业制度的建立和完善。首先，制度是理性思维的产物，是对企业内部流程，对员工工作动机，对企业所处的经济大环境全面充分分析的结果，而不是个别人拍脑袋的产物。其次，因为有了制度，才有了客观可依赖的标准，才可能对每个员工一视同仁，才能实现真正的公平。

在这种文化理念的影响下，西方国家（尤其是美国）企业的制度建设通常非常完善，小到每个工作岗位的职务分析，大到绩效考核的整套方案，都有完整的书面材料。但制度的建立不只到此为止，更重要的是监督执行的过程中，任何流于表面的制度等于不存在。即使是对很难监督的工作，都会设计出完善的监督系统来实现考核的目的。例如，在迪士尼工作的员工，大家都在户外与游客打交道，很难监督，但为了保证不同卡通形象确实是在扮演自己的角色，如米老鼠做的每一个动作都是米老鼠应该做而不是唐老鸭应该做的，就需要有考核。但管理人员又不能整天跟在这些卡通形象后面，这就要求设计特殊的监控系统。于是迪士尼乐园里设有许多摄像头，在闭路电视中可以观察员工的行为。

相反，中国人的传统管理思维都是以人治为主，如果公司的 CEO 或工厂的厂长能力

---

① 陈晓萍. 跨文化管理[M]. 北京：清华大学出版社，2005：21-24.

强,办事公道,这个企业很可能就经营得好,但如果这个 CEO 或厂长离任了,那么,情况如何就很难说了。很少有管理者注重制度的建设、程序的建设,而是上任者根据自己的喜好各干一套,延续性很差。这样的管理思路与中国文化中两个重要特征——强调等级和人际关系是一脉相承的。

目前国内的企业已经开始越开越多地关注这个问题,做得比较成功的企业如海尔、联想、华为都建立了非常健全的制度和企业文化,但因为大部分的企业仍在创业者的掌管之下,现在还很难说在他们离任后现创的制度能够持续下去。而要做成"百年老店",要成为世界 500 强公司,不改掉对某个管理者的依赖恐怕是很困难的。

3. 文化对领导和员工行为的影响

从管理者角度看,什么样的领导风格更占主导,管理者的角色和责任的定义和内涵,如何看待管理者与被管理者的关系都会因文化的不同而不同。从员工的角度看,如何看待自己的企业,喜欢管理者采用什么样的风格,对管理者的角色和责任的理解,自己与管理者之间应保持什么样的关系也都受到员工自己身处的文化环境的影响。法国学者劳伦特(1983)曾经在西欧 9 个国家、亚洲 3 个国家和美国对企业管理者和员工调查他们对工作中 6 个问题的看法,结果发现不同国家的人对同样问题的答案很不相同。

其中一个问题如下:"企业建立金字塔形的组织结构的主要原因就是每个人都清楚自己的位置,并知道谁对谁具有权威,你同意吗?"

同意:美国人 17%;意大利人 42%,法国人 43%,日本人 50%,中国人 70%,印度尼西亚人 83%。

他的研究发现,美国管理者大部分都不同意这样的说法,只有 17% 的人同意。相反,他们认为,建立金字塔形组织结构主要是为了能够对工作任务有序组织以推进问题解决的速度。同时,他们认为,要加速解决问题,组织结构应该扁平化,上司和下属应该是同事,可以平等讨论问题。

大多数从关系导向文化中来的管理者,如南欧人、亚洲人、拉丁美洲人和中东人则非常同意这样的说法。印度尼西亚人甚至不相信一个企业可以离开金字塔形结构而存在,更不用说取得成功了。

另一个问题是这样问的:"为了工作效率,常常有必要越级处理事情。你同意吗?"

同意:瑞典人 74%,美国人 68%,英国人 65%;印尼人 49%,意大利人 44%,中国人 41%,西班牙人 26%。

显然,瑞典文化、美国文化和英国文化都以工作任务为导向,只要是为了更有效地完成工作,越级当然问题不大;但是在强调等级和关系的中国、西班牙和意大利文化中,越级就是对直接上级的不尊重,就会破坏与直接上级的关系。而且,意大利人会把需要经常越级看成是组织设计的问题,而重新设置组织构架。

还有一个问题是关于管理者的角色:"管理者应该有足够的知识和技能回答下属提出的有关工作的任何问题。你同意吗?"

同意:美国人 28%;法国人 53%,印尼人 73%,西班牙人 77%,日本人 78%。

结果发现,大部分美国人不同意这种说法(只有 28% 同意),认为管理者的角色应该是帮助员工解决问题，寻找解决问题的途径和方法，而不是直接提供答案。而且提供答案会降低员工的主动性和创造性，不利于提高他们的工作效率。相反，多数法国人（53%）认为管理者就应该是专家，应该为员工答疑解惑。如果不能，就没有资格当管理者。这种倾向在日本、西班牙和印度尼西亚甚至更强烈。

当两个来自不同文化的管理者和员工在一起工作时，就会出现不理解甚至冲突从而无法有效的完成任务。

假设一个来自美国的管理者告诉一个来自法国的员工说"我不知道答案，你可以去问一下市场部的西蒙，他说不定知道"，这个法国员工肯定会认为他的老板不称职。同样，当一个美国员工从法国管理者那儿听到详尽的答案时，他可能会认为这个法国老板太自以为是。他会想："为什么这个法国老板不说市场部的西蒙会有更好的答案呢？"误解很可能由此产生。

综上所述，文化与管理是不可分割、紧密联系的。要经营好国内企业，必须对国内的文化有深刻的理解，而要经营好全球企业，就必须对不同国家的文化都有较正确的理解，以避免运作过程中可能出现的误解，从而影响彼此间的信任，导致经营的失败。

2.4　跨文化与跨文化管理

2.4.1　跨文化概述

关于跨文化，流传着一些笑话、趣谈和传说。一个笑话说：一所国际公寓发生火灾，里面住着犹太人、法国人、美国人、中国人和日本人。犹太人急急忙忙先搬出他的保险箱，法国人则拖出他的情人，美国人先抱出他的妻子，中国人则先背出他的老母亲，日本人则先把丈夫拉出来。

另一则趣谈：国际联盟曾以"大象"为主题悬赏征文，结果英国人以"英国管制下非洲的猎象事业"为题，法国人写了一篇题为"象的恋爱观"的征文，意大利人哼出"象啊！象啊！"的诗句，德国人做了《关于象的起源与发展研究》的序言，波兰人写了《波兰的主权与象的关系》的政论，瑞典人交出宣扬《象与福利国家》的倡议，西班牙人传授《斗象的技巧》，俄国人探索《如何把象送上太空站》，印度人阐述《铁路时代之前象是一种运输工具》，美国人甚至编排出实用的《怎样培育出更大更好优良象的品种》技术培训大纲。

还有一则传说：有三个人结伴旅行，分别是中国人、印度人和美国人。一日，他们来到一个大瀑布面前，三个人同时感到惊讶，但却发出不同的感慨。中国人，崇尚与大自然和谐相处的（儒家）传统，倾向于从自然美的角度去欣赏这一瀑布，感叹说："多么壮观的景色啊！"印度的宗教神学（佛教与印度教）传统，想到的是神的力量，面对从天而降的瀑布不禁肃然起敬，说："神的力量真大啊！"来自商业资本主义（基督新教）王国的美国人，则从经济的角度去看待事物，另有一番感想地说："多么可惜的能源啊！这里本可以建一座大型发电站的。"

从这些笑话、趣谈和传说中，我们可以解读到的是跨文化含义的丰富多样性。

那么,什么是跨文化呢?跨文化是相对于同文化而言的一个概念。用两个正方形分别代表双方的文化,如果两个正方形完全分离,没有一点重叠关系,那是典型的跨文化;反之,两个正方形完全重合,则是典型的同文化。

图2.6 典型的跨文化、同文化

资料来源:蔡建生.跨文化生存[M].广州:南方日报出版社,2004:22.

但现实生活中,这两种情况都是不存在的。因而可以说,如果两个正方形相互重叠的部分小,即双方有很少文化相同,则双方就是跨文化。如果两个正方形相互重叠的部分大,即双方有很多共同的文化,那么,双方就是同文化,如图2.7所示。

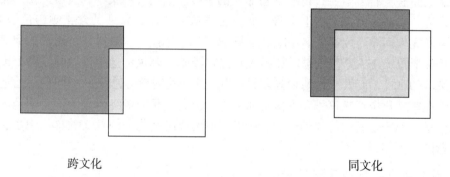

图2.7 跨文化与同文化

资料来源:蔡建生.跨文化生存[M].广州:南方日报出版社,2004:23.

当然,跨文化中也存在相同文化点,如中西方青年对情人节的追捧、对牛仔裤的喜爱等;同文化中也存在差异,如一个国家内不同地区的文化差异、不同企业的文化差异等,称为亚文化。

2.4.2 跨文化产生的原因

产生跨文化的主要原因是文化差异,主要表现在以下几方面。

1. 不同民族的思维模式不同

思维模式是民族文化的具体表征。美国人的实证主义的思维模式与中国人的演绎式思维模式,常常是企业跨文化沟通中构成冲突的原因。一家中美合资企业,准备在中国市场上推出一种新型通信设备,但公司中美两方领导却在推出方案上发生了冲突。中方经理认为，这种新产品是国内首创，应该迅速投入市场；美方经理却认为这种产品虽然在美国通信网络中运行良好，但在中国通信网络中的运行效果却不知道，应该先试销，等市场反馈信息后改进产品，再大规模投放市场。中方经理强烈反对这种意见，认为这样做会贻误市场时机，竞争者会捷足先登。但美国人的思维方式是归纳式的、实证式的，他们只相信在实践检验后，才能归纳出结论；而中国人的思维方式是演绎式的、推理式的，由此及彼，只要逻辑推理正确就能得出结论。而即使同是西方的公司思维方式也有差异性。一家美国公司和一家瑞典公司想与一家南美公司达成一项合同。美国公司做了一个完美的产品介绍，企图用价廉物美争取合同；瑞典公司却用一周时间去了解客户，到最后一天才介绍产品，尽管瑞典公司产品价格偏高，质量也不如美国公司好，但却争取到了订单。南美公司的思维方式是"谁对我好，我就把订单给谁"。可见，思维方式的不同，造成了企业运作方式的差异，也造成了经营中的跨文化冲突。

2. 沟通障碍

沟通是人际或群体之间交流和传递信息的过程，但由于沟通的障碍常常导致沟通误会，甚至演变为文化冲突。例如，对文化意义符号系统的不同理解就常常造成跨文化冲突。不同的文化采用不同的符号表达不同的意义；或者符号虽然相同，表达的意义却迥然不同。美国的一家公司在英国大力推出一种药品，但在英国几乎无人问津。因为这种药品的包装盒上注有"打开盖后，请按下底部"的字样。这句说明文字在美国无伤大雅，但对英国人来说，俗语中的盖子指上半身，底部指屁股，所以，此话的含义颇为色情和滑稽，因而在英国无人问津。成都的名小吃"麻婆豆腐"，中国人一想到它，就联系到又麻又烫又嫩的豆腐形象，使人产生食欲。英国人则把它译成"麻烦的老祖母做的豆腐"或者干脆译为"Mapo Tofu"，使人一想到它就大倒胃口。这便是对符号意义的不同理解所造成的文化冲突。在跨文化中意义符号含有情感和信息，但是，我们最终依赖的信息是他人头脑中创造的信息，而不是我们传递的信息。所以如何解决跨文化中的意义共享是中小企业进行跨国经营的一大问题。

3. 对关系重要性的理解不同

对于中国人来说，建立和维护"关系"是非常重要的。中国人会把建立关系放在商业目的之前，认为有了关系才能达到商业的目的；甚至暂时没有商业目的也必须重视建立和维护关系，因为这种关系神通广大，凭借它可以创造出若干商业机会来。中国的一些MBA们指出，他们上学目的之一就是"上网"，上"知识之网"，也上"关系之网"，有了这两个网，读书才有含金量。西方大多数企业对中国人及公司如此重视关系甚为不解。他们认为关系和人缘是次要的，公司的商业目的和完成商业的计划才是主要的。许多西方合资企业的董事长，对中方总经理每月报销大量餐饮娱乐费用大为不满，认为是花公家的钱办私人的事，是不正当的行为。中方经理则叫苦连天，声称这是业务的重要内容，没有这项开支，公司的业务就要停止运行。对这类事情，中西方经营者冲突频起，很难达到认同。因此，加拿大 Bombardier International 总裁兼首席作业官指出："在中国发展合作关系的时候，首先是关系，最重要的是关系。关系在前，合同在后，从关系再到计划最后才到合同，这种流程基本上和西方的做法是相反的，是倒过来的。在西方首要关注的是法律关系，法律合同，再共同制订商业计划。如果商业计划大家满意后，再来发展我们的关系。"

造成跨文化差异的原因是多种多样的，除了上述原因外，宗教信仰、政治文化、生活态度的不同及种族优越感、以自我为中心的管理等也会导致跨文化差异。企业经营者只有认真研究不同文化的特质，才能妥善解决跨文化的冲突和矛盾，把不同文化中的优点结合起来，采取有效的跨文化管理措施，实现国际化经营战略。

2.4.3 跨文化差异的影响——文化冲击①

1. 文化冲击的本质

1) 文化冲击的内涵

最早使"文化冲击"一词大众化的是人类学家卡尔维罗·奥伯格，他用这一词指突然发现自己生活和工作在完全陌生的文化环境中的人所经历的心理失序。奥伯格把"文化冲击"描述为一个人从所熟悉的文化环境进入新文化环境后所产生的焦虑。他指出："文化冲击是突然陷入一种因为失去我们所熟悉的社会交往符号和象征而产生的焦虑状态。这些指导我们日常生活的无数符号和象征包括：何时和怎样付小费，怎样向仆人下指令，何时接受和拒绝邀请，何时语气严肃、何时语气轻松。这些符号和象征可以是词语、手势、面部表情、习俗、我们每个人的成长模式及作为我们文化一部分的语言和宗教。我们所有人都因我们要保持心态平和与提高效率而依赖于这些符号与象征。最重要的是我们总是下意识地去使用这些符号和象征的。"

文化冲击引起的后果包括从浅层次的温和不适到深层次的心理恐慌或心理危机。它通常会使人感到无助或不适，同时伴随着对被欺骗、伤害、侮辱和不受重视的恐惧。尽管每一个人，在一定范围内，都会受到因文化冲击所引致的焦虑的困扰，但一个在海外生活的人最终是成功还是失败，在很大程度上要看他是否能尽快做到心理适应和摆脱令人左右为难的焦虑。

"文化冲击"一词也被社会科学家们用来形容一个人遭遇异文化时产生的令人不快的后果。自20世纪60年代以来，有许多社会学家力图对奥伯格的初始文化冲击模型进行精确化，如"角色冲击"（Byrnes，1966）、"文化疲惫"（Guthrie，1975）、"弥漫的模糊"（Ball-Rokeach，1973）这些词汇及理论的出现。尽管对奥伯格的初始模型有各种不同的意见，但对于文化冲击所包括的下列维度，意见基本一致。

（1）一种超出预期角色行为的混乱感觉。

（2）意识到全新文化的某些特征后所产生的惊奇感觉。

（3）一种失去原来熟悉的环境（如朋友、财产等）和文化形式的感觉。

（4）一种被新文化中的成员拒绝（或至少是不被接受）的感觉。

（5）一种因在新文化中不能充分尽职从而不能较圆满地实现职业目标所带来的失去自信的感觉。

（6）一种因对环境很少或根本不能控制所产生的无能感觉。

---

① [美]Gary P. Ferraro. *The Cultural Dimension International Business*[M]. New Jersey：Prentice Hall，1990.

(7) 一种对原有价值观何时才能再发挥作用怀有疑问的强烈感觉。

2) 文化冲击的阶段

根据奥伯格的研究，文化冲击一般要经历4个阶段，如图2.8所示。

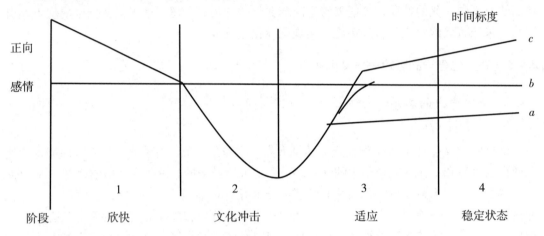

图2.8 文化冲击与适应曲线

资料来源：朱筠笙. 跨文化管理：碰撞中的协同[M]. 广州：广东经济出版社，2000：54.

第一阶段：蜜月期（或欣快期）（几天到几周）。当大多数人带着明确的态度开始到国外赴任时，这个阶段就开始了。像度蜜月一样，所有的一切都是新奇的和令人兴奋的，如旅游和看见新地方而产生的激动和愉快。对东道国态度是不现实的对成功的自信。

第二阶段：文化冲击期（几周至几月）。蜜月期不会永远持续，大量小问题成为不可逾越的障碍。当你突然意识到这是文化差异时，失望、烦躁、恐惧会逐渐增大。度过这一危机的速度会直接影响到在国外任职的成功与否。不幸的是，一些人从来都没能经受住这一阶段的考验，他们或者退回国内，或者硬挺下来，但是是以对他们自己，他们的家庭，他们的公司来说高昂的成本为代价的。

第三阶段：适应阶段，外来者逐渐学会在新的条件下做出反应的时期。随着对新文化的逐渐理解，一些文化事件开始变得有意义。行为方式逐渐变得适应并可预期，语言也不再难于理解，第二阶段难于应付的生活琐事也能够解决。一切都变得自然和有条不紊。如果一个人能时不时地对自己的处境进行自嘲，是充分恢复和适应的标志。

第四阶段：稳定阶段，意味着一个人完全或接近完全的恢复了在两种不同文化中有效工作和生活的能力。几个月前还难于理解的当地习俗现在不但能够理解而且能够欣赏，这并不是简单地说所有文化间的疑难问题全部解决了，而是在异文化中因工作和生活引起的高度焦虑消失了。当然，很多人从来没有达到这一阶段。对于处于稳定阶段中的人来说，才真正是确定的、成功的经历。这个时期：如果外来者仍觉得自己是个外来者，受歧视，就会出现一条负的曲线（如图2.8中的a），说明外派员工或管理者不能很好地应对文化休克，将不得不被遣返回国，从而给企业造成损失；如果与从前的情况一样好（如图2.8中的b），则可以认为外来者已适应了两种不同的文化；如果适应得更好（如图2.8中的c），则说明外来者已被当成像本地人一样了。

2. 文化冲击的应对

完全避免文化冲击的一个有效办法是选择待在家里而不是进入国际商业环境中去。简单地说，一些人对国际商业没有兴趣、愿望和倾向，另一些人则适合国际商业，除此以外没有第三种选择。那些适合到国外发展的人一般说来具有以下特点：①对国际商业的问题和机遇具有现实的理解；②拥有许多重要的应对跨文化问题的一些技巧；③认为国际市场能为职业发展和个人进步提供大量机会。

对选择国际商业领域的人来说，一定要为应对文化冲击做好准备。下面是一些有意义的建议：

1) 发展跨文化技巧

(1) 忍受模糊。新文化环境是一种高度模糊不清的情景。对任何事都要求有一个明确说法的人在这种情景中常会有挫折感。重要的是要意识到存在大量没有答案的问题是正常的，要锻炼自己的耐心和学会与模糊共处，这对身处异文化中的人来说是极其重要的。

(2) 处事灵活。即使是做了充分准备的人，在新文化环境中有时也会不知所措。本来计划好了的事情会发生意想不到的变化；政府官员的想法难于预测；人们有时不遵守他们许下的诺言。当事情发生意想不到的变化时最重要的是要快速反应和有效适应。因此要具有充分的灵活性。

(3) 具有耐心。不同的文化具有不同的节奏。在我们的文化中也许做事要有精确的时间表，在生意方面尤其不能浪费时间。但是在世界其他的一些地方要精确地掌握时间节奏是不现实的，要把自己的时间观念带入新文化环境中不可避免地会导致挫折和失意。因此，要锻炼自己的忍耐力，耐心是珍惜和把握机会的表现。

(4) 移情能力。很多人都曾提到移情能力在新文化环境中的重要性。一些人天生就具有领会和反映他人的思想、情感、意图的能力，遗憾的是一些人则不能。能够从他人的观点出发理解事情的人是最具吸引力的。尽管充分做到移情是不可能的，但一定要努力地去倾听和理解他人的观点。

(5) 获取资源的能力。在异文化环境中的成功需要具有获取丰富资源去解决问题的能力。这既需要时刻抓住获取东道国中大量资源的机会，又需要唤起他人帮助的能力。资源丰富的人在与他人合作和充分利用机会方面是思维敏捷、有号召力的。

(6) 富有个性的洞察力。人们如何看待他们的知识和悟性具有很大的不同。一些人认为他们知道的和感悟到的对所有的人都具有价值；另一些人则相信他们的知识和悟性只对他们自己有价值。一个人越是意识到自己知识的个别性，他就越容易与他人相处。这一点是需要那些移居国外的人时刻谨记在心的。

(7) 表示尊重。在任何一种文化中，要想处理好人际关系，表示对别人的尊重都是重要的。区别只在于如何表示尊重。适应新文化的有效途径之一就是尽快掌握在这种新文化中人们是如何表示尊重的。

(8) 不要急于做决定。在跨文化的环境中，许多事情的规则、程序和意义并不是很容易弄清楚的，迅速、有效地做出决定所需的材料也不一定全面，因此设法推迟马上做出判断和决定直到大部分事实清楚也许是重要的。

(9) 幽默感。人们不论在家里还是国外，如果使自己过于紧张就会出麻烦。特别是那些身处新文化环境中的人，总是会犯一些错误。对自己错误的自嘲或许是抵御失望的有效武器。

2）避免"与世隔绝"

遭受文化冲击最严重的人是那些"与世隔绝"的人，他们把自己与异文化隔绝开来，只生活在本国侨居者的圈子中，要么掰起手指计算归国的日期，要么对异文化指指点点。也许出国的初期得到本国侨居者的支持是重要的，但绝不能把他们当成一道篱笆。心态对身处异文化环境中的人来说是很重要的。

3）具有冒险精神

很多到国外赴任的人都把这一任务看作是接受一项艰苦的考验，而不是当作一种颇具刺激的尝试或实验。在这一实验中，工作只是一部分内容，全新的文化环境提供了一个令人兴奋的新世界：许多新地方要去，许多新人要会面，许多习俗要适应，许多新的食物要品尝。所有这些都值得你去冒险和尝试。因此具有一定的冒险精神，体会冒险的乐趣，是主动迎接文化冲击的一种乐观心态。

4）设法使整个家庭都投入新文化环境中去

研究表明，在带着家庭到国外赴任的情况下，夫妻双方不工作的一方的生活是艰难的。而这一方大多是妻子。她们一方面要做家务，另一方面要照顾孩子。这些事实使她们最容易受到文化冲击的打击。在这种情况下，如果她们得不到机会去适应新文化环境，要想顺利地完成在国外的工作任务是不可能的。

5）设法缓解紧张情绪

文化冲击来自于紧张情绪所导致的焦虑。因此，一定要想办法缓解自己的紧张情绪。一些人通过体育锻炼如慢跑、打乒乓球或网球的方式来缓解焦虑，另一些人则通过调节生物钟、针灸、放松、按摩、瑜伽、药物来做到这一点。

6）做好适当的疾病预防工作

在国外生活要养成良好的生活习惯，保证获取营养平衡的饮食、充足的休息、经常性的身体锻炼，不过度饮酒，不吸烟，不吸毒。要注意当地的食物哪些可以吃，哪些不能吃，一旦有病，在哪里可以得到最好的医疗。

7）现实一些

因为不能很好地理解当地的文化和语言，你会遇到各种各样的问题，有一些人因为说不清的原因不能成为好朋友，还有一些人你不喜欢他他也不喜欢你，一些事情你永远都不会理解，诸如此类的问题都可能使你难过和伤心。对这些问题采取现实主义的态度是重要的，对问题有清醒的认识，你才会想办法解决它们。

8）可以找一些适当的机会回国待一段时间

这既有助于你放松和休息，也有助于你在国外的下一步工作的开展。

9）要清楚没有绝对

就像任何社会科学和行为科学一样，当你面对文化时也没有绝对的东西。每一种文化，在一定的范围内都是独特的。换句话说，没有任何一种方法可以绝对预测出人们将会采取什么样的措施。只有意识到这一点，你才会真正尊重其他文化。

10）要保持诚信

既要自信又要对当地人充满信心。任何一个身处异文化环境中的人都会犯错误，都会有挫折感，但不管怎样，只要他怀有良好的愿望和善良的人性，最终总会为当地人所了解。因此信心虽然很重要，但自傲绝不可取，对当地人和当地文化一定要抱着谦虚和学习的态度。如果你能做到这一点，知识和友谊的大门都会向你敞开。

2.4.4 跨文化管理概述

1. 跨文化管理的定义

所谓跨文化管理（Transculture Management），又称为交叉文化管理（Crossculture Management），是指涉及不同文化背景的人、物、事的管理。下面这则幽默故事道出了跨文化管理的真谛。

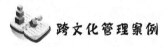

船长的故事[①]

一群商人，分别有英国人、法国人、德国人、意大利人、美国人和中国人，在一条船上谈生意。船在航行时出了故障，必须有一部分人跳下去才能保证船不下沉。船长老于世故，知道这些商人的文化背景不同，必须采用不同的方式去说服他们。他对英国商人说："跳水是一种体育运动。"英国人崇尚体育，听罢即跳。他对法国商人说："跳水是一种时髦，你没看见有人在跳了吗？"法国人爱赶时髦，跟着跳下。他对德国商人说："我是船长，现在跳水，这是命令！"德国人严守纪律，服从了命令。他对意大利商人说："乘坐别的船遇险可以跳水，但在我的船上不准许！"意大利人多有逆反心理，说不让跳他偏要跳，旋即跳下。对非常现实的美国商人，船长说："跳吧，反正有人寿保险的，不亏！"船长对中国商人则说："你不是家有80岁的老母亲吗，你不逃命对得起她老人家吗？"于是，观念不同、想法各异的人全都按照船长的要求做了。

可见，要学会跨文化管理不仅要对各种文化具有高度的敏感性，还要熟悉导致各种文化差异的深层次的原因，掌握各种沟通技巧和谈判能力。对此，我们在以后的章节会逐一介绍。

2. 跨文化管理的目的

的确，企业开展跨国经营的最大障碍就是跨文化差异的存在。但是，正如任何事物都有两面性一样，文化也是一把"双刃剑"，跨文化差异对企业开展跨国经营既有促进作用（正效应），也有阻碍作用（负效应），关键在于企业能否正确利用差异，开展有效的跨文化管理。

1）跨文化差异的正效应分析——跨文化优势

企业跨国经营使企业摆脱了单纯的地域，成为面向整个世界的国际企业。正如自然界中存在"杂交优势"的现象一样，社会经济生活中也是同样表现。进行跨国经营是企业在全球范围内有效优化配置生产要素，充分利用人力资源与自然资源，实现"跨文化优势"

---

① 蔡建生. 跨文化生存[M]. 广州：南方日报出版社，2004：20.

的结果。著名的美国《国际商业周刊》(*International Business Week*)有文写道:"在文化方面,19世纪工业革命的一个重大意义就是它把过去没有必要或没有机会彼此相互联系的人们联系到了一起……不同的语言、文化和价值都被国际商业的基本原理融合在一起……其结果是提高了生产力增加了财富。[①]"被联合国跨国企业中心称为"被人们广泛接受的一个国际生产模式"的邓宁的折中理论就是体现这种优势的理论。具体来说,邓宁跨国经营的"优势动因"理论可归纳为下述3点:一是为什么出去投资——企业拥有的特殊优势(Peculiar Advantage)。二是怎样进行——内部化优势(Internalization Advantage)。三是到哪里去投资——区域优势(Location Advantage)。邓宁的理论道出了在企业跨国经营中存在一种潜在的优势:在不同的文化背景下,不同社会文化习俗、信仰传统、市场状况、技术水平、人力自然资源的条件能为国际企业创造丰富的市场机会和丰厚的利润回报。这就可体现为企业在跨国经营中所带来的"跨文化优势"。

具体来说,跨国企业的跨文化优势可表现为以下4个方面:

首先,从市场需求层面来说,管理者如果能够自觉地进行角色转换,更恰当地理解另一文化消费者的价值观、需求和欲望,并据此制定出针对企业顾客的具有民族特点的市场战略,开发出受顾客欢迎的具有文化特色的产品和服务,跨国经营企业就能得到他们的承认,产品和服务就能为他们所接受。

其次,从经营管理方面来说,文化差异一方面使跨国经营企业更容易从多层次、多角度分析问题,在解决某一特定问题时有了更多可供选择的方案,更多的选择使跨国经营企业的管理更加弹性化和艺术化。另一方面,文化差异使跨国经营企业的智力知识、思维等方面有互补优势,更易于形成新观点、新主意和新思想,有利于提高组织效率和竞争力。例如,企业在日常经营中会接待来自不同文化背景的各种客人,如有来自各种文化背景的员工,企业就能更好地为客人服务,从而提高企业的经营实绩;员工有不同的思想和思维方式,能考虑到事物的方方面面,有利于企业做出更优的决策;员工之间在文化上的碰撞能产生许多新的东西,可以令企业不断创新;员工有在海外的教育背景和工作经历,能帮助企业与国际接轨。

再次,外部环境的差异也给跨国经营活动带来了发展机会。跨国经营企业如果从最大经济效益出发,结合本企业经营动机,选择那些对于本企业来说有着政策有利性、行业适应性、文化互补性、资源丰富性等优势的东道国环境,就可以发挥东道国环境中的比较优势,克服劣势,降低本企业的经营成本,提高国际竞争能力。

最后,文化差异可以产生竞争优势。文化的多样性可以使得企业内各种文化总体共同作用产生的结果优于各部分文化作用的简单加和。即,将来自不同背景、具有不同期望、处于不同生活阶段的人们集合到一起,在给公司带来营利性和竞争力这一力量的驱使下共同工作,从而产生竞争优势。这种优势体现在:①市场方面,提高公司对于东道国市场上文化偏好的应变能力;②资源获取方面,提高公司从具有不同国家背景的人中聘用员工、充实当地公司人力资源的能力;③成本方面,减少了公司在周转和聘用非当地人士担任经理方面花费的成本;④解决问题方面,更广阔的视角范围和更严格的分析提高了制定决策

---

① 因德伊·拉齐乌. 经营国际化[J]. 国家商业与管理,1989(2).

的能力和决策质量；⑤创造性方面，通过视角的多样性和减少关于一致性的要求来提高公司的创造力；⑥系统灵活方面，提高了组织在面临多种需求和环境变化时的灵活应变能力。

2）跨文化差异的负效应分析——文化冲突

文化为企业开展国际经营带来了机遇，但更多的却是巨大的挑战。

到不同的文化地域、背景进行跨国经营所形成的国际企业，作为一种多文化的机构，必然会面临来自不同的文化体系的文化域的摩擦与碰撞，即处在不同文化交汇与撞击的"文化边际域"中。在这个区域中，不同的文化环境，还有不同的经济、社会和政治等因素，必会形成较大的文化差异。由于文化的演变是一个漫长而缓慢的过程，这种文化差异对企业来讲，在一段时间内是不会消灭的，并可在一段时间内保持稳定。文化差异的客观存在，势必会在企业中造成文化之间的冲突，并使企业的正常运营受到消极的影响。戴维·A. 利克斯就指出过这一影响，他认为："大凡跨国企业大的失败，几乎都是仅仅因为忽视了文化差异——基本的或微妙的理解所招致的结果。①"在一个这样的企业中，处于不同文化背景的各方经理人员由于不同的价值观念、思维方式、习惯作风等的差异，在企业经营的一些基本问题上往往会产生不同的态度，如经营目标、市场选择、原材料的选用、管理方式、处事作风、作业安排及对作业重要性的认识、变革要求等，从而给企业的全面经营隐藏下危机。

文化冲突对于跨国企业经营活动的影响是多方面的。首先，文化冲突影响了跨国企业经营管理者与当地员工之间的和谐关系，产生"非理性反应"，甚至造成沟通中断。管理者如果不能正确面对这种文化冲突，对职工采取情绪化的或非理性的态度，职工也会采取非理性的行动，这样，误会越多，矛盾越深，对立与冲突就成为必然，后果不堪设想。

其次，文化冲突导致跨国企业市场机会的损失和组织机构的低效率。人们的价值取向不同，必然导致不同文化背景的人采取不同的行为方式，而同一公司内部便会产生文化冲突。随着跨国企业经营区位和员工国籍的多元化，这种日益增多的文化冲突就会再现在公司的内部管理和外部经营中。在内部管理上，人们的价值观不同，生活目标和行为规范不同，必然导致管理费用的增大，增大企业目标整合与实施的难度，提高企业管理运行的成本。在外部经营上，文化冲突的存在使得经营环境更加复杂，从而加大市场经营的难度，使跨国企业的竞争中处于被动地位，甚至丧失许多大好的市场机会。

最后，文化冲突使跨国企业全球战略的实施陷入困境。从一般的市场战略、资源战略向全球战略的转变，是跨国企业在世界范围内提高经济效益、增强全球竞争力的重要步骤。全球战略是国际企业发展到高级阶段的产物，它对跨国企业的经营管理提出了更高的要求。为保证全球战略的实施，跨国企业必须具备相当的规模，以全球性的组织机构和科学的管理体系作为载体。但是，目前大多数跨国企业普遍采用矩阵式的组织机构，由于文化冲突和缺乏集体意识，导致组织程序紊乱、信息阻塞，各部门职责不分，相互争夺地盘，海外子公司与母公司的离心力加大，使得母公司对子公司的控制难上加难，从而造成跨国企业结构复杂，运转不灵，反应迟钝，难以实施全球战略。

---

① 薛求知. 无国界经营[M]. 上海：上海译文出版社，1997：218.

根据上述分析，文化差异既存在跨文化优势，又存在跨文化冲突，因此，企业开展跨文化管理的目的就是避免跨文化冲突，发挥跨文化优势，使企业成功地走向国际市场，在不同的文化中游刃有余地开展跨国经营。

本章小结

本章主要介绍了如何认识文化、文化生态与文化圈、文化与管理的关系、跨文化与跨文化管理等内容，以及如何借助"约哈里之窗"认识文化，并对文化的定义、功能、特点、层次、范畴等进行了界定。分别介绍了格雷布纳和施米特的文化圈理论，界定了文化生态的定义，在对人类历史上4种文化生态介绍的基础上，阐述了文化生态与文化圈的关系。描述了文化与管理的关系，即管理也是一种文化、文化与管理具有共生性、文化对企业管理的影响。并对跨文化与跨文化管理的含义进行了界定，分析了跨文化产生的原因，主要是文化差异的存在，具体表现为不同民族的思维模式不同、沟通障碍和对关系重要性理解的不同。具体分析了跨文化冲击产生的本质、阶段和避免的方法。分析了跨文化隔离的目的是发挥跨文化优势——跨文化正效应，避免跨文化劣势——跨文化负效应。

 名人名言

最困难的是，真正了解本土公司的需要，并和他们一起把这种需求清晰地表达出来。

——奥美全球总裁　夏兰泽

日本和美国的管理实践有95%是相同的，但在所有重要的方面却是不同的。

——Takeo Fujisawa，本田汽车公司

让所有的文化都能像风儿一样吹来，却不让任何一种文化将我吹到。

——迈哈马·甘地

在任何一种组织中都有一些普遍的东西，有些人称它们为文化，有些人称它们为战略。

——卡尔·威克

复 习 题

一、选择题

1. 对方知道而自己不知道的信息属于"约哈里之窗"的(　　)。
   A. 开放区　　　　B. 盲目区　　　　C. 隐蔽区　　　　D. 未知区
2. 价值观在文化的洋葱图中位于(　　)。
   A. 第一层　　　　B. 第二层　　　　C. 第三层　　　　D. 第四层
3. 人类历史上曾经出现过的文化生态包括(　　)。
   A. 沿河文化生态　　　　　　　B. 大西洋文化生态
   C. 地中海文化生态　　　　　　D. 环太平洋文化生态

二、判断题

1. 文化决定事情的轻重缓急，但不能决定人们的态度。　　　　　　　　　　　　(　　)

2. 文化生态是指文化适应其生成环境而产生的不同形貌,它反映着文化发育的地理背景给予文化的作用和制约。( )
3. 文化与管理具有共生性,所以管理也是一种文化。( )
4. 造成跨文化差异的原因主要是不同民族的思维模式不同。( )
5. 在跨文化冲击时不可能产生蜜月期。( )
6. 所谓跨文化管理,又称为交叉文化管理,是指涉及不同文化背景的人、物、事的管理。( )
7. 跨文化差异对企业开展跨国经营没有促进作用,只有阻碍作用。( )

三、简答题
1. 简述文化的内涵、特点和功能。
2. 简述文化的两种比喻。
3. 文化的范畴包括哪些内容?
4. 跨文化冲击的本质是什么?

四、论述题
1. 论述文化生态和文化圈的联系与区别。
2. 论述文化与管理的关系。
3. 论述跨文化效应。

林肯电气公司的教训

唐纳德曾经是林肯电气公司的董事,该公司是一家主要的弧焊产品制造商。他第一次听说这家公司是在1992年7月31日,就在当天短短的24分钟之内,林肯电气公司就在欧洲蒙受了巨大的经济损失;这就意味着,公司可能无法发放美国员工们期待已久的年终奖金。因为奖金制度是生产上取得成功的关键环节和有效保障,而且奖金大概占了美国员工年薪的一半,所以,与公司在欧洲仅仅是一次让人泄气的表现相比,不能如期发放员工的奖金才是对公司更大的威胁。自从林肯公司成立75年以来,这次似乎是要被迫发布巨额亏损预警信息了。

林肯电气公司总部设在美国俄亥俄州克利夫兰市,在20世纪80年代,该公司大肆扩张,花了3.25亿美元用于收购外国公司。在唐纳德看来,既不了解所收购国外公司的企业文化,也不了解这些公司所在地的文化,是造成公司这次重大经济损失的关键所在。

第一个问题是,公司没有认识到,奖金制度不能激励欧洲的员工,因为他们很反感为了自己的年终奖金去和自己的同事竞争。他们的工资数目是由工会领导和雇用他们的公司协商决定的。所以,他们不会认同多劳多得、少劳少得的收入分配制度。

第二个问题是,林肯电气公司了解到,非欧洲国家生产的产品不能轻易打入欧洲市场,因为欧洲人的文化传统是青睐欧洲本土生产的产品。

第三个问题在于,最近收购的欧洲公司的管理层只愿意和总公司的高层人士接触,而不屑于和从俄亥俄州调去的、比自己职位低的人员沟通。围绕地位尊卑的问题主要出现在德国,受到德国文化中等级观念的深刻影响。

第四个问题是,在德国、法国和其他欧洲国家,通常在夏季有1个月的假期,所以在那段时间生产就减慢了下来。但是,俄亥俄州并不习惯这样。

第五个问题是,林肯电气公司的董事会里没有一个人有国际管理的经验或者在国外生活的经历,公司的首席执行官竟然连护照都没有！一次，当他需要紧急前往欧洲时才发现了这个问题，公司上下惊恐不已，大家忙成一团，赶紧替他办理护照。唐纳德最后终于明白了，不进军欧洲市场是不可能使公司重新振作起来的。他立刻着手处理这些问题，并带动其他管理者一起学习关于欧洲文化的一些知识。

林肯电气公司的美国籍员工在全面了解公司在欧洲的经济困境之后，纷纷联合起来，帮助公司渡过难关。他们的努力没有白费，公司最后终于转危为安。同时，公司董事长和各位董事也都得到一个惨痛的教训，那就是：要在海外谋求发展，就必须首先了解当地的文化。

（资料来源：［美］艾里丝·瓦尔纳，琳达·比默. 跨文化沟通（原书第3版）[M]. 高增安，马永红，孔令翠，译. 北京：机械工业出版社，2006：10.）

问题：

（1）分析美国和欧洲员工对奖金制度的不同看法，并说明原因。

（2）林肯电气公司在欧洲失败的原因是什么？对跨国公司开展跨文化管理有何启示？

第 3 章

跨文化管理的基本理论

教学目标

通过本章的学习,掌握克拉克洪与斯乔贝克的六大价值取向理论、霍夫斯泰德文化维度理论、特罗姆皮纳斯的文化架构理论、个体主义-集体主义理论。

教学要求

知识要点	能力要求	相关知识
克拉克洪与斯乔贝克的六大价值取向理论	(1)了解克拉克洪与斯乔贝克的六大价值取向理论的基本内容;(2)克拉克洪与斯乔贝克的六大价值取向理论的运用能力	(1)价值取向理论;(2)不同文化中关于人性的观点;(3)自我与他人的关系;(4)人与外部环境的关系;(5)人的空间观念和时间观念
霍夫斯泰德文化维度理论	(1)霍夫斯泰德文化维度理论的产生、发展及影响;(2)霍夫斯泰德文化维度理论在亚洲国家文化中的实际运用	(1)霍夫斯泰德文化维度理论;(2)个人主义与集体主义;(3)权力距离的测量;(4)不确定规避;(5)价值观男性化与女性化;(6)长期取向与短期取向
特罗姆皮纳斯的文化架构理论	(1)特罗姆皮纳斯的文化架构理论的理解;(2)特罗姆皮纳斯的文化架构理论的应用	(1)普遍主义-特殊主义;(2)个人主义-集体主义;(3)中性化-情绪化关系;(4)关系特定-关系散漫;(5)注重个人成就-注重社会等级;(6)人与自然的关系
个体主义-集体主义理论	(1)蔡安迪斯个体主义-集体主义理论的理解;(2)个体主义-集体主义理论在各种不同文化中的运用	(1)个体对自我的定义;(2)个人目标和群体目标的相对重要性;(3)个体对内群体和对外群体的区分程度;(4)个人态度和社会规范决定个体行为时的相对重要性;(5)完成任务和人际关系对个体的相对重要性

> 管理是以文化为转移的，并且受其社会的价值观、传统与习俗的支配。
>
> ——彼得·德鲁克

■ 基本概念

跨文化　　价值取向理论　　文化维度理论　　文化架构理论　　个人主义　　集体主义　　文化
个人主义文化　　集体主义文化　　人性　　自我　　价值观念　　他国文化　　空间观念　　权利距离
不确定性规避　　价值观男性化　　价值观女性化　　长期取向　　短期取向　　普遍主义　　特殊主义
中性化　　情绪化　　关系特定　　关系散漫

■ 导入案例

西门子的多元化与本土化

西门子在德国拥有近20万名员工，在全球195个国家与地区拥有近30万名员工，是一家高度全球化的跨国产业巨头，在公司实行多元化的雇员政策。然而，西门子在中国的2万名员工中，外国员工所占的比例仅仅为1%左右，包括公司的高层领导及普通的工程师、专家等各个层面的员工。目前在西门子中国公司中已有两名本土中国人坐到了仅次于CEO的副总裁的高层职位上。西门子的人才素质模式对员工工作经验要求方面，明确提出要求员工具备"跨文化的经验"，以适应西门子多元化的氛围与跨文化的沟通与管理。

点评：企业管理以文化为转移。

全球化与本土化的目的是"融合"，而不是绝对的全球化与绝对的本土化，了解并适应异地文化是跨国企业生存的根本，也是在激烈竞争中取胜的重要理念。本章主要介绍克拉克洪与斯乔贝克的六大价值取向理论、霍夫斯泰德文化维度理论、特罗姆皮纳斯的文化架构理论、个体主义–集体主义理论等。

跨文化管理指的是企业在跨国经营中，对各种存在文化差异的人、事、物和产、供、销开展灵活变通的管理，包括在不同文化背景下设计出切实可行的组织结构和管理机制，妥善处理文化冲突、融合给企业造成的竞争劣势和优势，从而最大限度地挖掘员工的潜力和实现企业的战略目标。

本章介绍4个最有影响的跨文化管理理论，以帮助人们理解、解释和预测特定群体的文化行为和动机。这4个理论分别是：克拉克洪与斯乔贝克的六大价值取向理论、吉尔特·霍夫斯泰德的文化维度理论、特罗姆皮纳斯的文化架构理论和蔡安迪斯的个体主义–集体主义理论。

3.1 克拉克洪与斯乔贝克的六大价值取向理论

美国人类学家克拉克洪与斯乔贝克（1961）较早提出了跨文化理论中的六大价值取向理论。克拉克洪曾是哈佛大学的教授，现已故世。她曾参与太平洋战争时美国战争情报处

第3章 跨文化管理的基本理论

(Office of Information)组建的一个约30人的专家队伍，研究不同文化的价值、民心和士气。该研究组通过对日本民族的心理和价值观的分析，向美国政府提出了不要打击和废除日本天皇的建议，并依此建议修改要求日本先条件投降的宣言。第二次世界大战后不久，哈佛大学与洛克菲勒基金会一起资助克拉克洪等人在美国的得克萨斯州一片有5个不同文化和种族共存的方圆40英里的土地上展开了一项大规模的研究。发表在《价值取向的变奏》一书中的六大价值取向理论就是他们的研究成果之一。他们认为，不同文化中的人群对人类共同面对的六大基本问题有不同的观念、价值取向和解决方法。这六大基本问题包括：①对人性的看法；②对自身与外部自然环境的看法；③对自身与他人之关系的看法；④人的活动导向；⑤人的空间观念；⑥人的时间观念。克拉克洪与斯乔贝克指出，不同文化中的人权对这些问题的观念、价值取向和解决方法能体现其文化特征，可以描绘出各自的文化轮廓，从而将不同的文化区分开来，如表3-1所示。

表3-1 六大价值取向理论

六大价值取向	美国文化	他国文化
对人性的看法	性本善和性本恶的混合体，有可能变化	善或恶，改变很难
人们与外部环境的关系	人是自然的主人	和谐，并受制于自然
人们与其他人的关系(等级观念)	个体主义	集体主义(重视等级)
行动取向	重视做事或行动	重视存在
人们的空间观念	个人、隐秘	公共
人们的时间观念	未来/现在，一个时间做一件事	过去/现在，同时做多件事

3.1.1 对人性的看法

这一问题关注于文化把人视为善的、恶的还是两者的混合物，探讨人在本质上是善还是恶，人性可以改变还是不可以改变。

不同文化对人性的看法有很大的差异。美国文化对人性的看法比较复杂，认为人并非生来善良或生性邪恶，而是可善可恶，或者说是善恶混合体，而且人性的善恶有可能自出生以后发生变化。基督教的原罪说反映的是人性本恶的理念，人原本就是"罪人"，只有通过一定的宗教信仰和行为，人的罪行才能被饶恕。人被认为是会犯罪的，需要坦白罪行、要求被饶恕，并且进行忏悔和行善，才可以洗脱罪孽、升上天堂，反映的就是人性可变的信念。相反，中国有"人之初，性本善"的说法，表现的是对人性的乐观态度，人们工作、生活，并由此充实或最大化人性的潜质。辛苦的工作、对工作熟练掌握或取得工作上的进步被看成是达到这些目的的途径，而人们通常所说的"三岁看老"则假设人性是难以改变的。

这种对人性本质认识的差异会影响到管理者的领导风格。如果关注的是人的邪恶一面，则采取更为专制的风格规范人的行为；在强调信任价值观的文化中，参与甚至自由放任的领导风格占主流；在混合型文化中，领导风格可能会重视参与，同时拥有严格的控制手段以迅速地识别违规行为。这些差距表现在管理上，美国强调制度，尽可能考虑人性可能带来的后果，在设计制度时严密仔细，事先设置种种限制以防止坏行为的发生；而中国则从人性善的角度，假设人不会做坏事，所以制度缺乏漏洞百出，到坏事发生的时候再去修补制度。

3.1.2 对人自身与外部自然环境的看法

这个问题关注人们是屈从于环境，还是与环境保持和谐关系，抑或能控制环境。虽然在一些文化中自然是可以控制的，然而在另一些文化中它被当作恩赐被迫接受，命运和宿命早有定数，人们不是试图改变命运或者主动使事情发生，而是被动地顺从其自然、任其发生。在一些国家，伊斯兰教占有重要的地位，人们对于自然的态度从俗语"如果主希望"可以得到充分的反映——事物的发生是不可控制的。如果试图去控制，则会被认为是"愚蠢的或者是反宗教的"。相似地，在葡萄牙有一句意义相同的话——"如主所愿"，它又一次反映了宗教在日常生活中的重要性，人们要接受自身的命运或者说是宿命。相反，美国人和加拿大人则相信他们能够控制自然。介于两个极端之间的是一种更为中立的看法，即希望寻求与自然的和谐关系。例如，很多远东国家的人们对待环境的做法就是以它为中心活动。在中国，为了达到与自然的和谐统一，有些人讲求"风水"，造房子、建工厂都得先看风水才能决定。另外，房子的朝向、形状等都得与周围的自然环境相和谐，只有建筑的安排艺术和其他的东西与自然和谐统一，才能人丁兴旺，生意兴隆。美国人就几乎不考虑建筑与风水的关系，强调的是人通过改变自然环境达到自己的目的。因此，人主导环境是美国文化的特色，而人与环境和睦相处则为中国文化的特点。

这些对待环境的不同看法会影响到组织的实践活动。例如，组织的目标设置，在屈从环境的社会中，目标的设置并不普遍。在一个与环境保持和谐的社会中，可能会使用目标，人们预料到它会发生偏差，并且对未能达成目标的惩罚也是极轻的；而在一个控制环境的社会中，广泛地使用着目标，人们希望实现这些目标，对未能实现目标的惩罚也是很严重的，如美国重视"目标管理"。

3.1.3 对自身与他人的关系的看法

文化必须以可预期的方式架构人与人之间的关系，这包括3个方面：个人、群体和等级关系。前两者强调的是个人还是群体主导社会关系，第三个方面强调对等级关系的考虑，或强调人们之间或群体之间的地位差别。中国人把个体看成是群体的一员，个人离开群体是很难生存的。个人不应有与他人不太相同的特征，应该尽量合群。一个人如果个性太突出，太与众不同，就可能遭排斥，而变得格格不入。在个人利益与群体利益发生冲突时，个人应该牺牲小我，成全大我。长期以来中国宣传的英雄人物几乎都是或多或少具有这些品质的。而美国文化则恰恰相反。他们认为人应该是独立的个体，每个人都应与众不同，都应有自己的独特之处，否则上帝没有造你的必要。每个人都应该对自己负责，而不是对别人负责；或者说是先对自己负责再对别人负责。所以，美国文化是个人主义色彩最浓厚的文化，在企业中的表现就是，人们是因为他们所拥有的优点，如能力和过去的成就而被雇用的，而不是因为"关系"，公司也不会把通过发展"关系"得到工作或生意的观念列为政策。

3.1.4 人的活动导向

这一问题描述的是一个文化中的个体是否倾向于不断行动。对活动导向的差异可以显示人们是怎样对待工作和娱乐，以及人们的偏好是怎样的。在人们的做事方式上，文化可以分为"存在型"和"实干型"。"实干型"文化中，人们强调行动和通过努力工作来完成事情，重视做事或活动，强调成就。

美国社会是一个相当强调行动的社会，人必须不断地做事，不断地处在动之中才有意义，才创造价值，更有甚者，不仅要动，而且要快。虽然美国的这种行动文化已越来越成为商业社会的重要特点，但在许多亚洲社会里，静态取向、安然耐心仍然被视为美德之一，而非无所事事的表现。有时候，甚至提倡"以静制动""以不变应万变"，强调无为而治。所以当美国人发现问题的时候，总是倾向于立即找出解决问题的方法，然后实施；而东方人有时会选择静观，什么也不做，让时间和外界环境自然成熟，再抓住时机去把问题解决掉。而这样的智慧则很难被美国人接受。

3.1.5 人的空间观念

这一问题关注特定文化环境中对空间的拥有程度。一些文化非常开放，倾向于把空间看成是公共的东西，没有太多隐私可言，并公开从事商业活动。另一些极端的文化则倾向于把空间看成是个人的私密之处，极为重视让事情在私下进行。大多数生活文化是两个极端的混合物，并落在中间某一处位置上。

中国人倾向于把空间看成公共的东西，没有太多隐私可言；而美国人、德国人却倾向于把空间看成是个人的私密之处，他人不能轻易走进。中国家庭的房间常常没有单独的门锁，家里任何人都可以随意进出，包括父母的房间，孩子的房间更不用说了。美国家庭的房子每一个睡房都有门锁，有的孩子还在门上贴上一个大大的"停"（STOP）交通管理标志，以幽默的方式提醒别人尊重自己的隐私。在德国，办公室的门都是紧紧关着，居民区的房屋更是大门紧闭，窗户严实，连窗帘都一丝不苟地拉下。相反，日本人的工作空间是公共的，他们设计的办公室巨大，办公桌之间并无隔板，每一个人都能看见另一个人在做什么，或者另一个团队的人在聚会与否。

3.1.6 人的时间观念

对时间的看法主要涉及两个层面。一个是关于时间的导向，即一个民族和国家是注重过去、现在还是未来。另一个层面是针对时间的利用，即时间是线性的，应在一个时间里做一件事，按计划和时间表行事；还是时间是非线性的，在同一时间里可以做多件事，不应该绝对按照时间表行事，应该灵活机动。因此，关于时间的导向，中国文化注重过去和现在，而较少注重未来；美国文化则很少关注过去，基本着眼现在和未来。

在商业运作、管理中，美国人则更讲究计划性。如果你去看任何一个美国经理人的日历本或电子日历，上面通常都已写下了未来几个月的安排：商务会议、谈判、出差计划、休假日期，以及与别人午餐约会、晚餐约会等。远程的商业活动更是提前半年或一年就开始做安排了。这种习惯让着眼于过去和现在的文化中的人很难适应——你怎么可能知道你在半年后的某一天几时几分会有空呢？我怎么可能现在就与你定下半年后的一个约会？实在匪夷所思。这种由于时间导向不同造成的挫折感，在跨文化商业交往中经常出现。

此外，将时间看成线性与否也是区分文化的重要方面。美国人、德国人倾向于把时间看成是线性的，一段时间内做一件事，做完一件事后再做另一件事。相反，意大利人、中东人等其他一些国家的人则把时间看成是非线性的，一段时间内可做多件事情，不必按部就班，有板有眼地按时间表行动，而必须随机应变，根据当时的情况及时调整时间安排，不让自己成为时间表的奴隶。从这些国家来的管理者更相信几个行为可以同时进行。因为时间是可以延伸的，某些欧洲国家的管理者可能会因为在走廊上遇到同事或朋友而停下来聊天或问候一下，从而可能因此在一个商务会议上迟到。

综上所述，用克拉克洪与斯乔贝克提出的六大价值取向理论来区分文化能够使我们理解许多平时观察到的文化差异现象，并对有些"异常"行为进行合理解释。但是，该理论没有深入探讨不同国家和民族在这六大价值取向上不同的原因。并且，将人的价值观在二元对立中予以区分，是一种极端的情形，现实中只能对它们做趋向性判断，而不能做唯一性判断。有时有的组织会在不同情形对两种价值观交替使用，有时又会使两种价值观达到融合状态。因此，在具体应用中，只能把它们和实际联系起来使用。

3.2 吉尔特·霍夫斯泰德的文化维度理论

文化维度理论是跨文化理论至今最具影响力的一个理论，由荷兰管理学者吉尔特·霍夫斯泰德提出。该理论是实际调查研究的产物，起初并没有理论构架。20世纪70年代，为数不多的全球公司之一IBM对其分布在40个国家和地区的11.6万名员工（大部分为工程师）进行了文化价值观调查，得到了大量数据。那时，霍夫斯泰德正在IBM工作，有机会得到对数据进行分析的机会。霍夫斯泰德的逻辑是，在IBM工作的工程师大都有相似的教育背景和智力水平，个性特征也比较相似。因此，他们对同一问题做出不同的回答很可能反映出他们称赞的文化环境对他们价值取向所产生的影响。

通过对各国IBM员工对于大量问题的答案进行统计学上的因素分析，霍夫斯泰德发现有四大因素可以帮助我们区分民族文化对雇员的工作价值和工作态度的影响。1980年，他在《文化的后果》一书中发表了该研究成果。霍夫斯泰德归纳了4个随国家不同而不同的识别民族文化的维度：①个人主义与集体主义；②权力距离；③不确定性规避；④价值观的男性度与女性度。20世纪80年代，霍夫斯泰德又重复了10年前的研究，这次包括了更多的国家和地区，总数超过60个。这次研究不仅证实了前4个维度，而且还发现了一个新的维度——长期导向和短期导向。

3.2.1 个人主义和集体主义

个人主义是指一种松散结合的社会结构。在这一结构中，人们只关心自己和直接亲属的利益。与个人主义相反的是集体主义，它以一种紧密结合的结构为特征。在这一结构中，人们希望群体中的其他人（诸如家庭或组织）在他们有困难时帮助并保护他们，他们则以对群体忠诚作为回报。霍夫斯泰德经研究发现，美国个人主义的得分最高（91/100），而在有中华文化背景的地区如新加坡、中国香港和台湾在个人主义得分上很低(20/100、25/100、17/100)。53个国家和地区在这个维度上的得分和排序如表3-2所示。

表3-2 个人主义得分及排序

排 序	国家或地区	得 分	排 序	国家或地区	得 分
22/23	阿根廷	46	36	马来西亚	26
2	澳大利亚	90	32	墨西哥	30
18	奥地利	55	4/5	荷兰	80
8	比利时	75	13	挪威	69
26/27	巴西	38	6	新西兰	79
4/5	加拿大	80	47/48	巴基斯坦	14
38	智利	23	51	巴拿马	11
49	哥伦比亚	13	45	秘鲁	16
46	哥斯达黎加	15	31	菲律宾	32
9	丹麦	74	33/35	葡萄牙	27
52	赤道几内亚	8	16	南非	65
17	芬兰	63	42	萨尔瓦多	19
10/11	法国	71	39/41	新加坡	20
15	德国(F.R.)	67	20	西班牙	51
3	英国	89	10/11	瑞典	71
30	希腊	35	14	瑞士	68
53	危地马拉	6	44	中国台湾	17
37	中国香港	25	39/41	泰国	20
47/48	印度尼西亚	14	28	土耳其	37
21	印度	48	29	乌拉圭	36
24	伊朗	41	1	美国	91
12	爱尔兰	70	50	委内瑞拉	12
19	以色列	54	33/35	南斯拉夫	27
7	意大利	76	地区:		
25	牙买加	39	33/35	东非	27
22/23	日本	46	39/41	西非	20
43	韩国	18	26/27	阿拉伯国家	38

序号:1—最高,53—最低。

资料来源:[美]G. Hofstede. Cultures and Organizations: Software of the Mind [M]. London: McGraw-Hill, 1991.

在个人主义盛行的社会里，人们通常只关心自己，而与集体保持着精神上的独立，自私是占主要地位的动机。在集体主义为主流的社会里，人们更加关心集体而不是个人。个人通过他们与他人的关系、某集团的会员资格定义自己的身份，从而得到一种归属感，如表3-3所示。

表3-3 个人主义程度不同的国家比较

集体主义文化的国家	个人主义文化的国家
人们生长于一个不断对其进行保护的家庭，忠于自己的家庭	人们长大以后，被期望只照顾自己和其家庭
人的个性以其社会网络为基础	人们的个性以个人为基础
小孩从小就被教育要以"我们"来想问题	小孩从小就被教育要以"我"来想问题
应该保持调和的态度，直接对抗应避免	表达自己的思想是诚实正直的表现
教育的目的就是学习如何干事	教育的目的就是学习如何去学习
教育和文凭提供了进入更高地位的可能性	文凭增加了个人经济价值，使人更加尊重自我
雇主与雇员的关系被视为家庭关系	雇主与雇员的关系是以互利为基础的合同关系
关系超过工作	工作胜于关系

资料来源：[英]G. Hofstede. Cultures and Organizations：Software of the Mind[M]. London：McGraw-Hill，1991.

东方传统的儒家文化注重"礼""和"，强调以集体利益为重，个人利益要服从集体利益。所以，现代东方的企业文化也十分注重营造和谐的氛围，强调员工的归属感，突出以企业的利益、荣誉为重。企业十分注重培养员工的集体主义精神和团体协作精神，鼓励员工为实现企业目标同心同德、开拓进取；注重培养员工良好的主人翁意识。西方传统文化强调个人作用，以自我为中心的个人主义非常明显，极其注重突出个人，奉行个人主义。他们尊重个人隐私，强调自由，注重个人表现，力求在实践中使自己表现出色。两者的差异在企业管理中主要表现在绩效评估和人才流动管理两个方面。

东方企业的管理目标倾向于提高员工整体的工作绩效，往往以某个团队在一定时期内所取得的工作绩效大小、合作程度制定团队的奖惩制度，激励团队的工作绩效。西方企业以职务、责任和工作能力作为评定工作的主要标准，工资与工龄的长短无关，管理者鼓励员工发挥个人活动的自我性、自主性、能动性，实现个人能力、工作绩效与福利待遇直接挂钩；保障个人正当利益，促进个人价值的实现，力求使个人的个性和才能得到充分发展；承认个人价值，鼓励个人奋斗。

在人才流动管理方面，在强调集体主义的东方企业中，人与人之间相互依存，团结合作。员工对组织怀有忠诚感和效忠心理，工作中倾向于群体的努力和集体的回报，在个人利益和集体利益相矛盾时，集体利益占首位。员工之间沟通密切，十分看重感情和人际关系，很少流动，使得企业能够拥有相对稳定的员工队伍。而在强调个人主义的西方企业中，员工比较重视个性的发展，重视才智的最大限度的发挥。当企业对个人发展具有促进作用时，员工会努力工作，争取机会，奋发向上，为实现个人价值而奋斗。一旦员工意识到某个企业阻碍了其个性的发展和才智的发挥时，他就会毫不犹豫地离开企业。因此，西方文化尤其是美国文化中,企业就是一种由不同的个体结合起来的组织,而参加这些组织的个体都是理性的,都是为了达到某种既定的经济目的或获得报酬而加入组织的,个人与组织之间的关系不过是雇佣与被雇佣的关系。

3.2.2 权力距离

权力距离指的是一个社会中的人群对权力分配不平等这一事实的接受程度。接受程度高的国家,社会层级分明,权力距离大;接受程度低的国家和民族,人和人之间比较平等,权力距离就小。

权力距离大小在组织结构中有较明显的表现。权力距离大的文化中的组织一般层级鲜明,金字塔比较陡峭,如日本、韩国或者中国的企业;而权力距离小的文化中的组织结构一般就比较扁平,如美国、北欧的公司。另外,决策方式也不同,权力距离大的国家倾向于用自上而下的决策方式。权力距离小的国家则倾向于自下而上的决策方式,善于吸纳底层的意见,而作为底层的人也敢于说出自己的所思所想。这些国家和地区在这个维度上的得分和排序如表3-4所示。

表3-4 权力距离得分及排序

排 序	国家或地区	得 分	排 序	国家或地区	得 分
35/36	阿根廷	49	1	马来西亚	104
41	澳大利亚	36	5/6	墨西哥	81
53	奥地利	11	40	荷兰	38
20	比利时	65	47/48	挪威	31
14	巴西	69	50	新西兰	32
39	加拿大	39	32	巴基斯坦	55
24/25	智利	63	2/3	巴拿马	95
17	哥伦比亚	67	21/23	秘鲁	64
42/44	哥斯达黎加	35	4	菲律宾	94
51	丹麦	18	24/25	葡萄牙	63
8/9	赤道几内亚	78	36/37	南非	49
46	芬兰	33	18/19	萨尔瓦多	66
15/16	法国	68	13	新加坡	74
42/44	德国(F.R.)	35	31	西班牙	57
42/44	英国	35	47/48	瑞典	31
27/28	希腊	60	45	瑞士	34
2/3	危地马拉	95	29/30	中国台湾	58
15/16	中国香港	68	21/23	泰国	64

续表

排　序	国家或地区	得　分	排　序	国家或地区	得　分
8/9	印度尼西亚	78	18/19	土耳其	66
10/11	印度	77	26	乌拉圭	61
19/20	伊朗	58	38	美国	40
49	爱尔兰	28	5/6	委内瑞拉	81
52	以色列	13	12	南斯拉夫	76
34	意大利	50	地区：		
37	牙买加	45	21/23	东非	64
33	日本	54	10/11	西非	77
27/28	韩国	60	7	阿拉伯国家	80

序号：1—最高，53—最低。

资料来源：［英］G. Hofstede. Cultures and Organizations：Software of the Mind［M］. London：McGraw-Hill, 1991.

一般来说，东方企业文化有着典型的传统儒家文化的特点，有着较大的权力距离。东方企业由于权力距离较大，人们的等级观念非常强烈，在这里地位象征非常重要，上级所拥有的特权被认为是理所当然的，个人的行为受上级的意愿、自己的"分"的限制；自己没有决定自己行为的自由，人只是等级的附庸，其行为受等级的限制；在权力面前没有公平、正义，只有绝对服从，个人服从上级的要求和自己的等级的限制，社会分成命令和服从命令两个等级。在东方的传统文化中，人与人之间讲究"君君、臣臣、父父、子子"，"君为臣纲，父为子纲，夫为妻纲"。多数企业的等级观念不仅体现在工作中，而且延伸至生活中。管理者在任何场合都很注重保持自己的领导者形象，形成泛化的等级。管理对象出于对权力的遵从，也习惯于在任何有领导的场合扮演服从者的角色。这种特权虽有助于上级对下属权力的实施，但显然不利于员工与管理者之间和谐关系的创造和员工在企业中不断地学习和进步。不同权力距离国家的比较如表3-5所示。

表3-5　不同权力距离国家的比较

权力距离小的国家	权力距离大的国家
人员之间不平等减少到最低程度	希望人员之间的不平等
拥有不同影响或权威的人员间应相互依赖	权威性不够高的人员应依靠社会影响大或有权威性的人
家长平等对待子女	家长教育子女要服从
学生平等对待教师	学生尊重教师
分权十分普遍	集权十分普遍
受教育程度较高的人比低的人拥有较少的权力主义价值观	不同教育程度的人拥有几乎相同的权力主义价值观

续表

权力距离小的国家	权力距离大的国家
组织内的等级制度意味着角色不平等,但等级制度建立多数是为了便利目的	组织内的等级制度反映了组织内较高层次与较低层次之间存在不平等
组织内高层与低层人员工资差别较小	组织内高层与低层人员间工资差别较大
理想的雇主是足智多谋的民主主义者	理想的雇主是乐善好施的独裁者
人们对特权和地位的象征表示不满	特权和地位的象征十分普遍,为人期望

资料来源:张静河.跨文化管理:一门全新的管理学科[M].合肥:安徽科学技术出版社,2002:30.

而西方社会一直以来重视人与人之间的平行关系,主张人与人之间是平等的。美国颁布的《独立宣言》就明确指出,以下几点是不言而喻的公理:人人生而平等;造物主赋予了他们与生俱来的权利,即生存、自由、追求幸福的权利。在这样的文化熏陶下,西方企业权力距离较小。在企业中,即便是上下级也认为彼此之间是平等的,级别的不同不过是人的职务不同而已,之所以有这种级别制度,是为了工作的方便,人们倾向于用相对较少的权力作为达到目的。人们对级别观念相对淡化一些,下级通常认为上级是"和我一样的人"。所以,员工与管理者之间更平等,关系也更融洽,员工更擅于学习、进步和超越自我,实现个人价值,更加崇尚个人自由,相对地排斥权力等级。

在决策方式方面,在高权力距离的东方社会里,上级理应以家长的作风进行决策,下属通常害怕且不愿意反对上司的意见。因此,在东方企业中,下级习惯于听从上级的指示,很少向上级谈自己的见解。领导做了决定之后,就以命令的形式传达给下属,下属则随时等候着领导的命令而行事。决策倾向于集体决策,但是主要集中在上层少数领导,基层员工参与决策的机会很少。一旦决策做出以后,下级就必须严格执行。上下级之间的信息沟通一般以由上而下的命令式沟通为主,双向沟通较少。而在低权力距离的西方企业里,决策权分散在整个机构,每个人都有决策的权力。西方社会的企业管理人员比东方社会的企业管理人员更重视个人的自主决策和个人责任。因此,在西方社会里,领导倾向于通过制定总的原则给下属以指导,让下属能将这些原则运用到工作中去。上级拥有明确定位、做出最后决策的权力,重大决策一经做出就具有法律效力。这种决策程序能够灵敏地适应外部环境的变化,充分发挥企业家的才能。

3.2.3 不确定性规避

不确定性规避是指人们忍受模糊(低不确定性规避)或者感到模糊和不确定性的威胁(高不确定性规避)的程度。低不确定性规避文化中的人们敢于冒险,对未来充满信心;而高不确定性规避文化中的人则相反。高不确定性规避的社会特征是人们高度焦虑,具体表现为神经紧张、高度压力和进取性。在这种社会中,人们觉得自己受到了不确定和模糊性的威胁,因此组织一般都有大量正式的条文,即书面规定或规范,要求成员遵从,而且要求更高的专门化程度;同时,人们也很难容忍异常的思想和行为。这些国家在不确定性规避维度上的得分及排序如表3-6所示。

表3-6 不确定性规避得分及排序

排 序	国家或地区	得 分	排 序	国家或地区	得 分
35/36	阿根廷	49	1	马来西亚	104
37	澳大利亚	51	18	墨西哥	82
24/25	奥地利	70	35	荷兰	53
5/6	比利时	94	38	挪威	5
21/22	巴西	76	39/40	新西兰	49
41/42	加拿大	48	24/25	巴基斯坦	70
10/15	智利	86	10/15	巴拿马	86
20	哥伦比亚	80	9	秘鲁	87
10/15	哥斯达黎加	86	44	菲律宾	44
51	丹麦	23	2	葡萄牙	104
28	赤道几内亚	67	9/40	南非	49
31/32	芬兰	59	5/6	萨尔瓦多	94
10/15	法国	86	53	新加坡	8
29	德国(F.R.)	65	10/15	西班牙	86
47/48	英国	35	49/50	瑞典	29
1	希腊	112	33	瑞士	58
3	危地马拉	101	26	中国台湾	69
49/50	中国香港	29	30	泰国	64
41/42	印度尼西亚	48	16/17	土耳其	85
45	印度	40	4	乌拉圭	100
31/32	伊朗	59	43	美国	46
47/48	爱尔兰	35	21/22	委内瑞拉	76
19	以色列	81	8	南斯拉夫	88
23	意大利	75	地区：		
52	牙买加	13	36	东非	52
7	日本	92	34	西非	54
16/17	韩国	85	27	阿拉伯国家	68

序号：1—最高，53—最低。
资料来源：[英]G. Hofstede. Cultures and Organizations: Software of the Mind[M]. London: McGraw-Hill, 1991.

把权力距离与不确定性规避这两个维度结合起来，可以发现如下的情况：权力距离大而且具有强不确定性规避的国家，一般更为"机械化"，通常被称为"官僚化"，这些国家更多是拉丁语系国家；那些权力距离小而且具有弱不确定性规避倾向的国家，一般是更为"有机"的——层次更少，权力更加分散，正式条文和规范更少，这些国家大多数是北欧和北美国家。然而，在权力距离小但有强不确定性规避倾向的社会里，组织更具有"有机性"——不重视等级，决策是分散化的，但是有非常正式的条文和规范，而且角色分工和责任也界定得很清楚。在权力距离大但有弱不确定性规避的社会里，组织类似于家族或氏族。在这里，"老板就是老板"，组织的家长式作风很明显，没有明确地界定角色分工和责任(正规化)，而是界定了社会角色。许多亚洲国家具有这样的特征，那里的商业企业通常具有权力集中化和个人化人际关系的特征，如表3-7所示。

表3-7 部分国家对回避不确定性的不同态度

低度回避不确定性的国家	高度回避不确定性的国家
很少法律与法规，它们通常是一般的	较多法律与法规，且非常具体
人们相信，如法规得不到尊重，就应加以改变	如法规得不到尊重，人们相信自己就是罪人，应悔改
居民的异议是可以接受的	居民的异议不能接受，应抑制
人们对社会制度的看法是积极的	人们对社会制度的看法是消极的
对年轻人的看法是积极的	对年轻人的看法是消极的
容忍和温和是社会的特征	极端主义和法律秩序的利害关系是社会的特征
相信具有多方面才能的人和一般的常识	相信专家和内行
认为一个集团的信仰不应强加给另一集团	相信只有一个真理，且他们拥有它
对宗教、政治和思想意识的容忍	对宗教、政治和思想意识不容忍
在哲学与科学方面，存在相对主义和经验主义倾向	在哲学与科学方面，存在完美的理论倾向

资料来源：张静河. 跨文化管理：一门全新的管理学科[M]. 合肥：安徽科学技术出版社，2002：30.

东方的传统文化中以儒家文化的影响最为深刻，东方社会重伦理，偏重于人的作用，更多地采用道德管理，即"人治"。因此，东方企业表现出浓厚的伦理色彩。例如，某些企业管理者在衡量与判断经营业绩，或选择评价企业决策及行为时，很少是以道德规范和伦理标准为基本准则的。之所以有这种特征，根源在于东方的传统文化倡导一种强烈的伦理道德，强调以人为本，道德先行。"以德为先"即强调道德伦理在管理中的作用。对于管理者而言，高水平的道德修养是必备条件之一。在组织管理中，管理者经常要运用权威指挥和影响组织成员，其中有些权威是制度所赋予的，另一些则有赖于管理者的个人魅力和其他优秀品质。

西方社会对人性假设的认识偏向于人是"经济人"，认为人是会受到诱惑而犯错的，因此采用制度管理，即"法治"，一切都用外在的非人际关系的硬件力量——尽量完善的法规、制度进行约束，在企业管理上就表现为规范管理、制度管理和条例管理，追求管理的有序化和有效化，希望从制度上解决企业面临的问题。实质上，西方管理的基础是唯理哲学,是以契约关系为基础的,人与人之间的关系是一种理性计较的契约关系。作为契约型社会,西方社会生产和生活中的行为关系都要借助合同保障。西方企业与员工之间十分注重契约关系,基本以物质利益为主要内容,并不要求员工对企业有精神上的依附和情感上的寄托,是一种纯粹的雇佣关系;而员工与员工之间也仅仅是单纯的工作关系,彼此之间缺乏亲密的感情。

3.2.4 价值观男性化与女性化

男性化(Masculinity)是指社会中"男性"价值观占优势的程度,即自信、追求成功、金钱和事业。男性化指数较高的国家将收入、赏识、进步和挑战这4种因素看得很重。个人被鼓励成为独立的决策者,受人赏识与积累财富就是成功的标志。在企业里工作压力很重,许多经理相信自己的属下并不喜欢自己的工作,因此必须将他们置于一定的控制之下。

女性化(Femininity)是男性化的反面,女性化社会的价值观是关心他人并讲求生活质量。人们崇尚关系与合作、友好氛围和职业安全,如瑞典、挪威等国。个人被鼓励成为集团的决策者,人际友好交往和优美的生活环境是取得成功的标志。在企业里,工作的压力较低,经理们信任其属下并给予他们较大的自由度。

在现实生活中,有些国家或者民族文化强调男性价值观,其特征表现为追求金钱和物质财富。有的国家或民族则强调女性价值观,重视人与人之间的关系。这些国家和地区在男性化指数这个维度上的得分及排序如表3-8所示。

表3-8 部分国家(地区)男性化指数得分及排序

排 序	国家或地区	得 分	排 序	国家或地区	得 分
20/21	阿根廷	56	25/26	马来西亚	50
16	澳大利亚	61	6	墨西哥	69
2	奥地利	79	51	荷兰	14
22	比利时	54	52	挪威	8
27	巴西	49	47	新西兰	58
24	加拿大	52	25/26	巴基斯坦	50
46	智利	28	34	巴拿马	44
11/12	哥伦比亚	64	37/38	秘鲁	42
48/49	哥斯达黎加	21	11/12	菲律宾	64
50	丹麦	16	45	葡萄牙	31
13/14	赤道几内亚	63	13/14	南非	63
47	芬兰	26	40	萨尔瓦多	40
35/36	法国	43	28	新加坡	48
9/10	德国(F.R.)	66	37/38	西班牙	42

续表

排　序	国家或地区	得　分	排　序	国家或地区	得　分
9/10	英国	66	53	瑞典	5
18/19	希腊	57	4/5	瑞士	70
43	危地马拉	37	32/33	中国台湾	45
18/19	中国香港	57	44	泰国	34
30/31	印度尼西亚	46	31/33	土耳其	45
20/21	印度	56	42	乌拉圭	38
35/36	伊朗	43	15	美国	62
7/8	爱尔兰	68	3	委内瑞拉	73
29	以色列	47	48/49	南斯拉夫	21
4/5	意大利	70	地区：		
7/8	牙买加	68	39	东非	41
1	日本	95	30/31	西非	46
41	韩国	39	23	阿拉伯国家	53

序号：1—最高，53—最低。

资料来源：[英]G. Hofstede. Cultures and Organizations：Software of the Mind[M]. London：McGraw-Hill，1991.

霍夫斯坦德认为，男性主义的文化特征表现为过分自信，而女性主义的文化特征则对他人幸福表现出敏感和关心。具体来说，在男性导向的国家中，如日本、澳大利亚、墨西哥和阿根廷等，男性通常控制着最重要的工作，女性一般留在家中照顾孩子。男性控制的企业组织具有独断性等特点，由此可以营造出竞争性较强的工作环境。此外，男性可以接受高水平的教育，进而担任重要的工作岗位，而女性只能做一些辅助性工作。女性导向的国家包括葡萄牙和西班牙等，在这些国家的文化中，女性控制着管理和专业领域，其工作环境相对平和一些。与男权导向型企业相比，这些国家的组织竞争没有那么明显，进而意味着对个人成就不是很重视。男性价值观不同的国家的社会常规如表3-9所示。

表3-9　男性价值观不同的国家的社会常规

男性价值观弱的国家	男性价值观弱的国家
以生活质量和环境为重	以实绩和增长为重
工作是为了生活	活着是为了工作
服务、相互依存是理想	成就、独立是理想
遇事凭直感	遇事果断
对遭遇不幸者寄予同情	对功成名就者仰慕
中庸之道：不求超过别人	好胜逞能：务求最佳

续表

男性价值观弱的国家	男性价值观弱的国家
男人不一定非要刚毅果断，而是也可以承担爱护关怀性质的角色	男子汉应该行为果敢，而女子应该关心体贴
社会中的性别角色不是固定不变的	社会中的性别角色应该明确区分
母亲在家中地位较强	母亲在家中地位较弱
家中男孩、女孩把父母亲都作为楷模	父亲是儿子的榜样；母亲是女儿的榜样

序号：1—最高，53—最低。

资料来源：[英]G. Hofstede. Cultures and Organizations：Software of the Mind[M]. London：McGraw-Hill, 1991.

东方文化一贯秉承贵和持中、注重和谐的思想，强调柔性管理。东方式管理强调"企业即人"，认为企业中人、财、物的管理应是一个有机系统，其中人处于管理的中心和主导地位；企业文化更强调企业精神、全体员工同他的价值取向及在此基础上形成的凝聚力和向心力；柔性管理的核心是以人为中心的"人性化管理"，它在研究人的心理和行为规律的基础上，采用非强制性方式，在员工心目中产生一种潜在说服力，从而把组织意志变为个人的自觉行动。

西方企业管理属于刚性管理，重视物的因素，将人视为与物同样的生产要素进行科学的配置和使用。强烈的进取精神促使西方企业在市场开拓、产品改进、技术创新等方面有一种无限的扩展欲和侵略性。西方企业强调的是"刚性管理"，没有从"人本"的角度考虑问题。西方既然把管理的核心放在"物"的管理上，同时把人也视为物化的管理对象，那么在管理方式、方法和手段上也就自然注重采用刚性的机械管理方式。在对人的管理上，侧重于在"动作研究"的基础上制定和实施标准化的操作方法和工作定额，目的在于提高工人的工作效率。

3.2.5 长期取向与短期取向

长期取向与短期取向也被称为传统儒家伦理的"新维度"，后被霍夫斯泰德接纳并重新命名为"第五个文化维度"。它表明一个民族持有的长期与近期利益的价值观。具有长期导向性的文化和社会要求面对未来，注重对未来的考虑，对待事物以动态的观点去考察；注重节约和储蓄，做任何事都留有余地。短期导向性的社会和文化，则立足于现在，着重于眼前的利益，注重承担社会责任。最重要的是此时此地。在他研究的前后几年，亚洲经济发展极快，尤其是"亚洲四小龙"的腾飞更是令世界瞩目。将经济起飞看成一个文化现象，霍夫斯泰德发现这4个亚洲国家和地区（中国香港、中国台湾、韩国、新加坡）有一个共同的特点，那就是对传统的重视，而且凡事都想到未来的倾向，而非只想当前。这种长期导向与国家经济发展速度之间的相关系数达0.7之高，也就是说在他所调查的二十几个国家中，长期导向这一条解释了经济发展将近50%的变异量。

在长期和短期导向文化中，人们行动的切入点是不同的。图3.1中中间的星点表示目前要谈的生意。图3.1(a)表示的是长期导向的人的行为习惯，他们从边缘切入，全部情况了解清楚之后，再进入中间星点谈"正事"。图3.1(b)表示的是短期导向的人喜欢从中间星点"正事"开始谈起,如果成功,再拓展关系,了解其他方面的情况。

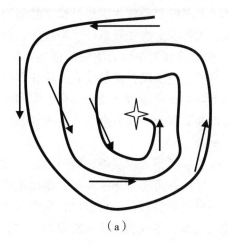 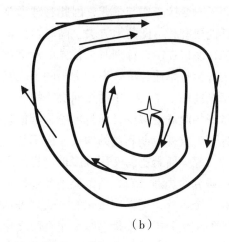

图 3.1　长期、短期导向的人的行动轨迹

资料来源:陈晓萍. 跨文化管理[M]. 北京:清华大学出版社,2005:42.

例如,第一次与对方公司的代表见面,商谈一桩短时的生意,中国人也会花很多时间介绍公司的历史、发展方向、各类产品线,以及人事组织结构等;然后,让对方公司介绍自己的情况,全部完毕之后,才进入具体的项目谈判。如果是外商来中国谈判,一般都不会在第一次会议上就详谈生意细节,总是先要带对方参观一下工厂或公司,宴请对方,或请对方游山玩水,参与休闲社交活动,然后,到最后一两天才正式比较严肃地进入正题谈生意。为什么这么做呢?因为我们想了解对方派来的那个人的底细、那个公司的底细,那个人的人品是否可靠,是否值得信任。为什么要了解这些呢?因为我们下意识里想的就是与该公司或该代表未来的长期合作,而不是做完眼前的这桩生意就完事了。美国商人常常对此不理解。因为他们是短期导向的文化,有把所有生意都看成一锤子买卖的倾向,所以,觉得介入那些与生意没有直接关系的活动纯粹是浪费时间,有时甚至认为是中国人玩的花样,让他们上当,使他们在所剩无几的时间里必须被迫做出决策,而做出让步[①]。

在东西方企业管理方面,长期、短期导向文化的影响也非常明显。

东方企业管理强调企业的社会责任,包括企业与社会的关系及对国家的责任。企业更多地承担社会责任,雇用长期失业者,控制污染,以及处理其他社会问题。企业管理者既要考虑社会,又要使员工、顾客和债权人满意。企业具有它的长期生活功能,不能仅仅是营利机器。受到东方文化思想影响的日韩企业就十分强调个人服从组织,企业服务社会。例如,松下公司把"认清我们身为企业人的责任,追求进步,促进社会大众的福利,致力于文化的长远发展"作为公司的基本纲领。20世纪90年代初,韩国三星公司在内部开展了一个子公司承包一座山的环保活动,这项活动被称为"一社一山","社"在韩文中意为公司。后来,三星又开展了"一社一川""一社一村"的活动,逐步形成了奉献爱心的企业文化理念。企业的角色不再只是商品和服务的供应商,还是社会的"公民",它必须承担相应的社会责任。

西方企业的经营目标是追随短期收益的最大化。由于受短期导向文化的影响,西方企

---

① 陈晓萍. 跨文化管理[M]. 北京:清华大学出版社,2005:41.

业的管理者和员工并不被认为是一个为共同目标工作和长期分享共同利益的整体。员工可能随时变换工作与企业，因此管理者总是想尽快地获得更多的利益作为工作补偿，然后到其他更有利可图的地方去。同时西方企业决策机构在很大程度上要受股东的严格监督和控制，所以在制订计划时，首先要考虑到股东的利益，把投资利润率作为决策的最高目标。西方衡量企业经济效率最常用的手段就是看企业股票每股收益情况，而股票收益往往取决于企业的半年或一年的短期决算情况。如果短期收益下降，出现股价下跌，不仅股东和经营者的收益会减少，而且可能为其他公司的兼并创造机会。因此，西方企业经营者在制订计划时重视短期利益的增长，而不是企业本身的长远发展。

霍夫斯泰德的文化维度理论提出之后，在管理学界引起了很大的反响，同时掀起了文化研究的热潮。霍夫斯泰德用实证研究方法的一个最大好处就是每个国家在每一维度上都有一个得分，可以用量化的方式来表达文化差异，而不只是定性而已。可以说，霍夫斯泰德的文化分析框架是迄今为止在跨文化管理研究中较为完整、系统的文化分析模式。它说明了一个国家的管理原则与方式是建立在其文化基础上的，只有透过文化的差异性观察不同国家的管理方式的差异性，才能提升跨文化管理活动的目标性及有效性。

但由于历史的局限性和时空的变化，他的研究也不可避免地存在缺憾。一是他对文化的研究是一种静态的研究，没有涉及对文化演变及影响文化价值观变化因素的分析；二是他研究的对象主要是管理者，而不是一般雇员等；三是其研究样本全部来自同一个跨国公司，一些研究者仍怀疑其研究结果的可信度及对其他跨国公司的意义。

3.3　特罗姆皮纳斯的文化架构理论

荷兰经济学家和理论咨询家特罗姆皮纳斯历经10年，对来自28个国家的15 000名经理进行了问卷调查，在他的报告中包括了其中的23个国家，并根据研究的结果提出了7个文化维度。这7个体现国家与民族文化差异的维度如下。

（1）普遍主义－特殊主义：社会或个人的责任。

（2）个人主义－集体主义：个人或集体目标。

（3）中性化－情绪化关系：相互关系中的情绪化倾向。

（4）关系特定－关系散漫：相互关系中投入的程度。

（5）注重个人成就－注重社会等级：权力和地位的合法性。

（6）长期－短期取向：对待传统的态度。

（7）人与自然的关系：如何看待自然对人的影响。

在这7个文化维度中，前5个维度对商务领域的影响更大，下面集中讨论这5个维度。23个国家和地区在这5个维度上的得分排序如表3－10所示。

表 3-10　23 个国家和地区在 5 个维度上的排序

维度 国家和地区	普遍主义	个人主义	中性化关系	关系特定	注重个人成就
阿根廷	16	3/5	10/12	12/14	8
奥地利	2	7/8	4	1	1
比利时	10	13	8/9	7	10
巴西	11	11	19	8	12/13
中国	20	18	20	22	21
苏联	22	3/5	18	16/17	20
捷克	8	2	13/14	9	18
法国	12	19	13/14	5	11
德国	3/4	17	8/9	10/11	7
中国香港	19	15	6	18/20	14/15
印度尼西亚	21	20	5	15	22
意大利	9	16	16/17	10/11	12/13
日本	14/15	21	1	12/14	17
墨西哥	17	3/5	23	12/14	5/6
荷兰	7	9/10	22	6	14/15
新加坡	13	23	3	18/20	19
西班牙	14/15	9/10	15	21	16
瑞典	5	7/8	10/12	18/20	5/6
瑞士	3/4	12	21	3/4	3/4
泰国	18	22	7	16/17	9
英国	6	6	2	2	3/4
美国	1	1	10/12	3/4	2
委内瑞拉	23	14	16/17	23	23

序号：1—最高，53—最低。

资料来源：[英] F. Trompenaars. *Riding the Waves of Culture* [M]. London：The Economist Book，1993.

3.3.1 普遍主义-特殊主义

普遍主义与特殊主义这个概念最早是由美国社会学家帕森斯(1951)提出来的。在普遍主义文化中，人们认为判断对和错有一定的客观标准，可以应用在任何人身上和任何时间、场合。特殊主义文化则认为，在判断对和错的时候，特殊情况和关系起到更重要的作用，而不是由抽象、刻板的条例决定。

这个维度体现在商务活动中，就是在不同文化中合同重要性的差异。在普遍主义文化中，合同的重要性体现在它已成为人们的一种生活方式，管理强调建立制度和系统，同时制度和系统应该是能为大多数人服务并满足大多数要求的。制度一旦建立，人人都须遵守，对所有人都一视同仁，没有人可以凌驾于制度之上。美国是强调普遍主义的国家，几乎所有企业都有详细的规章制度和各种内部管理系统。当个案发生时，马上就会想到如果今后类似的情况出现应该怎样应对，怎样的解决方案才有普遍意义，怎样处理才是对所有人都公平等。这成为管理者的一种思维方式。

而在特殊主义文化中，人们更多地依赖于他人的关系达成和执行交易，管理的特点则是"人治"。制度虽有，却都停留在纸面上。遇到问题的时候，企业中的管理人员也好，员工也好，常常想到的是怎样通过关系或熟人把问题解决，而不是通过公司正规的渠道。因此，建立个人关系网就成为很多人孜孜不倦的工作。与从个案走向普遍的思维逻辑相反，特殊主义者的思维方式更倾向如何从普遍中找出特色，将自己的问题作为特殊问题处理。特殊待遇成为大众追求的东西。"上有政策，下有对策"就是从制度中找漏洞将自己特殊化的典型例子。从另一个方面来说，要在特殊社会中变革制度，光讲逻辑还不行，还必须通过改变人与人之间的关系，改变改革者与被改革群体之间的关系才能实现。表3-11概括了商务服务管理领域普遍主义者和特殊主义者的不同特点。

表3-11 受普遍主义/特殊主义影响的商务服务管理领域

普遍主义	特殊主义
注重规则而非关系	注重关系而非规则
法律合同一旦签订，不能随意改变	法律合同是可以随时修改的
可以信任的人是遵守诺言或合同的人	可以信任的是能随情境而改变的人
只有一个事实或真相	相对于每一个人，事实有不同的角度
交易就是交易	能在交易中发展关系

资料来源：[英]F. Trompenaars. *Riding the Waves of Culture*[M]. London：The Economist Book，1993.

对于英语文化来说，客观的"事实"——关于真正发生的客观情况，比人际关系更为重要，人们相信规律和制度应该适用于每个人。在拉丁文化中，对事实必须在不同关系和环境的实质下进行考虑，家人和朋友先于所有其他人被考虑。在一个关于是否会为了一个发生事故被起诉的朋友而撒谎的调查中，拉丁语欧洲国家和英语国家的管理者所提供的答案有很大的区别。大约9/10的英语国家的管理者拒绝为救朋友而撒谎，而只有2/3的拉丁语欧洲国家的管理者会拒绝撒谎。

由于普遍主义者与特殊主义者文化上的差异，当这两类人相遇时，彼此如何妥协把生意做成就成为一项极具挑战意义的工作。例如：

假如一个你受雇于一家美国公司，最近在帮助公司与一家日本公司谈一桩举足轻重的生意，几个回合下来，几近大功告成，就差签合同最后一道程序了。今天下午你从老板那儿拿到正式合同一看，才意识到大事不好，不是文字有错误，而是合同上下几百页，厚厚一大摞，明天日本人看了肯定生气，因为日本公司的合同通常要薄很多，只包括最主要的内容，不像美国公司的合同，事无巨细，一条一条都写得清清楚楚，仔仔细细。怎么办呢？是去向美国老板解释日本人的特点，而让公司把合同简化一下再拿去签呢，还是向日本公司解释美国公司的做事方式而取得日本人的理解呢？你会怎么办？

你去问自己的老板能否缩减合同，老板说不行，这是公司的规定，对全世界的公司一视同仁，不能因国而异。无奈，你只好去向日本人解释，说合同厚不是对他们不信任的表现，而是为了满足美国国家法律上的要求等。日本人听完后，什么也没说，只问了一个问题，然后就签了合同。什么问题呢？请看下面：

"请问合同签下后，你会一直负责这个项目吗？"你点头说："是。"

就这么简单！日本人信任的是这个人，只要这个人在，合同就可以签订，假若换一个人，情况就不一样了①。

由此可见普遍主义者与特殊主义者的另一差别。普遍主义者表现得"机械""死板"、不善于随机应变；而特殊主义者则要灵活，愿意按具体的情形调整自己的标准和行为，愿意从特殊出发去处理问题。

普遍主义思维之下很容易产生我们非常提倡的"敬业"精神。所谓敬业，就是对自己从事的职业忠实、专业，不因人而异。

例如，一个敬业的医生就应该对所有的病人态度友善，耐心询问病情，认真倾听病者的陈述和问题，然后做出诊断，开出合适的药方，而不是对熟人态度友好，用药讲究，对陌生人就不耐烦，草草了事，随便开药。

中国社会之所以还没有形成这种敬业精神，恐怕与文化深层的"特殊主义"不无关系。

3.3.2 个人主义－集体主义

与霍夫斯泰德的研究结果相似，个人主义与集体主义这个维度关注群体如何解决问题：个体更看重他/她个人还是把自己看成是群体中的一员，进一步讲，即社会应该更重视个体对社会的贡献，还是应该首先考虑集体，因为集体是由许多个体所构成的。

在强调集体主义的社会中，人们愿意归属的群体各不相同：工会、家庭、民族、公司、宗教、职业或政党组织。例如，日本人认同他们的国家和公司，法国人认同他们的国家、家庭和职位，爱尔兰人认同罗马天主教堂。

跨文化管理受到不同国家中个人主义/集体主义倾向的影响（表3-12）。谈判、决策和激励是受影响的关键领域。在群体中，对成就的认可以及计件工资的发放必须根据各人的贡献区分开来，并且每个人对共同承担任务的贡献是可以区分的，贡献多的应该受到表扬和奖励。这是个人主义文化中的情形。例如，在美国，在工作中将薪水和工作表现联系起来是十分合理的。只要不断努力，每个人都可能成功。例如，在苹果电脑公司，薪水是没有上限的，优秀的表现可以获得相当于基本工资两倍的月薪，无须考虑部门中是否要平衡。

---

① 陈晓萍. 跨文化管理[M]. 北京：清华大学出版社，2005：68.

表3-12 受个人主义/集体主义影响的商务服务管理领域

个人主义	集体主义
人们更多地说"我"	人们更多地说"我们"
在谈判中，决策通常由代表当场做出	在谈判中，代表作决策通常要请示组织
人们独立完成任务，个人承担责任	群体一起完成任务，共同承担责任
通常两三个人甚至单独一个人度假	有组织的群体或大家庭一起度假

资料来源：[英]F. Trompenaars. *Riding the Waves of Culture*[M]. London：The Economist Book，1993.

相反，在集体主义文化中，这是不可能的。在许多亚洲国家中，集体逻辑是非常盛行的。例如，一个跨国公司在推行为了提高生产率而为工人提供营养午餐时遇到阻力，因为当地的雇员要求把午餐费用直接支付给他们，从而使他们可以养活家人。这种态度就是："我们在家人挨饿的时候怎么能够吃得下呢？"又如，印度尼西亚人是以群体方式处理他们的文化的，每个人都通过群体联系在一起。在一个群体中，以不同的标准发薪水是不妥当的，按表现分配也是不适合的。在日本也是如此，人们担心按业绩分配会破坏内部和谐，并可能同时引发追求短期效益的想法和做法。

另外，在一些集体观念更强的国家，裙带关系是相互依赖逻辑的自然产物。当一个雇主选择一个雇员的时候，一种道德上的承诺就会被确立，就会产生一种伦理暗示，那就是雇主将要照顾雇员，甚至是雇员的家庭。家庭纽带在这里提供一种社会控制，这种关系通常会比组织的等级制度更有力。

3.3.3 中性化-情绪化关系

中性-情绪化维度是能帮助我们区分文化差异的又一重要方面。这个维度主要指人际交往中情绪外露的程度。情绪表露含蓄微弱的文化被称为中性文化，而情绪表露鲜明夸张的文化被称为情绪文化。最典型的中性文化国家为日本、中国和其他亚洲国家；最典型的情绪化文化国家为意大利、西班牙和其他南美国家。美国处于两极之间。

例如，在日本，其中性文化表现在很多方面，其一是人与人之间感觉舒适的空间距离较远，在三尺以上，一般见面鞠躬，不作任何身体接触。讲话时表情中性，喜怒不形于色，让从相对情绪文化中来的人不知所措。电影《恭贺》中的一个情境是，美国人汉斯从美国飞去日本请日本的一家汽车公司去他所居住的城市开厂，因为原先的美国汽车厂倒闭关门现在空置，全城的人差不多都失业了。汉斯很幽默，尽量想逗日本人笑，然后说服他们去开厂。没想到他一个人说了十几分钟，放了十几张幻灯片，底下坐着的日本管理人员没有一点反应，既不笑，也不生气，而是面无表情，直直地看着他。他以为他们听不懂英文，就问："你们说英文吗？"一个年长的立刻说："我们都会说英语。你接着说。"汉斯很尴尬，只能又说了几句，但还是没反应，所以就草草收场了。返美的路上，他一直很沮丧，觉得自己完全失败了。回到家里，他马上开始看报纸上的招工广告，准备给自己找份工作。没想到，一个星期后，日本人来了，而且宣布开厂，并说他们的决定主要是因为汉斯的演说。可以想见汉斯是多么的震惊，当然别提有多高兴了！

与日本人相比，美国人就比较情绪；但与希腊人比，美国人就显得比较理智了。在电影《我的盛大希腊婚礼》中，可以明显看到这种反差。一个成长于非常传统的希腊家庭的女孩爱上了一个美国男子，但她把男子带到家里去见父母时，那个男子看到的不只是他的父母，而是他的"全家"，包括所有远近亲戚，而且大家都争先恐后地冲上来与他拥抱，七嘴八舌，亲热无比。当他把她带去见父母时，情形就完全不同了。儿子与父母本身就很生分的样子，彼此之间彬彬有礼，见面时除了握手，基本没有其他的身体接触。父母见了女孩就问姓名，又因为她的姓比较奇怪，进而猜测她来自的国家，当然猜得牛头不对马嘴，显示出美国人对外国的无知。吃饭时大家也沉默寡言，整个气氛都是冷清而尴尬。

在中性文化里，人与人之间很少有身体接触，人与人之间的沟通和交流比较微妙，因为情绪表露很少，需要用心领会才行。人们倾向于认为在工作场合表现出诸如愤怒、高兴或紧张等情绪是"非职业化"的。情绪外露的人被看成是不稳重、不成熟、缺乏自我控制能力，有时甚至不可靠。相反，在情绪化里，人与人之间身体的接触比较公开自然，沟通交流时表情丰富，用词夸张，充满肢体语言，人们会认为他们的中性化同事是没有情绪的，或是把他们的真实感情掩藏在假面具后，如表3-13所示。

表3-13　受中性化/情绪化影响的商务服务管理领域

个人主义	集体主义
通过言语或非言语形式立即做出反应 通过脸部或身体姿态表达情绪 独立完成任务，个人承担责任 容易提高声音	通常不显露情绪 不会把他们所想或感受表现出来 当众表现情绪会感到尴尬 对"私人"圈子外的身体接触感到不舒服 言语和非言语表达很微妙

资料来源：[英]F. Trompenaars. *Riding the Waves of Culture*[M]. London：The Economist Book, 1993.

在情绪文化中，情绪外露被认为是加强自己观点的一种重要手段。不表露感情被看成冷血，而且无趣。激情是热爱生活的表现，是生命活力的显示。意大利人把激情看成是生命的最高境界，对艺术的激情，表现在他们的绘画、歌剧，甚至时装设计中；对食物的激情，表现在他们自家酿制的葡萄酒里，自己做的各种面食、空心粉、比萨饼里，每一种都用红色的番茄酱和奶酪作调料；对爱的激情，对人的激情，表现在他们日常生活的语言里、举止中和充满夸张的表情里。

3.3.4　关系特定-关系散漫

关系特定-关系散漫这个维度表示个人在与他人交往中的投入程度。该维度的提出源自已故著名社会心理学家克特·卢温的圆圈拓扑理论。卢温在1934年发表的《拓扑心理学的原理》一书中，提出了两类交往方式：U类方式（即特定关系类型）和G类方式（即散漫关系类型），如图3.2所示。

图3.2(a)表现的是U类交往方式，也是美国人的一般交往模式。中间的实线小圆圈代表个体的私人空间，很小且封闭。外周的虚线大圆圈与实线小圆圈之间的空间代表个体的公共空间，也即允许普通他人进入的地方。

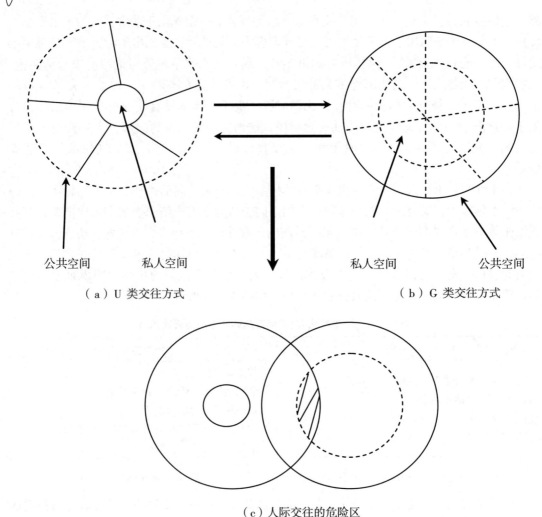

(a) U 类交往方式　　　(b) G 类交往方式

(c) 人际交往的危险区

图 3.2　圆圈拓扑理论

资料来源：[英] F. Tromopenaars. *Riding the Waves of Culture* [M]. London：The Economist Books, 1993.

从图中可以看出，美国人的公共空间很大。对他们来说，房子的客厅、厨房、书房、冰箱、汽车等都是公共空间，可以对任何人开放。而那些用实线隔开的公共空间则代表他们与人交往的特殊领域，领域与领域之间有严格的界限。一个典型的特殊领域是人的工作领域，他们与这个领域中有关的人交往，上级、同事、属下，展现自己在该领域中的面貌和特点；另一个特殊领域可能是自己参加的一个俱乐部，如橄榄球队、爵士乐队，在这个领域中，个体用相似或不同的方式与队友交往，表现自己另外方面的特长和风格。有意思的是，一般大家都不会把自己在某一特定领域交往的人带入其他领域。所以，参加橄榄球队的人不会是自己的同事，爵士乐队的人也不知道自己在工作中的表现。

因此，U 类交往方式把人与人之间的界限划得清清楚楚，特定领域，特定人群，不加混淆。

图 3.2(b) 表现的是 G 类交往方式，也是德国人的一般交往模式。大圆圈是实线，表

明即使是公共空间，一般人也不能轻易进入；公共空间要狭窄很多，许多在 U 类文化中被看成公共空间的地方如书房、冰箱或汽车被视为私人空间；私人空间相对要大，不封闭，说明已经进入公共空间的人要进入该个体的私人空间相对较容易；生活的不同领域之间用虚线隔开，表明彼此的界限不是绝对分明，而是互相渗透。一旦你被某人邀请到家做客，你就很可能被介绍给该人的其他朋友，被带入此人的其他社交圈，从而被慢慢引入该人的私人空间。

来自这两种不同文化的人在各自的文化中生活时，彼此间享有共同对人际交往的假设和默契，交往如鱼得水。但是，当两个人一个来自特定关系文化，一个来自散漫关系文化时，矛盾和冲突就可能发生，当然更多的可能是不解和挫折感，就出现了一个人际交往的危险区，如图 3.2(c)所示，两类人交往圆圈相交的部分(阴影)就是危险区。

因为当来自 G 类文化的人被邀请到美国人家里做客时，可能觉得自己已经被看成了"自己人"，是进入他们私人空间(虽然这对美国人来说还是公共空间)的时候了，所以会对了解对方有更多的期待，希望对方展露真正的自我。但对美国人来说，这样的交往离触到他们真正的自我部分还相距很远。

因此，来自 G 类文化的人就会感觉到挫折，觉得自己怎么努力也走不进对方的内心；或者感觉美国人际交往的肤浅，永远只停留于表面，而不触及更深层的交流。

反之，美国人同样会感到挫折，且为相反的原因。

关系特定和关系散漫文化的人在思维方式上的差异也非常明显。例如，美国人不但划分人际交往的特定领域，对所有事物的思维也有特定的倾向。在使用方面工具方面，往往解决一个问题就有一个特定的工具，非常细分和专业。厨房里用的各种厨具，就是一个典型的例子。特定、精确变成美国人的思维习惯渗透到他们生活的各个角落，有时也会妨碍融会贯通能力的发展。

有一个笑话是说美国航空航天局的科学家的。大家都知道圆珠笔在墙上写字的时候常常不出墨，因为重力向下，当圆珠笔与地面平行时，墨水就出不来了。在宇宙飞船上，地球引力减小，人都会飘起来，圆珠笔就更写不出来了。于是，宇航局专门拨了 200 万美元研制在宇宙飞船上能够使用的圆珠笔，花了一年时间，终于研制出来了。有趣的是，当别人问苏联的宇航员他们如何对付圆珠笔问题时，他们说，他们就不用圆珠笔，而用铅笔写字！

而中国人思维的散漫性也几乎渗透到生活的各个角落。中国人的"一刀多用"就是典型例子，一把菜刀既可以切蔬菜，也可以切肉，还可以削水果等。而这种散漫思维的特点，却同时导致特别强的触类旁通能力和突破框框的创造力。电学中创造的"万用表"就是中国人散漫思维的一个极佳例子。

在商务活动方面，来自关系特定文化的人与来自关系散漫文化的人也表现出极大的差别，他们会感到相互之间的交往是在浪费时间。在关系特定文化中，商务活动独立于个人生活的其他方面，专门有一部分时间留给商务或工作。在关系散漫文化中，所有一切都是连在一起的，你的商务伙伴可能想要知道你上的是哪个学校，你的朋友是谁，你对生活、政治、艺术、文学和音乐有什么想法等。他们认为这一切并不是浪费时间，因为这些想法、偏好会显露出个性并结成友谊。为建立关系而花费时间、精力是值得的，它们与交易本身一样重要，甚至更加重要。两者在商务领域行为的具体区别如表 3-14 所示。

表3-14 关系特定/关系散漫文化的人在商务领域的区别

关系特定	关系散漫
更"开放"的公共空间,更"封闭"的私人空间 表现出直接、开放和外倾 直接说到正题 高度流动性 将工作和私人生活分开 在不同场合不同称呼	更"封闭"的公共空间,一旦进入就更"开放"的私人空间 表现出非直接、封闭和内倾 经常避开正题、旁敲侧击 低流动性 工作和私人生活紧紧连在一起 在不同场合用同样的称呼或头衔

资料来源:[英]F. Trompenaars. *Riding the Waves of Culture*[M]. London: The Economist Book, 1993.

3.3.5 注重个人成就-注重社会等级

注重个人成就-注重社会等级这个维度是关于社会中的地位和权力是如何决定的。社会可能以一个人的出身或者取得的成就、付出的努力或机遇评价其地位。个人的地位可能基于这个人做什么或这个人是什么。不同的社会文化在这方面是不同的。

在以成就为中心的文化中,人们对商人的评价是根据他们完成所分配任务的情况,相互之间的关系是工作职能上的和特定的。如果我是一个销售人员,我就要用销售业绩证明我自己,我和同事(另外的销售人员)之间的比较也是通过销售业绩的比较,销售业绩提高就意味着成功。我和制造、研发、计划等各部门的关系也只是工作上的。我要么销售他们所制造、开发和计划的东西,要么不销售,我只担当工作上的角色。

在以社会等级为中心的文化中,那些天生赢得别人尊重的人,如年长者、男性或者在某一特定领域有资格的人才有较高的地位,对权力的尊重要求这些人能实现社会赋予他们的期望。地位通常独立于任务或工作职能,每个人都是独特的,不能轻易与他人作比较。他/她的业绩部分取决于下属对他/她的忠心和爱戴,而这种忠心和爱戴来自他/她的个人魅力。在某种意义上,他/她(在以社会等级为中心的文化中,男性通常拥有地位)就是组织并且能行使权力。

在以成就为中心的组织中,处于高等级、高地位的人要为组织取得更多、更大的业绩,或者有更高的技能知识,以此证明自己的地位。但是,在以社会等级为中心的组织中,人们以拥有完成工作所需要的权力证明自己的地位,或者拥有比他人更多的权力,或者能对他人实施强制措施。在以社会等级为中心的文化中,拥有权力的形式是各不相同的,而不管采取何种形式,人们的地位等级可以使他们行使权力,并且人们期望权力能够帮助促进组织的有效性。

研究结果表明,美国、英国、瑞士等国更趋向于以成就为中心,而印度尼西亚、中国等更趋向于以社会等级为中心。例如,一个美国的石油公司准备在太平洋的一个小岛上钻井,因此雇用当地的劳动力。但是,不到一个星期,所有的年轻工头都被发现躺在地上,他们遭到了身体上的伤害。公司管理层不明就里,也不知道如何是好。直到很长一段时间以后,公司才明白,在当地社会里年龄代表着地位,因此用年轻人当工头管理年长的人是不被接受的。美国公司用自己的文化标准雇用工人,最终只能接受致命的后果。

3.4 个人主义-集体主义理论

个人主义-集体主义理论是蔡安迪斯经过近三十年对文化差异的研究后提出的。他在《个人主义与集体主义》一书中，总结了自己几十年来在跨文化领域的研究成果。

霍夫斯泰德文化维度理论中，有个维度就是个人主义-集体主义。根据其观点，个人主义-集体主义是一个维度上的两极，一种文化如果在集体主义上得分高，那么在个人主义上得分就低，反之亦然。蔡安迪斯不同意这种观点。他认为个人主义-集体主义既不是一个维度的两极，也不是两个维度的概念，而是文化综合体，包括许多方面。同时，他将这个概念降到个体层面，用它来描述个体的文化导向，而非民族或国家的文化导向。

蔡安迪斯提出5个定义个人主义-集体主义的重要方面：

(1) 个体对自我的定义。
(2) 个人目标和群体目标的相对重要性。
(3) 个体对内群体和对外群体的区分程度。
(4) 个人态度和社会规范决定个体行为时的相对重要性。
(5) 完成任务和人际关系对个体的相对重要性。

3.4.1 个体对自我的定义

个人主义者和集体主义者在自我定义上的倾向大不相同。个人主义者通常将自我看成是独立的个体，可以脱离他人而存在；集体主义者则把自我看成是群体中的一员，与他人有相互依赖的关系，不能脱离他人而存在。个人主义者认为作为独特的个体，应该与众不同；而集体主义者认为个人应该属于某一个群体，否则会有很强的失落感。个人主义者通常把别人对自己的看法用来验证自己对自我的定义，而不直接影响或进入自我概念的范畴；而集体主义者则把别人对自己的看法当作至关重要的事，而且会影响到对自我的评价。关于自我的跨文化系统研究表明，个人主义文化中的个人与集体主义文化中的个人之间的差异可以通过表3-15说明。

表3-15 个人主义文化与集体主义文化中个体的特点差异

个人主义文化中的个人	集体主义文化中的个人
对自我的了解比对别人的了解要多	对别人的了解比对自我的了解要多
认为朋友与自己的相似程度比自己与朋友的相似程度要高	认为自己与朋友的相似程度比朋友与自己的相似程度要高
有许多与自我有关的回忆，并能写出较好的自传	只有很少与自我相关的回忆，不能写出准确的自传
让环境适应自我，而非改变自我去适应环境	更倾向于改变自我去适应环境，而非让环境适应我

资料来源：[美]Harry C. Triandis. *Cultures and Social Behavior*[M]. New York：McGraw-Hill, 1994.

关于自我定义，不同的人在行为表现和对事物的反应方面都有所不同。

第一，体现在对自己行为的负责态度上。许多研究结果表明，西方国家中个人主义者居多，如美国、加拿大和澳大利亚等；而东方国家中集体主义者居多，如中国、日本、印度等。自我负责、自我依靠是西方社会的最基本价值观之一，强调个人对自己的行为负责，对自己的行为结果负责，而不是找借口或归咎于外部原因。在东方国家，个人更倾向于把自己的行为视为不受自己控制的外部因素，自己的行为受到他人或其他事件的影响。同时，对他们来说，遇到困难时向家人或朋友求助也是很自然的事，有亲朋好友帮助自己办成事情是值得炫耀的事。

第二，体现在对自己是否应该与众不同所持的态度上。个人主义者具有独立自我意识，他们希望与众不同，认为有个性特点是值得骄傲的。在美国社会，家长会告诉孩子，每个人都是独立的、特殊的，不要为自己与他人不同而感到羞耻；相反，应该利用这种特殊性做出与众不同的事，取得成功。集体主义者则希望融入集体之中，如果不被大家接受，就会感到尴尬、不知所措。这些人如果得到大家的认可，就会变得非常积极；反之，如果别人对他们持否定态度，就会变得很消极。

3.4.2 个人目标与群体目标的相对重要性

在个人主义社会中，个人利益当然高于集体利益，在法律允许的范围内追求个人利益不仅合法，而且为他人所看重。亚当·斯密的名著《看不见的手》说明的就是这个意思：每个人在追求个人利益最大化的同时，能够实现群体利益的最大化。而市场就是一只无形的巨手，将个人利益与群体利益的关系自动理顺。这当然为追求个人利益提供了理论依据，使追求个人利益者理直气壮。追求个人利益最大化于是成为西方经济学的最重要基本假设。把个人利益看成合理的个体，当自己的利益与集体利益发生冲突的时候，首先考虑的是如何保全正当的个人利益，然后才是集体利益。

在集体主义社会中，追求个人利益被看成是自私的表现，当个人利益与集体利益发生冲突时，应该毫不犹豫地牺牲个人利益，顾全集体利益，如"毫不利己，专门利人"，倡导大家要"大公无私"。一般来说，在美国等西方国家，个人利益至高无上；而在中国等东方国家，群体的利益高于一切。美国人习惯于说"我想"，中国人表达自己的愿望更常用"我们想"。

出生于加拿大，后来长期在中国香港生活的心理学家庞麦克在1983年发表的一篇论文中讲述了自己的研究成果。他发现，香港学生在面临个人利益与群体利益冲突时，只要群体认可，就愿意自己吃亏而保全集体利益。在中国文化中，强调"先有大家，后有小家，再有个人"和"大河有水小河满"。这一点从人们信件往来时信封的书写中也可见一斑。中国人信封上的地址通常是由大到小，即先是省名，再是城市名，然后是街道名、门牌号等，最后才是收件人的姓名；而美国人信封上的地址是由小到大，即先是收件人的姓名，然后才按照从门牌号、街道名、城市名到州名顺序排列。

有一个典型的例子，说明了中国人的群体思维。因为中国汽车供应商未征求一个北美客户的意见，擅自更换了产品。客户对此非常愤怒，而供应商却不明就里。在西方，凡涉及个人利益的决定，必须要经当事人的同意，因为这是对个人权利和个人选择的尊重。在中国则不同,许多情况下,上司、父母可以替下属或孩子做决定,而无须征求意见。因为上司和父母坚信:"我是为了你好!"其实,他们是在为群体的最大利益着想。因此,在这种理念指导下,那些想谋私利的人就可以打着为集体利益的幌子使自己的行为被大家认可。在中国社会,同样的违规行为如果是为了集体的利益,则会得到大家的同情;如果只是为了个人的利益,就会受到大家的谴责。

这些文化差异也被学者们的研究所证实。例如,美国管理学者厄雷的一系列实验都显示,当让集体主义者共同对某一工作负责时,他们的表现比让个体负责要好,而个人主义者在个体负责时工作表现最好。厄雷曾在1989年给来自中国南部的48名受训者进行管理方面的培训,同时参加培训的还有48名来自美国的受训者。厄雷让他们完成一揽子任务,这项任务由40项独立项目组成,每个项目需要2~5分钟完成。这些任务包括写备忘录、评估计划及给求职者的申请表打分等。这两个国家受训者的一半人每人需要完成其中的20个项目,并为此承担个人责任;而另一半人则共同承担责任,在一小时内共同完成20个项目。另外,还要求其中的一半人写上自己的名字,包括来自中国和美国的,包括承担个人任务和集体任务的,而另一半人则是匿名的。结果,集体主义者的中国人在承担共同责任和匿名的项目上完成情况最好,而在承担个人责任和记名的项目上完成情况最差。个人主义者的美国人在承担个人责任并且归功于个人的项目上表现最好,而在以群体为单位并且匿名的情况下表现不佳。

3.4.3 个体对内群体和对外群体的区分程度

内群体是指与个体有密切关系的群体,如家人、亲朋好友、工作群体、团队,甚至包括同乡。外群体则是指与自己毫无关系的人的总和,如完全陌生的人、其他组织的成员等。但是,区分内外群体的界限并不固定,而是有弹性的,会随时间、地点等情景因素而改变。与前两个方面的区别一样,个人主义文化与群体主义文化在对内外群体的区分上也有着明显的差别。

一般来说,个人主义社会不注重内外群体之分,常常对所有人一视同仁,在待人接物上采取的是"对事不对人"的态度,能办的事情不管是谁都能办,不能办的事情即使是熟人、朋友也是不能办的,很少有亲疏之分。但是,在集体主义文化中,人们对内外群体是严格区分的,采取的是"内则亲,外则疏"的态度。当他们与内群体成员共事时,愿意为了他人的利益而吃亏;或者在处理事情时,采取的是"对人不对事"的态度,同样的事情内群体的人能办,而外群体的人则不一定能办成。例如,日本学者(1994)通过研究发现,日本人更倾向于用回避或其他间接的方式处理工作中的冲突,而美国人更愿意采取直接面对的方式。

类似的差异还表现在其他行为领域。例如,对从众行为的研究发现,在面对陌生人群体时,日本学生比美国学生的从众比例要低,而反从众比例反而要高。与内群体交往时,一个群体内聚力越高,从众趋势就越强。研究还发现日本人从众于父母和从众于外国人的比例为15:1,远远高于美国人,后者比例为4:1。同时,对内群体偏向性的行为研究发现,与美国学生相比,中国学生即使在内群体表现不佳的时候,依然表现出很强的偏向性,以维护自己所属的群体。而美国人在自己所属的群体表现比个人表现要差的时候,对内群体的偏向性几乎消失。此外，集体主义者在对待个人隐私上也表现出内外有别。越是亲近的人，越不应该有隐私，因为对他们来说，人际关系的理想状态是"我为人人，人人为我，你中有我，我中有你；你我不分，我你合一；我想你所想，你急我所急"。因此，内群体成员之间不该有隐私存在。在中国，父母拆子女的信件是常事，不被邀请擅自登门拜访的事也时有发生。集体主义者认为自己有责任关心内群体成员的事宜，分享彼此的快乐和痛苦，甚至有为他们做决定的权力。在中国，亲近的人之间不必说"谢谢"，因为这样说太"见外"了。

在这一点上，个体主义者正好相反，他们认为没必要通过关注他人的需求，或为他人做好事来完善自我形象。如果他们帮助别人，那是因为他们喜欢这么做，他们认为这样做正确，或者这样做使他们对自己感觉良好。与此同时，他们也将别人看成是具有独立自我的个体，需要独立的空间，而不欢迎他人入侵。因此，他们尊重他人的隐私，甚至对很亲近的人亦如此。家人之间互相道谢是常事；在为兄妹提供帮助时也会考虑会不会让对方感受到压力或失去尊严。

在对待陌生人的态度上，个体主义者与集体主义者更是大相径庭。因为外群体成员的看法对集体主义者没有重要意义，所以他们在对待与己无关的群体或个人时可以相当冷漠、不合作，有时甚至无情。与个体主义者相比，集体主义者在与外群体谈判时，常常从没有什么商讨余地的地方开始，而个体主义者则倾向于先看一看有无利益共同之处，和他们与内群体的人的谈判无异。同时，与外群体打交道时，集体主义者不认为自己应该身临其境为对方着想，而个体主义者却认为这样做是一种美德。

3.4.4 个人态度和社会规范决定个体行为时的相对重要性

个人的行为在很大程度上取决于个体的态度和兴趣，同时影响个体行为的还有另一个重要的因素，即个体所感知到的别人对该行为的看法。这两种因素对个人行为影响的重要程度不同。当个人的态度和兴趣与他人的看法一致时，个体的行为比较容易预测；而当两者不一致或存在冲突时，个体的行为预测就变得比较困难。因此，要看这两个因素中哪一个更占主导地位。这就体现出个人主义文化和集体主义文化的差异。

许多关于跨文化的研究结果表明，在以个人主义为主要导向的社会中，个人行为更多地取决于自己对该行为的态度和兴趣；而在以集体主义为主要导向的社会中，个人行为的主要动因来自个体对他人可能所持看法的认知。在个人主义社会中，个人的态度决定个人的行为，个人遵循的是"走自己的路，让别人去说吧"，每个人都是自己对自己的行为负责，个人行为的出发点是满足自己的利益，而非他人或群体的利益。

在集体主义社会中，人们更多地考虑他人的看法，更多地随波逐流，即使自己的态度与他人的看法或社会规范不同，个人的行为还是更多地迎合大众的态度和看法。个人为了与群体中的大部分成员有良好关系，不至于被排斥到群体之外，至少会在行动上与大部分人保持一致。因此，集体主义社会中的人常常不知不觉成为社会规范或社会流行的牺牲品。这个特点也能解释集体主义社会中许多让人匪夷所思的现象，如为什么中国改革开放以来的社会转向如此之迅速，如对金钱的态度、对"性开放"的态度。这些态度的转变与驱动个体行为的因素有着极其密切的联系。如果个人的态度、兴趣和价值观为个体行为的主要驱动因素,由于这些因素是相对守恒的,变化十分缓慢,在群体层次上就难以出现行为变化极端的现象;而如果生活规范为个体行动的主要驱动因素,那么在社会意识形态变化无定的国家,社会规范不断改变,潮流不断变化,就会观察到整个社会变化无常的行为趋势,这是集体主义社会的力量,用得好,会引导整个社会向正确的方向发展;用得不好,则很容易把整个社会引向深渊。

3.4.5 完成任务和人际关系对个体的相对重要性

个体主义社会中的个人因为强调独立的自我,理性对个体来说就比关系要重要得多。一个例子是他们对完成工作任务的态度。因为是否胜任某项工作或完成某项任务能显示个体的能力和特点,是自我定义中的一个重要组成部分,所以,个体主义者把完成任务看得很神圣、很重要。同时,与他人的关系并不直接影响个体对自身的评价,因为个人只能通过自己的行为举止,而非通过与他人的关系证明自己。所以,相对于完成工作任务而言,人际关系便不那么重要。

对集体主义者来说,一切正好相反。对于他们,任务是可以用来帮助个体与他人建立关系的工具,而不是终极的目的。他们的自我概念,包括自尊和自我价值,都与那些与他们有密切关系的人对他们的评价密切相关,因此,与他人保持良好的关系就变得至关重要,变成个人存在的目的。

有关心理学、管理学和市场学的实证研究都支持以上观点。例如,早年师从蔡安迪斯后来去中国香港教学的梁觉教授与庞麦克教授在1984年发现,与美国学生相比,香港学生更倾向于用"平等原则"(即群体成员平均分配群体所得)而非用"公平原则"(即用多劳多得的准则分配群体所得)作为他们群体的分配制度,因为他们认为"平等原则"更有利于维护群体内部的和谐关系。此外,在商业谈判中研究者也发现,集体主义者总是喜欢在正式谈判之前与谈判对方建立一点个人关系,闲聊一些与谈判无关的话题;而个体主义者总是喜欢直奔主题,对建立关系不感兴趣。同时,集体主义者认为应该先建立关系,关系建立了,谈判生意自然成功;而个体主义者则认为只有先谈成生意,才有可能在未来建立关系。对许多中国人来说,有时即使生意谈不成,关系本身的建立也被看成是一种成功;有时即使生意谈成了,但在此过程中破坏了关系,也会认为不值得。蔡安迪斯的个体主义-集体主义理论将二者的主要特征的各个层面阐述得十分仔细和深入,大大深化和填补了霍夫斯泰德理论中这一维度的单薄与不足,对解释东西方文化差异起到了巨大的作用,是跨文化研究中最严谨系统的一个领域。

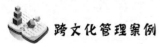

跨文化管理的失败案例

广州标致是由广州汽车制造厂、法国标致汽车公司、中国国际信托投资公司、国际金融公司和法国巴黎国民银行合资经营的汽车生产企业。广州标致公司成立于1985年,总投资额8.5亿法郎,注册资本为3.25亿法郎,广州标致公司的员工共2 000余人,由广州汽车制造厂和法国标致汽车公司共同管理。截至1997年8月,广州标致累积亏损10.5亿元人民币,实际年产量最高时才达2.1万辆,未能达到国家产业政策所规定的年产 15 万辆的标准。同时，中法双方在一些重大问题上存在分歧，合作无法继续。1997 年 9 月，中法签订协议，广州汽车工业集团与法国标致汽车公司宣布中止合作。

从案例中我们可以看到，广州标致公司的管理层没有足够重视双方文化的冲突，没有意识到共同价值观的塑造可以减缓文化冲突，没有提炼出比较符合广州标致的企业精神，更没有运用各种方式将企业精神灌输给员工，这就使中法双方未能齐心协力、统一行动。中外合资企业跨文化管理的核心是成功地实现中外文化的融合，建立一种新的管理模式。实践证明，浅层次的文化融合是比较容易实现的，但深层次的文化融合则比较困难，这需要中外双方长期的努力。然而，深层次的文化融合对企业的发展具有长久的影响力，企业更要注重决策目标、共同价值观等深层次文化因素的沟通与融合。

本章小结

本章主要介绍了克拉克洪与斯乔贝克的六大价值取向理论、霍夫斯泰德文化维度理论、特罗姆皮纳斯的文化架构理论、个体主义－集体主义理论等。克拉克洪与斯乔贝克的六大价值取向理论主要对人性的看法、对自身与外部自然环境的看法、对自身与他人之关系的看法、人的活动导向、人的空间观念、人的时间观念六大基本问题进行了研究；霍夫斯泰德文化维度理论对个人主义与集体主义、权力距离、不确定性规避、价值观的男性度与女性度、长期导向和短期导向 4 个文化维度进行了分析；特罗姆皮纳斯的文化架构理论对普遍主义－特殊主义、个人主义－集体主义、中性化－情绪化关系、关系特定－关系散漫、注重个人成就－注重社会等级、长期－短期取向、人与自然的关系 7 个维度进行了深入的研究；蔡安迪斯个人主义－集体主义理论的研究主要包括个体对自我的定义、个人目标和群体目标的相对重要性、个体对内群体和对外群体的区分程度、个人态度和社会规范决定个体行为时的相对重要性、完成任务和人际关系对个体的相对重要性 5 个方面。

名人名言

企业最大的资产是人。

——日本经营之神松下幸之助

员工培训是企业风险最小，收益最大的战略性投资。

——著名的企业管理学教授沃伦·贝尼斯

合作是一切团队繁荣的根本。

——美国自由党领袖大卫·史提尔

复 习 题

一、选择题

1. 跨文化理论中的六大价值取向理论的创建者是（　　）。
   A. 霍夫斯泰德　　B. 特罗姆皮纳斯　　C. 泰罗　　D. 克拉克洪与斯乔贝克
2. 文化维度理论是（　　）创建的。
   A. 霍夫斯泰德　　B. 特罗姆皮纳斯　　C. 蔡安迪斯　　D. 克拉克洪与斯乔贝克
3. 根据霍夫斯泰德的理论，（　　）个人主义的得分最高。
   A. 英国　　B. 美国　　C. 加拿大　　D. 德国

4. 《文化的后果》一书的作者是(　　)。
   A. 霍夫斯泰德　　B. 特罗姆皮纳斯　　C. 蔡安迪斯　　D. 克拉克洪与斯乔贝克
5. 荷兰经济学家和理论咨询家特罗姆皮纳斯提出了(　　)。
   A. 六大价值取向理论　　　　B. 文化维度理论
   C. 文化架构理论　　　　　　D. 个体主义与集体主义理论
6. 圆圈拓扑理论是由(　　)提出的。
   A. 克特卢温　　B. 特罗姆皮纳斯　　C. 蔡安迪斯　　D. 克拉克洪与斯乔贝克

二、判断题

1. 霍夫斯泰德认为，在个人主义盛行的社会里，人们通常只关心自己，而与集体保持着精神上的独立，自私是占主要地位的动机。(　　)
2. 根据霍夫斯泰德的文化维度理论，马来西亚的权力距离得分最高。(　　)
3. 卢温提出了两类交往方式：U 类方式和 G 类方式。(　　)
4. 蔡安迪斯认为，个人主义－集体主义既不是一个维度的两极，也不是两个维度的概念，而是文化综合体，包括许多方面。(　　)
5. 霍夫斯泰德认为，权力距离接受程度低的国家和民族，人和人之间比较平等，权力距离就小。(　　)

三、问答题

1. 克拉克洪与斯乔贝克的六大价值取向理论的主要观点是什么？
2. 吉尔特·霍夫斯泰德的文化维度理论主要包括哪些内容？
3. 特罗姆皮纳斯的文化架构理论提出了哪些观点？
4. 蔡安迪斯的个体主义与集体主义理论的主要内容有哪些？
5. 比较吉尔特·霍夫斯泰德的文化维度理论与蔡安迪斯的个体主义与集体主义理论的异同。
6. 吉尔特·霍夫斯泰德的文化维度理论是否可以应用于中国文化？为什么？

四、论述题

1. 霍夫斯泰德的文化维度理论在跨文化管理理论发展中的贡献是什么？
2. 文化架构理论在现实商务领域中有何重要意义？
3. 跨文化管理理论的形成与发展历程是怎样的？

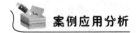 案例应用分析

跨文化管理理念的成功运用

三星(SAMSUNG)连续多年跻身于世界 500 强之列。三星创立于 1938 年，20 世纪 80 年代后抓紧强大起来，成为世界级大企业。三星在韩语中具有"天长地久，强大兴旺"之意。美国《时代》周刊评论："三星凭借'简约、新奇、亲和力'的产品理念，以及在消费者心中牢固地树立起来'科技、时尚、数字先锋'的品牌形象。"

三星精心设计了在国内外的营销策略及营销渠道。除了常规的媒体广告宣传外，三星将重点放在了体育营销上，并专门设置了体育营销部门。这是因为体育竞技的激情、动感、追求、挑战、协作意识和公平竞争精神也正是三星所追求的企业精神。三星赞助了 1988 年汉城奥运会、1996 年亚特兰大奥运会期间的亚特兰大展示会、1988 年长野冬季奥运会，并在 1999 年加入奥林匹克 TOP 计划，之后又赞助了 2000 年及以后的各届夏季和冬季奥运会。除此之外，三星还积极赞助地区性体育活动。从 1986 年汉城亚

运会开始,三星一直赞助各届亚运会。在中国,三星积极赞助了1990年北京亚运会、北京国际马拉松比赛,并请著名乒乓球运动员刘国梁担任体育形象代表。在2008年北京奥运会上,三星继续扮演奥运赞助商的角色。三星通过自己最先进的无线通信技术,让此届奥运会成为不同以往的心旷神怡的奥运会。赞助TOP计划的同时,三星还投入大约3倍于赞助费的资金用于宣传自身的奥林匹克形象。拥有顶级赞助商头衔的三星,品牌认可度及品牌价值得到进一步的提升,销售额也将由大幅度的增长。

早在1992年,三星公司就开始进军中国。那时主要以战略合作为主,依靠中国丰富低价的劳动力资源,建立生产制造基地,三星在消费者眼中沦为低质廉价的产品。20世纪90年代末,中国的经济及综合国力取得了飞速发展,中国成为各跨国企业竞相争取的投资基地。对此三星也给予了高度重视,2000年开始做战略调整,舍弃低端市场,提高产品的科技含量,努力推行高端产品,树立三星的时尚数码品牌形象,提升品牌价值,并将研发、生产、营销的全过程都在中国进行,即实现所谓的"当地完结型"模式。基于此,三星选择北京作为"2002三星数码灵感全球巡演"的首站。2004年,三星在中国的销售额突破了100亿美元,占全球销售额的18%,并提出在2010年达到250亿美元。众所周知,中国已具备了研发高科技的实力,汇集了全球的尖端技术,拥有一大批高端人才。为了更好地利用和发挥中国人才优势,三星在中国设立了研发基地——三星电子中国通信研究所及博士后工作站。三星还与清华大学和北京邮电大学签署共同培养博士后的协议,并在中国多所大学设立三星奖学金,培养并吸纳富于智慧、勇于挑战、开拓进取的创新型人才,为三星人才体系提供强有力的保障。为了让中国员工和韩国员工一样为三星效忠,三星进行了卓有成效的跨文化培训。除了比较学习中韩文化的差异和三星的企业文化外,公司经常选派中国员工在韩国三星总部学习、进修,总部也经常选派高层领导来中国视察指导,给中国员工上一堂跨文化培训课。三星的人才本土化战略为三星注入了更多的新鲜元素,更好地了解中国人的消费习惯及中国市场的需求,进而更方便地开拓中国市场。

问题:
(1) 你认为三星为什么能够在中国市场转型并成功发展?
(2) 人才本土化战略为三星带来了什么收获?
(3) 你认为跨文化管理在跨国企业经营过程中起着什么的作用?

阅读材料

"达娃之争"——跨文化商务之间的冲突

2007年4月11日,某世界500强企业亚太区总裁范易谋发出一声吼,要代中国人民清理门户:"违反契约精神的那个人,他的余生将在诉讼中度过。"范易谋所在的企业叫作达能,一个法国血统的跨国集团,是欧洲排名前三的大型食品企业。1996年达能与"中国人都知道"的娃哈哈集团合资,后达能取得合资企业控股权。而范易谋放狠话要"放倒"的"那个人",就是"娃哈哈之父"宗庆后——浙江首富,2006年胡润百富榜上的中国第三大富豪。

达能,世界500强企业,英国《经济学家》杂志曾对达能的扩张战略做了归纳:一是在世界各地广泛收购当地优秀品牌,实行本土化、多品牌战略;二是果断地从衰退行业转向朝阳行业,并不断割舍边缘产品和效益不佳的企业;三是把自己定位为一家全球化公司,在任何一个市场上准施"袭击"国际竞争对手。而从教办工厂起家的娃哈哈,走的是事业发展模式。二三十年来,娃哈哈一步一个脚印发展壮大,通过脚踏实地的运作,造就了"娃哈哈"这一如雷贯耳的民族品牌。

在范易谋一声吼的前十年,达能与娃哈哈维持着一种"达能出钱,娃哈哈挣钱,达能分钱"的合作模式。从合作的成果看,双方都是非常满意的。刚开始的达娃合资,是互利的、双赢甚至多赢的理想合作。是什么不为人知的根本分歧,导致合作这样"高调"地破裂了?

第3章 跨文化管理的基本理论

从 2000 年起,达能开始采取另一种策略,开始大量收购乐百氏等与娃哈哈构成直接竞争关系的同类企业,企图借此对娃哈哈施压。达能控股收购乐百氏后,因为恶性价格竞争,娃哈哈饮用水每年的利润额下滑得非常厉害,每年有数千万元的利润损失。

2007 年 5 月,达能集团得寸进尺,欲以 40 亿元的低价强行并购杭州娃哈哈总资产达 56 亿元、2006 年利润达 10.4 亿元的其他非合资公司 51% 的股权。对此,宗庆后表示强烈不满,双方矛盾日益激化,纠纷不断升级,由开始的相互指责演变为双方互相起诉的法律战。

事实上,1996 年,娃哈哈公司与达能签署《商标转让协议》,将"娃哈哈"商标转让给达娃合资公司,但当时国家商标局对此未予核准。为此,双方协商于 1999 年再次签订《商标使用许可合同》,替代原来的《商标转让协议》,将"娃哈哈"商标许可给达能合资公司使用,双方对此也再无异议。但在 2006 年强行收购风波引起一系列争议之后,达能方面提出,1996 年的《商标转让协议》并未终止,要求将"娃哈哈"商标继续转让给合资公司。为此,娃哈哈集团申请仲裁。2007 年 12 月 6 日,杭州仲裁委员会做出裁决,裁定《商标转让协议》已经于 1999 年 12 月终止,"娃哈哈"商标权不归属合资公司。

宗庆后在致法国达能集团董事长小里布老生及各位董事的公开信中提到,法国达能董事不懂中国市场与文化,宗庆后多次提过开拓市场和开发新品的合理化建议都被其否决;且达能对宗庆后提出的发展项目总是不愿投资,让娃哈哈承担前期投资风险,等到后几年产生效益又强行进行合资。而且 11 年来从合资公司中拿走了 8 000 多万元的技术服务费,但并未提供过任何技术服务。

从开始到最后,达能一直主动控告娃哈哈,娃哈哈始终站在被告席上,刚开始总是用"情感"回应达能的应战,想用自己率性的发言还击达能的法律诉讼,以致使自己处在不利地位,最后在律师的帮助下,才一步一步地由被动变为主动,最终以 21∶0 赢得这场战争。

(资料来源:http://finance.ifeng.com/roll/20090530/720399.shtml。)

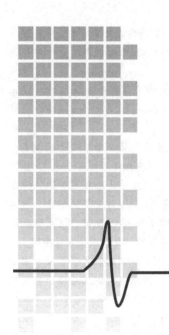

第 4 章

跨文化沟通与谈判

教学目标

通过本章的学习,了解跨文化沟通和跨文化谈判的含义,跨文化沟通的模型,影响跨文化沟通的因素,影响跨文化沟通的语言符号和非语言符号,掌握如何开展有效的跨文化沟通,理解跨文化谈判的差异,掌握跨文化谈判的技巧。

教学要求

知识要点	能力要求	相关知识
跨文化沟通	(1)跨文化沟通的模型的概括能力;(2)影响跨文化沟通的因素的分析能力;(3)对语言符号和非语言符号的理解;(4)掌握有效的跨文化沟通技巧	(1)跨文化沟通的模型;(2)影响跨文化沟通的主要因素;(3)跨文化沟通的手段——语言符号和非语言符号;(4)开展有效的跨文化沟通
跨文化谈判	(1)深入理解和掌握跨文化谈判中的文化差异;(2)理解谈判风格、过程、语言沟通与非语言沟通等文化差异;(3)理解布莱特跨文化谈判模式;(4)掌握跨文化谈判的技巧	(1)谈判的基本知识;(2)跨文化谈判的差异;(3)如何进行跨文化谈判;(4)谈判掠影

第 4 章 跨文化沟通与谈判

> 文化的敏感性十分微妙而且不易察觉，偏见经常躲藏在某个角落中若隐若现。
>
> ——吉尔特·霍夫斯泰德

■ 基本概念

跨文化沟通　感知　成见　种族中心主义　缺乏共感　语言符号　非语言符号　高语境　低语境　双向沟通　跨文化谈判　讨价区间　分布式谈判　整合式谈判

■ 导入案例

喝茶的差异

在英国，一个人在喝茶休息上要花费半个小时的时间。一个工人都会沏自己所喜欢的茶，然后用 1 品脱的器皿慢慢品尝，如同对一个葡萄酒品尝者的放纵……管理者建议工会用美味的咖啡加快"品尝的时间"，把它改为 10 分钟……工会统一尝试失败了……其后的一个星期一早晨，工人们骚动了。公司进行了改进，装了一台饮茶机——只放了一个纸杯在龙头底下，而且只能接标准量的饮料。1 品脱的容器被 5 盎司的纸杯所代替，就像在美国一样。人心的建立对工作和公司的忠诚度至关重要，这个公司再没有恢复生产。即使在饮茶机被取消之后，工人们仍然联合抵制公司直到它被迫关闭①。

点评：不考虑文化差异的沟通会导致无法挽回的后果。

在一个文化中被认为是有价值或者是神圣的习惯（如喝茶），往往在另一个文化中被认为是无足轻重的。因此，在跨文化沟通和谈判中如果不去深入了解这些差异，并尊重对方的习惯和差异，就会形成无法挽回的局面。英美同属讲英语的国家，差异尚且如此，其他国家的差异就可想而知了。

4.1 跨文化沟通

4.1.1 跨文化沟通的定义

所谓跨文化沟通（Cross-Cultural Communication），通常是指不同文化背景的人之间发生的沟通行为，是在这样一种情况下发生的：信息的发送者在一种文化环境中编码，而信息的接收者在另一种文化环境中解码，编码和解码都要受到文化的深刻影响和严重制约（图 4.1）。因为地域不同、种族不同等因素导致文化差异，因此，跨文化沟通可能发生在国际上，也能发生在不同的文化群体之间。

在跨文化的沟通过程中，信息的发出者和接收者，编码和解码都要受到文化的影响和制约，来自不同文化的沟通双方的行为方式、价值观、语言、生活背景都存在着很大的差异，这些都给沟通造成很大的困难。事实上，文化在很大程度上影响和决定了人们如何进

---

① ［瑞士］苏珊 C. 施奈德，等. 跨文化管理［M］. 石永恒，译. 北京：经济管理出版社，2002：13.

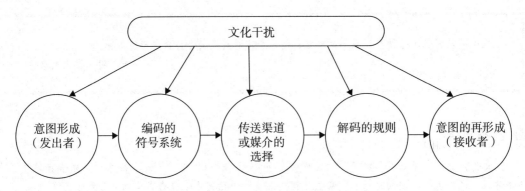

图 4.1　跨文化沟通中的文化干扰

资料来源：胡军. 跨文化管理[M]. 广州：暨南大学出版社，1995：75.

行信息编码，如何赋予信息以意义，以及是否可以发出、接受、解释各种信息的条件。我们全部沟通的行为，几乎都取决于我们所处的文化环境，文化是沟通的基础，有不同的文化，就有不同的沟通实践。

越来越多的组织发现，他们正面临着跨文化沟通的问题——也许是因为他们在外国做生意，或许因为他们从事业务外包、从事其他国家融资，或者劳动力队伍的文化背景日渐多样化①。例如，在中国，越来越多的来自欧美、日本等国家的跨国企业来中国从事各类经营活动，中国的海尔、华为、联想等企业也相继走出国门，顺利实现跨国经营。在美国，来自墨西哥、中美洲、南美洲的拉丁美洲人和来自东南亚、中国、印度、巴基斯坦的亚洲人的比例越来越大。在欧洲，随着越来越多的非洲、亚洲和中东移民的到来，人口比例正在发生变化。中东的许多劳工也都来自于印度、菲律宾和东南亚。人员跨国交叉流动，使得跨文化的交流变得纷繁复杂。如果不能很好地实现跨文化沟通，轻则可能在经营管理活动中产生误会；重则可能会产生重大事故。

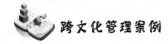跨文化管理案例

在工作场所当众表扬日本人②

琼斯先生（美国经理）当众表扬苏奇木拓（日本员工）工作做得很棒，本以为苏奇木拓会高兴地接受，却不料……

美国人：苏奇木拓先生，我发现你工作干得很出色，希望其他员工能知道你是怎么做到的。

日本人：（有些不安）表扬就不必了，我只是做了自己该做的而已。（他希望其他同事没有听见他们的谈话）

美国人：你是我们公司所见到的最优秀、最杰出、最勤奋的员工。

日本人：（他脸红了，不住地点头，仍然埋头工作。）

美国人：苏奇木拓先生，你是该说"谢谢"呢，还是只保持沉默？

---

① ［美］艾里丝·瓦尔纳，琳达·比默. 跨文化沟通（原书第3版）[M]. 高增安，马永红，孔令翠，译. 北京机械工业出版社，2006.

② 窦卫霖. 跨文化商务交流案例分析[M]. 北京：对外经济贸易大学出版社，2007：6-7.

日本人：对不起，琼斯先生，我可以离开5分钟吗？

美国人：当然可以。（他有点不悦地看着苏奇木拓走出去）真不明白有些日本人怎么这么没有礼貌，你表扬他们，他们好像会很不安，也不回答你，只是静静地听着。

从对话中可以看出，琼斯先生认为在其他工人面前表扬苏奇木拓先生是对他工作的肯定，也是对他个人的认可，苏奇木拓先生应该高兴地接受，不必遮遮掩掩，不好意思，更不应该一句话不说就走了。但琼斯只是从美国人强调个人的概念出发，却不熟悉日本人是如何看待个人和集体的关系，不知道如何向日本同事表示欣赏和赞扬，结果适得其反。琼斯和苏奇木拓交流失败的原因在于都对双方的文化了解不深，特别是双方对个人和集体的看法不同。在霍夫斯特的"个人和集体取向"53个国家和地区的列表中，美国排在第1位，而日本排在22位，这表明，美国是一个非常强调个体的国家，而日本则注重的是集体。他们不愿意当众接受上司的表扬，认为这样会脱离集体，倒是愿意私下受到上司的肯定。

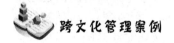

跨文化管理案例

空中跨文化沟通失误后果[①]

　　KAL2300航班在暴风雨中降落到韩国济州岛的几秒钟前，副机长Chung Chan Kyu试图从机长巴利·伍兹手中夺过飞机的控制杆以阻止飞机降落。飞机上的黑匣子记录了飞机即将着陆，仅离地面30英尺处所发生的一切。机长伍兹大喊："把你的手拿开……拿开！拿开！怎么回事……"Chung先生咕哝着，警报响起。几秒钟后，传来一阵巨大的碰撞声。飞机坠毁，开始燃烧。令人惊讶的是，机上157名乘客都逃出来了。

　　许多评论家认为济州岛的这次飞机坠毁事件反映了一个日益严重的职业危机——语言障碍问题。快速发展的亚洲航空运输业在全世界征集飞行员，机乘人员的文化背景和使用的语言也日益多样化。外国飞行人员认为，这次发生在韩国的事故很严重。"在那里，我们就像置身于一团迷雾中，无法知道东西的确切位置，因为韩国人都只说韩语。一位曾经在亚洲航空公司服务过几年，后来转到一家美国公司的美国人这样说道："在韩国做飞行员，你很容易受到伤害。"

　　韩国法律规定，外国飞行员必须配备一名韩国副机长，以便与控制台沟通。不幸的是，就像济州岛事件那样，在飞行学校，韩国副机长们只学习了一点点英语。更糟的是，韩国文化中的等级制度可能会妨碍沟通，因为副驾驶员不敢提出问题或主动提供信息。事实上，一位曾经培训过许多韩国飞行员的外国机师说，他发给学生几百份飞前简报，却没有一个人提出问题。

　　种种原因让韩国航空业危机四伏。韩国航空业的重大事故发生率高于北美和拉美同行。调查人员认为，是沟通失误导致了济州岛事故。其实，在飞机即将着陆时，机长伍兹让副机长Chung把挡雨刷（Windshield Wipers）打开。

　　因为Chung没有反应，伍兹重复了这一要求。几秒钟后，Chung回答说："哦，风切变（Wind Shears）。"显然，伍兹的命令"get off the controls"。最后，两位飞行员都被判了疏忽罪。

　　这是一个语言文化差异影响沟通的典型案例。韩国的儒家传统形成一种较大的权力距离，表现为韩国飞行员不敢主动向上司提供信息。同样，提问题也经常被认为是不尊重他

[①] ［美］迪恩·B. 麦克发林，保罗·D. 斯威尼. 应用导向赢得国际战略机会和提升跨文化管理能力：国际管理[M]. 黄磊，译. 北京：中国市场出版社，2009：185.

人的表现。他们认为这表现出经验不足或知识不够丰富,即使是在机舱里,也会让人没面子。好在没有人在济州岛事故中丧生,这实在是不幸中的万幸。

4.1.2 跨文化沟通模型

1. 一般沟通原理模型

要理解跨文化条件下的沟通,首先必须了解一般的,或者说在相同文化条件下的沟通。尽管跨文化沟通的各方有着不同的文化背景,但他们交往的途径和方式,还是和文化背景相同的人们交往时的途径与方式基本一致的。理解人类一般的沟通过程,就可以了解沟通的双方在沟通过程中会发生些什么,发生的原因和后果,而最终则要弄清我们对发生的一切能够施加什么影响,如何使后果中的消极因素降到最低程度。

沟通包括感知、解释和评价他人的任何行为,它是对沟通双方意思的理解。沟通包括传递语言信息和非语言休息(语调、面部表情、体语、时间、空间、行为等),包括有意识和无意识两种传递方式。无论个人说什么或做什么,都是一种沟通和交往活动。因为沟通与交往是一个复杂、多层次、动态的过程,通过人们交换"意思",实现相互间的了解和理解。任何沟通与交往都有信息发送者和信息接收者,发出的信息从来不同于接收到的信息(图4.2)。因为沟通具有间接性,它是某种符号化的行为。所以,在沟通前必须被外部化和符号化,这就要通过编码来实现。编码使意义、信息变成了可以传递的符号。译码过程则使接收到的符号转化为意义和信息。信息的发送者必须将其"意思"传给接收者。接收者将这些语言或行为编译为符号,才能够了解对方发送信息的含义。

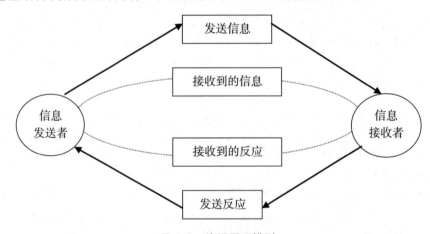

图 4.2 沟通原理模型

资料来源:朱筠笙. 跨文化管理:碰撞中的协同[M]. 广州:广东经济出版社,2001.

2. 文化差异与信息接收模型[①]

该模型是指将发送的信息含义译成语言和行为(符号)再还原为原义。这是以一个人的文化背景为基础的,每个人的文化背景不同,沟通的效果就不一样。信息发送者和信息接

---

① 蔡建生. 跨文化生存:在外企的成功之路[M]. 广州:南方日报出版社,2004:119–123.

收者差异越大，对特定的语言和行为的意思辨析差异越大。

具有相同文化背景的人们之间的交往有利于他们的感知领域的高度一致和他们的信息符号的一致性。相反，属于不同文化背景的个人之间的交流则会因信息发送者和信息接收者之间的文化差异派生出来的表达/接收间距而误解。文化差异越大，则这种间距就越大。而且，由于文化差异，信息发送者可能以为他成功地进行了沟通，而实际并没有；相反，信息接收者也许以为他理解了某信息，而实际上也没有。

人们用以表达或接收信息的本民族语言不仅交流了思想，也深深地反映了他们的世界观和价值观。正是由于这个原因，表达/接收间距不仅表现为用以表达和接收信息的语言的不同，而且还表现为不同文化下人们的世界观、价值观的不同。这样，克服表达/接收间距的最直接的途径是交往双方学习对方的语言。事实上，在某些时候沟通者不能也不应该依赖翻译。因为，再好的翻译也只能部分地弥补使用者（信息发送与接收方）对对方文化的无知。

图4.3描述了不同文化距离的沟通双方的感知范围和表达/接收间距的大小。间距越小，重合度越高，沟通中文化误解的可能性越低。当信息发送方和接收方属于同一种文化时，沟通双方的感知领域重合，无文化差异存在。在不完全一致的情况下，沟通双方由于较小的文化差异而分离，但是使用同样的语言时，重合仍然是主要的，如美国人和英国人，埃及人和沙特人，阿根廷人和哥伦比亚人。当沟通双方使用不同语言时，双方的文化差异显著地扩大，重合度显著地缩小。例如，拥有同样的西方宏观文化的美国人和西欧人，拥有同样的东方宏观文化的中国人和日本人就属于这种情况。文化差异很大时，沟通双方不仅使用完全不同的语言，而且有着不同的价值观和行为规范，此时，重合度变成边线相交。如东方文化、西方文化、阿拉伯文化之间就是此种状况。

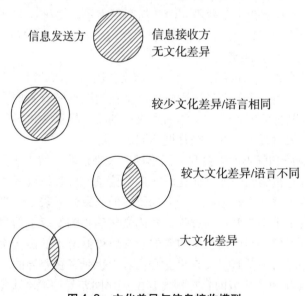

图4.3　文化差异与信息接收模型

3. 萨姆瓦等人的跨文化沟通模型①

萨姆瓦等人的跨文化沟通模型——多文化间的沟通如图 4.4 所示。

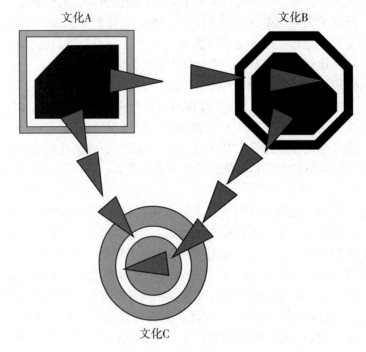

图 4.4　跨文化沟通模型

按照萨姆瓦等人的解释，该模型说明了以下几个问题：

（1）在模型中，3 种文化由 3 种不同的几何图形表示。文化 A 和文化 B 是比较相近的文化，而文化 C 与文化 A 和文化 B 有较大的差异。这种较大的差异由文化 C 的圆形及其与文化 A 和文化 B 的较大距离来表示。

（2）在每一种文化图形的内部，各有一个与文化图形相似的另一个图形，它表示受到该文化影响的个人。代表个人的图形与影响他的文化的图形稍有不同，这说明：首先，在文化之外，还有一些其他的因素影响个体的形成；其次，尽管文化对每一个人来说都具有主导性影响的力量，但对每个人的影响程度不同。

（3）跨文化的编码和解码由连接几个图形的箭头来说明。箭头表示文化之间的信息传递。当一个信息离开它被编码的那个文化时，这个信息内含着编码者所要表达的意图。这在图表中由箭头内的图案与代表编码者个人的图案的一致性来表示。当一个信息到达它将被编码的文化时，发生了一个变化的过程，解码文化的影响变成了信息含义的一部分。在跨文化沟通的解码过程中，原始信息所包含的意义就被修改了。由于文化的差异，编码者和解码者所拥有的沟通行为及其意义在概念和内容上也是存在差异的。

（4）文化对跨文化沟通环节的影响程度是由文化间差异的程度决定的。在图 4.4 中用

---

① ［美］L. A. Samovar, R. E. Porter, N. C. Jain. *Understanding Intercultural Communication*［M］. Belmont, CA：Wadsworth, 1981：29.

第4章 跨文化沟通与谈判

箭头里面的图案变化程度来表示。文化 A 和文化 B 之间发生的变化远比 A 与 C、B 与 C 之间有着较多的相似性。所以，两者之间的沟通行为及其意义方面更相似，解码的结果与原始信息解码时包含的意义就更加接近。在文化 C 方面，由于它与文化 A、B 之间有相当大的差异，解码结果也就与原始信息有着较大的差异。

（5）从图 4.4 中可以看出，在跨文化沟通中，文化间的差异是广泛多变的。这在很大程度上是由于环境与沟通方式造成的。跨文化沟通可以在许多不同的情境下发生，可以在文化差异极大的人之间，也可以在同一主流文化的不同亚文化群体的成员之间发生。可以有跨人种的沟通，也可以有跨民族和国际沟通。

4.1.3　影响跨文化沟通的主要因素

跨文化沟通的主要特点是沟通主体之间的差异性，来自不同文化背景的人们把各自不同的感知、价值观、规范、信仰和心态带入沟通过程。我们在解释从一种文化中传来的信息时，总是按照自己的文化背景以及以由这种文化背景所决定的解码方式加以理解。因此，要提高在跨文化条件下的沟通效果，必须首先了解影响跨文化沟通的几个主要的因素：感知、成见、种族中心主义和缺乏共感[1]，以及商业文化类型的差异和跨文化沟通中的法律因素和政府因素[2]。

1. 感知

感知是个人对外部世界的刺激进行选择、评价和组织的过程。信仰、价值观、心态系统、世界观和社会组织都对感知产生影响。感知与文化有很密切的关系。一方面，人们对外部刺激的反应，对外部环境的倾向性、接受的优先次序，是由文化决定的；另一方面，当感知形成后，它又会对文化的发展及跨文化的沟通产生影响。在跨文化沟通过程中，研究感知或知觉对沟通的影响具有十分重要的意义。人们在沟通过程中存在的种种障碍和差异，主要是由感知方式的差异所造成的。要进行有效的沟通，我们必须了解来自异文化环境中人们感知世界的不同方式。萨姆瓦等人认为，存在 5 种主要的社会文化因素对感知的意义起着直接而重大的影响，即信仰、价值观、心态系统、世界观和社会组织。

（1）信仰。一般而言，信仰可以看成是"某种客体或事件与其他客体或事件或某种价值观、概念及其属性相联系"这样一些独特的主观可能性。信仰也被看作是人们的主观世界与客观世界某些事物和特征的固定联系。任何信仰都包含着信仰物和使之区别于他物的特征之间的一种联系。

信仰可以分为 3 种，第一种是经验性的信仰。它来自直接的经验。通过直接的感觉和经验，我们懂得了并从而相信了一定的事物具有某些特征。经营性的信仰是很少受到文化的影响的。第二种是信息性的信仰。它是由我们所信赖的某种外部信息源提供的信息而形成的，如我们所景仰的人，权威的书籍、杂志、新闻媒介等。由于这些外部信息源是深受文化影响的，因此这些信息源所提供的信息赋予了信仰以文化的特征，进而影响到人们的

---

[1] 胡军. 跨文化管理[M]. 广州：暨南大学出版社，1995：78 – 87.
[2] [美]艾里丝·瓦尔纳，琳达·比默. 跨文化沟通（原书第 3 版）[M]. 高增安，马永红，孔令翠，译. 北京：机械工业出版社：207 – 228.

感知。第三种是推理性信仰，它的形成过程涉及内部逻辑体系的运用。这种信仰的典型事例是通过行为的观察而推断出来的。内部逻辑体系在同一种文化中是因人而异的，而在不同文化之间其差别就更大了。

（2）价值观。文化价值观通常是从作为文化背景的主要部分的重大哲学问题中衍生出来的。文化价值观一般是规范性的，它使同一文化环境中的成员知道好坏、是非、真假、积极与消极，规定了人们的行为准则，它是人们在做出选择和解决争端时作为依据的一种习得的规则体系。价值观是后天习得的，价值观不是普遍的，它们因文化的不同而不同。在跨文化沟通中，来自不同文化背景中的人，其价值观是不同的，其行为方式和态度也是不同的。在跨文化的交往与管理中，这种不同是跨文化管理所遇到的最难解决的问题之一，它也是造成文化冲突的根源之一，它给协调带来很多麻烦。因此，跨文化沟通中的一个关键因素是价值观的严格区分，包括发现别人的重要的价值结构，以便消除混乱和争端。

不同的民族有着不同的价值观。美国学者 K. S. 西特朗和罗伊·T. 科格代尔曾经对西方文化、东方文化、美国黑人文化、非洲文化和穆斯林文化的价值观做过比较研究，其结果详见表 4-1。

表 4-1 文化价值观分类比较

价 值	首要的	第二等的	第三等的	可忽略的
个性	W	B	E	M
母性	BE	MW	—	—
社会等级	WEMA	B	—	—
男子汉气概	BMEWA	—	—	—
感恩戴德	EA	MB	W	—
和睦	E	B	WA	M
金钱	WAB	M	E	—
谦逊	E	BAM	—	W
守时	W	B	ME	A
灵魂拯救	W	M	—	EBA
命定劫数	E	—	—	MWBA
争先	W	B	—	EAM
外侵性	WB	M	AE	—
集体责任感	EAM	B	—	W
尊重老年	EAM	B	—	W
尊重青年	W	MABE	—	—
殷勤好客	EA	B	MW	—

续表

价　值	首要的	第二等的	第三等的	可忽略的
财产继承	E	—	MWAB	—
环境保护	E	BA	W	M
肤色	EWB	M	—	A
耕地崇拜	E	A	—	BMW
男女平权	W	EB	A	M
人的尊严	WB	EAM	—	—
效率	W	B	EM	—
爱国主义	BMAE	W	—	—
宗教	WBMAE	—	—	—
权威主义	EMA	WB	—	—
教育	WB	EMA	—	—
率直	W	BEMA	—	—

资料来源：[美]K·S. 西特朗，罗伊·T. 科格代尔. 跨文化传通之基础[M]. 哥伦布：查尔斯·E. 梅里尔出版公司，1976：191.

注：W＝西方文化，E＝东方文化，B＝美国黑人文化，A＝非洲文化，M＝穆斯林文化。

（3）心态系统。心态是以一贯的方式对特定的取向物做出反应的一种习惯的倾向。任何心态系统至少包括3个组成部分：认知的和信仰的成分，感情的和评价的成分，强度的和期望的成分。心态是建立在习得的信仰和价值观的基础上的。心态的强烈程度来源于对自己信仰和评价的正确性的信赖程度。这3种因素的相互作用，产生一种使我们能够立即对外部事物做出反应的心理状态。

（4）世界观。世界观是指一种文化对于诸如上帝、人、自然、宇宙及其他与存在概念有关的哲学问题的取向。世界观对文化产生极其深刻的影响，它弥漫于整个文化之中，并渗透在各个方面，世界观影响着信念、价值观、心态和其他许多文化侧面。它以各种微妙而常常并不明显的方式在跨文化沟通中发挥强大的影响。

（5）组织。文化及其机构组织同样也影响着本文化成员如何去感知世界和从事沟通。与跨文化沟通相联系的社会组织形式有两种：其一，地理性文化，由地理界域所限定的国家、部落、种姓和宗教派别之类；其二，角色文化，这种文化中各成员的社会地位是区别分明的，人们在沟通中有特定行为举止的具体规范。

2. 成见

成见是影响信息沟通的另外一个重要因素。每个人都有许多特点，每个人在行事方面都有其独特性。由于没有人能充分地将这些特点和独特性加以处理和区分，因此，人们就用方法将这些复杂的感知简单化。其中一个方法是用一组特性去表示整个群体的特征，并认定整个群体的成员都具有这些特性。这种不考虑个体成员的特征，对整个群体特征的认定就称为成见。成见涉及我们对不同个人组成的群体的信仰。这些信仰基于先前形成的看法、观念和态度。成见虽然可以使个人通观在沟通中难以计数的语言和非语言的信息，但却简化了信息的处理过程。成见在跨文化沟通的背景中是十分常见的现象。

当我们突然进入一种有着很少我们所熟悉的符号和行为的情境的时候，我们就会经历一种气势很强的令人烦恼不安的情境——文化冲击。我们会因此而感到焦虑不安，甚至茫然不知所措。在这种情况下，成见常常就油然而生了。成见不是不可避免的，但它常比悬而未决或模棱两可的状态容易接受得多。由于我们大多数人都很怠惰，不愿意发展了解不同境遇中其他人的必要的能力，我们就心安理得地根据错误的信息来减少悬念状态带来的不安和痛苦。然而，成见作为我们头脑中的图像常常是僵化的、难以改变的，以其作为防卫的机制是不妥当的，而且常常是极为不利的。我们必须认识到，凡此种种的成见，对于成功地进行跨文化的沟通是全然无益的。

3. 种族中心主义

种族中心主义是人们作为某一特定文化中成员所表现出来的优越感。它是一种以自身的文化价值和标准去解释和判断其他文化环境中的群体——他们的环境，他们的沟通的一种趋向。

所有的人都经历了促使民族中心主义心态发展的社会过程。人们通过受教育知道了"如何行事"的准则，通过观察知道了周围人的行为方式，对某一特定的制度和体系也越来越熟悉。从一种文化的角度看，假定另一种文化能选择"最好的方式"去行事似乎是不合理的。因而，我们对文化差异很大的人们之间的沟通，在早期是抱着否定态度的。例如，一位认为英语是最好和最合逻辑的语言的美国主管，是不会主动去学习被他认为是"低级的"和"不合逻辑的"外国语言的。如果他认为自己的"非语言"系统是最文明的，那么他将会认为其他人的非语言系统是低级的。在这种情况下，民族中心主义对人们之间共感的形成是一个可怕的障碍，它不仅会导致沟通的失败，而且还会导致对抗和敌意。

由于种族中心主义通常是无意习得的，并且总是在意识的层面反映出来，因而很难从根本上克服。种族中心主义在大多数情况下，似乎是我们文化的一部分，它使跨文化沟通的过程遭到破坏。为了能和那些与我们文化背景不同的人进行有效的沟通，我们必须意识到种族中心主义的偏见。明白这些偏见并不意味着人们要彻底消除种族中心主义，而是在充分考虑自己文化的同时也要理解和尊重其他文化的存在。

4. 缺乏共感

所谓共感就是设身处地体会别人的苦乐和遭遇，从而产生情感上共鸣的能力。事实上，人们经常是站在自己的立场而不是他人的立场上理解、认识和评价事物。缺乏共感是由许多原因造成的：首先，在正常情况下，站在他人立场上设身处地地想象他人的境地是十分困难的，尤其是文化的因素加入之后，这个过程就更加复杂了；其次，显示优越感的沟通态度，也阻碍了共感的产生。如果一个人总是强调自己管理方法的科学性，固执己见，那么我们就很难与之产生共感；再次，缺乏先前对于某个群体、阶级或个人的了解也会阻碍共感的发展。如果从来没有在国外的企业工作过或从事过管理，也就没有机会了解他人的文化，我们就很容易误解他人的行为。这种知识的缺乏，可能致使我们从某些不完全与行为背后的真正动机相联系的行为中得出结论；最后，我们头脑中所具有的与人种和文化相关的成见也是达到共感的潜在的抑制因素。

5. 商业文化类型的差异

比较明显的商业文化类型有两类：生意导向型文化和关系导向型文化。生意导向型文化的商人注重直接评价，使用坦率、直接的语言，而关系导向型文化的商人常常会采用一种间接的、微妙的迂回方式。这种交流差异是关系导向型商人和生意导向型商人间产生误解的最重要的原因。因为两种文化期望通过沟通获得的结果不同，所以产生混乱。

在与别人交流的过程中，生意导向型商人首先考虑的是能够让别人理解他们。因此他们常常开门见山说明自己的意图，并且说到做到。例如，德国和荷兰的谈判者常以他们直率甚至是生硬的语言闻名，英国、澳大利亚、新西兰、北欧和北美的国家也属于生意导向型文化。而关系导向型谈判者最先考虑的是协调、促进人际关系。因为团队中保持和谐的人际关系非常重要，因此，关系导向型商人慎察言行，尽量避免冒犯他人，使他人窘困。例如，阿拉伯世界、非洲大部分、拉丁美洲和亚洲国家属于这类文化。南非、拉丁欧洲、中欧和东欧、智利、南巴西和北墨西哥、中国香港和新加坡等属于适度生意导向型文化①。

6. 跨文化沟通中的法律因素和政府因素

在跨文化沟通中，来自不同文化的沟通主体还必须适应不同国家的法律和规章要求②。有几种情况应该考虑到：

（1）法律及对法律条文的解释是受文化影响的。一个国家认为是合法的事物在另一个国家可能是非法的。例如，在美国行贿是违法的，而在欧洲的大部分国家，不仅对外国官员行贿是合法的，而且贿赂金还能够作为进行商务活动的合法开支予以扣除。在美国，因种族、性别、国籍及年龄歧视他人是违法的，而在日本、拉丁美洲和欧洲的许多招聘广告中，就有可能明确指明期望招聘的员工的年龄和性别。

（2）特定的法律制度。最常见的法律制度有大陆法系、英美法系和伊斯兰法系。在案件的审理和判决上，这些法系各有不同。

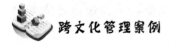
跨文化管理案例

法国商人的"卖淫"危机

法国里昂的商人雷内·拉封丹被指派为一家在沙特阿拉伯首都利雅得的法国子公司的部门经理。他管理着数名法国员工（男女都有），还有大约12名沙特阿拉伯男性员工。在此之前，他没有到过沙特阿

---

① ［丹麦］理查德·R. 盖斯特兰德. 跨文化商业行为[M]. 李东，译. 北京：企业管理出版社，2004：8.

② ［美］艾里丝·瓦尔纳，琳达·比默. 跨文化沟通（原书第3版）[M]. 高增安，马永红，孔令翠，译. 北京：机械工业出版社，2006：207-228.

拉伯。上任一个月后，他决定在公司举办一个聚会。他安排好了食物、酒水和饮料，一切进行得非常顺利，每个人也特别开心。突然，宗教警察闯进了屋内，并逮捕了所有在场的人。所有的人都被关进了监狱。在监狱里，雷内得知他们被指控为非法消费酒制品及卖淫。他能理解第一项指控，但不理解第二项，直到他被告知未婚法国女性出席这种聚会就被认为是一种卖淫行为为止。在绝望中，他设法和法国大使馆取得了联系。他想当然认为法国大使馆能够妥善处理，并在一个小时之内把他们解救出来。但是，他错了，法国大使馆费了24小时才化解了这一场危机。

（3）争端解决。文化影响着管理者处理直接对峙、仲裁、与代理商的沟通、商标和知识产权等问题的方式。美国人之间发生矛盾，往往告诉对方"法庭上见"，而在中国或者日本，人们往往不到万不得已，不会选择法律方式解决争端。中国人信奉一句话，"吃豆腐要盐，打官司要钱"，没有钱，很难打赢官司。而日本人认为通过法庭解决争端即使赢了，也很丢面子。

（4）市场营销沟通中的法律问题。政府管理着广告市场。跨国公司的管理者需要对相关的规章制度有所了解，避免在广告中出现不适宜的或者违法的信息。例如，在20世纪70年代，一向对广告的管制比其他欧洲邻国更为宽松、仁慈的卢森堡威胁说，要在该国上空发射一颗卫星，并向其他欧洲国家播放其广告节目。管理机构、媒体和周边国家的企业纷纷表示关注，因为这是对其他国家广告立法的挑战和违反。在大多数欧洲国家，在广告中，儿童的角色是受到严格的管制的。在一些国家，不得针对儿童做广告。在荷兰，任何关于甜食的广告都要呈现一把牙刷，以显示对健康问题的关注。有公司通过卢森堡电视台做广告，就可以成功避免本国的管制。

4.1.4　跨文化沟通的手段——语言符号和非语言符号

1. 语言符号

语言是一种有组织结构的、约定俗成的习得符号系统，用于表达一定地域社群和文化社群的经验，如中文（单字－表意体系）和西文（符号－音节体系）。各种文化都给词语符号打上了自己本身的和独特的印记。语言是一种传达信仰、价值观念和规范的基本文化手段。它供给人们与本文化其他成员进行交往和思维的工具。

语言和文化是密不可分的，二者都是后天习得的，并用以表达价值观念、信仰、感知和规范。文化与语言协同发挥作用的观念，有助于我们理解经验和世界观相互依存的事实。

语言和文化的关系还可以从以下几个方面来认识。首先，一般来说，一种文化对于那些自身认为重要的事物或过程，会有丰富的、细致的词汇予以描述。文化环境中那些重要的事物被取以具体的名称；而那些不太重要的事物则取以比较一般化的名称，它们必须通过附加词才能成为具体名称。其次，语言结构通常反映文化的主题。日本文化中等级地位的主导作用就鲜明地反映在日本语言当中——运用语法结构给会话伙伴界定出各种社会地位来。最后，语言也使我们能够对思想、思维和感情做出处理，正像它使我们能够对被我们赋予各种名称的事物进行处理那样。而且，语言必须要处理并且允许我们表达和发展文化建立起来的各种价值范畴的含意。

每个民族都有自己独特的语言，有独特的发音、拼写规则、符号、语法规则等。这更使得跨文化信息交流发生了巨大的障碍——语言符号、发音和规则的不同使得人们无法通过语言进行交流，对方之间的意思根本不能理解。

为了使不同语言的人们能够相互交流，必须有某种新的媒介，使得两种语言在含义上能够相互对等，这就是翻译过程。然而，在跨文化的沟通中，将一种语言翻译成另一种语言，远不像多数人所想象的那么简单。"多数人认为一种语言的原文可以准确地译成另一种语言，只要译者用上一本好的双解词典就行了。"可惜的是语言并非如此简单，如果不是不可能翻译，至少直接翻译在许多情况下是难以进行的。因为首先单字不止一种含意；其次许多词语受文化限制无法直接对译；再次文化观念可使直接翻译产生出荒谬的结果来。通过译员来工作也有特殊的困难。

语言翻译不仅是困难的，也可能是不恰当的，并可能产生极端的后果。例如，第二次世界大战临近结束时，同盟国向日本发出最后的通牒。日本首相宣布他的政府愿意"Mokusatsu"这份敦促投降的最后通牒。但 Mokusatsu 有"考虑"和"注意到"的双重含意，而日本对外广播通讯社的译员选取了"注意到"一义，使美国误认为日本拒绝投降，于是先后在日本投下两颗原子弹。

翻译过程中的第二个问题，是有些词语无法翻译。词义来自社会经验，当某种经验在本文化中缺乏对应物的时候，我们在自己的词汇中就找不到恰当的词来表达这些经验。文化取向也在语言中得到反映，因此，语言翻译会产生误解和难以理解的译文①。

因此想通过语言翻译达到文化沟通是不现实的，实际上，语言符号沟通存在跨文化差异，概括起来主要有以下 4 种②：直接与婉转、插嘴与沉默、高语境与低语境、倾听与对话。

1）直接与婉转

说话的直接与婉转是语言沟通跨文化差异中较显著的表现。通常，美国人说话直截了当，而中国人则喜欢拐弯抹角。例如，拒绝别人的要求，美国人如果不喜欢，一般就直接说"不"；而中国人可能会说"让我考虑考虑"。美国人若不了解中国人的说话方式，会以为那人是真的去考虑了，过两天说不定又会回来问："考虑得怎么样了？"在谈生意的时候，也常常见到这样的风格差别。中国人谈具体的生意之前总要把自己公司的背景等情况详细介绍清楚，一两个小时后也许才谈及真正要谈的生意；而美国人很可能一上来就直奔主题，所以常常会产生误解。

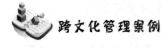 跨文化管理案例

美国幽默作家大卫·贝雷（Barry，1993）在日本的遭遇

一天，美国幽默作家大卫·贝雷要坐飞机从东京去大阪，临时去机场买票。

大卫：买一张从东京去大阪的机票。

满脸笑容的服务员：嗯，去大阪的飞机票……请稍等。

---

① ［美］彼得·法布. 词的使用［M］. 纽约：阿尔费雷德·A. 诺普夫出版公司，1974：197.
② 陈晓萍. 跨文化管理［M］. 2 版. 北京：清华大学出版社，2009：134 – 143，156 – 159.

大卫：多少钱？
服务员：从东京坐火车去大阪挺不错的，沿途可以看风景。是不是要买一张火车票？
大卫：不要。请给我一张飞机票。
服务员：那……其实，坐长途巴士也很好，上面设备齐全，豪华舒适。要不要来一张巴士票？
大卫：不要。请给我买一张飞机票。
……

这样来回几个回合，大卫才搞清楚原来机票早已售罄，而服务员又不好意思直接告诉他，才拐弯抹角地试图用其他手段来帮助他到达目的地，真是婉转到了极致。

同是讲英语的国家，英国人就远不如美国人来得直接。英国人用词比较谦虚含蓄，喜欢让自己的观点藏而不露，以便使争论不那么白热化，同时又在语调中表示出自己是正义的化身。他们会恰到好处地含糊其辞，以显示自己的礼貌和涵养，避免尴尬和冲突；有时也会为了拖延时间而胡扯几句。英国人认为，说话语气平和，始终保持低调才是在争论中占上风的表现，大喊大叫本身就是失败。

美国心理学家霍特格雷夫(1997)曾对说话的直接与婉转作过一系列研究，并编制了测量工具以准确测定一个人的说话风格。下面的题目就是从这一份量表中抽取的：

(1) 很多时候我都愿意委婉地表达自己。
(2) 我说话时常常话里有话。
(3) 我通常不花时间去分析别人讲的话。
(4) 别人很多时候都无法确信我话里的真正含意。
(5) 我说的话常常可以用不同的方法去理解。
(6) 我对别人话里的含意一般不深究。
(7) 我说的话里面总是比表面上呈现的意义要复杂。
(8) 别人必须花些时间才能琢磨出我话里的真正含意。
(9) 我通过别人说的话搞清他们的动机。
(10) 我说的大部分话都明白易懂。
(11) 我会考虑别人话里的各种意思，再判断他们所说的真正含意。
(12) 要了解他人的真实意思，必须深度分析他们所说的话。
(13) 我经常透过别人语言的表面去了解他们的真实想法。
(14) 为了了解别人的话，我经常分析他们为什么说而不是他们说了什么。
(15) 没有必要透过我说的话的表层意思理解我的真实意图。
(16) 在很多我观察或者参与的聊天中，我发现最重要的意思常常是隐藏在表面之下的。
(17) 我想通过捉摸一个说话者的深层意思使自己成为一个有效的沟通者。
(18) 我讲话的意思常常一目了然。
(19) 我常觉得别人的话里有潜台词。

从这些题目中可以看出，该量表所测的直接婉转主要包括两个方面：一个方面是一个人在多大程度上会主动寻找别人言词背后的间接含意；另一方面则是一个人自己在多大程度上喜欢拐弯抹角地说话。如果一个人在这两方面得分都高，那么他的婉转程度就非常高,别人要听懂他说话的真实含意就相当困难。

2)插嘴与沉默

在语言沟通中,另一个文化差异表现在讲话是否合乎程式上。我们可以把全世界的人简单划分成三大类:盎格鲁－撒克逊(欧美)人、拉美人和东方人(亚洲人)。图4.5就表示了这三大类人在说话程式上的不同,其中的A、B是指对话中的两个人。

对盎格鲁－撒克逊人来说,A先说,说完后,B开始说,说完停下时A再接着说,一来一往,有问有答,顺序清楚,是良好的对话方式。如果一个人在别人还没有说完话就插进来,会被视为不礼貌,遭到白眼。

对拉美人,这样的方式却未必有效。他们的对话方式是:A开始说话,在A尚未停下时,B就插嘴,打断对方,并自己接着往下说;然后,在B还未结束时,A插进来继续。打断对方被看成是对对方的谈话感兴趣,而且自己也有很多感受要分享。如果不插嘴,则说明话题无趣。

图4.5 三类人说话的程式

东方人的程式与前两类相比又有很大差异。A先开始说,在B接A的话之前,两段线有一段小小的非重合区间,这段空白表示沉默。也就是说,在回答或接另一个的话题时,应该有一个小小的停顿。这个停顿可能只有几秒钟的时间,显示的是你在思索对方的话,思考之后再回答。因此,沉默是对对方尊重的表现,同时也表现自己的深思熟虑。

因此,当两个交流的对象属于同一文化背景时,彼此的对话程式没有差异,一切对话都水到渠成。但是,如果两个人不属于同一对话程式,误会必然会发生。

另外,不同文化对沉默的褒贬意义的诠释也有很大差异。例如,中国人、日本人崇尚"沉默是金",心直口快会给人留下急躁、不牢靠的印象;而在美国,心直口快被视为反应快、思维敏捷,而沉默被看作是迟钝。所以,在交谈中,美国人害怕沉默,如果对方保持沉默,会感到是不满意、不高兴的表现,而非深思熟虑。总的来说,美国人和欧洲人用否定诠释沉默,而亚洲人倾向于用尊重、肯定诠释沉默。

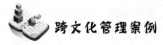 跨文化管理案例

美国人和日本人对沉默的不同理解

玛莎:谈判进行得怎样?

珍妮特:不是很好,我们处于下风。

玛莎：出什么事了？
珍妮特：哎，我提了我方的起价，Maruoka 先生什么也没说。
玛莎：什么也没说？
珍妮特：他就坐在那里，看上去很严肃的样子。所以，我就把价格放低了。
玛莎：后来呢？
珍妮特：他还是没说话，但是有点惊讶的样子。所以我就把我方的价格降到了底线，在等他的反应。我已经不能再降了。
玛莎：他怎么说？
珍妮特：他沉默了一会，就答应了。
玛莎：我们最后还是成交了。你应该高兴才是。
珍妮特：我也是这样想的。但后来我才知道 Maruoka 先生认为我们的起价就太优惠了。

在这个案例中，日本人的"沉默是金"发挥了作用，美国人珍妮特把日本人的沉默误解为对她提出的价格不满意，所以，一再降低，甚至降到底线。日本人就此占了便宜。如果换成日本商人和中国人谈判，或者日本人之间互相谈判，就不可能出现这样的结局。

3）高语境与低语境[①]

"语境"这个概念是美国社会学家爱德华·霍尔在 1977 年出版的《超越文化》一书中首先提出来的，是指两个人在进行有效沟通之前所需要了解和共享的背景知识，所需要具备的共同点。语境共享的背景知识和共同点越多，语境越高，反之越低。因此，他通过把文化的社会框架区分为低语境和高语境，为我们了解文化建立了一种有用的方法。低语境的文化太强调沟通的情境（如隐含的含义或是非语言的信息），它们所依赖的是明确的言语沟通。与此相反，高语境的文化强调了沟通所在的情境，它们非常注意含糊的、非语言的信息。

高语境（关联）文化在沟通过程中的反应，就是信息之间存在着高度的前后联系，或隐含在个体特性之中。沟通的信息和意图并不是通过语言而是通过非语言，如身体语言、沉默、停顿、关系等表达出来。代表国家如日本、沙特阿拉伯、中国、西班牙等国。低语境（关联）文化中，信息是用明晰的信号如词组来表达的。信息的发出和接收都是用准确而直接的语言来表达的。代表国家如美国、加拿大和多数欧洲国家。

对于字里行间的含意或明确、直接的信息这两者的偏好，在各种文化中也是不同的。亚洲、阿拉伯和地中海地区的文化都位于连续体的高语境一端，而美国、德国、瑞士等地区的文化都位于低语境的一端。

即使是在美国的更大范围的文化中，在沟通的偏好方面也存在地区差异。北方人和中西部地区的人倾向于更书面化的、更明确的沟通方式，而南方人则倾向于不太明确和不太直接的方式。从美国的一个地区到另一个地区，可能也会产生沟通的挑战，同时也为了解跨文化知识提供了机遇[②]。当进行跨文化沟通的时候，爱德华·霍尔对于不同情境文化的分类与分析，对我们了解采取何种沟通方式提供了依据。

---

① 王朝晖. 跨文化管理[M]. 北京：北京大学出版社，2009：172–182.
② [美]雷诺兹，等. 跨文化沟通指南[M]. 张微，译. 北京：清华大学出版社，2001：29.

第4章 跨文化沟通与谈判

爱德华·霍尔为我们提供了一种研究文化的工具，即以沟通情境在沟通中所起的作用区分不同的文化①。高语境文化紧密地依靠情境，要么是沟通的实际环境，要么是内化的社会环境，或两者兼具。如果情境在沟通中被清楚地提到了，那么沟通的信息就可以是简略的，直接和完整地以文字表达出来。也就是说，在低语境文化中，信息几乎完全是"说出来"的。

从高语境文化到低语境文化，爱德华·霍尔为我们描绘了一个连续的统一体，并沿着这个统一体依次绘制出了不同民族的文化。他把瑞士人的文化归入低语境文化，因为它所传达的信息都是完整、清楚和精确的；把日本文化归入高语境文化，因为它所传达的信息是多层次和含蓄的。他还认为，美国文化介于高语境文化和低语境文化之间。

在高语境文化中，沟通过程的信息发出者和接受者对情境所包含的意思都很明白，都利用情境传达信息。低语境文化中的成员把自己的想法用文字表达出来，他们都认为如果思想不用文字表达，就不能正确、完整地被理解。信息以明明白白的文字表达出来，那么信息的接收者就可以据此做出判断或决策了。高语境文化就较少地依赖文字沟通，而是利用情境澄清和补充信息②。

多层面的信息确实也会在低语境文化中出现，但是这样的文化更倾向于用文字对信息进行编码，并且认为语意含糊会增加误解的风险。高语境文化认为，仅仅停留在文字层面的信息是浅薄的、幼稚的和粗鲁的。来自高语境文化的人们更喜欢用传统的方式沟通——引经据典、使用寓言和谚语、轻描淡写、用反话引人联想，如果沟通者不精此道，就会造成误解。

例如，在泰国、日本、中国和亚洲其他地方的文化中，表现自己的能力时使用自谦语是一种礼貌行为。一位世界闻名的数学家在描述自己花了一生心血的研究成果时可能会说："对此，我有一点小小的体会。"但是，来自低语境文化的人们（如德国人和英国人）会忽视具体的情境，因而认为既然是"小小的体会"，就不值得深究了。

当高语境文化的人与低语境文化的人在一起工作或谈判时，易引起沟通误解，导致跨文化冲突。

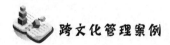

1991年长岛坠机事件

1991年坠毁在长岛的哥伦比亚国家航空公司飞机上驾驶员、副驾驶员（母语是西班牙语，高语境语言）和美国领航员（低语境语言）之间的对话存在严重问题，导致了严重的后果。

驾驶员对副驾驶员："告诉他们，我们处于紧急状态。"（低语境语）

副驾驶员对领航员："我们正在消耗燃料……"（高语境语：从字面上讲，所有飞机起飞后都在消耗燃料）

---

① ［美］See Edward T. Hall. Beyond Culture［M］. New York：Anchor Press Doubleday，1976：64.
② ［美］艾里丝·瓦尔纳，琳达·比默. 跨文化沟通（原书第3版）［M］. 高增安，马永红，孔令翠，译. 北京：机械工业出版社，2006：20.

领航员:"爬到3 000米,并保持这一高度。"

副驾驶员对领航员:"喂,我们的燃料马上要用完了……"

领航员:"我把你们领到东北15英里,然后你们再返回……这是不是对你们和你们的燃料问题有好处?"(高语境语。领航员应该问"你们是说你们的燃料正处于危机状况吗?"可能副驾驶员会回答"是的")

驾驶员:"我想是这样。"

飞机因燃料用尽而坠毁。

4) 倾听与对话

倾听是实现有效沟通的另一个重要方面。不同的民族和文化之间在倾听的特点上也有许多不同之处。有的民族比另一些民族更安静,更乐于倾听,有的民族比另一些民族更善于倾听,倾听得更仔细、更严肃。英国语言学家理查德·路易斯在他的《文化碰撞》一书中,提出了"倾听文化"和"对话文化"的概念,以区分文化在这个层面上的差异。他对"倾听文化"的描述是这样的:"倾听文化中的成员很少主动发起讨论或谈话,他们喜欢先认真倾听,搞清别人的观点,然后对这些观点做出反应并形成自己的观点。"在这种文化中,人们偏向的沟通方式是自言自语—停顿—反思—自言自语,而且尽可能让对方先开始自言自语。相反,在"对话文化"中,人们常常会用发表意见或问问题的方式打断对方的"自言自语",以此显示自己对话题的兴趣[①]。

第一,倾听文化。

具有最典型倾听文化特征的国家是日本,其次是中国、新加坡、韩国、土耳其和芬兰。在欧洲国家里,芬兰具有最强的倾听特质,英国、土耳其、瑞士偶尔也表现出较强的倾听特征。这些国家中的人在听别人讲话时,专注、不插嘴,回复时也不会用太强烈的语言。此外,他们常常会通过问问题让讲话者澄清意图和期望。日本人经常会在一个问题上反复、来回以清楚彼此之间不再有误解。芬兰人即使有时在结尾时会比较突兀或直接,但总是尽可能避免正面冲突,想办法用适合对方的手段沟通。芬兰人有时甚至比日本人还要沉默,日本人至少还会用点头的方式显示自己的礼貌或满意,芬兰人则可能一点反应都没有。

第二,对话文化和数据文化。

最典型的对话文化为意大利和拉丁文化、阿拉伯文化和印度文化。法国和西班牙文化也属于对话文化。美国文化、德国文化、瑞士文化则处于倾听文化和对话文化之间,热衷于数据、事实和逻辑,被路易斯称为"数据文化"。

在商业陈述中,有些国家的人倾向于要求获得事实、统计数据及其他一切可靠的数据。他们对数据的信任远远超过对直觉的信任。因此,在美国公司的商业陈述中,很少能听到类似于"我觉得"之类的主观词汇。这一点正如一句美国格言所说:"数字从来不会撒谎。"举个例子来说,在解释销售额下降的时候,他们宁愿相信数字,也不愿相信特殊情况。他们的陈述中所看重的是各种表格、图片及引自特定领域专家们的话语,而不太在

---

① 陈晓萍. 跨文化管理[M]. 2版. 北京:清华大学出版社,2009:156.

乎推测或直觉。他们也经常期望能够从其他人那里获取同样类似、详尽的统计分析[①]。

2. 非语言沟通[②]

1）跨文化沟通与非语言语

非语言沟通包括沟通情境中除语言刺激之外的一切由人类和环境所产生的刺激,这些刺激对于信息发出者和信息接收者来说具有潜在的信息价值。

跨文化沟通与非语言语之间的关系是紧密的,融为一体而又显示出各种文化类型的非语言语特征,认识和理解它们的正确意义是十分重要的。首先,通过对某种文化中非语言语表达的基本类型的了解,能够得出构成该种文化观点的基础。其次,非语言行为方式也能为我们提供关于某种文化的价值系统信息。因为非语言沟通高度地展示了文化的许多基本特征。再次,分析比较不同文化类型非语言表达方式,有利于接近和掌握各种信息的实质,在实际沟通时收到较好的效果。最后,对于跨文化的非语言行为的研究,有助于我们克服成见、偏见和种族中心主义。

2）跨文化沟通中非语言语的类型

巴博和科理斯认为非语言语有 18 种。我们从跨文化沟通的角度把它们分为 5 类：

(1) 体态语,又称为身体的语言。人身体各部位肌肉的动作、器官运动都可以表达感情、态度,这些机制所传递的信息意义往往是语言传播所不能及的。例如,杨晓黎曾对汉语成语进行分析,归纳体态语的成语就有 160 条以上。

(2) 空间语。用空间表达出的信息符号称为空间语,它研究的是交流者之间的距离、位置的安排等方面。

(3) 环境语。用环境表达出的信息符号为环境语,它研究的是场合、室内装饰、温度、光线等问题。

(4) 时间语。用时间表达出的信息符号称为时间语,它研究的是人们对准时、及时、延时,时间的早、晚、长、短、过去、现在、将来等概念的理解。

(5) 其他：如图画语、艺术语、颜色语、昆虫语等。

3）非语言语的作用

(1) 非语言语单独使用时的功能。第一,表示情感。一个人悲伤时痛哭流涕,有为难事时愁眉不展,高兴时手舞足蹈以表达情感。第二,代替语言。老李在会场上看见好友小张进入会场,老李向小张招手,小张看见了,也向老李挥手。这些非语言语实际上表示了语言："你好!"第三,发送关于个人的一些信息。第四,礼仪与宗教仪式,如基督教徒画十字,佛教徒合掌,伊斯兰教徒要用手干洗脸。

(2) 非语言语和语言语混合使用时的功能。第一,加强。当我们非常感谢一位朋友,嘴上说着"非常感谢"的同时,上前紧握他的双手,这就是一种加强作用。第二,重复。在下雨天赶到预约的室外地点与朋友汇合时,说"天上正在下雨"的同时,用手指指向上方的天空,这就是重复作用。第三,补充。向朋友介绍说"我的弟弟现在比我高了"的同

---

① [美]艾里丝·瓦尔纳,琳达·比默. 跨文化沟通(原书第3版)[M]. 高增安,马永红,孔令翠,译. 北京：机械工业出版社,2006：36.

② 蔡建生. 跨文化生存：在外企的成功之路[M]. 广州：南方日报出版社,2004：143-152.

时，把手伸到头上一寸多高，这就是补充作用。第四，调整。会议发言过程中，降低说话的语调以暗示某个意思的完结。第五，抵触。在说"我同意"时是哭着说，还是愁眉苦脸等，其"同意"里包含的内容差异是相当大的。

4) 非语言语沟通中的文化差异比较

非语言语沟通中的文化差异如表4-2所示，从身体导向、空间距离、触摸、目光接触和语音几个方面比较，阿拉伯人和拉美人的目光接触较多；亚洲人和南欧人的语音较轻；美国人的空间距离最远，双方的手不触摸；北欧人和印巴人的身体导向倾向于不对面。

表4-2 非语言语沟通中的文化差异

文 化	身体导向	空间距离	触 摸	目光接触	语 音
阿拉伯人	2.57	3.53	6.59	1.25	3.96
拉美人	2.47	4.96	6.74	1.41	4.14
南欧人	2.19	4.42	6.88	1.49	4.57
美国人	3.00	7.66	7.00	2.86	4.43
亚洲人	3.25	5.20	6.97	2.06	4.79
印巴人	3.59	3.94	6.99	2.05	4.39
北欧人	3.51	5.92	7.00	2.17	4.32

注：身体导向是指面对面的程度，完全面对面=1，完全不对面=5，中间用2、3、4表示。空间距离是指二人之间的距离，距离近=1，距离远=8。触摸：两者手不断触摸=1，没有触摸=7。目光接触：直视对方=1，不看对方=4。语音：很响=1，很轻=6，研究者的正常语音=4。

5) 非语言语在跨文化沟通中的表现

(1) 面部表情语。对非语言行为的文化分析之一是面部表情上所表达的含意，因为面部表情在沟通中独具意义。文化对面部情感表达有影响，面部情感表达既有通用的又有因文化而异的。面部表情可显示各种情感，还能阐释话语、调节对话、塑造社交形象，从而成为最具体、最确切的非语言语符号系统。

社会是个大舞台，每个人都是演员，沟通者们都会带着各种各样的面具，有时把真正的自我收藏起来，在各种各样的场合表演或表现千变万化、含意复杂。据统计，单是人的面部，就能够做出2万种以上不同的表情。美国人梅赫拉宾也指出：在人与人面对面的传播中，所传递的意义55%来自面部表情。人类主要有6类感情可通过面部表情传达出来，即高兴、悲伤、厌恶、愤怒、惊讶和恐惧。

通用的面部表情：全世界的人在高兴时都会浮起笑容，愤怒时会皱起眉头。抬一抬眼眉表示认可，悲伤时哭泣，害羞时脸红，受威胁时喊叫，人们在互相问候时眉毛迅速上下眨动，等等，似乎都发生在许多不同的文化环境中。无论来自哪一种文化的人，当看到不安画面时，他们的面部表情基本上是相似的。

非通用的面部表情：甲文化和乙文化对一个现象的认识相同，而面部表情可能有差异。例如，对某件事情两种不同文化的人都认为是不恰当或不合适的，但甲文化的人会认为得体的反应是面无表情，而乙文化的人则可能认为得体反应是微笑。人们往往自觉或不自觉地使用符合自己文化规则的方式操控面部表情，以便做到或强化，或减弱，或中和，或掩饰自己的真实情绪。一般来说，东方人比较含蓄，表情不轻易外露，而西方人则显得直爽、外露。

① 目光语。一般来说，在群体沟通中，人们大约用30%～60%的时间与他人眼目传神。当人们听人讲话时，会注视讲话者；当讲话者搜索词句时，会将目光转向空间；当听讲人对讲话内容感兴趣时，会较长时间注视讲话人；当有人被盯视长达10秒以上时，他就会感到不自在；当地位不同的人谈话时，地位低的一方有时会避免目光的接触。

目光语可以反映和表达人们深层的心理状态和情感。在跨文化沟通中，眼神或目光的接触方式往往受到文化、性格、性别等因素的影响。在中国文化中，人们沟通时不像美国人那样直视对方的眼睛以示谦卑，中国人看来，缺乏眼神交流则常常表示服从或尊敬，而不表示缺乏兴趣。美国人那种频繁的目光接触对中国人来讲则可能是不礼貌，乃至侵犯性的行为。美国人有这样一句话："不要相信那些不敢直视你的人。"英语国家的人相互交际时，也直视对方，以示洗耳恭听，认为缺乏眼神交流就是缺乏诚意，为人不诚实，对英国人而言，直接注视与他交往的人的眼睛是一种有教养的表现。

康登归纳出"瞪大眼睛"在几个不同国家的不同意义：在英国，表示是真的（惊讶、惊奇）；在中国，表示"我对此不满（气愤）"；在法国，表示"我不相信你（挑战）"；在西班牙，表示"我不明白（请求帮助）"；对美国黑人来说，则表示"我是无辜的（说服）"。

② 微笑。一般来说，在中国和英语国家的文化中，微微一笑表示略有快意；张嘴露齿而笑表示较大的欢快情绪；嘴张得越大，牙齿露得越多，所表达的欢快之情越强烈。中国的笑声不仅仅是高兴、满意、愉快、友好的表示，还有多种意思。中国人的笑有时还有"没关系""这是常事"的意思。例如，马路上积雪很滑，有人骑自行车摔倒，行人常报之一笑，这并无恶意。中国人的这种笑使西方人迷惑不解，一位美国人说："中国的笑和美国的笑有不同的意思。例如在餐厅里，一个外国人偶然摔了一个碟子，他本来就感到很窘，而在场的中国人发出笑声，使他更觉得不是滋味，又生气，又反感。"日本人的笑声包含的意义更多了：不高兴、生气、悲哀、尴尬等。在某种情景中日本人会用微笑掩饰自己的不安和消极的情绪。

③ 伸舌头。由于自己的言行不合适或出现失误而感到尴尬，不好意思时，中国人常常吐吐舌头，伴之以脖子一缩，此动作多见于小孩和年轻姑娘。而中国的藏族人"伸舌头"表示对客人的尊敬和礼貌。英美人难为情时绝不伸舌头，他们认为那是一种粗鲁的表现，这种动作带有一定的藐视、贬斥、戏谑色彩。

（2）手势语。手势语是通过手和手指的动作和形态来代替语言交流和表达思想，它实际上是身势语的核心。手势语都是经过后天学来的，因而是约定俗成的，为不同的文化所独有，从而造成手势语行为因文化而异的现象。手势语它可以分为以下4种：

① 象征手势。

象征符号是指可以译为文字的，被有意用来传递某种信息的符号。但象征符号在不同的文化环境中会表示不同的意义。例如，同一只手的食指尖与拇指尖相接，另外三指竖起，在美国等国家表示"OK"；在中国这一动作表示数字"3"；在日本表示"钱"的意思；在法国代表数字"0"或"无价值"；而在希腊和土耳其这是下流的性挑逗；在一些拉丁美洲国家，如巴西则意味着淫秽，它是"性行为"的标志。在其他的国家表示意思也各异。

数字除了用国际通用的阿拉伯字书面表示以外，不同的文化都有自身的手势表示法。德国人表示"1"一定要用大拇指，因为举起食指在他们的文化中带有猥亵的意思。足球世界杯决赛中，巴西名将在射进德国队一球后举起食指象征手势庆贺，这在德国人的理解里不单只是输掉1分的含意。

性别差异也作用于手势。例如，日本女人常使用的象征手势是在笑时用手捂住嘴，这一手势蕴含着一种女孩子气、可爱、礼貌的意义。在日本这个动作只有女人做，男人笑时从不用手捂住嘴。

另外，如竖起大拇指，竖起小拇指，右手跷起拇指频频挥动，用手摸耳朵，正掌、反掌的V形手势等，都反映出同一手势在不同文化群体中具有不同的象征意义。

② 图解手势。

图解手势是指用来说明、补充言词的非语言的手势符号。如给人指路时的手势，这类手势具有加码和译码双重功能。有时人们用在空中挥舞手臂的方式强调自己所说的话。观察发现，讲话人的情绪愈高或听话人似乎听不懂时，讲话人使用的图解手势越多。

美国和法国人通常将右手举至颈部，然后迅速用力向右一平划，表示"我已忍到头了"。中国人除了皱眉、拉长脸之外，还会表情呆板，摆手或掌心朝外竖起、向前伸出，指示对方不要再说下去；但是当对方没有停下，而听者无法阻拦时，中国人（多见于小孩和年轻妇女）往往用双手或双手食指堵住耳朵，同时说道"不听不听!"。表示这个意思，卢旺达人常把头微微偏离对方，然后将手掌心朝下置于耳侧，朝着对方所在方向一下下地扇动。

另外，外界噪声的影响或说话者声音大小，交际双方可能听不清或听不见对方的讲话，这时，中国人和英美人都常把手掌放在耳后，拢住耳朵，耳朵偏向说话人以示"听不清"或"没听见"。在斯里兰卡，如果表示"听不见"，人们会先把右手食指指尖和拇指指尖并拢，放在右耳朵眼处，然后右手迅速拿开，同时两指分开，再摆摆手。而卢旺达人用双手食指塞住耳朵眼，然后放开，掌心向上，手掌齐肩向两侧摊开，同时眼睛睁大，嘴微微张开。

③ 调节手势。

调节手势的作用在于控制人际传播过程的进展，在人际传播活动中起着调节作用。例如，人际交流过程中双方应该知道谁先说、谁接下去继续说，如果双方同时开口就会影响传播效果，其点头、直视对方以及将手推开指对方的动作，都意味着请对方开口。

④ 适应手势。

有些手势是出于适应当时环境的需要，这类手势被称为适应手势。例如，在强烈的阳光照射下，用手挡住阳光（放在前额上）也是一种适应手势。在咳嗽或打哈欠时，将手捂住嘴，这种手势是出于当时身体的需要。在跨文化沟通中发现，这些貌似生理上的反应，实际上也受到文化和环境的影响，譬如，在咳嗽或打哈欠时，有的文化不要求人们在咳嗽时捂住嘴，而另外的可以随意咳嗽。

此外，适应手势的使用有时与感情有关，当某人感到尴尬、不舒服或焦虑时，可能会抓抓头、摸摸后脑勺或搓搓手等。

（3）触摸语。触摸是传播的一种手段，可以用来表述和说明相互作用和性质，具有职业性、礼貌性、友爱性、情爱性等沟通功能。在人类所有的信号系统中，体触感觉最快，消失最慢，无论是个别接触还是群体接触，一概如此。概括说，触摸行为可以传递3种主要信息：①情绪信息。人们分别或见面时可以用触摸表达情感。②地位信息。一般来说，主动触摸对方的往往是地位较高的人，而且两人之间没有障碍和矛盾。③安全信息。被触摸者会有一种慰藉感、舒服感、满足感和受保护感。

文化环境让人们选择如何运用和解释触觉行为。接触的运用是因文化不同而各异的，不同的民族在体触行为中各不相同。一些国家民族的特点是体触频繁而另一些国家民族的人体触却较为少见，这种差别有着历史原因。前者是同族家庭式的国家，生活为一种聚拢群居模式，后者是异族混居的国家，居住为一种离散分隔模式。

接触是与空间有关的人际交往的一种基本形式。在相互问候时，人们可以握手、拥抱和接吻。在常规的交往中，人们可能以多种方式互相触摸或抚摸。而被认为是适宜的接触类型则深深地根植于文化价值之中。例如，在中国同性男士和女士之间比异性之间触摸多。日本的女学生习惯拉着其他女孩子的手走路，但是，只限于认识的同学，陌生人之间的接触是难以接受的。

中国人在公开场合没有亲吻、拥抱动作，最亲密感情的表达方式，最热烈冲动的问候和告别只不过是拉拉手，臂挽臂，紧紧抱住肩头或将头靠在对方肩上。伊斯兰男人互相致意时要拥抱，然后分别亲吻左、右脸颊，同时用阿拉伯语说"和平与你同在"。

接触的部位也因文化差异而不同。各种文化中都存在着一些禁忌，决定了身体的哪些部分可以触及，哪些部位不能触及。例如，泰国人认为头部是神圣的，随便抚摸孩子的头顶会使人反感。在穆斯林文化中，用左手去触摸人是一种侮辱和禁忌。

握手，本来只是欧洲男性动作，现在男女都用，并已高度国际化了。在某些文化中，人们希望坚定有力地握手，而在另一些文化中，握手是轻柔的。中西有不同，英语国家礼节性的握手是两人以手相握，然后马上松开，两人的身体距离也随即拉开。而中国人的礼节动作则是两人先握一下手，然后相互靠近，为了表示礼貌和尊敬，两手仍不分开，或者干脆变成相互抓住不放，这在英语文化里被视为禁忌，甚至有猥亵之嫌，因为在他们看来，抓住别人的手不放与握手毫不相干。在印度公共场合很少见到人握手，即使有，握手也应该是十分轻的。摩洛哥人在与对方握手时要亲吻对方的手。土耳其人在讲价时要握手，直到达成交易才松开。各国关于握手的表现如表4-3所示。

表4-3　关于握手表现的差异

各国人	握手表现
德国人	有力地、积极地、频繁地
法国人	轻轻地、短暂地、频繁地
英国人	适度地
拉丁美洲人	有力地、频繁地
北美洲人	有力地、次数较少地
阿拉伯人	温和地、反复地、长握不放
南亚人	温和地、经常长握住不放

续表

各国人	握手表现
韩国人	适当用力地
大部分亚洲人	非常温和地、次数较少地

资料来源：[丹麦]理查德·R.该斯特兰德.跨文化商业行为[M].李东,译.企业管理出版社,2004:69.

（4）姿势或姿态语。人们的姿势动作总是有意无意地"泄露"其内心的秘密和蕴藏的信息。这是因为人的每一种姿势都是心理状态与生理状态的信息的外化，同时，它们还与当时的环境相关。每个人都能够根据沟通经验和文化背景，从姿势动作中推断或推测出有关的信息，并加以运用。

每种文化都展示出动作和姿势的某些特有情况。姿势动作的幅度和速度是由文化来奠定的体态运动的一个方面。谈话时，手脚摆放的姿势也反映着谈话者的心理状态（轻松、紧张、激动、不安等）。姿势动作的状态是与讲话的内容相适宜的，换言之，在沟通过程中，语言与非语言行为合拍一致，身体的各部位有机协调，显示出人是一个系统，一个大整体。姿势可以表达对别人的态度，也可以表明某种情感状态，还可以作为对语言的补充或是对别人的语言的反馈。

对头部、臂部、腿部的姿势动作的举例说明，有助于了解姿势在不同文化中的不同表现和不同准则。

第一，头部动作。头部动作在非语言交际中用得十分频繁，在不同的文化中这些动作相同之处极多，但也有些动作各具含义。

头部上下活动的点头动作在许多文化中，包括中国、日本、英美文化等都表示"同意""认可""服从""允许"等意思，但在保加利亚、尼泊尔等国，"点头"表示"不同意""不赞成"。值得一提的是"点头"在中国文化中被用来与熟人打招呼，召唤某人过来，不过这些动作往往显得有点高高在上和藐视他人。

另一个典型的头部动作是"摇头"，这一动作一般情况下表示"否定""抵制""拒绝"等。但是在中国和英美文化中有一个自相矛盾的动作，即表示"高兴"或"佩服"时往往摇起头来，不过往往伴以微笑或其他表示高兴或钦佩的信号，意思为"我简直无法相信""这不可能是真的"等。

第二，臂部动作。英国和美国人要求搭车的臂部动作是面对开过来的车辆右手握拳，拇指跷起指向右肩，大拇指向要去的方向摆动；而中国人拦车的动作是面向车辆一只胳膊向一侧平伸，手心向前，做出"停"的手势；俄罗斯人要求停车的手势是上下摆手。

另外，中国人宣誓采用的是国际共产主义者致敬的动作，即右手紧握，手心朝外举过肩头；英语国家的人却习惯于右手张开高高举起，或许还要将左手放在《圣经》上；而日本人则是右手并拢，右手臂斜向上举起。

除此之外，人们喜欢用双臂动作表示自己"强有力"，英语国家的人用手臂弯曲，突出肱二头肌来表示这一意思，而中国人则是用手掌拍打一下自己的胸部来显示自己有力量。

第三，腿部动作。体态与人们立、行和坐的方式有关。每一种文化都鼓励和阻止在不同的情况下不同的体态。相互谈话时采取什么姿势，是站立还是坐下，也会因文化而异。

在日常交往中，中国人喜欢请客人坐下，他们认为站着的客人不好对答。而在很多场合，西方人对"站"有一种偏爱，他们站着开会，站着吃饭，站着聊天。在中国和英国文化中，站立时，用一脚跺地，表示"强调""厌烦""愤怒"，汉语成语"捶胸顿足"就是真实的写照；然而法国人用跺脚表示叫好或叫绝。

在日本文化中，男性坐姿和女性坐姿差别较大，一般来说，日本女士只能双膝跪地，上身直立，臀部搁置双脚而"坐"；而男士则可以双腿向前盘结，臀部落地而坐。坐姿不对，则会被认为有失大雅。在日本坐地铁，会发现坐的正确方式：身子坐直面朝前方，脚并拢，头微垂，（妇女）手提包平放在膝上。

第四，鞠躬。许多东方国家（中国、日本和韩国等）用鞠躬表达打招呼的意思。美国人喜欢握手、拥抱或拍拍对方的肩；波利尼西亚男人之间打招呼是在互相拥抱时互相抚摸背部；泰国人彼此打招呼时，可以点头、鞠躬或两手握在一起放在胸前，以示对对方尊敬。

大多数亚洲文化用鞠躬来表示尊重年长人或地位较高的人，地位较低的人鞠躬的角度必须低于地位较高的人。日本人以鞠躬向对方致意，腰弯的程度是30度、45度还是90度依对方的地位而定，而且要由地位高的一方先直起身来。

第五，相貌服饰和气味语。在跨文化的沟通中，对外貌服饰我们注意两点：一是文化对外貌和衣着的影响通常是极其微妙的，以致我们很容易忽视它的重要性。二是文化教给它的成员应该重视外貌和衣着的哪些方面，这些标准是随着文化而转移的。相貌服饰语是指人们的相貌、衣着、首饰、发式、化妆，以及个人用品发出的非语言信息。

无论哪种文化，人们对自己的长相、容貌都非常注意。但在世界各国文化中相貌美的标准既有共性也有个性。各种文化都以五官端正、四肢匀称为美。当然，人们的肤色、外貌会影响着我们的沟通行为，以至于我们与那些其貌不扬的人进行沟通时显出不同的态度。

文化不同审美的标准侧重点有不同。在中国，很多人认为女性双眼皮比单眼皮美，大眼睛比小眼睛美。而在美国一些人看来，单眼皮更具有东方女性美的特征，他们更喜欢单眼皮的丹凤眼。汤加人以肥为美，缅甸的一个少数民族以妇女的脖子长为美。在美国，人们欣赏个子高的苗条的"骨感型"女子，而在欧洲的一些国家认为这种是体弱、意志薄弱的体形，而粗壮一些的体形更为理想。在日本，娇小的女性似乎更有吸引力。此外，文身、穿耳眼等也受文化规范的制约。

人的衣着服饰由于品牌、形状和风格不同，所传播的信息也不同。这些服饰包括衣着，唇膏，饰物（戒指、项链、胸花等），眼镜，鞋帽和个人配备的物品（如手提包、太阳伞等）。我们往往根据对方的外貌和衣着所提供的线索，对其智能、社会地位和职业做出推论。瑟尔伯认为，衣着可以传递10种信息：经济水平、教育水平、社会地位、经济背景、社会背景、教育前景、是否值得我信任、是否庸俗、成功水平和道德品质。

中国有句俗话，人靠衣服马靠鞍，变换衣服会改变人的形象。沟通者应对衣着有正确的认识，恰到好处的外貌和衣着有助于信息的准确传递，同时也应注意避免以貌取人和"衣帽取人"。在各种文化中，服装对身体部位遮掩程度也不同，在现代西方文化中，身体可以裸露的部位很多；而在中国文化中，可以裸露的部位要比西方的少；在阿拉伯世界，妇女必须用衣服和面纱遮盖住。

气味也是人们沟通的符号之一。人体的气味传递着某种信息，它可以告诉人们某人是否与自己有同样的喜好，是否可以接近等。不同文化的人对人体发出的气味有不同的感受。例如，中国人对来自美国的人所发出的气味感到难受，据说这种气味是美国人大量食用肉类所致。而阿拉伯人认为人体的气味是一个人人体的自然扩展，阿拉伯人在谈话时，不断吸对方的气味，吸对方的气味令人愉快，不让对方嗅自己的气味是对对方的羞辱；而这与美国人恰恰相反。对其他气味，不同文化也有不同的态度。例如，英国人对大蒜味特别反感。英语中有"每天一头蒜，人人避开你"的说法。中国人（特别是南方人）也对大蒜味很反感，但是程度不如英国人高。不同的文化对香水也有不同的偏好。

4.1.5 开展有效的跨文化沟通①

有效的跨文化沟通对于日益扩大的国际交流和日益缩小的"地球村"来说是十分重要的。发展有效的跨文化沟通有很多方法，主要依据沟通的目的而定。在国际企业管理或涉外管理中的跨文化沟通，既有一般跨文化沟通的共性，又有其自身的特性，本部分将结合共性和特性进行讨论，着重研究管理者如何成为一个有效的跨文化沟通者。

1. 认识管理过程中的跨文化沟通

对于在多种文化交叉环境中工作的管理者来说，对沟通过程特性的认识是进行有效的跨文化沟通的前提。下面关于跨文化沟通过程的5个方面的描述，可以看作是发展跨文化沟通技巧，成为一个能有效沟通的管理者的指南②。

（1）管理者不可能逃避沟通。跨国企业的管理者们也许会认为，他们可以让东道主在谈判中处于主动地位，以静观其变。这也许是一个有效的策略。然而，所有的行为在信息沟通过程中都有着信息的价值，并向对方传输信号，在保持沉默的同时，身体语言则在传输着信息。所有的行为都是沟通，因为所有的行为都包含有信息。

（2）沟通并不等同于理解。即使是两个人在交谈或交流信息，但这并不意味着他们互相理解。只有当两个人对在沟通过程中使用的信号（词组或手势）有共同的认识时，才可以称为理解。一个美国的管理者用黄花在法国作礼物，或用白花在日本作礼物，虽然表明了某种沟通行为，但不一定能达到他所预期的效果。在法国，黄花表示不诚实或是无神论者，而在日本，白花是在丧礼中使用并表示同情的。

（3）沟通是不可逆的。一个人不可以收回他的沟通与交往。沟通可以被解释、阐明和重述，但它并不能被消除和收回。一旦我们进行了交往和沟通，它就变成了我们经历的一部分，并影响到目前和将来。发生在跨文化沟通中的失礼行为是很难得到弥补的。

（4）沟通要注意场合。一个管理者不可忽视在一定时间、一定地点，使用一定媒介的沟通的前后关系。例如，在法国，与一个法国的管理者在晚饭时谈生意是极不合适的。

（5）沟通是一个动态的过程。沟通不是一个静止的和被动的过程，而是一个没有终止的连续的和活跃的过程。一个沟通者不单单扮演信息发出者或接收者的角色，而是同时扮演两种角色。

---

① 胡军. 跨文化管理［M］. 广州：暨南大学出版社，1995：94-98.

② ［英］Philip R. Harris. *Managing Culrural Differences*［M］. Houston：Gulf Publishing co，1987：33.

上述几点扼要地说明了跨文化沟通的特点。这些特点有些是明显的，有些则不明显，但如果能深刻理解则有助于有效地沟通。

2. 发展双向沟通

所谓双向沟通是指沟通的双方均参与编码、解码的过程，如图4.6所示。双向沟通的结果所得到的反馈，可以帮助进一步阐述意图。在第一轮沟通中出现的含糊不清的意图可以在第二轮沟通中得到解决。尽管双向沟通也受到许多因素的干扰，但与单向沟通比，它不失为一种较好的沟通方法。

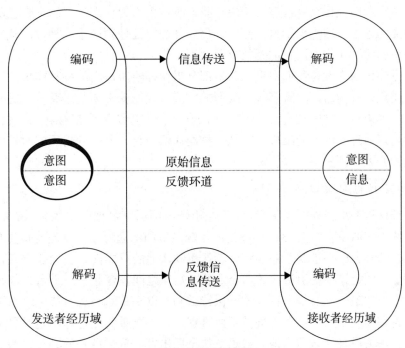

图4.6 双向沟通

资料来源：胡军．跨文化管理[M]．广州：暨南大学出版社，1995：96.

3. 区分高关联文化与低关联文化

高关联文化在沟通过程中的反映，就是信息之间存在高度的前后联系，或隐含在个体特性之中。日本和沙特阿拉伯就是这种高关联文化的例子，中国及西班牙语也是如此。而在低关联文化中，信息是用明晰的信号如词组，来表达的。除非跨国企业管理者能明确地认识到这一特点，否则当日本和美国的管理者一同工作时，或者当拉丁美洲和北美洲的管理者谈判时，就会引起沟通误解。在前一种场合，沟通的信息和意图并不是通过语言而是通过非语言如身体语言、沉默、停顿、关系等表达出来的。而在后一种场合，信息的发出和接收都是用准确而直接的语言来表达的。日本人沟通是含蓄的，而美国人则是直截了当的。

4. 发展共感

缺乏共感一般表现为不能正确理解和评价别人的价值观，缺乏共同的背景，缺乏对与我们所拥有的特定的世界观和价值标准不同的人的宽容的态度。这是导致沟通失败的原因之一。要发展共感，首先要承认个人之间、不同文化之间存在的许多差异。认识到这种差异存在及其特性，才能为发展共感找到方向和入手处。其次，要正确认识自己，消除优越感和民族中心主义的偏见，消除自我和环境相分离的状态。最后，要站在他人的立场上看问题，从他人的角度设想问题。

5. 了解自己

了解自己就是要识别那些我们大家都具有的态度、意见和倾向性的简单行为，这些态度不仅帮助决定我们说什么，也有助于决定我们听取别人说什么。了解了自己的倾向性与民族中心主义的程度，就为识别这些倾向、程度并加以处理创造了前提。隐藏在内心的先入之见，是引起跨文化沟通诸种问题的重要原因。

了解自己还包括去发现我们对世界其他部分进行描绘所得出的种种印象，即我们如何进行沟通。要想改进沟通，了解别人对我们的反应，我们就必须获得其他人怎样感知我们的某些观念。如果对怎样表现自己，对个人的和文化的传统风格都有着相当明确的了解，我们就能够更好地理解他人的反应，在从一种沟通情境转入另一情境的时候就能够在沟通方式上做出必要的调整。

6. 培养良好的沟通心态[①]

中国人都认识的那个外国老头米卢（曾经担任中国国家足球队教练），常常挂在嘴边、写在帽子上的一句话是："态度决定一切。"培养良好的沟通习惯，首先就是要有良好的心态。这个良好的心态，一是要企业的管理者认识到沟通的重要性，引导建立一种有利于沟通的企业文化，同时，要在引进人才与企业原有员工之间搭建起一个平台，鼓励他们相互沟通，创造沟通的条件；二是引进人才要保持谦和，以平等的心态对待上级与下级，绝不能因为自己管理经验丰富、理念先进就不尊重别人，也要避免在处理问题时只考虑自己的位置和感受，不去设身处地地为他人着想，从全局出发。有了良好的心态，沟通就有了好的开始。在真诚、客观、友善的沟通态度贯穿下，一定可以营造出互相尊重、互相学习、互相促进、智慧共享、平等互利、快速顺畅的沟通气氛或平台。

7. 重视非正式沟通渠道[②]

不同的文化背景之下，由于担心双方不能相互理解，正式的沟通渠道很容易让一方在沟通前就心存顾忌。相比而言，非正式沟通渠道有着无可比拟的优势。经非正式沟通渠道进行沟通的双方目的性和时间性都没有那么强烈和严格，心态平和而轻松，比正式沟通渠道更能完整真实地表达自己的思想意图。施乐公司的总裁，为了使公司获得美国质量体系最高境界的麦尔肯质量奖，每一个星期都要举行一场对内的专题演讲，花大量的时间、精力把企业的使命、愿景透过他的沟通技巧，让所有的中高级主管都能理解并执行。同样，我们可以想象，一封电子邮件，一句温暖的话，一杯香浓的咖啡，一次爽快的碰

---

① 綦春玉. 论跨文化的管理与沟通[J]. 管理探索, 2007, (4).
② 同上。

杯，都会让彼此敞开心扉，更能从心灵深处维系和加深与对方的情感，有利于增进信任和理解。

4.2　跨文化谈判

4.2.1　谈判概述

1. 谈判的定义

"谈判"这个词听起来很玄妙，其实，我们每个人每天都在接触谈判，只不过没有明确地意识到而已。当你购物时，和商家的讨价还价；在单位里与同事、领导就工作上的问题进行协商等；或者，当你翻开报纸，打开电视时可以看到一条条新闻：以色列与巴勒斯坦矛盾再度激化，各国政要积极斡旋；中美贸易纠纷再度升级，数轮谈判毫无结果等，这些都可以归入谈判的范畴。因此，无论是在政治、文化、教育、经济活动中，还是我们的日常生活中，时时处处都有谈判发生。可以说，谈判活动随时都发生在我们身边，我们或亲身参与，或耳闻目睹。因此对谈判的定义也是众说纷纭①。

美国谈判协会会长、著名律师杰德勒·尼伦伯格在《谈判的艺术》一书中所阐述的观点非常明确："谈判的定义最为简单，而涉及的范围却最为广泛，每一个要求满足的愿望和每一次要求满足的需要，至少都是诱发人们展开谈判过程的潜因。只要人们为了改变相互关系而交换观点，只要人们为了取得一致而磋商协议，他们就是在进行谈判。"②

谈判是一个过程，在这个过程中，利益双方就共同关心或感兴趣的问题进行磋商，协调和调整各自的经济、政治或其他利益，谋求妥协，从而使双方都感到是在有利的条件下达成协议，促成均衡。谈判的目的是协调利害冲突，实现共同利益。谈判作为协调各方关系的重要手段，广泛应用于政治、经济、军事、外交、科技等各个领域。

因此，所谓谈判是指一个利益共同体的双方为了取得对自己有利的结果而进行协商的过程。一般包括3个重要条件：双方利益相关，有一个共享的目标；需要合作的同时，双方有利益冲突；假设人是理性的，双方都要追求利益最大化，于是需要与对方协商。

2. 谈判双方的立场和利益

（1）所谓立场是指一个人想达到的谈判结果。谈判一般是在两方之间进行，各自都希望达到自己预期的谈判结果，这是双方谈判的立场，需要谈判者准确把握，谈判的结果可能在协商的过程中有所变化，但维护已方立场始终不会改变。例如，你签了一个合同，并得到一个好价钱，最低价格不能低于每个产品300元人民币。或者谈工资，年薪要求十万元人民币。这就是你的立场。

（2）所谓利益是隐藏在立场后面的原因。如你为什么要把合同签下来，是为了完成老板交给你的任务，是因为产品价格不到300元无以维持成本，是为了给公司创造效益，还

---

① 李昆益，王峻副．商务谈判技巧[M]．北京：对外经济贸易大学出版社，2007．
② 刘园．国际商务谈判[M]．北京：对外经济贸易大学出版社，2008：2．

是为了显示你是一个谈判高手？或者为什么要求年薪十万元，是显示你的实际价值，是因为你的朋友都拿了这样的年薪，还是因为这个公司给的平均年薪就是这个数？这些原因就是谈判者的根本利益所在，也就是谈判者最关心的东西。谈判时关注谈判者的利益比关注其立场对达成良好的谈判结果会更加有效。

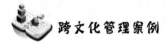

分橘子的故事[①]

有两兄弟在抢一个橘子，抢了一阵后两人谈判，谈判的结果是决定平分，一人一半，公平合理。这里从表面上看，冲突解决，两人应该高兴。但妈妈发现他们并不高兴。一问，才发现事实上两人在根本利益上没有冲突。妈妈问哥哥为什么要橘子，哥哥说他想用橘子做橘子汁；问弟弟，弟弟说他想用橘子皮做小橘灯。所以这里虽然两个人的立场冲突，都想要整个橘子，但是他们要橘子背后的原因并不相同。如果关注利益，最好的方法就是把所有的橘子皮给弟弟，而把所有的橘子肉给哥哥，这样才能各得其所，皆大欢喜。

3. 讨价区间

在买卖关系中，买方的谈判底线就是自己愿意出的最低价，而卖方的谈判底线就是自己愿意接受的最高价。在雇佣关系中，雇主的谈判底线就是自己愿意出的最高工资，而雇员的谈判底线就是自己愿意接受的最低工资。谈判双方谈判底线重合的区域就是所谓的讨价区间。

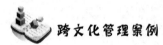

关于工资的谈判[②]

假如你是刚毕业的大学生，已经被一家大公司录取，其他条件都谈好了，就差工资这一项，如果谈下来，你就会签合同上班。假如你的脑子里有一个年薪数，在 2 万元到 3 万元之间，但最低不能低于 2 万元，低于 2 万元，你情愿不去。录取你的公司也有一个标准，像你这个层次的雇员他们一般给的年薪在 1 万元到 2.5 万元之间，最多不超过 2.5 万元，超过 2.5 万元，情愿将你放弃。这里，在你的底线与公司的底线之间就有了一个重合的区间，那就是 2 万元到 2.5 万元，如图 4.7 所示。

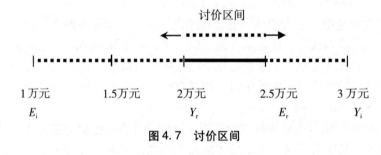

图 4.7　讨价区间

[①] 陈晓萍. 跨文化管理[M]. 2 版. 北京：清华大学出版社，2009：153.

[②] 陈晓萍. 跨文化管理[M]. 北京：清华大学出版社，2005：154.

第4章 跨文化沟通与谈判

图中，E_i 是公司最初给你的工资；Y_r 是你的工资底线；E_r 是公司的最高工资底线；Y_i 是你的最初要价。

图中重合的部分就是"讨价区间"。讨价区间可正可负，也可以是零。当谈判双方的底线有重合时，其讨价区间为正。当谈判双方的底线没有重合时，讨价区间就为负。例如，你对工资的期望在3万元到5万元之间，而公司可以给你的数目在1万元到2.5万元之间，那么，二者就没有重合，讨价区间就为负。讨价区间为零，是指双方的谈判底线只在一点上相交，除了那一点，没有其余重合区。

一般来说，当讨价区间为正或为零时，双方应该能达成交易，通常在双方底线的中间点上成交。或者在那一个重合点上成交。而谈判区间为负时，则不可能达成交易。

4. 分布式谈判与整合式谈判

商业谈判一般分为两类：分布式谈判与整合式谈判。

（1）分布式谈判，指的是分割"大饼"式的谈判，或在有限资源下追求自身利益最大化的谈判。这类谈判一般发生在只有一项事宜可以协商时，容易出现"非赢即输"的结果。

（2）整合式谈判，指的是照顾彼此利益的谈判，通常发生在有多项事宜需要谈判时，双方寻找不同的方法，扩大"大饼"本身的面积，以取得双赢的结果。

而现实中常常发生的则是讨价区间为负而又不得不进行的谈判。这时，如果只用分布式谈判，就不可能达成交易。能不能把分布式谈判转化为整合式谈判而取得双赢的结果呢？此时把对立场的关注转化为对利益的关注就变得格外重要。

可以说，整合式谈判一般在讨价区间为负而又不得不进行谈判时使用最好，这里的关键是谈判者如何从双方的立场上跳出来进而关注双方的根本利益，把谈判一项事宜变成谈判两项事宜。

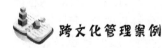

埃及和以色列关于西奈半岛控制权问题的谈判

埃及和以色列就西奈半岛的控制权问题进行谈判，双方的目标完全相悖。埃及要求收回西奈半岛的所有主权，而以色列自1967年的战争之后一直占领西奈半岛拒绝归还。让双方妥协的努力失败了。双方都认为将半岛一分为二的方法不可取。

从立场上看，两个国家都要全权占有西奈半岛，讨价区间为负，怎么办呢？似乎是没有解决办法了。谈判继续进行，随着谈判的深入，双方发现事实上除了半岛的分法外，还有其他更重要的事项才是大家真正关注的，这就是"立场"背后的"利益"——为什么想全权拥有半岛？

随着谈判的继续，越来越明显的是埃及和以色列的立场更加水火不相容，但彼此的利益却是没有冲突的。以色列的潜在利益是国家安全，抵御地面和空中的袭击；而埃及主要考虑的是主权和领土的完整，因为西奈半岛几千年来都是埃及的一部分。所以谈判就从一项事宜转化成两项事宜：半岛的所属——国家安全与领土完整，而双方在这两项事宜上的利益并不完全冲突。于是，这个本来看似没有解决方案的谈判突然有了转机，双方最后同意从彼此的利益着手，以色列将西奈半岛归还埃及，同时埃及保证不在半岛上设军事基地，而允许以色列设置一个新的空军基地。

5. 整合式谈判的一般技巧

美国学者普鲁特(1983)总结出了整合式谈判的五大技巧。这些技巧的共同特点是需要双方从共同利益最大化的角度出发去寻找有创意的方法。

(1) 设法获得额外资源。双方之所以要谈判关键在于资源的缺乏。假如能够在争取额外资源上入手，让冲突双方各得其所，问题就可以解决。

(2) 非针对性补偿技巧。运用这个技巧，一方会得到自己想得到的东西，另一方则在自己不相关的事项上得到补偿。关键是得到东西的一方要发现另一方与当时谈判事项无关的需求，以满足那个需求来达到自己的愿望。

(3) 滚木技巧。指的是谈判双方都在对自己不那么重要的事项上做出让步，而在自己认为重要的事项上取得理想的结果。该技巧可以用于几乎所有包含两项事宜以上的谈判情景。

(4) 降低费用技巧。运用这个技巧，一方得到自己想要的东西，同时在相关事宜上降低对方的费用，而使交易成功。

(5) 搭桥技巧。指的是在目前所有的可选方案之外想出来的可能解决问题的方法。

6. 有原则的谈判

费舍和乌雷(1981，1991)把整合式谈判称为有原则的谈判。其基本要点是：

(1) 把人与谈判事项分开对待。不要把与人有关的问题(诸如对人的直觉、双方的沟通等)放到与谈判事项有关的问题一起去解决，那样会人事不分，人的关系没搞好，事也谈不成。

(2) 关注谈判的根本利益，而不是具体事项上的立场。

(3) 把持客观标准，不向压力妥协。这里的客观标准包括两个部分，一是讨价还价的客观依据，这个依据是通过充分调查研究得来的，而不是拍脑袋想出来的；二是谈判程序的客观，整个过程设计(如在何时何地谈判，双方各派多少人参与等)双方都得认为公平。定下这两条客观标准后，在谈判过程中，就应该尽量从双方共同的利益出发寻找最佳解决方案，当一方施加压力时，始终坚持用双方认同的客观标准去协商，而不向压力屈服。

(4) 创造使谈判双方双赢的解决方案。

4.2.2 跨文化谈判中的文化差异[①]

1. 跨文化谈判的内涵

跨文化谈判是一种属于不同文化思维形式、感情方式及行为方式的双方或多方的谈判。谈判过程通常也是复杂的，因为谈判过程涉及属于不同文化规范的没有意识到的力量，而这意识不到的不同文化规范的力量可能使有效的交流功亏一篑。了解跨文化差异对跨文化谈判非常重要。先看一个例子。

---

① 陈晓萍. 跨文化管理[M]. 2版. 北京：清华大学出版社，2009：171-199.

跨文化管理案例

"戴绿帽子"的故事

1992年,来自中国商务谈判代表和其他12名不同专业的专家组成一个代表团,去美国采购约3 000万美元的化工设备和技术。美方自然想方设法令他们满意。其中一项是在第一轮谈判后送给代表团每人一个小纪念品。纪念品的包装很讲究,是一个漂亮的红色盒子,红色代表发达。可当代表团高兴地按照美国人的习惯当面打开盒子时,每个人的脸色却显得很不自然——里面是一顶高尔夫帽,但颜色却是绿色的。美国商人的原意是:签完合同后,大伙去打高尔夫。但他们哪里知道"戴绿帽子"是中国男人最大的忌讳。最终代表团没签下合同,不是因为美国人"骂"人,而是因为他们对工作太粗心,连中国男人忌讳"戴绿帽子"这点常识都搞不清,怎么能放心地把几千万美元的项目交给他们?由此可见,美国人这次谈判失败,是由于他们不了解中国文化。

谈判的基本原则能在多数情形下使用,跨文化谈判却有其独特的挑战。许多经历过真实跨文化谈判的人有许多扣人心弦的故事,而没有经历过的人如果光听别人描述,其感受不易加深。所以模拟训练就变成一个有效的手段,让学习者在学习的过程中经历相对真实的跨文化谈判,从而感受其中的艰难和奥妙。

2. 谈判风格的跨文化差异

在现实中,文化差异的形态千姿百态,复杂而难琢磨。已有越来越多的研究表明在谈判行为上,国家与国家之间、文化与文化之间的不同。

从表4-4中可见,阿拉伯人注重情感,注重人际间的长期关系,在谈判时出手比较夸张,要价高,但乐意让步,而且视谈判让步为必要。相反,俄罗斯人比较教条死板,一切从理念出发,而不是从实际谈判情形出发,不仅要价高,而且不肯让步,视让步为懦弱,同时又对合同的期限不加理会。而北美人又与阿拉伯人和俄罗斯都不同,他们讲求理性,讲求逻辑,只要有道理就愿意改变自己的立场,比较灵活,但不为情所动,愿意建立短暂的商务关系,但是不愿意建立长久的个人关系,同时视期限为不可更改的承诺,必须守定。

表4-4 谈判风格的跨文化差异

对比项目	北 美	阿拉伯	俄罗斯
基本的谈判风格和过程	注重事实:向逻辑让步	注重情感:向情绪让步	注重理念:向理想让步
冲突:如何反驳对方的论点	用客观事实	用主观情感	用理想观念
让步	在谈判开始时就做一些小的让步以建立关系	让步贯穿谈判整个过程并将其视为谈判过程的一部分	极少或者不做让步

续表

对比项目	北 美	阿拉伯	俄罗斯
对对方让步的反应	常常做出回报性让步	几乎总是回报对方的让步	将其视为懦弱,几乎从不回报
关系	短期	长期	没有持续关系
初始立场	中等	极端	极端
最终期限	非常重要	随意	忽略

试想如果一个北美商人与一个阿拉伯人谈生意,各自从自己的风格出发用自己认为最有效的方法去说服对方,会有什么样的结果。北美人的逻辑很难打动阿拉伯人,而阿拉伯人的"以情动人"也无法打动北美人,结果只能是谁也不买谁的账,而且彼此会觉得对方很荒唐,建立不起信任,更达不成交易。

3. 谈判过程的跨文化差异

除了谈判风格以外,谈判过程,谈判者如何做决策,谈判者的价值观和行为表现,也有很大的文化差异。Pierre Case(1982)在他的《跨文化经理培训》一书中描述了日本人、北美人和拉丁美洲人在谈判过程中的风格的差异。

从表4-5的对比中可以看出,这3个地区的人在以下几个维度上表现出不同:一是情绪的表露,也就是强皮纳斯提出的中性-情绪维度。如前所述,日本人含而不露,拉美人热情奔放,北美人则处于二者之间。谈判时的表现是日本人掩盖情绪,同时对他人的情绪异常敏感;拉美人充分表露情绪,同时也对他人的情绪敏感;相反,北美人不觉得情绪应该是谈判的一个重要部分,倾向于忽略情绪这个因素。第二个维度是个体主义-集体主义维度,决策是一个人做出还是集体做出,决策的最终受益者应该是个人还是集体。显然,日本和拉美文化都强调集体主义,但日本人对个体与团体有清楚的区分,拉美人倾向于把个体与集体混为一谈,北美文化则强调个人主义。第三个维度是特定关系—散漫关系,在这一点上,日本人也与拉美人有相似之处,都倾向于散漫关系,讲面子;而北美人则相反,只讲理性不讲面子;第四个维度是普遍主义-特殊主义,北美人讲求恪守法律规范,不受特殊利益群体的影响;而日本人和拉美人都认为受特殊利益群体影响是可以接受的。

表4-5 谈判过程风格的跨文化差异

日 本	北 美	拉丁美洲
很看重情绪的敏感性	并不很看重情绪的敏感性	看重情绪的敏感性
掩饰情绪	直截了当地处理,不掺杂个人因素	充满激情
微妙的权力斗争;和解的途径	诉诸法律,没多少和解	大量权力斗争利用对方弱点
对老板忠诚,老板关照员工	对老板缺乏忠诚,雇佣关系极易被破坏	对老板忠诚(通常是家人)

续表

日本	北美	拉丁美洲
团队达成一致做出决定	团队提供建议给决策者	上层的一个人决策
留面子至关重要；有的决策就是为挽回某人的面子而做	在成本收益分析的基础上做决策；常常不考虑面子	留面子对维护尊严与荣誉至关重要
决策者公开受到特殊利益群体影响	决策者可能受到特殊利益群体影响，但被视为不道德	决策时考虑特殊利益群体是可以期待并被宽恕的
不喜欢争辩，正确时保持安静	无论对错都喜欢争辩，但对事不对人	无论对错都喜欢争辩，充满激情
按部就班的决策过程	用方法论指导的决策过程	跟着感觉走的决策过程
对团体有好处是最终的目的	追求利润或对个人有好处是最终目的	对团体有好处就是对个人有好处
为决策创立良好氛围；了解决策者	决策不加个人因素；避免有利益冲突的个人卷入	个人卷入对良好决策有害无益

Graham 和 Lam 指出中国人在谈判过程中有别于美国人的八大潜在原则：利用关系，使用中间人，注重社会等级，追求人际和谐，讲究整体观念，节俭，顾及面子，吃苦耐劳。中美谈判者在具体的谈判行为表现上有四大不同之处：其一是谈判之前的准备；其二是信息交换的方式；其三是说服对方的方法；其四是合同的目标。具体见表 4-6。

表 4-6 中美谈判者的差异

国籍 方面	美国人	中国人
谈判前准备	快速会议 随意 直接给陌生人打电话	冗长的熟识过程 正式 通过中间人介绍
信息交流	谈判人有完全的权威 直截了当 先陈述提案	只有有限的权威 拐弯抹角 先给出介绍
说服方法	说服对方时用进攻的方式 缺乏耐心	用提问的方法 耐心持久（吃苦耐劳）
合同目标	达成互利的交易	建立长期的关系

4. 谈判中语言沟通技巧运用的文化差异

语言是谈判的工具，谈判必须依赖语言来完成。各国的语言总是受到文化习俗的制约，因此不同文化的谈判者在谈判中就会表现出极大的不一致和不协调，甚至会影响到谈判结果。

谈判会议一开始,中国人一般会有一个介绍和交流过程,然后再切入正题;而德国人一上来可能就会问很难的问题,你必须让他们信服你有高质量的货品、快捷高效的服务才行。他们通常会先给你一笔小生意,如果你通过他们的测验,以后大订单就会源源不断。法国人可能会很快给你一笔大生意,但也可能很快与你断绝生意往来。西班牙人似乎并不对你在谈判前做的充分准备表示欣赏,他们不研究生意细节,但会仔细研究你。如果他们不喜欢你,就不会和你做生意。

路易斯(1996,1999)曾经观察总结了在会议开始的半小时内不同国家的人沟通的内容,他发现德国人、美国人和芬兰人大概只花两分钟时间在彼此介绍上,然后就入座讨论正题。但在英国、法国、意大利和西班牙这样会被认为粗鲁无礼。他们会花10分钟到半小时的时间寒暄问候,英国人尤其不愿意开口说出进入正题讨论的话。在日本,大家一般花15~20分钟的时间彼此介绍,互道冷暖,直到一位年长者突然发话宣布会议开始,然后大家就都低头准备开始。西班牙人和意大利人一般花30分钟左右互道冷暖,谈足球,谈家里的事,一边谈一边等待姗姗来迟的参会者,人到齐后再开始会议。

在谈判过程中,有许多语言沟通的技巧有助于谈判的成功。艾得乐(2002)总结了谈判过程中11项口头谈判技巧:

(1) 口头承诺:如果你做我让你做的事,我也会做你让我做的事。例如:
如果你多买100件,我就会降价5元。

(2) 威胁:如果你不做我让你做的事,我也不会做你让我做的事。例如:
如果你将此事透露给媒体,我就拒绝跟你谈判。

(3) 推荐:如果你做我让你做的事,第三方会去做你要做的事。例如:
如果你降价,就会有更多青少年去买你的产品。

(4) 警告:如果你去做我不让你做的事,第三方会去做你不想做的事。例如:
如果你不和我敲定,媒体会把这个故事登在每一张报纸的头版头条。

(5) 奖励:我会当场给你你要的东西。例如:
明天在距离你办公室近的地方见面吧,我非常感谢你今天来我办公室与我见面。

(6) 惩罚:我会当场给你你不要的东西。例如:
我不想再听你尖叫,我走了。

(7) 使用社会规范:我遵循社会规范。例如:
我们的产品卖给所有其他的人都是每个5元。

(8) 承诺:我会做你要我做的事。例如:
我会在6月15日之前邮寄100件给你。

(9) 自我披露:我会对你讲一些个人的事。例如:
这个月我们只能裁员100人。我们实在需要在年底前签到一个大合同。

(10) 提问:让我问一些关于你个人的问题。例如:
能和我讲讲你们在巴西的生意吗?

(11) 命令:我命令你这么做。例如:
赶紧降价吧。

美国跨文化谈判学者格拉姆(1985)根据自己的研究发现日本人、美国人和巴西人在使用这些口头谈判技巧时有许多差异,详见表 4-7。

表 4-7 在 30 分钟的谈判会议中使用某技巧的平均次数

国别 技巧	日 本	美 国	巴 西
口头承诺	7	8	3
威胁	4	4	2
推荐	7	4	2
警告	2	1	1
奖励	1	2	2
惩罚	1	3	3
使用社会规范	4	2	1
承诺	15	13	8
自我披露	34	36	39
提问	20	20	22
命令	8	6	14
说"不"	5.7	9.0	83.4
首次出价的利益水平	61.5	57.3	75.2
最初的让步	6.5	7.1	9.4

5. 谈判中非语言沟通行为的文化差异

虽然口头语言交流占据谈判过程的 80%~90%,但通过这些言词传达的意义恐怕还不及 20%。其他的意义都是通过非语言的媒介传递的。

(1) 谈判的场所和布置。场所本身就具有正面的和负面的效应,是在自己的公司还是在对方的公司谈,座位是否舒适等都会对谈判产生一定影响。据说法国人经常把对手的座位调低以降低对方的声势;美国人喜欢坐在对手的桌子对面以保持目光接触;日本人则喜欢挨着坐在一边,让目光注视白墙或地面,就是说话时眼睛也不直视对方。

(2) 座位的安排。座位与座位之间的空间距离因文化不同而存在差异。东方人、盎格鲁-撒克逊人、北欧人和德国人一般认为人与人之间合适的空间距离应在 1.2 米左右,但墨西哥人、南美人和阿拉伯人却认为 0.5 米左右是合适的距离。两种文化背景的人在一起谈判时,往往会很不适应,而且会闹出笑话,据说一个美国人与一个阿拉伯人在一起谈了 10 分钟的话,位置移动了几米远,因为阿拉伯人想靠近些,而美国人要保持较宽松的空间距离。

(3) 随意程度。美国人喜欢随意,他们对别人直呼其名,谈着谈着就脱去西装,放松领带,有的人还喜欢嚼口香糖,跷"二郎腿",把鞋底对着别人,殊不知其他国家的人并不能完全接受这种随意的行为。日本人喜欢正式,德国人不愿意别人对他们直呼其名,法国人不习惯别人把西装脱去,泰国人认为鞋底不洁,对着人是对别人的侮辱。

(4) 肢体语言。在谈判中,意大利人、南美人、多数拉丁人、非洲人和中东人喜欢更多地用肢体语言来传递信息,而中国人、日本人和芬兰人不喜欢太多的肢体语言。意大利人在培训他们的谈判者时,总是让他们关注对方的坐姿:如果对方向前倾,那就说明他们有兴趣或者有诚意;如果向后靠,就说明不感兴趣,或者有自信让局面向他们想要的方向扭转。交叉的双臂或者双腿,是显露出对方的警惕和防卫,在这种情况下不应该结束交易。如果发现对方的手指在无意敲击桌子,或脚在无意抖动,就应该让他们说话。在快要结束谈判时,应该坐得离对方近一些,这样对最后签署的合同会更有利。

格拉姆(1985)同样研究了美国人、日本人和巴西人在非口头语言沟通中的行为差异,发现在商业谈判中,日本人的沉默时间远远多于美国人,而巴西人几乎从不保持沉默。另外,巴西人还经常插话,经常触碰对方,并常常凝视对方。日本人和美国人则不触碰对方的身体,日本人更是很少凝视对方,详见表4-8。

表4-8 非口头语言谈判行为的跨文化差异

行为 \ 国别	日本	美国	巴西
沉默周期(每30分钟沉默时间>10秒的次数)	5.5	3.5	0
会话重叠(每10分钟重叠次数)	12.6	10.3	28.6
面部凝视(每10分钟内凝视的时间)	1.3	3.3	5.2
触摸(不含握手每30分钟内的次数)	0	0	4.7

4.2.3 跨文化谈判的模式

1. 布莱特跨文化谈判模式

美国西北大学凯洛格管理学院研究生院争端解决研究中心的主任和创始成员珍妮·M. 布莱特致力于研究、讲学和咨询全球环境中的谈判策略,成果颇丰,并因此获得"小德威特·W. 巴查南争端解决与组织杰出教授"称号。她的新著《全球谈判:跨文化交易谈判、争端解决和决策制定》(Negotiating Globally: How to Negotiate Deals, Resolve Disputes, and Make Decisions Across Cultural Boundaries)提供了一个清晰的、通用的分析框架,帮助谈判人在谈判桌上出现文化差异时管理文化差异。深刻的思想往往是简单的。为便于理解,在这里,将布莱特的关于跨文化谈判的理论与操作体系的内容和特色概述为下文的"一个核心理念""两种谈判结果""三对文化范畴"和"四项谈判策略"[①]。

1) 一个核心理念:跨文化谈判

布莱特所讨论的文化泛指社会群体的独有特征,既包括心理要素,即群体成员共享的价值观和规范,也包括社会结构要素,即作为社会交往背景的经济、社会、政治和宗教体

---

① 范徵. 如何进行跨文化谈判[J]. 中国外资, 2004, (12).

制等。当双方跨越文化进行谈判的时候,双方都把各自的文化摆到了谈判桌上。在这个过程中,文化常以一种微妙的方式影响人们的谈判态度与谈判行为。这种效应好似"以石投水",石子激起涟漪,向整个池面漾去,文化就弥漫在整个水面之中,并且渗透在谈判的方方面面。

布莱特认为,基于出发点考虑,跨文化谈判拥有3种类型:交易谈判(Deal-making Negotiations),即买和卖的谈判;决策谈判(Decision-making Negotiations),即当存在多种可能和冲突性选择的时候达成协议的过程;争端解决谈判(Dispute Resolution Negotiations),解决由于提出的赔偿遭拒绝所产生冲突的谈判。布莱特认为,这3种谈判分别要求拥有不同的跨文化谈判策略,这一点又超越了传统论述,因为在传统的关于跨文化谈判的文献中,这三者经常被混为一谈。布莱特还认为,无论何种谈判,都有三大受到广泛研究的文化特征与谈判策略在不同文化间的变异有关:个人主义与集体主义的文化价值观;平等主义与等级主义的文化价值观;沟通的低背景规范与高背景规范。这3个方面正构成了跨文化谈判困惑的渊源之所在。有效的跨文化谈判不仅能够化解矛盾,而且还能走向协同(Synergy)。

2)两种谈判结果:分配性与整合性协议

布莱特认为,谈判的实质既可是索取价值,也可以是创造价值。这样,就存在两种谈判结果:分配性与整合性协议。所谓分配性协议(Distributive Agreement),指的是分配一定量资源的谈判协议;整合性协议(Integrative Agreement)指的是扩大了可分配的资源,使其大于一方占有所有资源或两方在所有问题上妥协(割裂差异)时可以分配的资源。

布莱特认为,令双方都满意的谈判在于对协议进行评价,而不是对协议的分类。不能期待或找到一份整合性协议的谈判人可能对一份分配性协议也相当满意。然而,最成功的跨文化谈判产生的结果,其所达成的协议一般既是一份整合性协议,又是一份分配性的协议,这份协议把增加了的资源总量分配给谈判双方。所以,跨文化谈判它不仅是价值索取型谈判(Value-claiming Negotiation),还可以是价值创造型谈判(Value-creating Negotiation)。这取决于跨文化谈判者对文化的关切、处理,以及对跨文化谈判策略的运用程度。

3)三对文化范畴:利益、权利与权力

布莱特在《全球谈判》一书中着重分析了利益、权利、权力三对文化范畴对谈判(尤其是争端解决谈判)的影响:

(1)利益(Interests)是构成谈判人立场基础的需要或原因。优先事项(Priorities)反映各种利益或立场的相对重要性。布莱特建议在考虑利益和文化时,务必牢记以下观念:文化影响了自身利益对于集体利益的相对重要性,而且这两种不同的利益的相对重要性导致了不同的结果;当与来自集体主义文化的争端方谈判时不要低估了集体利益的重要性,当与来自个人主义文化的争端方谈判时不要低估了自身利益的重要性;"为什么"是发现跨文化利益的基本问题。来自高语境文化的谈判者可能会对直接问题感觉不适,提出建议来发现利益之所在会比较好些;当了解了利益,除了放弃低优先级利益来得到高优先级利益外,可以达成许多类型的一致。

(2)权利(Rights)是公正、合约、法律或先例的标准。布莱特建议在考虑权利与文化时,要记住下列观念:文化影响了争端方对权利标准的依靠的强烈程度,以及他们更愿意采用的权利标准;由于有许多不同的权利标准,也因为文化中不同的方面支持不同的标准,所以,很难知道哪个标准会被争端另一方接受;由于争端的一方不太可能提出对自己无利可言的权利标准,所以权利标准不可信;使用权利标准解决争端的成功的关键是,要么提出争端另一方同意认为公平的标准,要么提供新的可靠的信息使提出的标准看上去公平。

(3) 权力(Power),指的是影响他人接受自己愿望的能力。布莱特建议考虑权力和文化时,应牢记下述观念:争端中的权力与交易中的权力在一个重要方面有所区别:与争端方的BATNA有所联系。所谓BATNA(Best Alternative To a Negotiated Agreement)是指谈判协议的最佳替代方案。如果不能达成整合性协议,非常重要的是要考虑另一方可能对你做些什么,而不是考虑你的WATNA(最坏替代方案)和BATNA。文化影响着地位被用作权力的基础的程度,因此,找到合适地位和权力的第三方,是解决问题的得体方法。

4) 四项谈判策略:对峙、信息、影响力和激励

在谈判策略中处理文化差异需要在是否调整自己的策略以利于对方或坚持己见中做出决定。有时候没有选择的机会,而有时维持你所偏好的策略会使你在谈判中处于不利的地位。基本的策略有四种:

(1) 对峙(Confrontation)。谈判人之间的对峙,或者是直接的(面对面或利用电子媒介),或者是间接的(通过第三方或非语言行为)。在解决争端的谈判中,想想什么样的第三方可能站在他的立场上。考虑一下其他对自己的利益也许更有所帮助的第三方。当在跨国团队中做决定的时候,处理程序性冲突和人际冲突时,间接对峙也许比直接对峙更有效。然而,如果这项任务需要团队所有成员的知识、技能和承诺,那么出现的冲突就需要直接面对了。

(2) 信息(Information)。信息对谈判就像货币一样重要。有关BATNA、地位和其他公平标准的信息影响分配性协议。有关利益和优先事项的信息影响整合性协议。当谈判人不理解另一方传达的信息时,整合性潜力就几乎总是只能留在谈判桌上,有时谈判就会陷入僵局。如果你更喜欢直接共享信息,那么当与喜欢间接信息共享或其他冒着被利用风险的人谈判的时候,就要注意调整你的策略了。直接共享信息的好处是当它像我们所预期的那样发挥作用的时候,所谓的快速信任感就建立起来了。当谈判双方表明了各自的利益立场,而那些利益又得到了尊重,双方便开始在互利互惠的基础上发展彼此之间的关系。如果没有互惠,那么泄露了最多信息的谈判方就有可能得到最坏的结果。提建议并不能快速建立信任,这是因为该过程不需要揭示信息这一首要的敏感步骤。但是建议又是极其有用的。它们把整合性与分配性结果联系起来。如果谈判双方对于各自的偏好和优先权乐意开诚布公,那么谈判就很容易达成整合性协议。

(3) 影响力(Influence)。影响力是影响谈判另一方接受你愿望的能力。在社会交往中有很多不同的影响力基础,但有两个基础对谈判似乎特别重要:BATNA(最佳替代方案)和公平标准。谈判人的BATNA越糟糕,谈判人对达成协议的依赖程度就越大,迫使对方让步的影响力就越小。公平标准(Fairness Standards)是披着公平外衣的决策规则。规则可以是先例,可以是合同或法律,还可以是社会地位(如年龄或经验)或社会意识形态(如公平、平等或需要)。如果你来自于一个有着等级文化的国家,倾向于影响其他谈判方,是

在与一个来自平等文化国家的人谈判，而他们希望在谈判中将影响力降到最低，要注意谈判中有可能发生冲突而陷入僵局。如果谈判双方把注意力集中在谁对谁错或谁有最大的权力，这种权力与地位是否有关等问题上面，冲突就会愈演愈烈。

（4）激励（Motivation）。激励都与谈判人利益有关。谈判人可能关心自我利益（Self-Interests）、谈判对方的利益，或延伸到当前谈判桌外的集体利益（Collective Interests）。如果你来自于一个有着集体主义文化的国家，倾向于与圈内成员合作，而与国外成员竞争，那么当你跨文化谈判时，若不进行策略上的调整，则很可能处于下风。合作的谈判者善于整合，但却冒着让步的危险，只能达成分配性协议。高自我目标、权利感及好的备选方案激励谈判者去寻找变通的解决办法，进而可能达成整合性协议。

2. 跨文化谈判成功的基本要求

1）要有更充分的准备

跨文化谈判的复杂性要求谈判者在谈判之前做更为充分的准备。一是要充分地分析和了解谈判对手，了解谈判对手的文化背景，包括习俗、行为准则、价值观念和商业惯例，分析政府介入（有时是双方政府介入）的可能性及其介入可能带来的问题。二是研究商务活动的环境，包括国际政治、经济、法律和社会环境等，评估各种潜在的风险及其可能产生的影响，拟定各种防范风险的措施。三是合理安排谈判计划，解决好谈判中可能出现的体力疲劳、难以获得必要的信息等问题。

2）正确对待文化差异

谈判者对文化差异必须要有足够的敏感性，要尊重对方的文化习惯和风俗。西方社会有一句俗语，"在罗马，就要做罗马人"（In Rome, be Romans），其意思也就是中国的"入乡随俗"。在跨文化谈判中，"把自己的脚放在别人的鞋子里"是不够的。谈判者不仅要善于从对方的角度出发看问题，还要善于理解对方看问题的思维方式和逻辑。而且，任何一个跨文化谈判活动中的谈判人员都必须要认识到，文化是没有优劣的。此外，还必须尽量避免模式化地看待另一种文化的思维定式。

3）避免沟通中的障碍和误解

语言是联结不同文化和不同谈判者的一个重要纽带，但它也会成为谈判的障碍。因此，谈判者能够熟练地运用对方语言，至少双方能够使用一种共同语言来进行磋商交流，对提高谈判过程中双方交流的效率，避免沟通中的障碍和误解，有着特别重要的意义。

在跨文化谈判中，非语言沟通是一个非常重要的因素。谈判者要注意自己的形体语言，要注意揣摩对方的手势、语调、沉默、停顿和面部表情的含义，从而避免导致歧义和误解。在国际谈判实践中，要善于观察，认真学习和及时总结，不断积累和丰富阅历。

4）制定灵活的谈判战略和策略

在跨文化谈判中，谈判双方文化背景的差异会导致谈判双方谈判风格、谈判过程等的差异与冲突，我们在前面已经详细分析过。在认识这些差异和冲突的基础上，谈判者要使己方的谈判战略和策略具有一定的针对性和灵活性，使己方的谈判战略和策略适应特定风格的谈判对象、特定的谈判议题和特定的谈判场合。

3. 实现跨文化谈判双赢的技巧[①]

1）谈判是语言的艺术

在谈判中，语言与词汇的使用应当尽量与谈判对象的母语有关。在谈判过程中所使用的语言词汇虽然有很多是无法事先预料的，但基本调子和风格大体是可以做准备的。针对不同国家和不同级别层次的商务人员，应当以适合对方的语言风格去和对方谈判。

波音公司的总设计师杰克斯坦普与工程师尼布尔到各国去推销飞机并作演示飞行。在墨西哥政府官员和航空公司的招待会上，杰克满脸诚恳操着西班牙语演讲，博得了墨西哥政府官员的一阵惊叹。在中东国家企业家举行的招待会上，杰克用阿拉伯语向当地同僚答谢。到了俄罗斯，他与俄罗斯政府航空公司高级官员运用标准的俄语进行简单的对话。

回到宾馆，尼布尔问杰克："你还会讲西班牙语、阿拉伯语和俄语？我怎么从来没听你讲过呢？"杰克笑嘻嘻地回答："我哪里会呀？我是请人写好讲稿背下来的。"

2）谈判人员需要有善于倾听的艺术

有一位法国的传记作家说过："我们与人交谈，总觉得知音难觅。其原因之一，就是人们几乎都对自己要说的话想得太多。"反过来去体会这句话的含义，就是批评人们的这种失败在于只考虑自己要讲的话，而不去把脚伸进别人的鞋子里试试，多听听对方是怎样讲话的。善于倾听，是高明的谈判者第一重要的修养。多听取对方的意见，不仅可以从中了解对手、获取信息、发掘事实真相、探索对方动机，而且表现出你给予对方的尊敬与重视，让对方在心理上得到一种满足，同时会回报一分对你所具有的修养的尊重。

不仅要倾听而且要会听。心理实验证明，大多数情况下，在 15 分钟内听取别人讲话时，真正记住的内容不到一半。大致地看，1/3 是按原意记住了，1/3 是被曲解了，另外 1/3 则完全没有入耳。如果话题与己无关或自己不感兴趣，则没有听进去的内容更多。一般的人只注意与自己有关的内容或只考虑自己头脑中正在思考的问题是造成听觉障碍的原因之一。所以谈判者在进行商务洽谈时，应当抱着积极的而非排斥的心态去倾听对方的讲话。精神不集中，是听力效果欠佳的另一原因。特别是在与对方有较大分歧时，心理上很难接受对方的话，这时尤其要调整心情，进入状态，否则必然会少听、漏听对方所讲的内容。倾听的第三个障碍是受知识和语言的限制，特别用非母语谈判，是一件很艰苦的事情，一天下来，即使精力很旺盛的人也往往会感到力不从心。如果没有翻译人员，参与谈判的所有成员不仅应当注意自己所负责的谈判内容，还要兼顾同伴的谈话中有无漏洞，如有问题，应当用妥当的方法予以弥补。

3）听话时要注意恭听

也就是在倾听时注意从行为姿态上表现出充分尊重、关注和兴趣，双眼注视对方，配合以适当的表情和举动，如首肯与微笑，以表示专注和反馈。这种举动，包含了很多东西。譬如注视对方，自己的表情应当放松而自然才有礼貌，否则就较具有侵犯表情。脸部表情是非语言沟通的主要部分，有的人为了不让对手了解自己的真实感受，喜欢摆"扑克脸"，其实这样做至少让人知道了他的企图。

[①] 张静河. 跨文化管理[M]. 合肥：安徽科学技术出版社，2002：303 – 308.

4）观察判断能力

有经验的警察一眼就能在街头一群人当中看出谁是小偷，因为他熟悉小偷的眼神和手的自然动作与众不同。他能一眼看出在一群小偷中谁是领头的，因为一般小偷的眼神中对其首领有敬畏神色，而首领则在眼神手势等方面显出某种权力。因此，对谈判过程中谈判对手的姿势和动作的观察、分析，是谈判者获得信息、了解对手的一个重要方法和手段。

观色要注意分辨，广东人有句谚语：当一个人笑的时候腹部不动就要提防他了。因为这种笑不是发自内心的，即人们常说的"皮笑肉不笑"。任何人的谈判都可以看作是一种表演，人在表演时姿态和动作虽然大多是有意控制着的，但它们更多地出现在人们的无意识之中或下意识中。据说，船王包玉刚在怡和洋行收购香港九龙仓的争夺战中，从初期谈判过程中对方人员漫不经心的神态中，判断出对方一定在暗中准备要出其不意取胜。于是，他也采取了麻痹对方的方法。当英国人自以为高明，暗中调了9亿港元准备以每股100港元收购股票时，远在巴黎的包玉刚却调集27亿港元，宣布以每股105港元的价格收购九龙仓的股票，一举获胜。

谈判中更要注意有声的语言，要能善于辞令，应答如流，最重要的是听别人说话。

看和听不是观察判断力的全部，关键在于对所见所闻的信息做出迅速与正确的判断。如同一个法庭上的辩护律师，对方律师和法官眨一眨眼、皱一皱眉都会令他的大脑高速运转，对他们的动作做出判断分析和合理的解释，以便考虑出必要的对策。

这里，有必要简单讨论一下眼睛表现技巧。

（1）人与人交谈，视线平视对方脸部的时间一般应占全部谈话时间的30%～60%，超过平均值，可以认为对谈话者本人比谈话更感兴趣。低于平均值，表示对谈话人及谈话都不感兴趣。

（2）倾听别人谈话时不看对方，那是在企图掩盖什么。

（3）目光闪烁不定，是一种反常的举动，常常被视作要掩饰什么或性格上的不诚实。

（4）瞳孔变化是一般意志不好控制的。人处于兴奋状态中，瞳孔必然放大，目光有神；处于痛苦、厌恶、否定的情绪时，瞳孔缩小，眼神无光。古代中亚的珠宝商人就了解这一秘诀，从而知道依据对方的眼神来决定是抬价还是降价。

5）谈判中的表演艺术

（1）谈判要从别人的表演中发现真实，也要学会"逢场作戏"。演戏少不了道具，而谈判人员手中的笔、笔记本、计算器、机票、价目表、合同草稿、打火机均可配合谈判者的表演。

（2）突然停止记录对方的讲话，以果断的动作合上笔记本以示你的不满甚至愤怒。突然停笔，逼视对方，有可能使对方对将报出的价目适当降低。

（3）注视对方，时而用笔速记几笔，目光却不离开对方，以示你的浓厚兴趣。

（4）在空白纸上写数字、画圆圈、玩打火机，表示你已经厌倦。

（5）看一看墙上的钟、扣上笔帽、合上笔记本，表示谈判可以暂停了。

（6）将假合同从包内取出放在桌上，或是宣称机票已经买好，以此给对方施加压力。

6）调节气氛的策略

（1）避免争论。谈判前以几句闲话活跃气氛。冷静倾听，发现问题立即调整。反驳虽然可以得到心理上的优越感，却很难得到对方的好感。

（2）婉转提出意见或建议。要提不同意见，最好是先对对方的话做部分肯定或表面的肯定，然后做探索性的提议。

（3）有分歧一时无法合作；别勉强进行下去，而是暂时休会，会下再做交流。

（4）抛砖引玉策略。主动摆事实提出问题，但不讲解决方法，让对方去讲方法，然后进行讨价还价。

（5）避实就虚，留有余地。对于狡猾的对手、初次谈判的对手，或在开诚布公策略失效的情况下，应当对自己的底盘留有充分的余地，不可和盘托出。

（6）沉默策略与忍耐策略也是很有效的。

（7）情感沟通策略。

总之，有经验的谈判人员，应当充分利用文化分析的技巧，了解对方的文化行为并使用自己的文化分析优势为谈判的成功服务。没有经验的谈判人员，应当尽可能表现出诚恳与实在，以此姿态避免给人以耍小聪明的印象，并在谈判协商的实践过程中，适当地运用文化分析的技能来丰富自己的经验，取得成功。

4.2.4 各国谈判掠影①

1. 中国

中国是一个以集体为中心的社会，任何谈判都必须兼顾多方利益。在会谈中，中国人会从对方的态度和言谈中发掘出问题的解决途径。技术能力至关重要，一些谈判者甚至在谈判中途将一些资深技术人员招入谈判队伍。

中国的谈判者是世界上最强硬的谈判者之一，但他们声望高，可信赖。此外，中国有可能是最难理解和适应的国家之一。

2. 美国

下面是美国谈判员的简介，介绍的是一些可能在商务和谈判中出现的变量。

（1）对谈判的基本看法。美国谈判员把冲突和对抗看作交换观点的机会以及解决问题、协商和达成协议过程的一部分。他们喜欢将事情或问题提纲挈领，以一种直截了当的方式决定可能的解决方案。他们以其公司或政府利益为动力，在谈判结果或解决方案上具有高度竞争意识。

（2）谈判员的挑选。挑选谁进谈判组的依据通常是谈判员以往谈判的成功记录、学识及在谈判所涉及的领域中的专业知识。技术性谈判要求谈判员具有非常专业的知识，并且有能力传达这些知识。个体差异，如性别、年龄和社会阶级，一般不被列为挑选标准，但个人品格上的差异（合作、果断、可信赖）可能会决定一个人是否被选入一个美国谈判组。

---

① ［丹麦］理查德·R. 盖斯特兰德. 跨文化商业行为：40 多个国家商务风格掠影［M］. 李东，译. 北京：企业管理出版社，2003.
　［美］菲利普·R. 哈里斯，罗伯特·T. 莫兰. 跨文化管理教程［M］. 关世杰，译. 北京：新华出版社，2002.

（3）个人抱负扮演的角色。美国人一贯鼓励个人抱负与个人成就。但当一个人代表他（她）的企业或国家时，他会收敛个人主义思想，以求完成任务或代表公司或国家的立场。

（4）对礼仪的态度。一般而言，美国人友好而开放。他们的礼节通常不太正式，对礼仪的基本态度也是如此。他们在商务活动中很放松，不喜欢固守繁文缛节。

（5）事情的轻重。美国人的流行用语"把事情了结"，反映出他们希望了解情况并迅速得到结果的强烈愿望。在谈判中，美国人会将注意力集中在具体的方面，而不会在非具体的，如建立关系等方面花费太多时间。

（6）语言的复杂性。美国人是低语境交流者。其语言直接传达了主要的信息。

（7）说服性论辩的特征。当要说服谈判对手时，美国人通常诉诸理性，援引详细的事实和数据，并用逻辑的、分析的方法来论述。

（8）时间观念。每一种文化在时间的组织和运用方面各不相同。有些文化严格受制于日程安排和最后期限，而另一些则对详细计划和日程安排持一种较为宽松的态度。直线形时间观念强调日程安排、时间分割和推时。环形时间观念则强调人际交往、交易的有始有终，而不是固守于既定日程。美国人通常持直线形时间观念，对许多美国人而言，"时间即金钱"。在谈判中，美国人设定日程和约会，按轻重缓急划分事件，并在讨论时严格遵守分配好的时间。

（9）信任的基础。在谈判中，美国人通常都相信所交流和协商的信息的准确性，他们会事先假定谈判会达成令人满意的结果。然而，如果其谈判对手在过去的谈判中表现得不值得信赖，那他们就不会轻易信任他（她）。

（10）风险意识。美国人好冒险。鉴于他们的历史，他们对极端个人主义的认识，以及资本主义的回报，美国人是从来不怕冒风险的。

（11）内部决策系统。决策权越来越分化，在预定的限度之内，它被交到有谈判经验的人手中最终的决策大多必须经过组织内高层主管人员的认可。

（12）令人满意的协议形式。美国文化是法制文化，因此美国人喜欢也期望以详尽的合同形式使谈判正式化。双方可能握手结束谈判，但他们的律师将推敲出协议的法律含义。

（13）谈判风格：

① 销售陈述。美国人对讲英语的伙伴的活跃、实际的表现反应极好。他们会打断提问，而不是等到最后。

② 议价范围。在国际商务方面有经验的美国谈判者习惯在大范围内议价。他们会测试对方承受开放的灵活度。他们更喜欢实际报价，不希望过分使用高低价策略。与美国人谈判，公开标价时要建立一个安全利润空间，要避免过多抬高产品价格。

③ 让步行为。准备好进行艰难的谈判。仔细尽力做出一个让步，仅仅严格限制于"如果……然后"。总是要求等价的回报。

④ 策略与反策略。美国人喜欢使用的一个策略就是时间压力："下周我们的价格就会上涨7%……"对此最佳的应对策略就是视而不见。美国人另一个常用的策略就是要求大规模改变报价数量。例如，要你按每1 000件、10 000件和50 000件分别进行报价。

3. 日本

与日本人谈判的技巧如下：

（1）日本人希望既做成生意获取利润，同时又不损伤颜面以及人际关系的和谐，以致自己在商业圈中处于尴尬地位。与日本人谈判，应满足其这方面的心理需求。

（2）第三方或非直接的引见很重要，通过共同的朋友、中间人或仲裁者会面，可以在双方之间创造信任感。此人会参与整个谈判活动。

（3）避免直接谈钱；把这事交给中间人或下属。

（4）绝不要让一个日本人陷于这样一种境地，即他（她）不得不承认自己的失败或无能。

（5）不要夸赞自己的产品或服务；让你的文献资料或中间人说话。

（6）使用印有你头衔的名片，最好用日语和你的母语两种语言印刷。

（7）仅用逻辑的、认知的或理性的方式远远不够；情感层面的交流很受重视（例如，与一个认识的商业伙伴打交道和与一个陌生人打交道是不一样的）。

（8）高层职员开会时很正式，配有口译人员。会议越重要，与会的高层经理主管人员就越多。与日本人谈判时应注意这一点。

（9）会谈正式开始之前要喝茶并进行一番不着边际的交谈，要耐心等候。

4. 加拿大

下面是加拿大谈判者特点的简述，是以一系列能极大影响谈判的变量为框架来叙述的。

加拿大有两个占主体地位的文化群体。每一个群体都有自己典型的谈判风格。以下一些省份中，英裔加拿大文化占主导：安大略省、不列颠哥伦比亚省、艾伯塔省、马尼托巴省、萨斯喀彻温省、新斯科舍省、纽芬兰省、新不伦瑞克省以及爱德华王子岛省。魁北克省的英裔加拿大人势力也很强大，主要集中在蒙特利尔地区。法裔加拿大文化在魁北克省占主导地位，法语是该省的官方语言。在新不伦端克省及安大略省东部靠近首都渥太华的地区，有相当多的法裔加拿大人。

（1）对谈判的基本认识。在一个线性的问题解决过程中，英裔和法裔加拿大人都喜欢直面冲突，聚焦于分歧点上。这一过程包括找出问题或机遇，确立谈判目标，制定其他可供选择的方案，做出行动的决定和计划。英裔加拿大人常常将注意力集中于抽象或理论的价值，而对谈判过程中出现的关键问题的一些实际情况则关注较少；然而法裔加拿大人更喜欢一种更为实用的以及个性化的谈判方式。法裔加拿大谈判者以影响谈判对手为目标，其关注焦点是双方关系的建立。

（2）谈判员的选择。学识、专业技能和以往成功的谈判经验，是英裔和法裔加拿大人挑选谈判员的主要依据。个人差异，如性别、年龄和社会地位等，对英裔加拿大人的重要性低于法裔加拿大人。后者通常能接受更大程度的不平等及不同管理层的能力差异，如果情况表明谈判员无法凭其能力实现各自的目标，他们更可能连一个谈判员都不派出。

（3）个人抱负的作用。加拿大文化鼓励个人立大志、成大业。大部分加拿大人被要求将组织的目标置于个人目标之上。然而，英裔加拿大人的谈判战略更富有合作性，而法裔加拿大人的谈判战略则更富有竞争性。

（4）对礼仪的态度。英裔和法裔加拿大人至少表面上常显得友好而随意。相比之下，英裔加拿大人不太重视礼仪，谈生意时常常开门见山，几乎没有什么客套。法裔加拿大人对礼仪礼节则比较注重。

（5）事情的轻重。英裔加拿大人以完成工作为首要目标。他们似乎比美国人更重视建立和发展与谈判对手的关系。他们与法裔加拿大人一样，以任务为中心，公事公办。

（6）语言的复杂性。同其美国邻居一样，英裔加拿大人通常属于低语境交流者。所要传达的信息都通过语言直接表达。而法裔加拿大人是高语境传播者，其话语本身传达的只是整个信息的一部分。

（7）说服性论辩的特点。加拿大人论辩时十分理性，总是组织详细的事实和数据来证明一个表达清晰的观点。当料想谈判各方意见一致时，常采取的是演绎法。即首先陈述主要建议，随后提出关键论据。当需要进行说服时，更多的是采用归纳法。即首先摆出论据，然后一步步导向可被接受的最后结论。

（8）时间观念。英裔和法裔加拿大人常常受制于其日程安排和最后期限。会议的准时开始和准时结束很重要。在一次预定的会见之前，如果一个人等候超过5分钟或10分钟，许多加拿大商人会认为这是对他(她)的有意侮辱。

（9）信任的基础。加拿大经营者似乎认为，信任是实现组织目标和组织之间目标的一个重要条件。甚至当其谈判对手是来自这样一种文化，即信任并非竞争中的优点，甚至是弱点时，他们对此仍坚信不疑。

英裔加拿大人通常相信谈判对手提供的信息，只要对方采取合作性的谈判战略，重视信息的自由交流。达成一致后，要签署具有法律效应的合同。然而，如果英裔加拿大谈判者发觉对方采取的不是合作性战略，那么信任的基础就垮了，因为对方可能只是对有利于自身而不是双方的谈判结果感兴趣。

法裔加拿大人对谈判对手信息的信任度通常低于英裔加拿大人。他们也更多地采用竞争性谈判战略，将己方目标置于共同利益之上。

（10）与加拿大人谈判时应注意以下方面：

① 销售陈述。加拿大人更喜欢缓和的推销方式，而不喜欢过分进攻、激进的推销方式。因此与加拿大人谈判要避免夸大和贬低产品的宣传。

② 议价的范围。注意不要过高抬高你的产品的最初价格。许多加拿大购买商厌烦高低价策略。在进入市场时可预留一定的盈利空间，保证未来的发展，但是，不要留得过多。

5. 俄罗斯

与俄罗斯人谈判的技巧如下：

（1）俄罗斯人注意的重点是如何应付高层经理。

（2）俄罗斯人在进行过很好的调查后，会涉及谈判的各个方面，因此安排至少有一个技术人员陪同是明智的选择。

（3）连续性是一个很重要的因素，因此一个人应当以项目经理的身份自始至终地完成谈判。

(4) 由于环境混乱与拖拉的官僚主义，高级经理应做好准备去花大量时间谈判。

(5) 利用参观文化名胜和历史古迹的机会，在享受之余赞扬你的俄罗斯主人。

(6) 谈判风格。

① 销售陈述。尤其是首次会面，进行陈述介绍时不要以玩笑的口吻开始。要向对方表明，你对待谈判的态度是十分严肃的。在陈述的过程当中，要加上一定的事实和技术数据。

② 本地人敏感的话题。尽量不要说"我们准备开展积极进取的进攻型市场销售战略"。在俄罗斯人看来，"进攻型"一词具有一些负面的含义。在谈判当中也不要提出"妥协方案"，许多俄罗斯人认为许多妥协方案在道义上是有问题的。如果有问题争执不下，可以建议双方再次进行协商，或是使你的提议在对方做出同样让步的基础上。

③ 议价风格。谈判的过程会是比较困难的，有时候会遇到双方对峙的情况，甚至还会因为对方拍案而起、生气、过于激动、大声叫喊或是走出会议室而暂时中断。对于某些俄罗斯的谈判代表来说，他们仍然留着原来苏联的这些谈判风格。应对这些情况的策略就是保持冷静。俄罗斯的谈判代表采取上述行为常常是为了使你变得不耐烦，那么在这种情况下，你就需要有足够的耐心。

④ 解决争端。如果出现对某些条款争执不下的时候，应该求助于第三国进行仲裁，通常各个国家都选择瑞典来进行裁定。

6. 墨西哥

墨西哥文化是高语境文化，重视信仰、家庭、人际关系和对人格的尊重。墨西哥人说西班牙语时不喜欢平铺直叙而爱穿插典故、俗谚和笑话，所以常常不能只从字面上理解。在所有拉美人中，墨西哥人对地位问题最为敏感，其地位与家庭、学校、财产、职位和权威有关。墨西哥经营者个人主义倾向十分严重，协作和团队精神非天生就有，须习而得之。

下面是墨西哥谈判人员特点的简介。

(1) 对谈判的基本认识。在墨西哥，谈判活动是一个复杂的、长时间的过程，历经几个阶段。首先，双方必须判断他们作为个人或团体能否在一起做生意。与对方建立友好的工作关系对整个谈判过程至关重要。互相了解十分关键，它是谈生意的基础，因为墨西哥人看重的是谈判对手本人，而不是他们所代表的企业或个人。应避免在双方还不甚熟悉时就开口谈生意。

许多墨西哥人对他们长期以来所受到的北美人的不公正待遇心怀怨恨，个人荣誉或人格尊严在墨西哥谈判代表团中是一个重要因素。

在墨西哥，社会关系非常重要，政府对私人企业有重要影响。几乎每一桩商业交易都需要政府许可。因此，政府官员常从中收取贿赂。

(2) 谈判员的选择。谈判员的选择常常基于其社会地位。家庭关系，个人或政治影响以及教育程度都是关键因素。因此，一个人在社会中占据的位置的重要性是显而易见的。墨西哥谈判员通常是地位高、关系广的男性。他们期望对方意识到这一点，也只派遣地位层次相当的人员过来。

墨西哥人是个人主义者还是集体主义者似乎取决于他们身处何种社会场合。在商务活动中，墨西哥人一般都争强好胜，努力追求个人目标以期得到社会认可。他们觉得应忠于其"Patron"（指雇主、债主等），但他们在公共场合希望给自己树立一个位高权重的形象。

（3）对礼仪的态度。礼貌、尊严、机智和交际手段在墨西哥文化中占有重要的地位。礼仪礼节不可忽视，社交能力与业务能力同样重要。有力的握手乃至拍背都是尊重对方的重要表示。

（4）事情的轻重。对墨西哥人而言，最重要且能影响谈判的是涉及人际关系或个人的事情。与人相交，他们看重的是彼此间社会和人际方面的关系，对商业伙伴也不例外。

（5）语言的复杂性。交流中除了言谈外，表情和身体语言对理解墨西哥人的谈话内容同样重要。他们属于高语境文化，交谈时的手势、身体接触和面部表情非常丰富。

所有拉美文化都强调人与人之间的亲近。他们彼此站得很近，坐得很近，相互间身体接触频繁。

（6）说服技巧。高度戏剧性的、爱国的、情绪化的论辩对墨西哥人颇有说服力。此外，还有必要知道他们的一个重要概念"Proyectismo"，意思是制订计划时对可能存在或发生的问题不加分析，想当然地认为事到临头自然就能解决。也许这种思维方式主要来自他们的两个文化源头：相信巫术而迷信的印第安人，以及好将自己的观念强加于人、教条主义而信念坚定的西班牙人。

（7）时间观念。墨西哥人的时间观念是非线形的，喜欢灵活行事。他们虽然也珍惜时间，却不会允许工作的日程安排影响他们与家人或朋友的相聚。他们的文化更多地是以人为中心而不是以工作任务为中心。约会守时自然重要，但等待也是正常，因为会议不会因下一个预定的约会到点了就赶紧结束。

（8）信任的基础。评价一个人是否值得信赖一开始是凭直觉，然后便是看他以往的经历。谈判应在相互信赖的气氛中进行。这种信任是通过一系列频繁而友好的交往逐步建立起来的，可以是一般的社会交际活动，也可以是生意上的来往。邀请商业伙伴参加家庭活动，也是常见的促进关系友好发展的方式。

（9）风险意识。墨西哥人倾向于回避风险。他们会采用风险系数最低的计划。在有风险的项目面前，他们的态度一般非常消极。

（10）内部决策系统。墨西哥政府、企业内部以及谈判代表团内的决策权高度集中。领导人常常独断专行。拥有决定权的个人通常地位较高，善于表达且雄辩果断。

（11）可靠的协议形式。在墨西哥，确定商业协议达成的唯一形式是书面协议的签署。商业协议在该国属民法、商业法或商业公司法管辖。

（12）谈判风格。

① 议价范围。开价时留出额外的还价空间。突破过程中很长而艰难，因为墨西哥人擅长讨价还价。

② 最后期限。他们同样可能对最后期限和时间表很乐观，因此对于任何给定的目标日期，你最好在心里加上几天或几个星期，确定许多"里程碑"来监督你的商业伙伴以确保按期交货。也就是说，在一定时间内你需要与他们协商以确保他们遵守时间表。

③ 决策的制定。对于你商业伙伴所提出的任何建议,你都要花时间考虑。很快接受会使墨西哥方认为他们做出了太大的让步。不妨告诉他们你需要时间来考虑这个建议。

7. 韩国

与韩国人谈判应注意以下方面:

(1) 销售陈述。不要用一个笑话或者幽默的逸事开始你的陈述,因为这会表现出对谈判的主题和出席的人缺乏尊重。尽量多地使用视觉的帮助,尤其是当涉及数字的时候。

(2) 决定议价范围。在计算你最初的出价时,留些讨价还价的空间。那样,在需要做出让步时,可以得体地让步,当然同时也要以对方做出相同价值的让步作为交换条件。

(3) 做决定的行为。在谈判桌上要有足够的耐心。因为韩国公司的重大决定都是由公司高层来决定的,而高级执行官都是些大忙人。

(4) 合同的作用。大多数韩国公司认为,最终写出来的合同没有双方之间关系的力量重要。对他们而言,法律协议和意愿的表达是相似的。所以,在情况发生变化的任何时候,你的韩方合作伙伴或许会试图重新谈判合同。要记住,重新谈判条款可以对双方都有利。如果韩方坚持要为了他们自己的利益而修改合同条款,那么一个有效的应答,就是要他们为了你方的利益而修改其他条款。

(5) 冲突的解决。通常韩国公司尽量避免诉讼,而是靠漫长的谈判来解决分歧。

8. 新加坡

想要达成一项重要的交易,你需要在几个月的期间内到新加坡访问两次或者更多次。在新加坡,谈判的进程比具有更加以生意为导向商业文化的国家要慢一些。访问的商务人士会发现,新加坡人虽然很有礼貌,但同时也是坚持不懈的谈判者。

9. 阿拉伯国家

与阿拉伯国家的谈判者谈判,应注意以下方面:

(1) 议价范围。沙特阿拉伯谈判者通常热衷于讨价还价,并且经常希望他们的合作者在谈判过程中同意对价格和条件做出最大的让步。一些阿拉伯人用他们可以使谈判对手从开价中偏离的程度,来衡量他们自己在谈判桌前的成功度。所以,在最初出价时留足余地,为整个漫长的谈判过程留出议价空间,是聪明的选择。

(2) 做出让步。要为激烈的讨价还价做好准备,在做出任何的让步时都要表现出很不情愿的样子,并且只依据一个条件基础"如果……那么",做出任何让步时,都要求以等价的一些条件如价格、期限或者其他条件作为交换。

(3) 做决定。在阿拉伯世界里,通常谈判进展速度非常慢。如果施加压力让他们快速做出决定,这个策略是错误的。要随流程前进来决定需要时间,所以要相应地调整你的期望。

(4) 合同。为了避免将来的误解,尽量把所有内容都写到合同中去。

(5) 保持关系。在个人访问的间隙,用电话、电子邮件或者传真和你的阿拉伯客户以及商业伙伴保持联系是非常重要的。

在整个阿拉伯世界里,关系是商业成功的关键。

10. 埃及

埃及谈判代表热衷于讨价还价，在谈判过程中经常希望对手能在价格和条款方面做出巨大的让步。一些当地的生意人以谈判桌上能让你在开价上退让多少来衡量他们的成功。

他们经常将谈判视为一场具有挑战性的争夺，一场具有竞争性的运动。因此在最初的开价中留出足够的利润空间以应付冗长的讨价还价过程将是明智的做法。

要为讨价还价做好准备。每一次让步都要在有条件的基础上做出，并表现出极大的不愿意，且要求同等的回报。

在埃及谈判是以从容不迫的步伐向前发展的。如果强烈要求快速做出决策，这将是战术性错误。

11. 土耳其

土耳其商务人士通常热衷于讨价还价，并且经常希望对方在谈判过程中能做出最大的让步。一些土耳其人用他们可以使谈判对手从自己的开口价格中偏离的程度，来衡量他们自己在谈判桌前的成功度。所以，在最初出价时留足余地，为谈判过程留出议价空间，仍是比较聪明的选择。

在做出任何的让步时都要表现很不情愿的样子，并且只依据一个条件基础，那就是做出任何让步时，都要求以等价的一些条件如价格、期限或者其他条件作为交换。

和其他中东国家一样，通常谈判很费时间。如果想通过督促或者施加压力来加速谈判进程，很有可能会起到相反效果。一般来说，和政府或者公共部门谈判所需的时间，会比和私人部门的公司谈判的时间长。谈判时通常是由组织的高层来做决定。详细的合同非常重要，但是很有可能其执行难度非常大，因为土耳其法院通常会支持本地一方。

12. 希腊

准备足够的时间和耐心。谈判进程或许比你想象的要长，做决定也需要很长时间，不要表现出生气或者不耐烦。

希腊人喜欢有力的杀价，有时候甚至能达到讨价还价的极限。通常，他们不会接受将最初的出价作为最终的价格。所以，在最初出价时留足余地，为谈判中的让步留出空间，是比较聪明的做法。

在做出任何的让步时都要表现出很不情愿的样子，甚至非常痛苦。要确保做出任何让步都是有条件的。那就是，每次都需要一个交换条件。

尽量保持微笑，即使在面对对方偶尔的正面冲突时也要如此。

13. 巴西

巴西人是很有名的难对付的杀价高手，他们不害怕非常直接地拒绝你的开价。然而，这样直率并不是有意地想无礼或者发生冲突。他们只是想让你知道他们的观点。要为漫长的谈判程序留出足够的时间，同时在最初出价时要留足余地，为让步留出空间。在整个谈判过程中，要尽量少沉默，因为巴西人似乎一直都在说。

明智的谈判者在持续很久的谈判期间，会为社交花费大量的时间。如果你想请一个高级经理吃饭，那让他的秘书推荐一个饭店。招待你的巴西伙伴时，只能在一流的、有名气的地方，这点很重要。同样地，商务访问者在巴西应该只住一流的宾馆。

14. 波兰和匈牙利

与波兰人和匈牙利人谈判，应注意以下几点：

（1）演示。表现自己很重要，避免在首次见面以开玩笑的方式开始。像在德国一样，演示要有背景信息、事实和详细的技术情况。

（2）讨价还价。聪明的谈判人总是在最后摊牌之前保留一些谈判的筹码。你的开价要符合实际，但同时要留有余地。

（3）决策。与政府或公共部门打交道时，谈判的过程通常比与私营部门打交道的过程长。

15. 罗马尼亚

与罗马尼亚人谈判，应注意以下几点：

（1）销售陈述。在初次会面的时候，不要以玩笑的口吻开始陈述。采用足够的图片和印刷精美的宣传手册，同时要介绍相应的背景信息、事实资料及技术数据。

（2）议价风格。罗马尼亚的谈判代表通常态度比较坚决，因此在谈判过程中，要始终留一定的讨价还价的筹码。你的开价应该切合实际，但是同时要留有一定的余地。

（3）欺诈行为。要注意不要受到欺骗。罗马尼亚是欧洲除了阿尔巴尼亚之外第二穷的国家，并且处在发展自由的市场经济的起步阶段。

（4）付款方式。一些底层的官员在处理日常的申请或是其他文书工作的时候希望收到一点小费。在这种情况下，通常送上一条产自英国东南部的香烟是最好不过的了。在这些细节上，可以请教一下当地的联系人。

（5）做出决策。在罗马尼亚，谈判的过程比西欧或是北美都要长得多。

16. 斯洛伐克

与斯洛伐克人谈判，谈判进展慢、程序化。报价要实际些，先高后低虽在其他国家很流行，但会导致斯洛伐克人对你的不信任。耐心和劝诱推销会让你取得巨大成功。

17. 法国

与法国人谈判，应注意以下几点：

（1）销售陈述。不要采取强硬推销的策略，也不要使用夸张的或是轻率的幽默。销售陈述要保持条理性，由一系列逻辑性很强的论点组成。在某些特殊问题上的反对并不意味着对你所有的提议都没有兴趣。

（2）议价风格。谈判通常时间较长，相对缺少组织性，并且不时被语言上的冲突所打断。你的谈判对象甚至会对你定价和议价的基本思想进行抨击。法国人常常为他们富有逻辑的思维感到骄傲，并且常常批判其他国家人的逻辑性。

（3）制定决策。尽管法国公司里大多数的决策都是由高层管理者做出的，但是并不意味着他们在谈判过程中可以很快做出决策。在法国，最终决策的过程比在盎格鲁－撒克逊等国家要长得多。

18. 西班牙

就像意大利人一样，西班牙的谈判者更注重议价过程中敏捷的思维和自主性，而不像德国人和瑞士人那样注重辛苦的准备和计划安排。由于他们十分依赖于谈判过程中的详细讨论，因此谈判过程通常较长。访问者需要准备进行一定的妥协及长时间的讨价还价过程。

19. 拉脱维亚和立陶宛

与拉脱维亚和立陶宛谈判，应注意以下几点：

（1）谈判的时间通常比在西欧和北美要长，建立相互信任的氛围同样需要一定的时间。

（2）找到当地的合适的代理人和经销商是达到满意结果的关键一环。再有就是要有足够的耐心。

（3）在岁数稍大一些的拉脱维亚人和立陶宛人身上可以看到苏联的一些影响。年轻人则几乎没有官僚主义的作风，更为开放，也更以生意为重。

（4）访问者需要保持冷静，不要拍桌子或在公共场合发怒。

（5）准备不时地采取一些策略，如边缘政策。或许是因为受到苏联的一些影响，当地人有时会提出一些过于武断的期限，给访问者施加一定的压力。对待这些问题的策略就是不管对方提出什么样的让步，始终要坚持平等的原则。

（6）当达成最终的共识之后，要以正式的合同的形式详细列出讨论的内容。在签署之前要仔细检查各项文件，同时要求在装订的合同中附上英文译本。

20. 英国

与英国人谈判，应注意以下几点：

（1）销售陈述。习惯了谨慎的说法，英国购买者讨厌那些大肆宣传和夸大的自称。介绍应该是直接的、切合实际的。幽默是可以的，但是海外的访问者应该记住幽默很少会被恰当地翻译过来。所以，最保险的幽默是自我谦虚。

（2）议价范围。英国谈判者在全球范围内做生意已经有几百年的历史了。他们可以在公开的立场上给自己留下一个相当富余的安全地带，这样在谈判过程中就可以为实质性的让步保留余地。

（3）决策。对那些认为"时间就是金钱"的美国人来说，英国的谈判过程是很耗时的，但是相对于世界上其他的商业文化来说这是很正常的。

（4）合同的作用。书面协议的法律问题和细节问题是很重要的。如果以后有争端或者争执，英国人通常依靠合同条款来解决问题，而且如果他们的对手提出合同上没有规定的问题，如长期关系的重要性，英国人可能就会产生怀疑。

21. 爱尔兰

与爱尔兰人谈判，应注意以下几点：

（1）销售陈述。爱尔兰的商业人士厌恶那种大肆吹捧和夸张的陈述。陈述应该简单和实事求是。幽默是可以接受的，但是记住：笑话和幽默在不同文化之间很难有效地交流。在爱尔兰最安全的幽默是自我贬低。

（2）议价范围。小心不要给出太宽的议价空间。这种策略可能会使爱尔兰人认为你不是适当的生意伙伴。

（3）克服谈判障碍。尽可能使自己放松，友好和谦逊。对于过去他们所觉察到的细微差别和他们所认为不公平的交易，爱尔兰人很长时间都难以忘记。克服这种强大障碍的最好方法是：①建立强有力的、可信的关系；②进行新的交易，从而给爱尔兰人许多收益。

（4）决策的制定。与爱尔兰人谈判需要花费很多时间，但是与世界上其他国家的商业文化相比，则相当正常。

22. 丹麦

与丹麦人谈判，应注意以下几点：

（1）商业陈述。丹麦的经理人极其痛恨"强行推销"战略。他们更喜欢备好证明文件的、坦率的，而没有任何夸大声明的方式。

（2）议价风格。很多丹麦人不喜欢常见的国际谈判策略——"先高后低"的策略——一开始就提出一个很高的议价。不同于中东地区、中国或者巴西的谈判代表对这个策略的看法，丹麦的商业人士认为先提出一个比较切合实际的议价更加可取。

（3）同样让丹麦人气愤的是使用虚假的最后期限作为压力战略："你必须这周内做出决定！下周一我们将全面提价。对此我们感到很抱歉……"

（4）合同。丹麦的公司认为书面协议是不可更改的，而且不管以后出现什么争执都要靠它来解决。对比而言，很多来自关系定位文化中的人们认为合同是可以重新商议的。

23. 挪威

与挪威人谈判，应注意以下几点：

（1）销售陈述。北欧商人容易被"强行推销"的技巧激怒。他们更乐于接受带有证明材料、直截了当的销售方式，而不喜欢扬言浮夸的推销。

（2）幽默。与其他北欧文化如德国文化不同，与挪威人谈判，在做演示的时候亦可捎带幽默。玩笑和随意的交谈与严肃的商业讨论相得益彰。但是，请记住由于幽默与文化密切相关，所以常常不能被对方理解。自我解嘲的幽默可能是最不会冒犯他人的方式。

（3）谈判风格。避免所谓的"先高后低"打开局面的谈判策略：起初报价高出实际价格很多，然后再降低价格。习惯于在这种策略的文化中做生意的商人，在挪威改用更切合实际的报价会更容易取得成功。

（4）以实际不存在的最后期限作为施加压力的策略也很可能会适得其反。但是，更糟的是以直接或间接的方式提出某种所谓好处，这会被当作是贿赂。一直以来，在各种廉洁商业文化的排名中，挪威和其他北欧国家都是首屈一指的——这也是人们乐于同挪威人做生意的另一个原因。

（5）合同。如果在后来的合作中出现了分歧，书面协议将被认为是具有权威性的。如果一位国际商业伙伴采取像许多东亚国家的公司惯用的方式那样，依仗双方的关系，在合同已经签订之后再重新谈条件，挪威人可能会感到很反感并做出消极反应。如果谈判者坚持谈判过程中有律师在场，挪威人也可能会被激怒。最好是让法律顾问作为后台的支持者，直至签订最终协议时才露面。

第4章 跨文化沟通与谈判

24. 瑞典

与瑞典人谈判，应注意以下几点：

（1）销售陈述。如果你常常实行"强行推销"战略，那就要再重新考虑一下。瑞典人自认为很聪明，他们可以分辨出在你的提议中哪些是好的，哪些是不好的。

（2）议价范围。开始的提价应该是符合实际的。以一个夸大的数字开始，以便给你自己留有"讨价还价的余地"，在瑞典这样做的结果很可能会适得其反。

（3）合同。瑞典的公司认为书面协议是不可能更改的，而且他们不会去要求为一个最近刚签订的合同再重新进行突破。

25. 芬兰

与芬兰人谈判，应注意以下几点：

（1）在初步报价中含有太大的砍价余地并非明智之举。芬兰人不喜欢集市上的讨价还价。给出切合实际的报价，然后根据对方对价格和条款的还价做出调整。芬兰人做决定是一个循序渐进、深思熟虑的过程。他们可能需要更长时间来考虑。

（2）商业道德。这也是同芬兰人做生意会感觉愉悦的原因之一。你很难遇到贿赂或"好处"费的要求。

（3）工作时间。工作时间通常为周一到周五，上午8点或8：30至下午4点或4：30。银行的营业时间一般是周一至周五，上午9：30至下午4点。商店的营业时间是周一至周六，其中，周二至周四是上午9点至下午5点，周一、周五是上午9点至晚上8点，周六是上午9点至下午2点。记住，节假日之前的工作日，下班时间都是下午1点。主要假日和节日。在以下日子，别想谈生意：

1月1日	新年
忏悔星期二	复活节前的第七个星期的星期二
4月30日	国际劳动节前夜
5月1日	国际劳动节
11月2日	万圣节
12月6日	独立节
12月24日和12月25日	圣诞前夜和圣诞节
12月31日	元旦前夜

芬兰人喜欢在6月中旬至8月末期度夏日假期。

26. 德国

与德国人谈判，应注意以下几点：

（1）议价范围。大多数德国人更喜欢符合实际的初始报价，而不喜欢典型的"先高后低"策略。他们对他们认为的杂货店议价的方式很是反感。考虑为你开始的出价留一点余地来防止意外事件的发生，但是要注意避免出价过高。

（2）谈判风格。像日本人一样，德国谈判代表因准备充分而闻名。他们另外一个著名的特点就是，面对说服和压力战术始终坚定不移地坚持自己的谈判立场。

(3) 决策。德国人在做出一项重要的决定之前，会花时间与一些值得信赖的同事进行商讨。他们在这方面花费的时间会比美国人多，但是要比日本人和大多数其他亚洲国家人少。

27. 荷兰

与荷兰人谈判，应注意以下几点：

（1）销售陈述。与很多其他的商业人士一样，荷兰人讨厌强行推销策略和大做广告。准备一份言简意赅的结束语，确保你做的每一项声明都有充分的事实支撑。另外，没必要故意地轻描淡写或者低估你的提议的优点。即使要冒着可能有点枯燥的危险，也要做到尽可能符合实际。对你的荷兰同行来说，商业本身就是很有趣的。没有必要上演一部美国式的"盛大表演"来引起你的观众的注意。

（2）议价行为。要预料到你的同行是精明的谈判代表。不要为了以后给予慷慨的让步而通过严重地夸大你的初始报价来侮辱他们的智慧。正如大多数荷兰谈判代表都想尽快静下心来谈生意、不要有太过冗长的准备工作一样，他们也看重一个实际的议价范围。在欧洲，荷兰人以他们的顽强和坚持不懈而闻名，有时候甚至有点儿顽固。当谈判桌上的形势很紧张时，一定要注意不要抬高嗓门，这肯定是没有什么好处的。

（3）决策。荷兰谈判代表很少做仓促的决定，但是他们也未必不会对商业决策过程感到烦恼。

（4）商业礼品。荷兰的商务文化中不流行馈赠礼品。如果要送点小礼品，那你一定选择你们国家或地区享有盛名、有标志性的贵重礼品，并且要在会议结束前赠送。

（5）成功和晚餐。记住"要各人付各人的钱"，这种说法反映了当地的风俗。除非你是明确地作为客人被邀请的，否则不论在哪个餐馆就餐都要随时准备好付自己的账。

一名女士商业访问者在招待当地的男士同行时，如果她要坚持付账，尤其是用信用卡支付的时候，通常对方不会阻止她。

荷兰人通常在吃午餐或者晚餐的时候要喝葡萄酒，除非吃中餐、意大利餐或者印度尼西亚餐时不喝葡萄酒，这时通常选择啤酒。

28. 捷克

与捷克人谈判，谈判将进行缓慢，有条不紊。你给出的初步报价应该是符合实际的：在许多商业文化中司空见惯的"先高后低"策略在捷克很可能会适得其反。耐心、温和的方式将取得最好的成效。

29. 澳大利亚

与澳大利亚人谈判，应注意以下几点：

（1）销售陈述。一般的忠告：谦虚适度是最佳的选择，尤其适合销售场合。推销员发现适度的推销最有效。熟悉澳大利亚市场的人也发现不能过度赞美自己的产品和服务。向客户展示你的产品和服务的好处和优势比给他们讲解更有效。如果有可能，利用你们相关产品和服务的资料、证书或者第三方报道为你推销。

（2）议价范围。既然澳大利亚人不喜欢市面上的那种议价，来访的谈判者就要利用公

第4章 跨文化沟通与谈判

开竞标的形式取得更好的成果。谈判过程可能会比在美国要长,但要比像日本、中国和沙特阿拉伯等关系导向型的国家短。

 本章小结

本章主要介绍了跨文化沟通与跨文化谈判的相关理论与知识。跨文化沟通是指不同文化背景的人之间发生的沟通行为,是在这样一种情况下发生的:信息的发送者在一种文化环境中编码,而信息的接收者在另一种文化环境中解码,编码和解码都要受到文化的深刻影响和严重制约。本章还介绍了跨文化沟通的模型;影响跨文化沟通的主要因素:感知、成见、种族中心主义、缺乏共感、商业文化类型的差异及跨文化沟通中的法律因素和政府因素;跨文化沟通的手段,包括语言符号和非语言符号,语言符号沟通存在跨文化差异主要有以下四种:高语境与低语境、直接与婉转、插嘴与沉默、倾听与对话,非语言符号包括体态语、空间语、环境语、时间语言等;开展有效的跨文化沟通,应做到:认识管理过程中的跨文化沟通,发展双向沟通,区分高关联文化与低关联文化,发展共感,了解自己,培养良好的沟通心态,重视非正式沟通渠道。跨文化谈判是一种属于不同文化思维形式、感情方式及行为方式的双方或多方的谈判。介绍了谈判的基本知识;跨文化谈判的文化差异:谈判风格、谈判过程、谈判中语言沟通技巧运用和谈判中非语言沟通行为的文化差异;如何进行跨文化谈判:布莱特跨文化谈判模式,跨文化谈判成功的基本要求,实现跨文化谈判双赢的技巧(谈判是语言的艺术,语言与词汇的使用应当尽量与谈判对象的母语有关;谈判人员需要有善于倾听的艺术;听话时要注意恭听;观察判断能力;谈判中的表演艺术;调节气氛的策略;情感沟通策略);以及各国谈判掠影。

 名人名言

管理就是沟通、沟通再沟通。

——通用电气公司原总裁杰克·韦尔奇

不善于倾听不同的声音,是管理者最大的疏忽。

——美国女企业家玛丽·凯

企业管理过去是沟通,现在是沟通,未来还是沟通。

——日本经营之神松下幸之助

将合适的人请上车,不合适的人请下车。

——管理学者詹姆斯·柯林斯

创新是唯一的出路,淘汰自己,否则竞争将淘汰我们。

——英特尔公司总裁安迪·格罗夫

复 习 题

一、选择题(不定项)

1. 康登归纳出"瞪大眼睛"在几个不同国家的不同意义:(　　)。
A. 在英国,表示是真的(惊讶、惊奇)
B. 在中国,表示"我对此不满(气愤)"。在法国,表示"我不相信你(挑战)"

C. 在西班牙，表示"我不明白(请求帮助)"
D. 对美国黑人来说，表示"我是无辜的(说服)"
E. 在俄罗斯，表示"我不明白(请求帮助)"

2. 中国的(　　)人"伸舌头"表示对客人的尊敬和礼貌。
   A. 汉族　　　B. 苗族　　　C. 藏族　　　D. 回族　　　E. 彝族

3. "同一只手的食指尖与拇指尖相接，另外三指竖起"在不同国家的意思是(　　)。
   A. 在美国等国家表示"OK"
   B. 在中国这一动作表示数字"3"
   C. 在日本表示"钱"的意思
   D. 在法国代表数字"0"或"无价值"
   E. 在希腊和土耳其这是下流的性挑逗

4. 伊斯兰男人互相致意时要(　　)，然后分别亲吻左、右脸颊，同时用阿拉伯语说"和平与你同在"。
   A. 拉拉手　　B. 拥抱　　C. 臂挽臂　　D. 紧紧抱住肩头
   E 将头靠在对方肩上

5. 北美人讲求恪守法律规范，不受特殊利益群体的影响；而(　　)和拉美人都认为受特殊利益群体影响是可以接受的。
   A. 日本人　　B. 德国人　　C. 西班牙人　　D. 芬兰人　　E. 澳大利亚人

二、填空题

1. 在跨文化的沟通过程中，信息的_____和_____，_____和_____都要受到文化的影响和制约，来自不同文化的沟通双方的行为方式、价值观、语言、生活背景都存在着很大的差异，这些都给沟通造成很大的困难。

2. 萨姆瓦等人认为，存在5种主要的社会文化因素对感知的意义起着直接而重大的影响，即_____、_____、_____、_____和社会组织。

3. 说话的直接与婉转是语言沟通跨文化差异中较显著的表现。通常，美国人说话_____，而中国人则喜欢_____。

三、判断题

1. 同是讲英语的国家，美国人就远不如英国人来得直接。　　　　　　　　　　(　　)
2. 中国人、日本人崇尚"沉默是金"，心直口快会给人留下急躁、不牢靠的印象。　(　　)
3. 倾听文化中的成员很少主动发起讨论或谈话，他们喜欢先认真倾听，搞清别人的观点，然后对这些观点做出反应并形成自己的观点。　　　　　　　　　　　　　(　　)
4. 当我们非常感谢一位朋友，嘴上说着"非常感谢"的同时，上前紧握他的双手，这就是一种重复作用。　　　　　　　　　　　　　　　　　　　　　　　　　(　　)
5. 无论来自哪一种文化的人，当看到不安画面时，他们的面部表情基本上是相似的。　(　　)

四、问答题

1. 简述跨文化沟通的模型。
2. 影响跨文化沟通的主要因素有哪些？
3. 跨文化沟通的手段有哪些？
4. 如何开展有效的跨文化沟通？
5. 简述谈判风格的跨文化差异。
6. 简述谈判过程的跨文化差异。

第4章 跨文化沟通与谈判

7. 简述谈判中语言沟通技巧运用的文化差异。
8. 简述谈判中非语言沟通行为的文化差异。
9. 简述布莱特跨文化谈判模式。
10. 跨文化谈判成功的基本要求有哪些？
11. 实现跨文化谈判双赢的技巧有哪些？

五、讨论题

1. 回想你在生活和学习中与同学和朋友发生沟通误解的例子，试用本章的理论加以分析，并提出消除误解的方法。
2. 如何运用本章的知识增加你和同学与家人沟通的有效性？
3. 如果有人请你做顾问，向你询问跨文化谈判成功的最重要因素是什么，你如何用一句话表达出来？

 角色模拟——跨文化商业谈判

Alpha—Beta 谈判

1. 基本信息
1) Alpha 公司的概况

Alpha 公司是一家大型的多样化电气公司，总部在 Alpha 国。作为数字控制设备的主要供应商，公司计划成为装备"未来公司"的领头羊。最近它投资了上亿美元开发一家工厂的自动化能力，包括机器人技术、计算机辅助设计和制造技术。Alpha 公司一直在兼并其他公司，大力投资新厂建设，在产品开发上的投资也十分巨大。他们有自己正在研发的新型机器人，有一些已经组装成功。尽管这样，要想成为全球自动化系统的供应商，Alpha 公司发现和国外机器人技术先进的公司合作是十分必要的。

2) Alpha 国的机器人业

在 Alpha 国内，有 30 家机器人制造商。国内机器人的利用和生产只是 Beta 国的 1/3。一项调查表明，1990 年，Alpha 国的机器人产量是 1 269 台；这项调查还显示，1990 年 Alpha 国的机器人使用率为 4 370 台，并主要应用于汽车制造业和铸造业。机器人的销售在当年估计是 9 200 万美元，其中很大一部分份额被进口占据。Alpha 国的工业自动化市场以每年超过 20% 的速度增长。到 2000 年，机器人业预计可以达到每年 20 亿美元的产值。

3) Beta 公司的概况

Beta 公司是 Beta 国内一家主要的集成电气设备制造商。公司自开业以来一直由科学家经营，并且是 Beta 国内以调查结果为导向的企业：它拥有 9 000 名调查员，而其研发部门花费则占据了销售额的 5.9%。Beta 公司的目标是在决定加强其生产能力，并且开发一个强大的出口市场。目前，Beta 公司制造的机器人基本上在国内销售。公司致力于机器人的研发，最近成立的一个大型工作组可以反映他们的决心。工作组开发一个有视觉和触觉传感器的通用机器人组件。Beta 公司希望在未来的 3 年中 60% 的公司内部流水线作业由此类机器人完成。

4) Beta 国的机器人业

在 Beta 国有 150 家企业制造和买卖机器人。这个国家有一股"机器人热"，还有一个以自动化为国家目标的政府。全国有 12 000～14 000 台已编程机器人在工作，占全世界机器人利用率的 59%。Beta 国内的企业在 1990 年制造出大约价值 4 亿美元的机器人（合计 3 200 台）。国家每年只出口 2.5% 的机器人，进口也少于 5%。行业分析家预测 Beta 国的机器人业在 1995 年达到 20 亿美元，到 2000 年达到 50 亿美元。

2. Alpha 的角色

5 个星期前，你们公司联系了 Beta 公司并举行了有关机器人制造和市场关系的前期讨论。考虑到合作的性质，会议达成了一些初步性的协议，但是仍有很多详细的条款有待商讨。你的谈判队伍将到 Beta 国和他们讨论这些条款。如果有可能，你希望此次行程能解决所有问题。

你的长期战略目标是成为一个高利润、具有创新力的自动化仪器和系统的全球供应商。你相信通过比别的公司组装更多的自动化零件，自己成为装备"未来工厂"领头羊的梦想的实现将指日可待。你认为成功的关键在于拥有各式各样类型的机器人以满足不同企业的需求。你也决定现在就进军市场，而不是 5 年以后。你必须积累经验并使自己成为那些向自动化生产转变以提高质量和产量的企业的首选供应商。

考虑到完成这些目标，高层领导商讨了很多不同的方案。举例来说，多功能的机器人需要 2～3 年才能研制出来并投入生产，而公司自己的机器人计划发展太慢，目前公司不能单单依靠内部的生产能力。为了有一个良好的市场开端，谋求经营之道，并且度过研发部门的过渡期，Alpha 公司独特的战略优势在于安装工厂自动化系统，以及它庞大的工业销售、分销和服务网络。这些条件使 Alpha 成了众多国外机器人制造商眼中极具潜力的合作伙伴，这些公司也包括 Beta 公司，此行业的龙头老大。Beta 公司生产制造各种高质量、低成本的机器人。

1）在和 Beta 公司的前期谈判中，双方同意的条款

（1）战略合作关系持续 5 年。

（2）开始阶段，Alpha 公司将从 Beta 公司现有的生产线中获取完整的组装机器人，然后以 Alpha 公司的名义买卖。

（3）过一段时间，Alpha 将要运用 Beta 公司的技术和零件自己组装机器人。

（4）协议不具排外性，意思是 Beta 公司可以在任何时间直接进入 Alpha 公司的市场，Alpha 也可以和其他公司缔结战略伙伴关系。

2）4 个仍需要商定的议题

（1）参与此项目的不同模型品种的数量。

你希望是 8 台；但你的底线是 6 台。

你对很多不同模型感兴趣，这和 Alpha 的"自动化超级市场"战略相符。较多的模型意味着需要不同的机器人制造商来完成一个工厂的自动化。这在为客户集成一个系统的时候将增加运输和服务成本，以及由不同制造商提供的设备维修费用。

（2）Beta 公司许可 Alpha 公司进口或制造的 Beta 公司的机器人数量。

你希望的数目是每个模型 150 台，即每年 1 200 台。

尽管你认为 Alpha 公司的市场份额至少是每年 1 200 台，你不想被过分扩张，而且还不得不将 Beta 公司昂贵的机器人放在存货中。你知道 Beta 公司致力于增加它的生产能力，而你十分有信心能通过自己销售量的增加来刺激 Beta 公司的产量。这样，即使你不想承诺第一年有多于 1 200 台的销售量，你已经预期将在接下去的几年中年销售量可达 2 000 台。

（3）技术共享事项。

Beta 公司知道你正在研究机器人人造视觉。他们不知道你已预期拥有人造视觉的机器人还要 4 年才能投入商业市场。你并不想将这项技术和 Beta 公司共享，因为你认为这将是 Alpha 公司对机器人行业的独创性技术贡献。

尽管这样，如果 Alpha 公司想要增强其自身的机器人生产力，那么获得像 Beta 公司这样一个在大规模制造机器人方面经验丰富的技术支持，可以大大降低学习成本，Beta 公司已经在原则上同意在协议的后期帮助 Alpha 公司发展组装 Beta 公司机器人的能力。你希望就技术转让的期限得到一个明确的答复。

为了能够获得组装技术，你可以提供有关人造视觉机器人的部分技术。

（4）版税。

对于 Beta 公司的机器人销售，你愿意按总额支付 3% 的专利费用。如果有必要，即 Beta 公司答应以上（1）（2）（3）条款，你可以将专利费用提高到 7%。

尽管有很多其他机器人制造商，但 Beta 公司是唯一拥有完整产品线的公司。如果无法与 Beta 公司达成任何一项协议，你将不得不与另外两家制造商进行谈判以获取完整的产品线。这将延缓 Alpha 公司成为工厂自动化的首要供应商的战略目标。

3）Alpha 人的谈判风格

来自 Alpha 国度的谈判者都拥有如下的风格（即行为表现）：个人主义强烈，不拘礼节，直率，没有耐心，感情丰富，进攻性强。你的团队在和 Beta 公司谈判的时候要表现出这些特点。指导方针提供如下。（以小组形式讨论每项方针，并讨论如何在每个谈判阶段遵循这些方针。）

（1）在你的谈判中，你必须表现出：

① 强烈的个人主义。在 Alpha 国文化中，主动和创新极具价值。每个 Alpha 公司谈判成员都要求为谈判做出贡献。当任何一个成员有主意时，就要大声说出来。任何一个成员可以在谈判中提出建议。

② 不拘礼节。Alpha 国文化是平等主义至上，因此 Alpha 人很少注意仪式、传统或者正式的社会仪式。他们认为礼节既傲慢又华而不实。Alpha 人很随和、自然、放松、友好；他们喜欢孩子，也喜欢开玩笑。Alpha 人和要做生意的伙伴以热烈的握手作为问候，介绍自己，让对方记住自己的名字。他们的名片从不介绍个人在谈判队伍中的角色，而且也不太愿意发放名片。

③ 直率。Alpha 很看重直率和诚实。他们喜欢以要讨论的问题或者伙伴的利益作为谈判的开场。他们愿意共享信息，也希望双方能够互相共享信息。他们会提供准备好的各项提议以解决争论：一个乐观，甚至不切实际的提议，一些让步和一个底线。每个人都知道 Alpha 人的第一个提议是他们真实底线的极大夸张，而这样的开场提议并不和 Alpha 人的直率诚实相矛盾。Alpha 人在争论和说服方面十分在行。他们会极力说明为什么他们的提议是最好的选择。

④ 没有耐心。在 Alpha 国文化里，浪费时间对生意毫无意义——时间就是金钱。Alpha 人喜欢谈判以合理的节奏进行，先信息共享，然后讨论双方的提议，接下来是一系列的让步。当谈判停滞不前，Alpha 人会失去耐心。如果他们发现对方在拖延时间，就会直接质疑对方的诚意。其他的 Alpha 队员会接手使谈判正常进行。

⑤ 感情丰富。Alpha 人是一个感情丰富的民族。他们通过脸上的表情和肢体语言来表达他们的快乐和友好，他们也会表现出失望和急躁。尽管这样，除了在亲密朋友之间，真正的生气不会表现出来。在交易谈判中表现极其生气（即反对通过谈判来解决争论）则通常是 Alpha 人的一项谈判策略，他们希望由此来拉近和另一方的距离。

⑥ 进攻性强。Alpha 人很自信。他们喜欢在谈判中采取主动。他们喜欢大声讲话，并会极具说服力地为自己的立场争辩，甚至会站在对方的立场强调对方的利益。Alpha 人会用威胁的手段来达到他们的目的。

（2）在开始谈判前，你的团队还做了一些有关 Beta 公司的文化调查，了解到 Beta 人具有以下特征：

① Beta 以团队形式工作并拥有强烈的集体主义观念。
② Beta 国等级分化，是一个注重地位的社会，而且人们很注意礼节。
③ Beta 人喜欢以介绍公司的情况、公司的目标以及长远的战略关系作为谈判的开场。
④ 耐心是 Beta 人的美德，Beta 人很有耐心。
⑤ Beta 人很看重自我克制，个人表情比较冷淡。
⑥ 如果遇上进攻性很强的谈判对手，Beta 人会表现非常被动并保持沉默。

3. Beta 的角色

5 个星期前，Alpha 公司联系了你们并举行了有关机器人制造和市场关系的前期讨论。考虑到合作的性质，会议达成了一些初步性的协议，但是仍有很多详细的条款有待商讨。Alpha 的谈判队伍将到 Beta 国和你们讨论这些条款。

Beta 公司的战略规划是大幅度地增加在国外的机器人销售，从而在生产方面取得更大的规模经济。你特别希望在 Alpha 这个规模较小但发展迅速的市场中有一席之地。这要求高质量的销售、分销和服务网络。你考虑过直接对 Alpha 出口产品,或者在当地建立合资企业,或者是开设一个完全的子公司。尽管这样,考虑到 Alpha 和 Beta 两国之间巨大的文化差异,国外提供机器人售后服务的困难,以及机器人技术的迅猛发展,Beta 公司决定(Beta 国的其他机器人制造商也决定)现在的 Alpha 市场最好由当地的公司通过许可经营来开发。你可以以完整的组装机器人或者以技术和零件的形式提供高质量的机器人。

Alpha 公司是理想的获许可候选者——它拥有骄人的技术能力、市场的专业技术、服务网络、质量控制、分销系统、完善的管理和良好的商业信誉。你有一点担心的是,如果帮助 Alpha 公司,你可能给自己的未来制造一个强大的对手。

1)在和 Alpha 公司的前期谈判中,双方同意的条款
(1) 研究战略合作关系持续 5 年。
(2) 开始阶段,Alpha 公司将从 Beta 公司现有的生产线中获取完整的组装机器人,然后以 Alpha 公司的名义买卖。
(3) 过一段时间,Alpha 将要运用 Beta 公司的技术和零件自己组装机器人。
(4) 协议不具排外性,意思是 Beta 公司可以在任何时间直接进入 Alpha 公司的市场,也可以和其他公司缔结战略伙伴关系。

2)4 个仍需要商定的议题
(1) 提供给 Alpha 公司的不同模型的数量。
你目前共拥有 8 个模型。你只想提供给 Alpha 公司其中的 4 个。
主要有以下几个原因:为 Alpha 公司提供机器人需要提高生产能力。你想在控制资本支出的限度内逐渐提高生产能力。你也担心当 Alpha 自己开始组装机器人的时候,你为他们的销售而提高的生产能力会闲置下来。如果 Alpha 坚持要 4 种以上的模型,每一个模型购买的数量必须足够多以达到规模经济,从而充分利用增加的生产能力。
(2) 每年由 Alpha 公司进口的 Beta 公司的机器人数量。
为了达到规模经济,你希望每一个模型的数量能达到 300 台。
你和 Alpha 公司进行此次许可协议的目的是实现你快速增长和渗透市场的战略目标。如果他们不能满足战略的要求,他们也不是合适的战略合作伙伴。
(3) 技术共享事项。
你很想获得 Alpha 公司的人造视觉技术。你相信依靠你的生产技术和通用的组装机器人,你和 Alpha 公司将会在市场上首先销售低成本并拥有视觉的通用机器人。这对你来说是最重要的问题。
在之前的会议中,你十分不情愿地答应帮助 Alpha 公司开发自己的生产线。何时进行技术转让被留待商讨。如果 Alpha 公司不提此事,你也不会主动提出。你只会在得到 Alpha 公司的人造视觉技术,并且控制提供的模型数量从而降低资本支出之后,才能给出技术转让的明确承诺。
(4) 专利费。
你认为按总销售额的 5% 计算的专利费比较合理公正。如果很有必要,你可以接受 3% 的专利费以获得人造视觉技术。
尽管有其他潜在的分销商,世界上没有一个组织像 Alpha 公司一样想成为自动化设备一条龙服务的供应商。如果不能和 Alpha 公司达成任何条款,你不得不和其他几个分销商谈判以获取战略所需的分销能力。而这将延缓 Beta 公司的战略计划,因为至今,Beta 公司还没有和任何一家分销商进行谈判。

3)Beta 人的谈判风格
来自 Beta 国度的谈判者都有如下的风格(即表现行为):强烈的集体主义观念,注重礼节,迂回,耐心,表情冷漠而且被动。你的团队在和 Alpha 公司谈判的时候要表现出这些特点。指导方针提供如下(以小组形式讨论每项方针,并讨论如何在每个谈判阶段遵循这些方针)。
在你的谈判中,你必须表现出:

① 有强烈的集体主义观念。Beta 以团队形式工作，所有的决定必须全体通过。在准备谈判的过程中，Beta 人首先确定整体的利益和优先权。他们也将决定由谁来代表团队作哪个问题的陈述。其中一个成员将作谈判的开场白，另一个开始提问，接下来一个说明同意 Alpha 公司的提议将会很困难，然后由最后一个做出协议的最终承诺。每一个成员只说和他有关的话题。尽管这样，所有的决定都由全体做出。如果 Beta 团队内任何一个成员提出反对意见，整个团队将会推迟做出决定。

② 注重礼节。Beta 是一个等级分化、注重地位的社会。人们十分重视习俗、规则和仪式。他们见面时鞠躬问候，而不是握手。他们只用姓。他们交换名片。在谈判的过程中，他们坐身挺直，眼睛朝下。

③ 谈话迂回。Beta 人喜欢通过一个演讲作为谈判的开始，介绍公司概况，它的总体目标，以及对未来合作关系的展望（这样做的目的是强调他们公司的重要地位和他们对接下来要讨论的问题的诚意）。然后，Beta 会问候对方的生活是否满意，住宿是否称心，他们的旅途见闻，以及旅途给他们家庭带来的不便（这样做的目的是和对方建立亲密的关系）。然后，Beta 人开始提问有关谈判的一些问题。Beta 人很看重信息，但是他们没有习惯提供信息。当对方回答了问题，Beta 人会以另一个问题，重复问题或者沉默作为回应。他们不可能提供信息。Beta 人喜欢对方重复信息的内容。（Beta 人试图寻找双方能达成协议的领域。在 Beta 的文化里，主动提出自己的立场不十分妥当，相反，他们会倾听直到听到双方可以接受的立场。）Beta 人经常用"是"或点头来表示理解而不是同意。他们很少用"不"，但是他们可能会说"那将十分困难"（Beta 人很看重关系，而完全否定的回答不会向对方挑明）。

④ 耐心。耐心是 Beta 文化中的美德。因为从文化的角度来讲，主动提出自己的意见是很不合适的，人们往往耐心地等待直到对方提出可以接受的建议。由于人们相信自己是一个有道德的民族，而且他们的目标是正义而且公正的，他们的耐心得到了加强。结果是，Beta 人很少让步，除非是在谈判的尾声。

⑤ 表情冷淡。Beta 人很看重自我克制，而且从孩提时代就被教育不露声色。在公共场合表达感情将会导致冲突和对峙，这将会影响正常合作的社会关系。Beta 人从来不表现他们的焦躁，或者对另一方谈判风格的厌恶。他们的表情始终保持镇静和冷漠。

⑥ 被动。Beta 人认为在争论中很善诡辩、进攻性很强和以势压人的谈判者很肤浅、虚假、粗鲁。当遇上这样的谈判对手，或者一个运用威胁或其他粗鲁手段的谈判者，Beta 人将保持沉默。

在开始谈判前，你的团队做了一些有关 Alpha 的文化调查，了解到 Alpha 人拥有的特征：

① Alpha 人的个人主义强烈。
② Alpha 文化崇尚平等，并且不拘礼节。
③ Alpha 看重直爽和诚实。他们愿意共享信息。
④ 在 Alpha 文化中"时间就是金钱"，当谈判减慢下来，他们会变得不耐烦。
⑤ Alpha 是一个感情十分丰富的民族。
⑥ Alpha 人十分自信并且进攻性很强。

（资料来源：陈晓萍. 跨文化管理[M]. 北京：清华大学出版社，2005：162－171.
　　　　　陈晓萍. 跨文化管理[M]. 2 版. 北京：清华大学出版社，2009：171－199.）

练习和准备要求：

（1）角色扮演：跨文化商业谈判。
（2）谈判双方：Alpha 电气公司—Beta 集成电气设备制造公司。
（3）时间要求：
第一阶段：角色准备，一星期。第二阶段：正式谈判，45 分钟。
（4）人员组成：准备阶段人员不限，正式谈判双方各 5 人。
（5）准备阶段要求：准备自己在各项议题上要达到的目标；应该采取的手段和策略；以及自己的文化角色，即一举一动、一言一行都要与所扮演角色的文化价值相一致，不能按个人的个性特点行事。

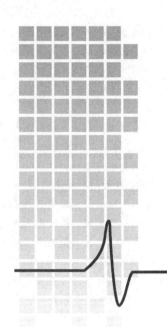

第 5 章

跨文化团队建设

教学目标

通过本章的学习，了解团队的定义和特征，掌握团队和群体的区别和联系，掌握团队的理想状态和不理想状态等相关理论。掌握跨文化团队的三种类型，跨文化团队的优势和劣势，以及跨文化团队的建设方法。

教学要求

知识要点	能力要求	相关知识
组建团队的必要性	(1)团队理论的了解和把握；(2)组建团队和团队管理的能力	(1)团队的定义和特征；(2)团队的理想状态；(3)团队的不理想状态；(4)对团队假设的检验；(5)团队合作的必要性
跨文化团队相关理论	(1)对跨文化团队理论的理解；(2)跨文化团队管理的能力	(1)跨文化团队的类型；(2)跨文化团队的优势和劣势；(3)跨文化团队的合作基础
如何打造优秀的跨文化团队	组建优秀的跨文化团队的能力	(1)打造优秀的象征性文化团队；(2)打造优秀的双文化团队；(3)打造优秀的多文化团队

第 5 章 跨文化团队建设

> 团队合作是企业成功的保证，忽视团队合作是无法取得成功的。
>
> ——比尔·盖茨

■ 基本概念

群体　　团队　　团队的理想状态　　团队的不理想状态　　跨文化团队　　象征性文化团队
双文化团队　　多文化团队　　组织文化

■ 导入案例

狼的进攻策略

我们在电视上经常看到狼进攻野牛的镜头，一群狼追逐凶悍庞大的野牛群，如果哪头稍微弱小的野牛不幸被狼群盯上，那么它就很难再逃脱狼口了，试想体重只有四五十公斤的狼怎么可能捕获大于它自身数十倍、一千多公斤的野牛呢？它们所依靠的正是"狼阵"的优势。

狼群将野牛确定为攻击目标后，会先将奔跑中体弱的野牛隔离出来，进而逐渐包围。经过短暂的对峙之后，狼群会突然发起进攻，当然，它们并非乱作一团地群起而攻之，而是非常默契地互相配合，分工合作。身体强健的公狼咬牛颈，而其他狼群则咬住牛腿将其扳倒，在最短的时间内将野牛击毙。最后，大家就可以共同享受这顿美餐了。

点评：小团队可以做大事情。

随着时代的发展和科技的进步，人类文明的发展速度越来越快，而团队则是在快速而激烈的竞争中取胜的法宝。技术的复杂化和分工的精细化使得单个人很难再像前工业时代一样独当一面，团队合作的好坏将决定一个企业甚至是一个国家能否在竞争中取得胜利，在世界文化的快速交流和融合中，跨文化团队的管理同样显得越来越重要。本章主要介绍团队及组建团队的必要性、跨文化团队及不同类型跨文化团队的组建方法。

5.1　组建团队的意义

人类社会进入 21 世纪，全球化、信息化已成为明显的时代特征，企业间的竞争也变得越来越激烈，企业只有提升自身的整体实力才能在竞争中立于不败之地。尤其是社会分工日益专业化，员工在各自的岗位上拥有的知识、技能越来越有局限性，此外，员工不再满意原先单调、枯燥、重复的工作和被动地接受上级的命令和指示，员工也不再单纯地把工作作为谋生的手段，他们开始把工作作为一种生活方式，希望在工作中找到乐趣，在工作中寻求自我发展和实现自我价值。人是企业的核心竞争力，然而人的个体认知是有局限性的，每个人都有自己在工作中的短板，如何扬长避短以实现 1+1=2 甚至 1+1>2 的效果则成为企业管理中的一个重要问题。只有团队才能最大限度地整合企业的人力资源，提升企业实力。

5.1.1 团队的定义和特征

关于团队的定义众说纷纭，美国的麦格拉斯(1984)认为团队是由两个或两个以上的人组成的集体，其成员在某种程度上有动态的相互关系；王朝晖认为，团队是为实现一个共同目标所进行的组织内部人员之间或内外部人员之间的任何形式的协作[①]。贾砚林、颜寒松等认为，一个真正的团队应该有一个共同的目标，其成员的行为之间相互依存、相互影响，并且能很好地合作，以追求集体的成功[②]。可见学者们对于团队的看法各有侧重，那么如何认识团队呢？首先有必要弄清楚团队与群体的关系。

1. 群体的概念

群体是由具有特定社会关系结构的一群人组成的一个整体，一个系统。所谓社会关系结构，是指谁和谁发生互动关系及他们的互动方式的形态，互动就是沟通和交往，包括言语沟通和非言语的沟通与交往。

为了更好地理解群体，我们有必要对人群与群体做一下区分。组成一个人群的多个个人的互动方式表现为不稳定、稀少性和短暂性。例如，在街头偶然相聚的一群人或同乘一部公交车的人们，他们的互动就具有短暂、稀少等特征，也没有稳定的互动关系。而群体的成员互动表现出一定的稳定性、频繁性和持续性，成员之间的沟通具有一定的深度，这些互动特征反映了群体内部的社会关系具有一定程度的结构化特征。群体内部的社会关系结构化达到一定的程度，而人群内部的社会关系几乎还没有形成结构。因此也可以说，群体是一个由人们组成的互动关系结构化的稳定系统。

在一个相对狭小的地理环境中进行互动和相互影响的一些人是一个群体；而分布在广泛的地理范围内的人们通过互动和相互影响也能够形成一个群体，如现代互联网带来的网络虚拟群体。

群体的概念通常是指成员数量有限的小群体。但是这个有限的数量又难以确定。因此，有的学者从成员相互认识这个特征来定义小群体。也就是说，小群体的成员彼此是相互认识的，至少彼此知道谁是谁，知道谁是群体成员和谁不是群体成员。由于人数比较有限，小群体的成员通常能够进行面对面的直接沟通。但今天的网络通信技术和国际互联网突破了人际沟通的地域限制，人们可以分散在世界各地而形成一个在网上沟通的小群体。

从不同的角度和标准出发可以对群体进行分类。根据成员互动关系的结构化程度不同，群体可以分为正式群体和非正式群体；根据群体建立的基础和目标，可分为初级群体和次级群体；按照具体功能可将群体分为活动群体、个人成长群体、学习群体和问题解决群体。

2. 团队与群体的区别与联系

团队是一种特定的正式群体。比较小的组织，整个组织可能成为一个团队。但在大型社会组织中，由于成员分工，可以存在多个团队。

一般群体与团队有共同性，因为前者也需要合作和协调才能实现群体目标和业绩。团队

---

① 王朝晖. 跨文化管理[M]. 北京：北京大学出版社，2009：202.
② 贾砚林，颜寒松，等. 团队精神[M]. 上海：上海财经大学出版社，1999：3.

第5章 跨文化团队建设

具有任何正式群体的一些共性，尤其是合作程度较高的群体非常类似于团队。但是团队作为一种特殊的群体，与其他的一般工作群体又有重大区别。在许多方面，团队都表现出与一般工作群体的区别。这些区别，有的主要是"有"与"无"的区别，有的则是程度上的差别。

（1）目标认同的不同。团队成员高度认同团队目标，而一般群体认同共同目标的程度比较低，或者没有明确的群体目标。

（2）奉献的意识不同。团队有一个成员共同信服的目标和共同的责任感。例如，这个目标可能是"使我们的企业成为行业第一"，或者"提供最优质的服务"等。而普通群体虽然也有一个群体的目标，但是成员对群体目标的信服和认识未能达到高度的一致。团队成员有强烈的为团队奉献的意识，而一般的群体缺乏这种意识，或者意识比较淡薄。

（3）合作程度不同。团队有高度自觉协作的意识。虽然普通的工作群体也有协作和集体的目标，但是团队的协作程度远远高于普通群体。普通群体的成员可能和睦相处，但可能缺乏共同协作，而团队成员不仅要和睦相处，更要共同协作、自觉协作。一般群体的合作在很大程度上依靠管理压力来维持，而团队的协作主要是自愿的。

（4）对群体目标的评价标准不同。在评价标准中，团队目标高于个体目标。团队强调集体整体性目标，个体目标的意义是次要的。普通群体也有集体的目标，但个人目标得到强调。团队目标的成功就是个人业绩的价值所在，如果团队目标没有实现，则任何团队成员个人的业绩没有根本的意义。而普通群体评价成功的标准是，即使集体目标失败了，但其中的个人仍然可能被认为是成功的。

（5）个人业绩与群体业绩的关系不同。团队的工作任务和责任虽然也要再分散到个人，但这些个人的任务和责任导致的个人业绩没有独立的意义，而是构成团队业绩的有机组成部分，即团队的个人业绩的意义包含在群体业绩中。而普通群体内成员更多的是各干各的任务，任务、责任和业绩主要分散计算到个人头上。

（6）相互信任程度不同。普通群体内的互动缺乏足够的相互信任，内部竞争意识强，合作意识比较弱。而团队内人们相互信任、相互合作的意识强过内部竞争意识。为了激发个人或团队内各个小组的潜力，团队也可能采取内部竞争的工作方式，但团队内部的竞争控制在一定的限度内并且采取"温情竞争"的方式。过度激烈的内部竞争会破坏凝聚力。

（7）个人与群体的利益一致性不同。团队中个人利益与团队利益的一致性程度很高，而一般群体中个人利益与群体利益的一致性程度比较低。

（8）沟通质量不同。普通群体内部由于竞争意识过强，相互沟通存在很多障碍。而团队由于合作意识强过竞争意识，相互沟通质量很高，信息高度分享，相互之间高度信任，不同意见可以得到很好地交流。与非团队相比，团队内的人们相互沟通更加真诚坦率。真诚坦率的沟通强化了相互的信任和合作意识。非团队内的人际关系，由于相互信任度比较低，合作意识比较弱，相互戒备的心理成为坦诚沟通的障碍。

（9）矛盾性质的不同。团队内的矛盾更多的是对事物的看法和处理方法的意见的不同，而一般群体内的很多矛盾属于人际关系紧张的矛盾和个人利益与群体利益的矛盾。团队内部矛盾可以通过公开争论得到解决，而一般群体内的矛盾很多是不公开争论的，因此可能导致严重的冲突。

（10）决策权力分配的不同。团队的领导对成员授权很多，而一般群体的领导和管理者将权力集中在自己手里。团队成员享有高度的自主管理权和决策权，而一般群体成员没有这个特点。

（11）分工的不同。团队内的分工具有更大的灵活性，团队内的角色经常转换；而一般群体内的分工和角色是比较固定的，不灵活的。

（12）凝聚力的不同。团队的凝聚力很强，而一般群体的凝聚力比较弱。团队成员有强烈的群体归属感，人际关系融洽；而一般群体存在比较多的人际关系紧张情况，成员的群体归属感弱。

3. 团队的概念与特征

通过与群体比较，我们可以更清楚地把握团队的概念，根据以上比较，本书所讲团队是指由两个及以上的人基于相应的目标组成的具有相互影响、相互合作关系，旨在更好地实现目标的一个集体。在此定义中，团队具有以下特征。

（1）团队至少有两个成员。团队首先是一个群体，一个人不仅不能叫群体，甚至都不能叫组织，更不是团队。团队的根本活动方式是合作，只有两个及以上的成员才能形成一个组织和一个群体，才具备成员相互合作的基础，才满足团队的成员要求。

（2）团队的规模有限，以确保团队的成员都充分了解且互相发生影响。团队是两个及以上的人组成的，但团队的规模并不是越大越好。团队高度的合作性和凝聚力决定了团队规模的有限性。合理的团队规模使得团队的相互沟通、相互协调、在同一问题上形成相同看法成为可能，太大的团队规模不仅会使沟通出现问题，导致团队成员之间不能有充分的影响，并且在协作过程中往往会因为沟通成本的提高而降低团队运行效率。

（3）团队成员间互相依赖。一个好的团队里成员的互补性是必不可少的，团队成员之间的关系是相互影响和相互合作的。这就要求团队里各成员在技能、性格等方面有所不同，有所侧重，在实现团队目标的过程中集所有成员所长，补团队所短。再加上团队成员之间的高度信任就形成了团队之间的互相依赖。

（4）团队在时间上有连续性。

5.1.2 团队的理想状态

由于个人能力的局限性，在做一项复杂的工作时，个人的判断往往不是最科学的，所以团队的重要性便凸显出来。团队的理想状态是指团队里各成员在最佳配合状态下取得的业绩，即团队的整体业绩大于团队里各成员业绩的总和，如图 5.1 所示。

团队人数		团队产出
1	=	1
1+1	≥	2
1+1+1	≥	3

图 5.1　团队的理想状态

当然，这基于人们对团队的基本假设，主要有：

（1）当个人在与他人一起工作时，由于同伴的激励作用，有可能将个人最闪光的一面发挥出来。

第5章　跨文化团队建设

（2）团队绩效优于个人绩效。当一群人在一起工作时，常常能够完成单人无法胜任的工作。

（3）团队成员各自的背景不同，知识结构不同，在一起讨论问题时，会有不同的角度和眼光，可以达到集思广益的效果。

（4）团队做出的决策会比个体的决策更客观更准确，更少偏差。

（5）用团队方式运作的企业更灵活，更适于应对组织变革。

正是基于对团队的上述认识，越来越多的优秀企业都以团队方式运作企业。惠普公司就是这方面的代表。

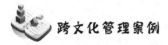
跨文化管理案例

惠普公司的团队建设[①]

在计算机行业，新产品的开发周期越来越短。要在这个行业中立足，计算机公司必须不断地进行产品的开发，并加快开发的速度。惠普公司已经做了这方面的尝试，该公司曾在短期内取得过一个很大的成功，就是Kittyhawk个人存储模块的开发。这个模块重量为28.3克，大约有火柴盒那么大，但这张磁盘的容量非常大，可以存储20本长篇小说。

惠普公司仅用了10个月时间就成功地把Kittyhawk搬上了市场，如果用传统方式，其开发周期会长达两年之久。惠普实现快速开发的秘密是什么呢？答案是团队。

由一批惠普工程师与市场营销人员组成紧密协作的团队，他们把自己关在一处居所，远离惠普的软盘部。团队成员们认识到，如果自己单独做，在规定完成任务的时间内很难有所突破。为此，他们与其他公司建立了特殊的合作关系。Kittyhawk的电路是美国电话电报公司的微电子小组设计的，文件的读和写磁头是里德·莱特设计的，而产品制造程序是由日本的西铁城手表公司帮助设计的，现在西铁城公司又为惠普生产Kittyhawk。运用一个团队来协调整个项目，使之顺利完成，避免了传统管理方式中"红头文件"给大公司的开发工作带来的障碍，使他们能够进行多种投入和做出快速决策。

惠普公司在这一项目上的成功，则将团队的理想状态淋漓尽致地体现了出来，正是由于团队的作用，在各领域有不同专长的工程师充分合作，弥补了个人的不足，这一项目才以取得巨大成功。

5.1.3　团队的不理想状态

在现实中，团队状态往往不尽如人意，团队的绩效远远低于个体的绩效。直观的表示如图5.2所示。

团队人数		团队产出
1	=	1
1+1	=	1(或1/2)
1+1+1	=	0

图5.2　团队的人数与产出

那么是什么原因导致团队绩效低于个人绩效的不理想状态出现呢？就我国的情况来看，根据陈晓萍(2004)的调查，主要有以下几个方面的原因：

---

① 黄煜峰，荣晓华．管理学原理[M]．大连：东北财经大学出版社，2002：204－205．

（1）团队带头人方面：①无个人魅力；②经验、能力不够；③刚愎自用，独断专行；④对下属不信任，授权不清；⑤无沟通协调能力；⑥以权谋私，奉承上级，欺压下级；⑦缺乏团队核心人(没有领导)；

（2）团队成员方面：①人心涣散，没有士气；②明争暗斗，互相排挤；③遇事推诿，人浮于事；④缺乏创新，固守老套；⑤相互不信任，没有凝聚力；⑥责权利不清晰；⑦不合作。

其造成的结果是，整个团队：①不能按时完成预定计划或任务；②没有明确目标；③管理混乱，奖惩不公；④各自为政，自行其是；⑤以小道消息为主要沟通渠道。

5.1.4　对团队假设的检验[①]

通过前面的分析发现，团队在工作的过程中产生的各种各样的问题，总是会导致团队的失败。下面我们来对团队的假设一一进行检验。

假设 1：当个人与他人一起工作时，由于同伴的激励作用，有可能将个人最闪光的一面发挥出来。

最早的关于团队的研究大概可以追溯到 Triplett(1879) 的踩自行车研究和绕钓鱼竿线圈的研究。他先让单个人自己踩，记录速度；然后让两个人或 3 个人同时踩，记录速度。发现 3 个人同时踩 3 辆自行车的速度比每个人自己踩自行车的速度要快。绕钓鱼竿线圈的实验结果也是如此。也就是说，当你边上有人与你做同一件事时，你会情不自禁地想比那个人做得更好，表现更出色。

但是后来的实验研究发现，并不是在所有与他人一起工作的情况下都是如此。拉塔内与她的同事在 20 世纪 70 年代做过一系列的实验，却发现当个体与他人一起工作时，个人实际付出的努力比他(她)单独工作时减少了，并称这类现象为"社会懈怠"。在一个实验中，他们先让实验参加者单独用最大的力气拉一根绳子，记录用力的程度。然后把四五个实验参加者组合在一起，共同用最大的力气拉一根绳子，再记录用力的总量。结果发现用力总量小于个人单独拉时力量的总和。在另一个实验中，他们让实验者大声喊叫，记录声音的分贝数，然后让一组人共同大声喊叫，记录分贝数，结果与拉绳实验相似，总数小于部分之和。这些实验表明，个人在与他人一起工作时，不是更努力而是更懈怠，有"浑水摸鱼"之嫌。

仔细分析他们用的实验范式就能发现一个重要的区别。在 Triplett 的实验中，他只让两个或多个人在一起做事，但这些人彼此之间并无交互作用，他们是各自做各自的，并没有一起踩一辆自行车或绕同一根钓鱼竿线圈。但在拉塔内的实验中就不同了，一组人同拉一根绳子或同时在一间屋子里叫喊，组员之间彼此有了依赖。正是这种"互赖"状态造成了个体组员的懈怠。而我们在定义团队时，"互赖"是其中的一个重要条件。

假设 2：团队绩效优于个人绩效。当一群人在一起工作时，常常能够完成单人无法胜任的工作。

这个假设也受到了很多实验结果的挑战。萧(1981)在她的《团队动力学》一书中总

---

① 陈晓萍. 跨文化管理[M]. 北京：清华大学出版社，2005：205 - 208.

结几十年来的团队研究,详细讨论团队绩效及产生绩效的条件。结果发现,团队绩效是否优于个人绩效得看团队所做的工作任务性质。如果是可加性任务,那么团队绩效一定优于个人绩效。例如,团队的任务是要将一件很重要的仪器从一间办公室移到另一间办公室,一个人搬不动,这时,团队成员越多可能就会搬得越快,"人多力量大"在这样的任务上表现最明显。如果是离散型任务,团队的绩效最多等于团队中最佳成员的绩效,不会超过。又如,公司举行部门之间的知识竞赛,如果市场部有一个成员知识渊博,那么这个成员就能保证市场部的优良成绩。但如果是连锁型任务,团队的绩效就会远远低于个人绩效的总和,这时团队中绩效最差的成员会决定团队的绩效。再如,公司举行登山比赛,决定某一部门成绩的就是团队中爬山爬得最慢的那个人,在这种情况下,只有帮助绩效最劣的那个成员提高,才能提高团队的业绩水平。除了这些类型的任务之外,还有一种常见的是判断型任务,高管团队常常要做的决策就属于这类任务。这类任务通常包含很多的不确定性因素,也不存在绝对正确的答案。研究发现,在这类任务上,团队的绩效一般能达到团队中第二名最佳判断者的水平。由此可见,团队绩效并不总是优于个体绩效。

假设3:团队成员各自的背景不同,知识结构不同,在一起讨论问题时,会有不同的角度和眼光,可以达到集思广益的效果。

这个假设常常是组成专家小组的最基本期待。一群人聚在一起讨论问题比一个人单独思考思路要全面,因为各自的专业领域不同,知识结构不同。但实验发现,事实并不是假设的那样,斯戴塞与他的同事曾做过一系列的实验来研究群体在做决策过程中分享和讨论信息的情况。他们的实验做得很细致巧妙。首先他们随机将3名实验参加者组成一个团队,团队的任务是从3名候选人中挑选出一名做学生会主席。他们给每人一页纸的信息,纸上描述了3个学生会候选人的背景材料、性格特征,以及其对学生会使命的看法。但在这些信息里,有的信息是所有人都得到的,称为"共同信息";有的信息是某一位实验者独自拥有的,称为"独特"信息。实验参加者先单独阅读信息,然后开始一起讨论,整个讨论过程都被录音录像,完成后做数据分析。分析的结果表明:①小组成员倾向于讨论共同信息,而且是讨论了又讨论,不知厌倦;②独特信息被某个成员提起,但没有多久就被大家忽略,又回到共同信息的讨论上,只有1/3左右的独特信息得到了较充分的讨论。也就是说,在讨论过程中,大家有求同的趋势,对各人独享的信息(假设中的专长部分)感兴趣的成分反而小,与假设相悖。

假设4:团队做出的决策会比个体的决策更客观准确,更少偏差。

这个假设则从未得到来自实验结果的支持。从最早的斯坦纳的实验,到以后大量的研究团队决策的实验,都发现相反的证据。例如,斯坦纳发现,团队做出的决策比个体决策的平均导向更为冒险,从而提出了"群体冒险转移"的概念。为了重复验证这个实验结果,在以后的几十年时间里,不同的研究者用不同的工作任务、实验情境,以及团队的规模来研究这个现象,结果发现群体决策并不总是更为冒险,有时相反,是更为保守。但无论如何,群体决策总是比个体决策的平均导向更走"极端",很少居中。

团队决策的结果事实上也受到许多因素的影响,如决策程序,先讨论什么议题,后讨论什么议题,可能会影响到结果;又如决策的方法,是公开举手投票,还是无记名投票,是少数服从多数，还是必须全体通过，也会影响结果。美国著名的研究群体决策的心理学家戴维斯与他的同事曾经发现，如果让3个倾向于做无罪判决的陪审团成员先发表意见，或者让3个倾向于做有罪判决的成员先发表意见，对第4个陪审团成员的意见会有很大的影响。此外，让成员同时举手发言和按顺序发言也会对结果有影响。决策程序同样影响团队决策结果。如果让一个陪审团先给被告做一级谋杀的定罪，如果不同意，再做二级谋杀的定罪，如果还是不同意，再做正当防卫的定罪，这样的定罪顺序做出来的审决比另一种顺序就要严厉得多。另一种顺序是，先做正当防卫的定罪，如不通过再做二级谋杀的定罪，再不通过才做一级谋杀的定罪。可见，讨论同一个议题，议题方案的讨论顺序不同，决策结果可能就会不同，所以，团队决策并不一定偏差更少。

关于团队决策的另一个重要研究结果是詹尼斯定义的"群思"。他从众多的实际群体决策中发现，许多重大决策之所以导致不堪设想的后果就是因为团队陷入了"群思"的缘故。例如，美国肯尼迪时期发生的"猪湾事件"，以及后来发生的"挑战者"悲剧，都是如此。也就是说，当一个团队非常团结、非常和睦的时候，成员就不愿意为了说出自己真实、有挑战性的想法而破坏和睦的气氛，结果顺从了大多数人可能是错误的意见，从而降低了团队决策的准确度。群体凝聚力越高的团队越容易出现"群思"的现象。

假设5：用团队的方式运作企业更灵活，更适于应对组织变革。

与前面的4个假设不同，这个假设得到了实践的充分支持和证明。相对于传统的金字塔结构，利用团队运作的企业要灵活得多。

5.1.5 团队合作是时代发展的必然

尽管有关团队的假设没有得到完全的验证，但团队合作已成为时代发展的必然，越来越多的优秀企业以团队的优势运作企业。

1. 没有完美的个人，只有完美的团队

《福布斯》公布的"2004年度中国大陆富豪排行榜"中，盛大网络董事长兼CEO陈天桥以12亿美元的身价跻身前三名。在这个对英雄依然非常崇敬的时代，陈天桥花费了不到5年的时间就已拥有了令人炫目的财富与成就，他究竟是如何成功的呢？

陈天桥自己认为，他成功的秘诀是依靠团队的力量！盛大公司创业初期的五人团队到如今一个都没有少，陈天桥对此颇有感慨："如果没有一个互相信任，高效协作的团队，单凭个人的力量，即便自己表现得再完美，也很难创造出很高的价值，盛大也就走不到今天。"陈天桥的话印证了一句话，那就是——没有完美的个人，只有完美的团队。

时代需要英雄，更需要伟大的团队，一个人的智慧再高，能力再强，处于迅速发展的信息时代，对不断更新的知识也无法做到全面掌握；表现得再出色，也无法创造出一个高效团队所能产生的价值。所以，一味强调个人力量、个人作用的观念本身就已经渐渐为时代所淘汰，团队合作的重要意义在以企业为竞争主体的市场经济条件下表现得越来越充分。

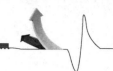

第5章 跨文化团队建设

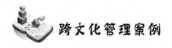 跨文化管理案例

希丁克的团队训练[1]

在2002年的"世界杯"中,虽然西班牙球队拥有豪华的明星阵容,但最终还是输给了韩国队,真的是韩国足球队员球技猛增,以至于连西班牙这样的世界强队都无法战胜吗?

当时的韩国队主教练希丁克非常清楚,其实真正让西班牙栽跟头的是西班牙球队自己。正是因为西班牙球队球员都太注重个人价值,形成无形的激烈竞争,才会使各位队员在彼此之间生出防范甚至是嫉妒之心,最终在这样一个11人协同作战的方阵中无法形成正常的团队精神,最终被淘汰出局。

早在希丁克训练韩国队的时候,他就反复强调"团队"的真正要义所在,并且一再指出:"在组织中,团队绝对比个人优先。要警惕伤害团队协作的个人技术。"为了培养众人的团队感,希丁克对于媒体只关注个别球员的行为非常警惕。如果媒体只集中关注部分明星球员时,他就会对新闻官下达类似的严令:"到'世界杯'前让国家队23名球员全部都能登上报纸和广播,已经接受过一次采访的球员,以后就不能再接受正式的采访。""国家队不是只靠几名明星组成的球队。"希丁克一贯信奉的成功哲学是:"23名球员是一个整体!"

当然,为了在比赛中取胜,明星球员对于整个球队来说确实是必不可少的,但如果团队的整体力量因"明星球员"而瓦解,那无疑是本末倒置的做法,取胜也就更困难了。由此,即便是在某场重要赛事上取得了胜利,希丁克也不会专门对某位球员进行个别表扬。他只会说:"今天取得胜利是所有球员相互合作的结果!""我们队的优点是,不管上场比赛的队员或是没上场的队员,都在相互协助和支持。""我自始至终称赞以勇猛斗志进行战斗的全队同伴。不管有没有上场进行比赛,所有的球员都是最棒的。"

希丁克的这些话语之中清楚地表明了他的态度:"能打进16强是包括坐在长椅上的全体23名球员及4 500万红色的韩国人民一起团结合作的成果。"

希丁克的执教理念,就在于他深刻地认识到,想要打造一支成功的足球队,就必须要让球队的每位成员都真正体会到"只有完美的团队,没有完美的个人"这一道理。

任何一位球员,他高超的技艺、良好的临场应变能力等对于球队的胜出都起着至关重要的作用,但与此同时,即便是一位天才般的球员,如果只依靠个人的力量,想要取胜也不过是天方夜谭。穿行于运动场的11名球员如果相互之间缺乏团结协作的精神,那就等于在交战之前挂出了白旗。只有将11个人——一个整体的力量发挥到极致,才能为整个团队带来最终的胜利;而只有整个团队胜利了,个人才是胜利的;反之团队输了,个人的表现再神乎其技,也无力挽回整个败局。

类似的例子还有很多,再来看海尔公司的例子。

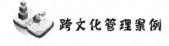 跨文化管理案例

海尔的团队合作[2]

某天下午2点,一位德国经销商打来电话,要求海尔必须在两天内发货,否则订单自动失效。两天内发货意味着所有的货物必须于当天下午全部装上船,而此刻已是下午2点,如果按海关、商检等有关

---

[1] 杨立军. 打造伟大的团队精神[M]. 上海:学林出版社,2007:20-21.
[2] 同上:24-25.

161

部门下午 5：30 下班来计算，只剩下 3 个小时的时间——按照惯例，做到这一切几乎并不可能。

如何将不可能变成可能？海尔所有团队成员在张瑞敏的调度下，采取了齐头并进的方式，调货的调货，报关的报关，联系船期的联系船期……所有人都全身心地投入到工作中，抓紧每一分每一秒，使每一个环节都力图没有失误，顺利通过。

当天下午 5：30，那位德国经销商接到了来自海尔货物发出的消息，感到异常吃惊。随后，这份吃惊被转为感激，那位经销商打破了多年来的惯例，竟然向海尔公司写了感谢信并积极赞誉海尔人"团队至上"的精神。

海尔公司神奇般的崛起和茁壮成长，不仅取决于它的统军人物张瑞敏，同时也得益于张瑞敏麾下整个团队每位员工的共同努力。

正因为团队充分运用了每个成员的智慧，将每一个"一己之力"联合起来，才使得片片雪花滚出了一个大雪球。也正因为领导人对团队精神极度重视并将其纳入整个企业文化之中，时刻将团队精神灌输于企业中的每位成员，让他们感到个人与团队是同进退共命运的共同体，才有了海尔人在关键时刻主动将个人置于后而将企业放于前，自动自发地积极应对企业所面临的各种难题。事实证明，这同海尔的价值观"人的价值高于物的价值，共同价值高于个体价值，共同协作的价值高于独立单干的价值，社会的价值高于利润的价值"是协同一致的，而这种优秀的团队所发挥的能量无疑是巨大的。

不可否认，现在许多大公司、大企业，尤其是在那些以技术型工作为主的企业中，人们都十分重视技术能力的学习与提高，甚至全身心地投入到技术研发中去——这固然是成为优秀员工的重要条件，然而值得提醒的是，过于夸大个人的力量，完全由个人主宰世界的情节如今只可能出现在一些不切实际的电影中，迷信完全以个人为主的人们往往很难取得更大的成就。

世上没有完美的个人，只有完美的团队。1+1>2 的团队效率是任何企业都梦寐以求的。由此，一个企业内若充满了团队意识的氛围，那就意味着这个企业必定具有良好的凝聚力和十足的战斗力。个人为轻，团队为重，团队精神是一个企业同心协力不断向上的原动力，它会让每位团队成员产生一种归属感，觉得为团队做出贡献就等于是在为自己争得荣誉。可以说，一个企业的团队意识越强，它的生命力就越旺盛、越长久，而士气高昂、活力充沛的团队可以将整个企业牢牢地捆在一起，更好地发挥整体的作战力量。

2. 小成功靠自己，大成功靠团队

哈佛大学做过一份关于获取成功所需要素的比例，在小事和大事成功上各要素的比例如下：

大事成功：专业能力占 80%，人际关系占 10%，观念占 10%。

小事成功：专业能力占 20%，人际关系占 40%，观念占 40%。

毋庸置疑，这组数据有力地揭示出，小成功靠自己，大成功靠团队。如果只想获取一些小小的成功，依靠自己的专业知识和出色能力或许绰绰有余，但若想成就一番大事业，仅凭单枪匹马的个人行为已经难以达成，唯有善用团队的力量，发挥众人的才智，才能成就大事业，获取大成功。

据统计，诺贝尔获奖的项目中，因协作获奖的已经占到 2/3 以上，在诺贝尔奖设立的前 25 年，合作奖项占到 41%，而现在则跃居 80% 以上。一个由相互联系、相互制约的若

第5章 跨文化团队建设

干部分组成的整体，经过优化设计后，其整体功能将会大大超过部分之和，产生个人无法企及的高度。个人凭借其出色的能力和聪慧的头脑或许会产生与众不同的思路，率先于众人找到一片蓝海，发现更大的商机，但在这之后，如果他仅仅只依靠个人而不借助于团队的整体力量，则他的成就早晚会被知悉个中情况的其余团队赶超并打败。所谓"双拳难敌四手""寡不敌众"，众人的联合无疑更能超越单独作战的实力。

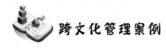
跨文化管理案例

两个钓鱼高手的故事①

两个钓鱼高手一起到鱼池旁垂钓。这两人各凭本事，各展身手，都大有收获。这时鱼池来了十多名游客。看到两位高手轻轻松松地钓了这么多鱼上来，都是心生羡慕，蠢蠢欲动，于是都来试试自己运气如何，然而游客们怎么钓都不怎么有成果。

其中一位钓鱼高手性情孤僻，不爱搭理人，他朝他们看了两眼，继续独享独钓之乐；而另一位高手则是个热情豪放之人，他看到游客根本就没有掌握钓鱼的技巧，就对他们说："这样吧，我来教你们钓鱼，如果你们学会了我传授的诀窍而钓到一大堆鱼时，每十条鱼就分给我一条，不满十条就不必给我了。"

众人大喜，双方一拍即合。一天下来，这位热心助人的钓鱼高手把所有时间都用于指导垂钓者，最后收获了满满一大桶鱼，还认识了一大群新朋友，备受尊崇。而同来的另一位高手，既没有享受到与众人同乐的快感，虽然钓了一整天，收获也远没有同伴的多。

依靠一人之力，经过辛勤耕耘后你可能会获得三分的成就，而借助于团队的力量，取得十分的成就比起个人辛苦所得的三分成就未必更难。由此，当你以一人之力不能应付时，学会与他人合作，走优势互补和强强联合之路，这对如今的企业来说无疑是一条更行之有效的成功之道。

在如今专业化分工越来越细密的时代，虽然单打独斗的个人英雄主义能够得取得一定成就，却无法打败各个强大的团队。在没有血腥却相当残酷的竞争中，任何人都不可能孤独地生存，人不可能单枪匹马地完成每一件事。找到志同道合的合作者，与其成员建立友善的人际关系，在团队中赢得好人缘，这样才能在竞争中占据优势，稳操胜券。

3. 团队精神是企业的核心竞争力

团队精神是团队成员为了团队的利益与目标而相互协作、尽心尽力的意愿与作风。团队精神主要包含3个方面的内容：在团队与其成员之间的关系方面，团队精神表现为团队成员对团队强烈的归属感与一体感；在团队成员之间的关系上，团队精神表现为成员间的相互协作及成为一体；在团队成员对团队事务的态度上，团队精神表现为团队成员对团队事务的尽心尽力及全方位的投入。

当今时代科学技术迅速发展，人们的工作方式越来越趋向于集团化而非过去以个人为主的工作模式。团队精神越来越成为现代企业精神的重要组成部分，是促进企业凝聚力、竞争力不断增强的内在精神动力。综观现今各大卓有成效的公司企业，无一不具有这样一

---

① 杨立军. 打造伟大的团队精神[M]. 上海：学林出版社，2007：28-29.

个共同点,即企业内部是一个整体,上下同心,各部门相互支持协调一致,为了共同的发展目标而团结协作。

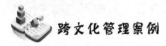

华为集团的"狼"性文化[①]

"胜则举杯相庆,败则拼死相救",这是华为集团团队协作的真实写照。

与华为市场部打过交道的人都知道,他们的营销能力很难超越。刚开始,人们以为这是因为华为人的素质比较高,可是当对手换了一批素质同样很高的人,发现还是很难挑战他们。

最后大家终于明白,与他们过招的远不止是前沿阵地上的几名华为"冲锋队员",在这些人的背后是一个强大的后援团队。这个团队中的成员有的负责技术方案设计,有的负责外围关系拓展,有的甚至已经打入了竞争对手内部,一旦"前方"需要,马上就会有人来增援。

华为通过这种看似不很高明的战术,将其余各国"苦心"圈好的"中国市场领地"搅得七零八落,并采用蚕食策略,从一个区域城市、一个产品入手,逐渐从他国经营者手中夺回更多的中国市场。

1988年前后,这种团队协作的文化被明确为"狼性"文化,华为总裁任正非简洁明了地总结了群狼的特性:①敏锐的嗅觉;②不屈不挠、奋不顾身地进攻;③群体奋斗。

敏锐的嗅觉集中体现在华为对市场发展和客户需要的高度敏感。当年,华为201校园卡、智能网、接入服务器等产品能够快速推出并迅速占据国内市场的主导地位,就得益于这个鲜明的特性。在国际市场开拓的过程中,华为经历了"屡战屡败、屡败屡战,败多胜少,逐渐有胜"的"八年抗战",就体现出了狼性文化中不屈不挠、奋不顾身的精神。

在东欧,给客户安装完产品之后,西门子的工程师都住进了五星级酒店休息,而华为的工程师则卷着铺盖住在现场,所有机器一出现问题,他们会第一时间解决——华为就是靠着这种"小米加步枪"团结一心的精神让竞争对手产生恐惧感的。

许多公司千方百计想猎取华为的优秀人才,但猎头公司一致的看法是:挖到华为几个员工并不困难,但想要猎取华为的一个团队,几乎不可能!

作为竞争对手之一的电信巨子思科深切感受着来自华为的巨大威胁,这些威胁来自华为高超技术性能的产品和服务,而在这背后,是华为不容忽视的严密的团队协作。

华为的崛起,离不开其超高技术性能的产品,离不开其优质的服务,离不开其精英人才,但正如案例中所言,在产品、服务、人才的背后,"是华为不容忽视的严密的团队协作"。正是这种协作精神,才能使华为的众多精英人才汇成一个真正高效的精英团队,在华为所设定的大目标大方向下互相扶持,协同作战,共同前进。

当今企业更多的是合作的项目,现代管理越来越注重"团队"的建立和培养。团队具有巨大的潜力,无数实践表明,以团队为基础的工作方式取得了比任何个人所能达到的更为深远的效果,团队工作提高了员工的道德水平,团队精神激活了僵化的组织,团队比个人更容易取得成功,这已成为不争的事实。

一个高绩效的团队是任何公司想要在市场竞争中站稳脚跟、不断发展壮大所不可缺少的重要资本,打造黄金团队也是当今社会永不磨灭的追求。团队精神是企业的核心竞争

---

① 杨立军.打造伟大的团队精神[M].上海:学林出版社,2007:35-36.

力，团队强大的过程，就是个人成功的过程，就是企业强大的过程，就是实现民族振兴、国家强盛的过程。

5.2 跨文化团队

5.2.1 跨文化团队的类型

根据团队成员文化背景的不同情况，可以把跨文化团队分为3种基本类型：象征性文化团队、双文化团队和多文化团队。

1. 象征性文化团队

象征性文化团队指的是一个团队中，只有一个或两个队员来自不同的文化，其他队员都来自同一种文化。在这种团队中工作的少数成员可以称为"象征性成员"，他比较容易处于某种困境中，如常常感到自己的特殊性，因此与多数成员并不平等，甚至孤独无援。由于在团队中充当的主要角色是"象征"和"代表"，要实现与多数成员的平等交流相当困难。

2. 双文化团队

双文化团队指的是一个团队的成员基本来自两种文化，而且来自不同文化的人员数量相当。在双文化团队中，因为彼此势均力敌，双方就都不害怕说出自己的观点，也不掩饰自己的文化特色，能够更加正视双方的差别，坦率地讨论问题，就可能具备产生有创意的解决方案的潜力。

3. 多文化团队

多文化团队指的是一个团队中，至少会有数量相当的来自三个或三个以上文化的成员。这时，团队内部互动的复杂程度增加了很多，许多问题和现象同时出现，人与人之间如何相识、如何沟通，从何处着眼分析问题，从何处着手处理问题等，都没有统一的规则和大家公认的方法。在这种情况下，常常出现两个误区：一是完全忽视所谓的"文化差异"，直接进入工作状态。二是认为文化多元会带来很多问题，人们常常能够举出许多多文化团队失败的例子，却很少能想出成功的案例。

多文化团队最为主要的一个特征就是多样性，这种多样性同时体现在团队中的管理者、普通成员及团队管理模式上。团队管理者的管理风格和决策方式往往会带有比较鲜明的文化特色，团队中的普通成员也仍然保留着各自文化所特有的基本价值观，从而决定截然不同的需求以及满足这种需求的不同思考和行为表现。除了文化多样性外，团队各级成员由于各自国家的教育体制的不同，在团队中所表现出来的知识结构和技能趋向也是大相径庭。从管理模式来说，团队管理者来自于不同国家也决定着在管理方式上存在着各自的民族特性。

多文化团队的另一个主要特点是学习性。既然文化差异不可避免，那么融合文化差异就成为一条必经之路，因此多文化团队必然是一个学习型组织。团队成员常常通过深度会谈与讨论避开对于陌生文化的习惯性防御，通过不断学习消除抵制协调的无形力量，最大限度地保证由多元性所带来的创新性与多角度。在管理方式方面，可利用多文化的优势，进一步补充和吸收管理能力和经验较强的一方的文化。

5.2.2 跨文化团队的优势和劣势

1. 跨文化团队的潜在优势

由于跨文化团队的成员来自不同的文化，对自己的文化都有根深蒂固的认同，因此一般很难被他人说服，或改变自己的观点。正因为如此，他们在陈述自己的观点时，可能更自信和乐观，更容易发生与来自不同文化背景的成员的思想交锋。而思想交锋的结果就会使整个团队产生更具创意的思想，信息更加多元，而且更不容易产生"群思"。与此同时，经过交锋和争辩的观点一旦被大家接受，承诺的程度就会更深刻、更广泛。

此外，从公司运营的角度，使用跨文化团队还有其他潜在优势，一个优势是可能获得更多的市场占有率；另一个是可以降低费用，并提高生产效率；与此同时还可能改进管理质量，并提高公平性；最后，因为公司强调多元文化，雇用来自各种文化群体的员工，会在很大程度上改变社会文化。

微软公司就是一个很好的例子。微软公司非常注重跨文化团队的建设，团队的成员大多来自不同的国家，团队的成员都对自己原来的文化非常了解，在设计软件产品的时候就有优势使软件适应不同文化的习惯和价值观。例如，在设计 X – Box 的时候，因为考虑到玩游戏的人大部分是美国青年或中年男性，按照他们的身体特征，尤其是手的特征，游戏控制器的设计就比较大。如果按照这样的设计将产品销售到亚洲国家，尤其是日本，很多人会觉得控制器不好用。当时在这个项目小组里，正好有几个来自日本的成员，他们看了控制器之后，立刻将这个问题提了出来，于是就在问题出现之前，修正了控制器的设计，避免了一场可能出现的"灾难"。假如所有成员都是美国人，就不可能发现这个问题，跨文化团队的优势在这里鲜明地显现出来。

2. 跨文化团队的劣势

正因为跨文化团队的成员来自不同的文化，对自己的文化都有根深蒂固的认同，成员的价值观就可能会有相当大的差别。例如，有人来自集体主义文化，愿意舍己为人；而来自个体主义文化的成员就会觉得他们不可理解。再如，有的成员来自权力距离大的文化，他们尊重上级，从不与上级争论，唯命是从；而来自权力距离小的文化的成员可能会认为这些人没有主见，缺乏主动性。因此团队成员之间就难以建立起信任，无法有效沟通，常常处于关系紧张的状态，自然团队成员彼此的认同感就弱，整个团队的凝聚力就弱，团队就可能争吵不休，难以达成共识，难以取得步调一致的行动。

由于跨文化的团队成员长期以来内化的信念和价值观，而其他文化中的成员又不了解那个文化，如果某个成员不能很好地解释或讲解原因（这常常很难，因为那些价值观几乎是与生俱来的），别人又很难去验证，就很可能无法解决彼此之间的分歧或误解。社会心理学的研究表明，共享某种信念或态度的人彼此相吸，而对相同问题有不同看法的人就很难彼此产生好感，因此，跨文化团队的成员之间就难以产生好感，更难建立信任。由于这些原因,跨文化团队成员就需要花更长的时间去了解彼此的观点、文化背景和性格特征,需要花更多的时间去澄清自己的观点,去为自己的观点找证据,去说服他人,就有更多的机会产生误解,而不能取得一致的看法。团队因此变得低效、低产。

5.2.3 跨文化团队的合作基础

团队建设需要着重注意的,显然不是某种文化背景的人习惯吃什么、穿什么,喜欢用什么样的肢体语言,而是一种文化下特有的共同生活、共同工作的方式。这就涉及一个社会的组织文化。

1. 组织文化

组织文化指的是一个社会在漫长的演变过程中,经过积淀形成的,能够帮助人们解读该社会成员在与他们合作时的行为的相对稳定、最为核心的意义系统。如果把一个人在与他人合作完成一件工作时表现出来的杂乱无章、捉摸不透的各种各样的行为看作是要破译的密码,那么他所属社会的组织文化就是密码本。

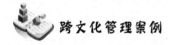
跨文化管理案例

长颈鹿和大象[①]

长颈鹿盖了一所大房子。这是一幢既实用又美观的房子,高高的屋顶让长颈鹿没有一点压抑感,长条状的大门使长颈鹿的进出无比自如,透过细长的窗户能够看到外面优美的景色,狭窄的楼梯过道节省了不少空间,却丝毫不影响舒适度。长颈鹿对自己的房子感到非常满意。

一天,长颈鹿见到了大象,于是长颈鹿很高兴地将大象邀请到家里来做客。大象愉快地接受了邀请。"请进,请进!欢迎光临!"长颈鹿非常热情。大象笑呵呵地跨进房门。可是这时出现了一个严重的问题。大象勉强把头钻进门,身体却被卡住了,怎么也动弹不得。"哎呀,我没想到这个问题。稍等片刻,等我把门拓宽。"长颈鹿似乎恍然大悟,急急忙忙去拿工具卸下门框,又把旁边的墙砸了一些。大象这才进到会客厅里。正当两位在沙发上畅谈时,从楼上传来了长颈鹿太太的声音:"亲爱的,电话。""我上楼接个电话,你随意坐一会,"长颈鹿补充道,"就像在自己家里一样啊!"

大象环顾四周,连连称好。突然他被隔壁套间墙上的一幅画吸引,想到近前看个究竟,不由得起身走了过去……只听"轰隆"一声,通往套间的门顿时垮塌下来。看画心切的大象早已顾不上自己宽大的身躯。看着一片狼藉的场景,大象心想:"坏了,还是上楼找长颈鹿吧!"于是,他又急匆匆地踏上楼梯。没想到脚刚迈上台阶,就听见"咔嚓"一声,楼梯也断裂了。大象不知所措,惊恐地往后退,可由于重心不稳,屁股撞上了一面墙,墙上即刻出现一条裂缝。

听见这么大动静,长颈鹿急匆匆地从楼上下来。当看到这一切时,他惊呆了:"出什么事了?""我把这儿当成自己的家了……"大象一脸无奈。

"我明白问题所在了,门太窄了!你应该减减肥了。附近就有一所健身俱乐部,报名吧!上几节课,你就会苗条的。"长颈鹿说得十分有把握。

"也许吧。"大象将信将疑。

---

① See R. Roosevelt Thomas. Building a House for Diversity[M]. New York:American Management Association,1999:35-39.

"楼梯也太脆弱，载不起你，"长颈鹿继续被充道，"你要是晚上上芭蕾课，肯定体重能减下来，这样你以后就能常来我家里了。"

"也许吧。"大象疑惑地看着长颈鹿，"可是坦白地说，除非做大的调整，否则根据长颈鹿需要建的房子怎么能让大象住在里面呢？"

这个故事告诉我们，跨文化团队的问题在于：我们怎样才能共同建造一座房子——我们的企业，以使所有的不同部门都能在其中得到尊重，找到自己的空间并发挥作用？

一个社会的组织文化根植于其政治文化，即群体利益与个人利益之间博弈的方式。一方面是每个人为了追求个体利益而为所欲为的强烈愿望，另一方面是"没有规矩，不成方圆"，人们无法在没有规则的环境中生存的现实。如何在二者之间找到妥协，以维持自身的生存与发展，每个社会都有其特别的方式。在个体自治与社会管制此消彼长的运动中，体现出社会成员对博弈的特殊关切，最终形成了一个社会特有的个人自治形式和与之相对应的社会管制形式。这就涉及管理实践中的核心问题：什么该管？什么不该管？什么应该由个人自主决定？什么应该由集体强制执行？下面通过对美、德、法三国组织文化进行比较来说明这个问题（表5-1）。

表5-1 美、德、法三国组织文化比较

国别	美 国	德 国	法 国
社会关切	对物质财产的所有权	在集体决定中表达自己的意志	自己（所属等级）享有的特权
捍卫个人利益途径	平等自愿原则下订立明确详尽的契约	决定机制和对集体决定的严格服从	在理性和怀疑的名义下，通过各种方式（法律法规、行业规范、礼仪程式等）强化特权意识
外在表现	合同至上，要求权利和义务都可能被客观公正、可操作性强的具体指标和标准评估	强调决定机制的合法性以保证每个利益相关者的意志都能有所体现；即使集体决定损害个人利益，也不折不扣地服从，不接受变通	从拘泥于规定原则，灵活变通，敢于对抗权威，不服从自己认为非理性的治理，愿意"给别人提供"，而不愿意"服务别人"

对美国人来说，保护自己的利益不受侵犯的最根本的武器是捍卫自己对财产的所有权（美国人把自己的劳动能力也看成是自己的私有财产），而捍卫产权最有效的途径就是在平等自愿的原则下订立详尽精确、没有歧义的契约，以明确双方的权利与义务。这样才能最大限度地行使产权不受任何形式的权威的随意性的侵犯。这也就是为什么诸如"全面质量管理""绩效管理"等契约式的管理方法都源于美国，得到了很好的应用并产生了很好的效果。

在德国人看来，只有参与集体的决定，在集体的意见中体现出自己的意志，才能从根本上保护自己的利益。一旦做出决定，严格按照决定行事当然就成为捍卫自己的权益的最有效途径。因此，德国人对决策机制的重视及在决策机制的创造与创新上，总是比他们的国外合作伙伴更加严肃认真，技高一筹。

法国人通过捍卫自己的荣誉捍卫自己的利益。在法国，每个人都对自己所属群体及该群体在整个法国社会中的身份和位置都有非常明确的认识。这样的群体构成法国社会内部的阶层而有相应的"等级"，每个等级都有在长期的社会博弈中获取的独享待遇、利益和权利（当然也有相应的义务和责任），形成了独特的精神风尚和行为规范。维护与这个等级身份和位置相对应的"特权"就是捍卫这个群体的尊严，巩固它的社会地位。这样，才能保护自己的利益，也就是特权不受侵犯。这也就是法国人敢于坚持真理、据理力争，同时也是法国人被称为"刚愎自用，桀骜不驯，不守规则，难以管理与合作"的原因。

2. 对敏感问题的认识

一方面，各个国家的人们对敏感问题的认识不同，会影响组织文化建设的效果；另一方面，也说明组织文化在跨文化团队建设与管理中的重要地位。下面从两个具体问题入手进行分析。

（1）如何看待批评和惩罚。现代管理学推崇"多用胡萝卜，少用大棒"，即多用鼓励和赞赏，少批评和惩罚的管理理念。随便翻开一本市面上畅销的管理学教科书，可以发现其中出现频率最高的字眼之一就是"激励"。如何激励员工、下属和同事等成为职业经理人必须要掌握的技能。这种技能就是通过多看到他人的优点、长处和进步，用语言和实际行动对其进行承认、肯定、奖励、宣传等一系列措施，激发他人的成就感、创造性、积极性和能动性，以促使其取得更好的业绩。在这个过程中，对缺点和不足的批评和惩罚不仅要在数量上尽量减少，而且要以激励的方式进行。鼓励和赞赏已经成为深入人心的管理"黄金法则"。与此同时，如果深入公司企业中进行调查研究，在谈到上下级关系及同事之间的关系时，我们听到的最多的抱怨之一就是缺乏鼓励和赞赏，每个人都觉得自己的成绩没有受到他人足够的重视和承认，而自己的错误和过失则常常被夸大，得不到应用的谅解。这种巨大的反差当然可以用理论与实践之间的距离解释，同时也反映出处理好批评和惩罚问题的难度。这一问题在跨文化团队管理中就变得更加棘手，因为不同文化背景下的人对批评和惩罚有着不同的解读。我们下面就通过欧美文化与非洲文化的对比，看一下两者在这一问题上的分歧及其背后深层次的原因。

在深受欧洲（特别是西欧）文化影响的社会里，批评和惩罚的教育功能被着力渲染并已深入人心，这十分有助于淡化针对受批评和惩罚者的敌意，减少了他们认为自己受到人身攻击的怀疑。所谓"爱之深，责之切"说的就是这个道理。但是，这种对批评和惩罚的解读绝非不言而喻的。在《圣经》的《诗歌智慧书·诗篇》中，可以找到将批评和惩罚与敌对情绪分裂开来的强烈意愿："若他的子孙放弃我的法令，不照我的命令行事，若是他们违反了我的章程，不遵守我的命令，我必要用棍杖惩罚他们的罪过，也必用鞭子责打他们的邪恶，但我不将我的慈爱撤退。"这种用心良苦的做法只有一个目的，那就是抵制与批评和惩罚相伴的自发性的敌意，从而将上帝对其子民的惩戒描绘成一种慈父的殷切教诲。在那些深受《圣经》教义影响的社会里，我们不难体会到这样的批评观。尤其是当错误被认为是完善自己过程中的一个步骤时,就更容易用积极的眼光看待批评和惩罚了。在这种情况下,大多数西方社会就会毫不费力地将批评和惩罚的行为理解为实施者对其责任的履行,而被惩罚的对象在履行自己接受惩罚的责任(每个人都对上帝负责)时并不会有负罪感。

在许多非洲国家,对待批评和惩罚的态度则大不一样。当一个人受到任何形式的指责时,他立即就会把指责这种行为与敌意联系起来,而把指责他的人看作是敌人或坏人。任何形式的批评都会被视为不怀好意的人身攻击,任何形式的惩罚则被理解为要置某人于死地的阴谋。这样的批评观在非洲国家占据统治地位,即使在最为现代化的企业里也不例外。当然,在这些国家里并不是没有任何能够让批评或惩罚的实施者借以洗脱自己"用心险恶"的罪名,澄清自己"非为一己之私"立场的手段。形式上,都是一旦违反就会祸及自己的强大束缚力。惩罚者会说:"我也是按规定行事,迫不得已。"但是这些手段与西方社会的手段有本质上的差别。

在非洲社会中,实施批评和惩罚者用来对抗妖魔化质疑的束缚力是内在的,即与主体处于同一个现实世界中的人(群体、上级等)。内在的束缚力像任何一个平常人一样,是会犯错误的,是可被腐蚀的、操纵的、迷惑的、收买的,总之是不可能完全公正的。在这种情况下,任何形式的批评和惩罚也自然成为被质疑的对象。这时,通常我们会听到"假公济私"的说法,可实际上抱怨"假公济私"的人却根本不信"公"的公信力。由此,我们不难理解内在束缚力在保护批评和惩罚实施者清白公正的形象不受质疑与玷污时的力量是如此的微弱,以至于对其"恶意"的恐惧无处不在。

在西方社会,内在束缚力是超验性的,如上帝、真理、自然法则、传统等;而超验束缚力是不可收买、不可腐蚀的,其公信力不容置疑。所有的批评和惩罚都是在它的名义下实施的,除非有明确的证据表明相反的事实,实施者会被认为是真相与法律的捍卫者,会在崇高道德意识的指引下秉公执法,慎重地使用法律赋予自己的主观判断力。即使做出的惩罚是极为严酷的,他们也不会被怀疑在"公报私仇"。这样,被批评和惩罚者除了会觉得自己的尊严受到损伤外,绝对不会把批评者、法官甚至刽子手看作是"恶人"或"坏人"。

(2)如何看待失败。在团队合作中,难免会遇到计划受阻、项目流产等集体性失败。具体到每个成员,也会经常出现个人任务完不成或大意失职等情况。作为社会的人,每个团队成员不可能不把自己的行动与他人的行动联系起来,在面对失败时则更是如此。事实上,很多失败的感觉是通过对比产生的。我们可以把变化多样地看待失败的态度大致分为两类:怨天尤人和自我反省。两种态度的含义自然是不言而喻,其中的道理似乎也不用过多解释:自我反省当然是正确的态度。可这只是在抽象、绝对层面上的结论,当把它放在特定的文化背景下时,其是非黑白就不是那么容易判断了,不同的文化对失败都有自己的解读。

在非洲社会里,对失败往往是这样认识的:一些人的失败总是与另一些人的成功联系在一起的。当一个人遭遇失败时,他会马上认为是有人在与他"过不去",从中作梗,或使用什么"魔法"把他应获得的成功剥夺了。在欧美社会,成功与失败则通常被认为只与个人的行为有关:一个人是勤劳还是懒惰,是上进还是颓废等。在这种情况下,如果把自己的失败归咎于他人的阻挠或所谓"不吉利"的影响,就会被认为是在有意逃避自己的过

第 5 章 跨文化团队建设

错与责任。在失败态度上的重大分歧，也可以通过内在束缚和超验束缚解释。对内在束缚的不完全信任使得在特定环境里难免会产生认为他人的存在对自己构成威胁的想法；而被认为是赏罚分明、绝对公正的超验束缚则会使每个人主要从自己的角度认识失败。

5.3 打造优秀的跨文化团队

跨专业团队汇集了具有不同职业技能的人在一起工作，而跨文化团队中出现的差异性问题是跨专业团队所无法比拟的。如何使具有不同信仰、不同价值观和不同行为方式的人们在一起有效合作，并成功实现团队目标，是全球化背景下企业，尤其是跨国公司面临的一大挑战。本节主要讨论如何打造优秀的跨文化团队[1]。

5.3.1 打造优秀的象征性文化团队

象征性文化团队中的象征性成员常常遭到多数成员的打击，或者被戴上有色眼镜看待，或者常被忽视。因此，如果不是出于无奈，在组队时应尽量避免"象征性"成员。在无法避免吸收象征性成员的情况下，要打造优秀的象征性文化团队，应做到以下 3 点。

首先作为象征性成员，必须做到：

（1）认识到自己需要承受的压力，并想办法不断使自己放松。
（2）与其他象征性成员沟通，分享自己的感受，得到他们的支持。
（3）发展自己的技术专长，并宣传自己的技术和能力，而不是突出自己与他人不同的文化特征。
（4）清楚地让别人知道自己在团队里是来一起帮助解决问题的，并努力寻找各种机会表现自己的能力。
（5）主动与多数成员沟通，向他们请教问题，把他们当成专家和自己学习的资源。
（6）学会通过一些外交手段处理令人尴尬的象征性成员与多数成员交往的情境。
（7）培养自己的幽默感，避免把每件事情都看得过于严重。
（8）寻找机会与多数成员建立个人联系，以免自己每次都是面对一个群体。
（9）强调自己与多数人之间的共同之处，避免总是充当少数人的代表。

其次，从多数人的角度而言，为了使象征性文化团队工作更有效，应该做到：

（1）理解身为象征性成员的难处，并经常检点自己对待他们的行为。
（2）为象征性成员提供与多数成员一起工作的机会。
（3）不强迫象征性成员之间必须交往，他们虽来自同一文化，但也可能没有完全相同的价值观。
（4）敢于面对尴尬处境，指出象征性成员的行为欠妥之处。
（5）公平分配资源，确信每个人都能得到取得成功所需要的技能和信息。
（6）帮助象征性成员与多数成员建立关系。
（7）让象征性成员与资历深的多数成员搭档，以便使他们学到发展自己所必要的方法。

---

[1] 陈晓萍. 跨文化管理[M]. 北京：清华大学出版社，2005.

（8）意识到象征性成员之间也是有不同的，不轻易将他们归成一类。

最后，团队应建立公开的程序让象征性成员有与他人一样的发言权，使他们的声音能被所有人听到。如果不建立公开的程序专门留给象征性成员说话的时间，他们也许就没有表达想法的机会，而其他团队成员还可能怪他们不愿对团队的讨论做贡献。

5.3.2 打造优秀的双文化团队

双文化团队与象征性文化团队最大的本质差别就是来自两种文化的成员数目相当。数量的变化导致质量的变化，导致成员心态的截然不同。在这种跨文化团队中，双方完全平等，不存在一方主导、一方被压的状态。大部分合资企业的高管团队就属于双文化团队，这种团队虽然文化平衡，但却是可能产生最多冲突的团队。主要原因在于：

首先，因为体质特征和语言的不同，生活习惯的不同，来自两个文化群体的成员容易产生明显的鸿沟，并将自己文化的成员视为"内群体成员"，而将对方文化的成员视为"外群体成员"。当形成"内外群体"的认知时，会有夸大双文化差异，并用成见知觉对方的倾向。美国学者坎博（1967）曾发现在这种情况下，对于同样的行为，因实施者是"内群体成员"还是"外群体成员"，会有相当不同的解释。表5-2是他举的一些例子。

表5-2 "内外群体"认知对照表

内群体	外群体
自我描述	对外群体的刻板印象
我们自尊自重，并珍视祖先留下的传统	他们自私自利，爱自己胜过爱别人
我们忠诚	他们拉帮结派，排除异己
我们和自己人在一起时诚实可信，但绝不上外国人当	他们总是设法欺骗我们。对待我们时他们毫无道德诚信可言
我们勇敢坚强，我们捍卫自己的权利，不被别人牵着鼻子走	他们是进攻性的扩张主义者，他们企图让我们吃亏而走在前面
我们是和平慈爱的民族，只恨我们最可恨的敌人	他们是有敌意的民族，憎恨我们
我们道德高尚	人们道德败坏，肮脏不堪

从这些例子可以看出，人们有将优良特征归于内群体而将不良特征归于外群体的倾向，这一现象也被 McArthur 和 Friedman（1980）的研究证实。而且，当同样的恶劣行为发生时，如果是内群体成员所为，人们有将此行为归因于外在因素的倾向；而如果是外群体成员所为，则有归于内在因素的倾向。相反，如果是值得称赞的行为，内群体成员做了，人们就会把它归于内在因素；外群体成员做了，则是外在因素所致。

其次，两个文化的成员因为外貌的不同，价值观念的不同，再加上原先见面次数不多，不但不容易产生彼此的人际吸引，而且容易产生"社会距离"。例如，许多非洲人认为白人的面孔如此"苍白"，完全是"有病"的表现；而在把白人与"富裕"联系在一起的国家，判断就完全相反。

社会距离有两个基本作用。当两种文化之间有权力差距时，如一方感到比另一方更高贵或优越，而又要融合在一起工作，社会距离就变成一种维系原来文化优越的机制。例如，原先南非的白人文化群体与黑人文化群体之间有权力差距，白人在经济上、社会地位上都有特殊的待遇，当两个文化群体融合时，这些特殊待遇就会取消。这时，社会距离会使他们保持原有的特殊，至少心态上如此。

社会距离的第二个作用是保护受到威胁的文化，而使该文化中的成员不去与对方文化中的成员建立联系，发展友谊，因为对方被看成了威胁自己的"敌人"。在西方文化大量冲击中国文化的时候，社会距离也许就成为一种机制使国人产生要保护中国文化的需求，更要中国化。

因此社会距离的存在，也会增加双文化团队融合的困难。那么，如何才能冲破内外群体的隔阂，以及社会距离的空间而打造优秀的双文化团队呢？从两个方面着手：第一，增加双方文化群体成员之间的接触，尤其是正面积极的接触，对淡化彼此之间存在的成见会很有益处。双方应该主动创造社交机会，让大家在非工作状态，放松自如地与对方交往。大家一起吃饭，看电影，去酒吧，在轻松愉快的场合卸除伪装，展露真实的个性特征，其结果可能是发现事实上双方并不像想象的那么不同，或者对方文化中的某个成员事实上与己方成员有很多共同的爱好，甚至相似的个性特征。这样随着了解的慢慢加深，原先的成见就会越来越淡漠，而开始把每一个个体看成独特的个体，而不只是某个群体中的一员。同时，彼此接触也可能导致文化的渗透而使彼此变得相像，例如美国与加拿大两国文化的相似就可以归因于近距离的不断接触。

第二，让双方关注高于自身文化群体的目标，即所谓的"超常目标"。在双文化团队中，这个超常目标就是合资企业的增长和发展，而不是我方付出的多，你方付出的少；或者我方获利少，你方获利多。双方都应明确认识到，整个企业的发展有利于做大利益的整块"大饼"，对双方都有极大的好处。这样大家就会有努力的共同方向，就更可能积极地想办法解决彼此由于文化不同带来的冲突，而实现文化融合的目标。

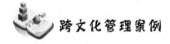

东风日产的双文化团队管理[①]

东风日产的前身是 2000 年问世的风神汽车公司，当初只是东风汽车集团与台湾裕隆汽车（日产汽车拥有部分股份）无心插柳的合作试验品，而风神汽车却在短短三年的时间内创造了汽车行业前所未有的发展奇迹。2003 年，日产与东风全面合资，风神汽车被收入其中，更名为"东风日产乘用车公司"。这个由风神、东风和日产三强结合而成的公司成立伊始就备受瞩目。

中日双方在经营目标上是达成一致的。但是在整个汽车行业遭遇增长大幅下滑的 2004 年，东风日产销量大幅下降，东风和日产的合资过程中所存在的问题逐渐暴露出来。由于合资双方都拥有着自己成功的模式与经验，导致在管理决策权的分配上难以达到平衡。以营销团队为例，当时东风日产的营销团队的管理层完全以日方经理为班底，中日双方在营销观念上有很大差别：中方讲究风神式的快速灵活，强调敏锐的市场洞察力；日方的营销方式追求一种计划性，要求营销部门严格按照年初的计划执行。

---

① 王朝晖. 跨文化管理[M]. 北京：北京大学出版社，2009：232-233.

在不确定性相当大的中国市场，营销计划往往不是准确的。当时由于市场不景气，竞争产品也有很多，中方希望营销团队紧跟市场节奏调整价格策略。日本方面却坚持按年初计划执行，这种坚持直接导致当年销量大跌，积压了大量的库存。另外，由于不熟悉中国市场，日方管理层在产品定位上也发生了偏差，定位被拔高了的"阳光"冲击着低端的"蓝鸟"市场，而后推出的"天籁"又冲击着同样被拔高定位的高端"蓝鸟"市场，以至于再优秀的研发生产水平也拯救不了产品组合的自相矛盾。2004 年低迷的市场表现甚至在一定程度上危及了合资双方母公司的相互信任。

事实表明，日产的管理方式在某些方面并不适用于中国市场。2004 年的挫败让双方冷静下来，开始共同探讨解决方案。在探讨与合作下，一部融合了中日双方计划性与灵活性特点的《东风日产共同行动纲领》诞生了。纲领分析了企业在各职能部门存在的问题以及问题背后的文化理念与管理行为的差异，为各自找到了解决问题的具体原则。其中一个重要的改变就是中方经理开始主管市场，日方则更关注研发与生产环节。

2005 年上半年的统计数字表明，在中国整个乘用车销量同比增长 48.66%、利润下降 50% 的情况下，东风日产销量同比增长超过 220%。纲领的出台所产生的效果十分显著。

5.3.3 打造优秀的多文化团队

当团队的成员来自 3 种或 3 种以上的文化时，团队内部互动的复杂程度就增加了很多，许多问题和现象同时出现，常常会出现一团混乱的景象，人与人之间如何相识，如何沟通，从何处着眼分析问题，从何处着手处理问题都没有统一的规则和公认的方法。在这种情况下，常常出现两个误区。第一是完全忽视所谓的文化差异，直接进入工作状态，找出解决问题的解决方案，仿佛这样差异就不存在了。这一误区被艾德乐（2002）称为"文化盲"（Cultural Blindness）。文化盲容易导致的问题是混淆文化背景不同带来的差异本身及对这些的判断。有的人说，如果你不看见文化差异，那就很容易与他人工作，因为人都有很多共同之处，有相同的需要和追求。在北美的很多公司，还把认识文化差异的管理人员贴上"标签"，称他们为"种族主义者""文化霸权主义者"，等等。其实，能够认识到并承认文化差异的管理人员并非就是"种族主义者"或者对文化有偏见的人，相反，文化差异不等同于把一种文化看得高于另一种文化，而是在此基础上能够更好地利用文化差异可能带来的创意使团队更有效地工作。

另一个误区是认为文化多元会带来很多问题，人们常常能够举出许多多文化团队失败的例子，却很少能想出成功的案例。一个法国经理这样说："这些年来我目睹了许多跨文化团队，但我想不出有一个比单文化团队动作起来更顺利有效的。"另一位丹麦经理完全赞同法国经理的话，说："在我的经历中，我想不出一个例子能表现跨文化团队比单文化团队更有效的。"

要打造优秀的多文化团队，首先得走出这两个误区：要正视团队个体成员间的文化差异，同时用积极的眼光来看待这种差异，多看到由于差异带来的好处，而不是问题。在此基础上，做到以下几点。

1. 在多文化团队开第一次会议之前，每个人都要积极准备

（1）了解其他团队成员。对每个成员的文化背景、技术特长、性格特征、兴趣爱好及家庭状况进行尽可能全面的了解，而不是只了解与工作有关的层面。

（2）对团队成员的民族构成有所意识。即对个体成员的文化导向有一个大致的意识，采取尊重的态度对待不同的文化导向。

（3）确定会议的具体目标。确定第一次会议用来彼此认识，彼此了解，还是要谈论与工作直接相关的问题。

（4）确定团队具有合适的资源、权威和必要的训练去实现目标。对团队面临的工作任务作比较全面的分析，同时分析人员的技能水平，思考可能得到资源的方法。

（5）传阅会议材料及议事日程，使所有成员对议事日程提前有思想准备，使大家处在同一条起跑线上。

2. 多文化团队中应该讨论决定团队是否需要领导

这一条很重要。中国文化强调领导对团队的重要作用，而西方文化似乎想越来越淡化领导与团队的作用。我国学者陈晓萍在调查中发现，中国企业的员工在回答怎样才能打造优秀团队的问题时，50%以上的人都把团队领导的关键作用放在首位。在他们眼里，具有以下特征的领导者是优秀的团队领导：

（1）身先士卒，有效沟通。
（2）目标明确，达成共识。
（3）责任分工，又不分家。
（4）关心成员，善待下属。
（5）为成员的成长着想。
（6）严格要求，积极指导。
（7）提供支持，不多干预。
（8）勇于承担责任，争取上级支持。
（9）待人公平。
（10）追求创新。

这样的答案很可能在其他权力距离较大的文化中出现。因此，如果多文化团队中的成员多数来自权力距离大的文化（多数亚洲国家和南美国家），就应该选一个团队领导以保证团队的有效运作；反之，如果多文化团队中的成员多数来自权力距离低的文化（北美国家和北欧国家），那就没有必要设立团队领导。

3. 开好第一次会议

第一次会议之重要在于这会定下整个团队未来合作的基调。俗话说，良好的开端是成功的一半。而出师不利的团队则会很难扭转局势。除了在正式工作之前建立良好的关系外，在第一次会议上还应该讨论未来团队工作的规范，如大家要准时出席会议，如果不能参加会议应该以什么方式发表自己的意见，团队应该采用什么决策程度，沟通时是否可以打断他人等。同时要建立团队成员平等参与的规范，让每个人都有说话和表达思想的机会。因为语言不通，大家都用英语，但对英语不是母语的队员来说，表达的障碍就大，大家要彼此尊敬并培养耐心。最后，每次会议完毕之后，应该给每一个成员都提供一份书面的会议纪要，以保证大家对会议内容理解的一致。

本章小结

本章主要介绍了为什么要组建团队，跨文化团队及其类型以及如何打造优秀的跨文化团队。在理解和掌握团队这一概念的时候首先要将团队和群体加以区分。团队有理想状态和不理想状态之分，团队达到理想状态是以团队假设为前提的，团队合作是时代发展的必然。跨文化团队主要介绍了跨文化团队的概念和象征性文化团队、双文化团队及多文化团队，不同的跨文化团队有其不同的特点，还介绍了跨文化团队的优势和劣势及跨文化团队合作的基础。最后介绍了如何针对不同跨文化团队的特点打造优秀的跨文化团队。

名人名言

不用花心思打造明星团队，团队即是可以和自己脚踏实地将事情推进者。

——马云

我觉得我的团队是我最大的财富，我最珍惜这个。

——史玉柱

一个国家就像"一个家庭"，团结最为珍贵。人们即使有不同的观点和看法，也应该在对话与和谐中寻求基本一致，这样国家才能前进。

——希拉克

人们塑造组织，而组织成型后就换为组织塑造我们了。

——丘吉尔

复习题

一、选择题

1. 下列不属于团队的特征的是（　　）。
   A. 至少有两个成员　　　　　　　B. 成员都相互了解并互相发生影响
   C. 成员之间的争论是不公开的　　D. 成员之间相互依赖

2. 在一家刚刚开始开展跨国业务的公司中，只有两三个员工是来自于国外的，那么这家公司员工所组成的跨文化团队属于（　　）。
   A. 象征性文化团队　　B. 双文化团队　　C. 多文化团队　　D. 一般性文化团队

3. 虽然内外文化平衡，但是却可能产生最多冲突的跨文化团队是（　　）。
   A. 象征性文化团队　　B. 双文化团队　　C. 多文化团队　　D. 一般性文化团队

4. 下列不是打造象征性文化团队的做法的是（　　）。
   A. 象征性成员尽量融入团队　　　　B. 多数成员对象征性成员的理解和支持
   C. 建立公开的沟通程序　　　　　　D. 象征性成员在讨论问题时坚持自己的观点

5. 如果团队成员多数来自于北美国家和北欧国家，那么应该采用的团队管理方式是（　　）。
   A. 设立团队领导，并强调领导权威的重要性　　B. 不设立团队领导
   C. 设立团队领导，采用分权式的管理　　　　　D. 由团队讨论决定是否需要设立领导

二、判断题

1. 团队的规模越大越好。　　　　　　　　　　　　　　　　　　　　　　　　　　（　　）

2. 同一专业领域内的专家组成的团队比起来自于不同领域的专家组成的团队工作起来团队绩效会更好。（ ）
3. 用团队的方式来进行管理会更容易适应组织变革。（ ）
4. 双文化团队是具有学习性特点的团队。（ ）
5. 跨文化团队中的成员在表达自己观点时与单文化团队中的成员相比会更加自信和乐观。（ ）
6. 一个组织中只能有一个团队。（ ）

三、名词解释

群体　　团队　　象征性文化团队　　双文化团队　　多文化团队

四、问答题

1. 团队与群体的区别与联系是什么？
2. 人们对团队的基本假设有哪些？
3. 为什么说团队合作是时代发展的必然？
4. 跨文化团队的合作基础有哪些？
5. 如何打造优秀的双文化团队？

五、讨论题

1. 结合实际情况讨论，如何将跨文化团队中不同的文化结合起来，形成组织的核心竞争力。
2. 如何应用跨文化团队中的"刻板印象"？

几家跨国公司的多文化团队管理

1. Black&Decker

世界著名五金公司 Black&Decker 为了开发新产品，组建了一个跨文化团队，队名叫 Quantum Team（量子团队）。其中的 85 位成员来自美国、英国、德国、意大利和瑞典等国家，专业背景涉及工程、财务、设计、营销等。公司通过以上方法组建团队，在短短 12 个月中设计开发出新产品 Quantum Tools（量子工具）。由于成员文化背景和专业背景的不同，提出了各种在同一文化团队中无法实现的想法和方案，结果新产品切合市场、富有创新性，立即成为畅销产品，并荣获许多奖项，包括来自沃尔玛等大零售商的年度奖，为企业带来了巨大的经济利益。

2. NEC 通讯（中国）有限公司

现今的跨国公司不同以往，愿意由不同国家的公司成员共同组建领导团，不再局限于将核心指挥权掌握在跨国公司本部高层中，这无疑是经济全球化的一大进步。2004 年 5 月，NEC 通讯（中国）有限公司大胆启用了以前一直供职于欧美企业的职业经理人卢雷担任公司总裁，并且随之组建了一支跨文化的管理团队。NEC 通讯（中国）有限公司的管理团队就是一个比较标准的跨文化管理团队，一共有 16 位高层管理者，其中 3 位来自美国、加拿大，5 位是来自 NEC 本部的日籍人员，其他 8 位都是中国人。NEC 一直想求变，它在日资企业中是一个比较革命的企业。由技术导向转向市场导向的一个关键问题就是必须搭配好领导团队，以顾客为中心最容易的办法就是建立跨文化管理团队。

3. 华为集团

华为秉承人才是公司最宝贵资源的理念，并视人才为一个全球性的概念。华为在世界的各个办事处都聚集了来自不同国家的优秀人才，形成人才的区域性优势。为外籍员工在一个熟悉的工作和生活环境里提供发挥聪明才智的机会，无疑是在更高层面上对"优化资源配置"进行的一次全新诠释。同时，华为也让中方员工在参与公司国际化运作的过程中积累经验,增长才干,熟悉在多元文化背景的环境下工作,从而养成符合国际惯例的规范化质量控制意识和项目管理经验,全面提高员工素质,使公司上下逐步适应国际化经营的工作模式。

华为强调通过流程变革产生跨部门团队,以客户需求为驱动开发流程及实施供应链流程,以市场为导向,站在全球高度对财富创造和技术进步过程中所涉及的研发、生产、物流、销售等环节所有可利用的资源进行统筹安排。

(资料来源:王朝晖. 跨文化管理[M]. 北京:大学出版社,2009:239-240.)

问题:

(1) 案例中几家公司有哪些成功经验?
(2) 案例中几家公司主要发挥了跨文化团队的哪些优势?

 阅读材料

法国人与瑞士人之间的误会

在中国人的印象里,法国与瑞士这两个国家的差别应该不大;它们不仅国土相接,生活习惯也很相近。法语是瑞士使用范围最广的官方语言,而且法语区主要分布在西部的政治、经济、文化中心地区。就连瑞士的货币也称为"法郎"。当你进出法国或瑞士国境时,你感受不到任何差别。所有这些似乎足以让我们判定法国人与瑞士人的合作是毫无障碍的,甚至是天衣无缝的。可现实却远非如此。

有一家位于瑞士的企业,自从1900年诞生之日起,就一直从事电力设备的制造。几经起伏,企业在20世纪80年代初发展成在多个国家拥有子公司,雇员超过500人的现代化企业集团。在1985年10月,员工突然获悉集团2/3的业务将被一家更大规模的法国企业收购。收购之后,除了原有的来自不同国家的员工(奥地利人、加拿大人、巴西人、印度人等),大量的法国人会来到企业工作,包括收购方任命的各级别管理人员、工程人员、技术人员、操作人员及实习人员。几年的时间里,随着业务的发展,企业内形成了大大小小的项目团队,它们承担了从排险除障到难题攻关的各种工作。这些团队由不同国家的员工组成,并以法国人和瑞士人为主体。

但是他们之间却存在非常大的文化差异。几乎所有的员工都抱怨沟通不畅、不同部门之间的冲突以及紧张的私人关系。乍一看,这些问题与我们在所有企业中能够观察到的诸如不同职业之间的协作、信息流动以及人员关系等常见的管理难题如出一辙,没有大的区别。例如,在谈到生产部门与营销部门的隔阂时,我们听到这样的牢骚:"我们这里销售部的人都是外向的性格,其他人是另外一种性格。销售的目的是'卡住'竞争对手,而技术人员有自己的'开关'。如果要求他们把'开关'旋转180度(即改变技术方案),这简直是惨剧。"销售人员则认为:"技术人员找到的'最佳方案'通常不考虑给销售带来的影响。"人与人的合作质量似乎取决于私人关系的好坏。在谈到合作不顺利的原因时,一位瑞士工程师说道:"个性不同,相处就有问题。这就像一个家一样,家里人也不可能总是相处得很融洽。""我们不争吵,平静地解决争端。"一位马来西亚工程师说道,"但是,这也取决于私人关系。"被蒙在鼓里的感觉也是摩擦的导火线。一些工程技术人员对获得准确信息的困难颇有微词:"获得信息太难了。要提出要求,却不知道到哪里去要求。有的人掌握对别人有用的信息却一声不吭。"很多瑞士人,又都强调这些现象的普遍性,不值得"大惊小怪",而且用"每个人""人们"等泛指中性的词汇,尽量避免将上述问题与具体国家的员工联系起来。但是,显然,这些正是文化多样性带来问题的表现。

团队的例行工作会议充满了友好的外交气氛,而在这种外交表象下面却是法国人和瑞士人之间建立在老套、刻板、成见之上的相互批评与攻击。不同国家的团队成员通常会在休息和用餐的时候聚集在一

起发泄心中的不满。他们在这种非正式场合所说的和在官方场合所说的话大相径庭。只有在法国人或瑞士人单独在一起时,他们才会公开地用"法国人"和"瑞士人"的叫法。瑞士人说:"法国人自以为了不起,在我们瑞士人面前耀武扬威,好像他们比谁都懂……"法国人则说:"瑞士人总以为自己比别人强,比别人做得好,他们是自恋狂……"除了这些能使我们感受到跨文化冲突的激烈程度的赤裸裸的攻击性言论,法瑞彼此之间的成见也很深。在法国人批评瑞士人缺少全局观念、节奏迟缓并拘泥于程序上的细枝末节时,瑞士人则指责法国人忽视细节、不现实并不遵守规则。这些带有明显文化标记的成见(瑞士式的缓慢、法国式的随便等)表明,团队合作中所遇到的困难已经不再是职业关系和人际关系的问题那么简单了。很显然,尽管团队成员天天在一起共事,但他们彼此之间的文化距离却很大。

  法国人和瑞士人之间相互的成见的形成有很大一部分原因是他们对于"质量"这一概念的重大分歧。在瑞士人看来,质量不仅包括技术质量还包括工作质量。他们从原材料开始到工作流程再到客户关系甚至是客户关系要求非常高,他们注重每一个环节,提到质量的时候瑞士的工程师会自豪地说"我们有质量的形象,因为我们是在瑞士"。瑞士人认为,法国人虽然有思路,有创新,但是他们却缺乏细节观念,细微之处做得不够好,他们不能像瑞士人一样把创意很好地付诸实施。瑞士人甚至认为法国人工作记录上潦草的笔迹都是不合标准的。

  而在法国人看来,一个"好的解决方案"只能通过整体观念下的系统思考来找到。一位法国工程师说道:"在法国,我们从环境、系统着手。而瑞士人看得多是小处,注重细枝末节,很少通盘考虑。"他们认为为了全局是可以牺牲细节的,而作为细节的形式远没有实质的内容重要。此外,法国人还认为一个"好的解决方案"一定是"巧妙的"。问题越复杂,越能激发法国人的兴趣,客户的一些附加要求通常会被瑞士人认为是"过分的",但是法国人却很乐意接受。与瑞士人过于强调"共识"不同,法国人始终把"合理"作为行动的准则,自然,瑞士的质量是产生于调节利益纷争的社会过程中,而法国的质量则永远要符合技术真理。对法国人来说,质量是呈现出来的,而绝不是协商得来的。

  两国员工的相互看法他们自己都基本认同。但是他们却仍然认为对方做得没有自己做得好。这恰恰体现了两国的不同文化。人们不禁会想,假如法国人和瑞士人能够相互学习,取长补短,那么整个企业就近乎完美了。但困难的是,在相互学习之前他们如何才能够达成共识,形成一种双方都可以接受的行动方式,并且这种接受不是迫于压力的接受。这其实是不可能的,因为没有哪一方会妥协和让步。但是结合瑞士人和法国人的特点,我们就能发现,"让上级拍板"似乎是一个较好的打破僵局的方式。因为对瑞士人而言,请上级决定本身就是达成共识的,而在法国人看来,上级是合理决策的最后保障,如此,各方在同一个过程中就都达到了自己的目的。当然,"让上级拍板"肯定不是唯一的促成协作的方式,而无论选择什么样的方式,都必须首先理解行为在特定文化背景下的意义。

第 6 章 跨文化管理的方法与实践

教学目标

通过本章的学习,了解共同文化管理和渐进式文化整合模式的含义,掌握如何实施共同文化管理,理解渐进式文化整合模式的内容,运用渐进式文化整合模式的实施策略。

教学要求

知识要点	能力要求	相关知识
共同文化管理	(1)共同文化管理的定义及相关理论概括和理解能力;(2)理解跨国企业共同文化的培植;(3)实施共同文化管理的能力	(1)共同文化管理的理论来源;(2)共同文化管理及其特征;(3)跨国企业共同文化的培植;(4)共同文化管理模型;(5)如何实施共同文化管理
渐进式文化整合模式	(1)各种渐进文化整合模式理论的理解;(2)渐进式文化整合模式的实施策略的理解和运用能力	(1)渐进式文化整合模式的理论来源;(2)渐进式文化整合模式的内容;(3)渐进式文化整合模式的实施策略
跨文化管理典型案例	(1)各个案例的理解能力;(2)各个案例隐含的跨文化管理经验的概括能力	(1)从海尔集团美国建厂看海尔国际化战略;(2)伊莱克斯中国战略:在迷失中转型;(3)森马实施本土化战略与温州服装企业实现对接;(4)中老跨国企业——老挝万荣水泥厂的渐进式文化整合模式分析;(5)格力电器在巴西的跨文化管理经历

第6章 跨文化管理的方法与实践

> 你永远不可能彻底了解某个人，但是在很多情况下，你对他们都不是完全陌生的。
> ——马尔拉夫

■ 基本概念

共同文化管理　　文化协调配合论　　组织隐模型论　　文化移情　　跨文化整合　　渐进式文化整合模式　　同化模式　　整合模式　　隔离模式　　文化破坏模式　　凌越　　妥协　　合成　　"本土化"模式　　文化嫁接模式　　借助他方模式

■ 导入案例

不同国家的管理人员对"价值两难"问题的选择①

问题：
若是你与某位值勤中的安全保卫部门同事喝酒聊天，工厂里不幸发生意外事件，并且有位工人受了伤。全国工业安全委员会于是进行调查，并要求你作证。这件案子除了你之外，再也没有任何其他目击证人。你认为那位朋友有权要求你作证吗？
(A)绝对有权力；(B)可能有权力；(C)毫无权力。

调查结果：

表示毫无权力的比例(%)

美国	荷兰	奥地利	加拿大	德国	瑞典	英国	比利时	日本	新加坡	意大利	法国
94	92	91	91	90	89	82	67	66	59	56	53

典型的回答：
以美国为代表的普遍主义者认为：工业安全的原则优先于一切；我希望身为我朋友的人，应该可以了解这一点。

以日本为代表的特殊主义者认为：我们之间的友谊无可取代，我会照你的意思作证，但是我也希望你能勇敢承担责任。

点评：价值决定选择。

跨文化管理中最难发现的是价值的差异，无论采取哪一种跨文化管理的理论与方法，都不能忽视各国深层价值观念的差异。

6.1 共同文化管理

6.1.1 共同文化管理的理论来源

企业跨文化经营已经成为历史的必然，但是跨文化经营所遇到的困难是国内经营所无

---

① ［英］查尔斯·汉普登·特纳，阿尔方斯·特龙配纳斯. 国家竞争力：创造财富的价值体系［M］. 徐联恩，译. 海口：海南出版社，1997：24－25.

法想象的,而首要的问题就是跨文化适应。换句话说,如何在与自己相去甚远的跨文化环境中生存下来,并不断向前发展,这是跨文化企业所面临的首要难题。就多元文化企业内部管理文化建设问题,根据许多专家的意见,跨文化企业要想在"异文化"环境中生存并发展,关键就在于建立具有高度适应性的跨文化企业文化。

所谓的"高度适应性的企业文化"是指既能够适应东道国的特定社会文化环境,同时又具有本企业特色的以"多元化"为基调的企业文化。有关跨文化管理或多国公司管理的以往研究,侧重于文化背景的差异来探讨不同国家、不同制度、不同文化传统等条件下的组织有效性。例如,莫朗的跨文化组织"文化一体化"管理理论、阿德勒的"文化协调配合"论及卡尔德的"跨文化三层图式"等都对与跨国企业组织管理有关的跨文化管理进行了深入的探讨。这些都是在总结企业跨国经营实践经验的基础上提出来的被许多人认可了的企业文化理论。这些理论各有其特色,对形成共同文化管理起到了理论和实践上的支持,但也有各自的不足之处。例如,莫朗的跨文化组织管理理论侧重于强调企业成员在具体的行为方式上的"一体化",而对组织工作程序和制度等重要内容则重视不够。我国著名学者俞文钊教授针对中国实际,提出了仅适用于中外跨国企业的"跨国企业共同文化管理新模式",可以说是一种论述中外跨国企业如何建立共同文化管理的有效理论。下面详细介绍6种对共同文化管理产生重要影响的跨文化管理理论①。

1. 莫朗的跨文化组织"文化一体化"管理理论

在《跨文化组织的成功模式》及《文化协同的管理》中,莫朗提到:跨文化组织模式的管理有效性的依据是"存在着一种潜在的最佳协同(Synergy)作用,它对减少由于一起工作时不可避免产生问题所带来的损失是可行的。"莫朗提出了关于跨文化协同管理中文化一体化的13项功效指标:①文化一体化是一个动态过程;②包含着两种经常被认为相反的观点;③拥有移情和敏感性;④意味着对发自他人信息的解释;⑤它拥有适应性与学习性;⑥协同行动,共同工作;⑦群体一致的行为大于各部门独立行动之和;⑧拥有创造共同成果的目标;⑨它与 $2+2=5$ 相关而并非为4,由于跨文化障碍,其文化协同方程可能为 $2+2=3$,只要不是负数,便获得了进步;⑩对其他不同文化组织的正确且透彻的理解;⑪文化一体化并非单方的妥协;⑫文化一体化并非指人们要做事,而是指基于文化而行为时所创造的事;⑬文化一体化仅产生于多文化组织为获得共同目标而联合努力的过程之中。

莫朗的理论对于建立跨文化管理有效模式的意义在于:①跨文化企业在共同文化管理建设中,双方的跨文化管理应使双方成员达到最佳的"协同",双方都能对企业的经营过程和成效感到满意。共同文化管理正是跨文化企业朝这一"一致满意"目标迈进的最有效的工具。作为特定的经济组织形式,跨文化企业只有在双方的共同推动下才具有其生命基础。②由于不同的组合和不同的企业特征,跨文化企业的共同文化管理在不同企业中有着独特的个性,但是作为跨文化管理模式中的"文化一体化",跨文化企业的共同文化管理

---

① 席旭东. 跨文化管理方法论[M]. 中国经济出版社,2004:147-157.

必然具有莫朗关于"文化一体化"评价指标的绝大部分共性内涵。从而，在跨文化企业的共同文化管理建设中，跨文化双方应注意从具体的现实角度出发遵循这些"文化一体化"指标方向，同时也可以此作为共同文化管理有效性的理论指标。

2. 阿德勒的"文化协调配合"论

阿德勒把跨文化管理中的"文化上的协调配合"论定义为：处理文化差异的一种办法，包括经理根据个别组织成员和当事人的文化模式形成的组织方针和办法的一个过程。这一理论也可解释为文化上协调配合的组织所产生的新的管理和组织形式，这一组织超越了个别成员的文化模式。这种处理办法承认组成多种文化的组织中各个民族的异同点，但建议我们不要忽视和缩小文化上的差异，更确切地说，要把这些差异看成是构思和发展一个组织的有利因素。

以阿德勒的"文化协调配合"论为基础，另一位国外华裔学者通过对3家中外跨国企业的调研，总结了跨国企业跨文化管理成功的4个要素：①共同的长期战略；②互利；③相互信任；④共同管理。

在关于跨文化管理的"文化协调配合"的定义中，阿德勒在理论上提到了跨文化管理中文化协调的方向、处理办法和有益的建议，这对于跨文化企业中共同文化建设具有更为直接的意义：

首先，跨文化企业的共同文化管理是一种新型的管理文化模式，无论是在管理的创新上还是在组织形式的创新上，它都"超越了个别成员的文化模式"。它体现了双方在跨文化企业中所形成的合力和双方克服文化差距所表现出的努力程度。

共同文化管理是在一国或一个地区的政治、经济、文化、社会的大环境下，在跨文化企业这一特定组织中，双方母公司的公司文化互相碰撞、叠加组合而构筑起的新的跨文化企业管理文化，表现着不同的适应能力和成功的方式。

其次，跨文化企业的共同文化管理建设不是为了单纯地"缩小"双方在文化上的差异，而是如何在差异的相互了解和理解的基础上重建一个对本企业的生存发展有利的、切实有效的共同管理模式。因此，文化差异并非是跨国企业共同管理中实际遇到的唯一难以克服的障碍，重要的是在差异中"树立积极的战略投资动机和学会必要的合作技能以克服文化差异的影响"，通过双方共同努力，建立起一个符合本企业实际的共同管理模式。

一个合资的鞋业有限公司由于双方共同经营中的冲突无法得到有效解决而导致合资双方散伙、企业被兼并的教训和一个中美合资的高技术电子公司努力共建"惠普之道"这一东西合璧、成功有效的独特管理文化而取得成功的经验，也充分说明了共同文化管理在合资企业的成功经营中起到了关键的作用，从而使我们进一步认识到，共同文化管理是为解决文化差异而形成的，但文化差异并不决定这一文化管理模式，各方的努力合作才是共同文化管理和企业生存、发展的重要因素。

3. 斯特文斯的"组织隐模型论"

美国学者斯特文斯从G·霍夫斯特的"权力距离——不确定性避免分布图"中提出了"组织隐模型"理论。斯特文斯认为权力距离与中央决策权相关，而不确定性避免与形成化——即对正式规则和规定的需要，将任务委派给专家等——有关。由此，不同的国家在其组织观念上有不同理解。

大多数法国组织的"内含模式"是"人的金字塔"(Pyramid of People),这是一种中央集权的形式化,即老板位于组织顶端,其他人则处于下方适当的位置之上。

联邦德国组织是一架"润滑机器"(Well-oiled Machine),他们以既定的规范来进行组织运转,不用每日调整,这是"形式化"的体现,但不是中央集权。

英国人将组织理解为"乡村市场"(Cowage Market),这不是中央集权,也非形式化,组织成员之间"讨价还价",其结果不被权威或过程所限定。

美国处于"金字塔""润滑机器"和"乡村市场"之间的中间位置上,根据美国人对组织概念的界定,层次本身并不是目标,规则本身也不是目标,这二者是获得结果的手段,如果为达到目标之需要,组织的层次结构和规则是可以改变的。

亚洲国家的组织是"家庭"(Family)式的,这是一种中央集权,权力明显地控制在"家长"手中,管理的正规化在亚洲国家的组织里也是低级的,就算在日本的企业管理中,像西方企业理解的管理正规化仍然是植根不深的。

斯特文斯的"组织隐模型"理论以"人的金字塔""润滑机器""乡村市场""家庭"等形象生动的词汇论述了不同国家(或民族)的组织文化,或更具体的,组织机构和组织规则上的差异,使我们在跨国企业的共同文化管理建设中注意到这样一种现象。

由于跨文化企业的双方在组织文化上有较大差异,因此在跨文化企业这一特定组织中,整体组织形式和行为的有效性必然存在一个较大的阻碍,因此双方在确定组织形式和组织规范时,应对双方原有的背景程序做出共同分析,尤其应关注东道国企业原有的组织文化背景。

这样,在引进和移植先进的组织模式或管理系统时,首先考虑到它们在跨国企业中实际引进的可行性和适宜程度。任何有违这一过程的行为必将导致成效不大甚至无效的结果。

4. 彼特·基林的企业经营论

加拿大研究跨国企业的著名专家彼特·基林根据对北美和欧洲35个跨国企业与2个发展中国家的跨国企业的调研结果,写成《跨国企业的成功之道》。在这本书中,基林提出了以下有关跨国企业管理的观点和分析:

(1) 衡量跨国企业好坏可以有两种方法:一种是用跨国企业经理自己的感受来评定;另一种是用一个跨国企业失败的标志来衡量,一个标志是趋于破产时固定资产实行转让,另一个标志是由于完成状况差而导致重大的改组。

(2) 跨国企业难于管理的原因不在于其任务格外困难,而在于这是一种相当不易管理好的组织形式。其困难不在于外部而在于内部,造成困难的基本原因是跨国企业有一个以上母公司。与普通的股份公司不同,这些母公司是看得见的,有实权的,能够也随时可以否定几乎任何一件事。在跨国企业的两个专门领域里,母公司的多元化问题尤其引人注目,其一是在董事会一级机构,其中包括每家公司的代表,恰恰在这级机构中,会出现关于经营重点、生产方向或价值观念等分歧。其二在于企业人员的配置,许多企业都从各母公司选用总经理及部门经理。部门经理也许会更注重他们母公司的进展和来自母公司的信息,对企业总经理的指示可能置于较次要的地位。

(3) 合营企业失败循环图。

如图 6.1 所示,由于合资(合营)企业存在着跨文化的经营环境,企业经理的自主权受到文化的限制而减少,从而导致低效率决策的出现,合资公司双方不得不介入,但是介入的结果带来不信任,公司的经营每况愈下,又再一次减少企业经理的自主权,从而形成合资企业的失败循环。

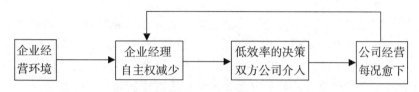

图 6.1　合营企业失败循环图

资料来源:席旭东.跨文化管理方法论[M].北京:中国经济出版社,2004.

(4) 任何跨国企业的成功有赖于合伙双方的友好合作,诚意与技术是跨国企业取得成功的关键,主要经验不是在技术方面,而是在人际关系方面。在跨国企业中,最主要的是建立一种关系,使来自四面八方不同公司的人们能够在一起共同工作。关键就在于能正确协调周围的环境。

(5) 如果要使跨国企业成功,基础状况必须改进,即在 3 个方面必须正确:合营者要选好;跨国企业的基础设施要制定好;跨国企业的领导班子要配好。这 3 个方面如有一方面没有做好,都很容易使跨国企业失败。

尽管基林在其《跨国企业的成功之道》一书中的许多结论主要是在发达国家的跨国企业中调研得出的,但我们仍能从中分析、总结出对跨文化管理成功有益的一般性建议。

(1) 不同跨文化企业的跨文化管理在"文化一体化"中有共性,但亦有独特的个性。由于企业的投资方不同,产业、技术、市场不同,经营战略、管理观念不同,企业决策、管理、技术人员个性不同,因此,这是一种相当不易管理好的组织形式。共同文化管理只有针对这一特定的组织形式提出,才能适合不同企业的独有的特征。

(2) 基林的跨国企业失败循环图使我们看到跨国企业的共同文化管理应立足于跨国企业的决策层——董事会,以达成他所说的"好的合营者"与"好的基础设计"。

作为跨国企业战略决策机构的董事会决定着企业的一切重大问题,各方的经营管理观念、生产方向、决策方式、人员配置及价值观念等都围绕着"利益"这一焦点而发生着冲突与协调的双向过程。既然"共同利益"是双方利益的保证和企业长远发展的基础,那么共同文化管理首先应在董事会内将各方的管理文化统一起来。正如一位研究者所提出,"通过独立经营阶层而使合营企业的文化差异仅局限在董事会阶层而不在经营阶层中得到反映,亦即跨国企业成功的关键因素"。

(3) 在决策层得到跨文化管理的理解与成功无疑是共同文化管理在企业管理中取得成功的关键。但是,决策层提供的企业的方向、氛围、模式和规范还要求在企业的具体经营管理中得到有效实施和体现。这就如一艘装备精良的现代化舰船,要在惊涛骇浪的大洋中到达目的地,还需要经验丰富的船长来指挥航向,处理各种情况并卓有成效地领导与组织好技艺娴熟的大副和训练有素的水手,所以,共同文化管理在跨国企业的建设中需要一个管理卓然有效、合作努力积极的高级管理层。

5. 保罗·毕密斯的发展中国家的跨国企业论

保罗·毕密斯通过对27个发展中国家的66家跨国企业进行了广泛调查,在收集资料并对其中12家核心企业进行重点调查基础上,以其所著《发展中国家的跨国企业》(*Multinational Joint Ventures In Developing Country*)(1988)对发展中国家的跨国企业的经营管理做了深入的分析论述。他认为:

(1) 在发展中国家的跨国企业中,标志企业任务好坏的各种因素与企业成就没有绝对的联系。同样,技术水平的高低、出口能力、股权比例、与政府合资还是与私人公司合资、外籍职员还是当地经理、管理方式等与跨国企业能否取得成功也没有关系。

(2) 分管跨国企业倒成了最好的办法,通常在发展中国家中有这种情况。

(3) 跨国企业双方的需要与承诺是跨国企业取得成功的先决条件。由于充分尊重了双方的需要和履行了各自的承诺,企业都取得了令人满意的经营成效。

(4) 关于跨国企业在"建立、运筹及经营阶段"的准则:使用土生土长的当地管理人员;愿意削股份给总经理;持有等量或少量股份;决策权共享;愿意在维持双方关系上投资。

跨国企业的决策权的控制,在发展中国家以共享决策权为佳,必须达成一致意见的决策需要花费大量的时间,也容易造成潜在的冲突。然而,由于并不是每一个决策都需要这样做,它并不成为企业的负担。尽管让一方独立决策效率高,但我们认为,共同决策更有成效。然而,它要求双方每时每刻都要考虑双方的需求及所处的文化环境,既要耐心听取对方的意见,也要有耐心去说服对方。

其他一些学者也从不同角度探讨了跨国企业的跨文化管理模式,如日本学者河野丰裕的跨国企业成功因素图,芮盛德与阮弗斯关于"国有企业—跨国企业如何更好满足双方需求"的研究等。

与基林一样,毕密斯在对发展中国家跨国企业的研究中,他的立足点也是跨国公司(即外国投资者)。但是,仍然可以得到如下有益的借鉴:

第一,毕密斯在研究中发现,由于尊重了双方的需要和履行了各自的承诺,企业都取得了令人满意的经营成效。

跨国企业共同文化管理的建设必须在尊重合资双方的需要(即合资的动机所在)的基础上达成平等互利的"共同利益观",并以此作为切实努力合作的契机,这样才有利于双方的合作和企业的发展。

第二,"承诺"被毕氏看作是合资经营成功的要素之一。无论是指"对跨国企业某项特定活动应尽义务的程度",还是花时间去发展同合伙人关系,交换企业可能缺乏的知识和技能,试图建立信托,这些其实都是跨国企业共同文化管理所要达成的一部分。作为跨国企业成功的基础,共同文化管理必须在相互信任、共享决策、努力建立合作关系等条件下才能得到有效的建立和完善。

6. 俞文钊的中外跨国企业共同文化管理模式

我国著名学者俞文钊教授针对中外跨国企业这一特定组织,提出了共同文化管理模型。他认为,中外跨国企业是一个中外合资各方紧密联合的统一经济实体,因此要增强其生存适应能力，才能取得共同管理的成功。这就需要合资双方共同努力，从特定跨国企业的实际出发，以各方不同的管理文化为基础，构建起适合企业有效运行的管理。他还提了以下理论假设：

（1）在中外跨国企业的生产经营管理中，共同文化管理的建设是必要的，它关系到合资双方在共同管理中的成功。

（2）共同文化管理存在着一定的机制，它有助于合资双方以不同的文化差异为基础而达到企业的管理效能。

（3）共同的经营价值观是跨国企业长期发展的保证，双方在企业经营价值观上的统一将是共同文化管理的核心和主要任务。

在上述理论假设条件下，他构建了"中外跨国企业共同文化管理的组合模式"和"共同文化管理系统展开模式"两个理论假说，这为拓展跨文化管理研究，特别是为拓展中外跨国企业共同文化管理理论和实际经营管理的进一步研究提供了理论依据。

6.1.2 共同文化管理及其特征

1. 共同文化管理的定义

阿德勒对共同文化管理的定义是指一种跨文化管理中所谓"文化上的协调配合"，即"处理文化差异的一种方法，承认多种文化的组织中各个民族的异同点，不要忽视和缩小文化的差异，要把这些差异看成是构思和组成一个组织的有利因素"[①]。

本书认同的定义是，所谓共同文化管理（Common Management Culture，CMC）是指合资双方在共同利益基础上，通过协调，将双方不同管理文化置于特定跨国企业的共同经营管理中，经过不断组合、融合，企业双方成员逐步认可、共同遵循新的管理文化，从而有效实现跨国企业目标的一种跨文化管理模式。

跨文化管理的各方要发展成为精神文化的"趋同体"。所谓趋同之意，即是指"精诚合作"之境，这并非一朝一夕的努力所能及的，而是要经历一个相对比较缓慢和持久的"趋同"过程，须先后历经融会、融渗、融合和融生各个阶段。

共同文化管理是一个艰苦而朦胧的动态过程，一个包含差别、多样化、冲突和对立的过程。

2. 共同文化管理的特征

研究共同文化管理的特征的目的是为构建共同文化管理提供方法论指导。我们不仅要解决在本土的中外跨国企业共同文化管理理论问题，同时还要解决在境外进行合资经营活动的企业的共同文化管理理论问题。就共同文化管理的特征而言，境内外大体是一致的。跨国企业共同文化管理除具有一般企业管理的特点和功能外，还具有以下4个方面明显特征[②]：

---

① 蔡建生. 跨文化生存：在外企的成功之路[M]. 广州：南方日报出版社，2004：161.
② 席旭东. 跨文化管理方法论[M]. 北京：中国经济出版社，2004：161-164.

1) 具有"本地化"特征的跨文化管理模式

美国著名管理学家德鲁克曾经说,"管理越是能够运用一个社会的传统价值观和信念,它就越能取得成功"。

本地化包括商品与人力资源两方面内容。本地化实际是投资方和东道国双赢的最佳选择。原料采购、机器设备的当地化,能够降低成本中的运输费、维修费等。人力资源本地化除了包括尽可能多地雇用本地员工,培养他们对公司的忠诚之外,最重要的是聘用能够胜任的本地经理。人力资源本地化策略不仅降低了外派人员的费用,更重要的是解决了由于文化背景的不同而带来的种种问题。

跨国企业是建立于东道国的法人组织,而且一般来讲该组织成员也大多是东道国人,因此跨国企业的经营管理必然受东道国社会大环境的制约和影响。这不仅仅是遵守东道国有关法律、制度和政策的问题,而且要求与东道国的传统价值观和观念相适应,跨国企业的共同文化管理必须与东道国的文化相适应。所以,就中外跨国企业而言,在引进先进的管理观念和方法的同时,我们千万不能"本末倒置",必须立足于中国传统的管理文化基础来引进和移植西方的管理,共同文化管理所探索的是具有"中国化"特色的跨文化管理。上海大众汽车有限公司的原德方副总经理马丁·波斯特博士的一番话体现了中外管理文化共同的趋势:"为了实现长期的目的,必须实现两个'中国化',即一个是技术中国化,另一个是管理中国化。"

2) 体现不同管理文化的"最佳协合"状态的跨文化管理模式

在跨国企业中,不可能双方各搞一套,只能有一套系统,即以总经理为首的管理系统。因此,共同文化管理所追求的正是在同一套管理系统中,双方管理人员在管理文化差异的现实上,能努力合作、和谐共事,从而使双方的潜能得到"最佳协合"并实现企业的目标。例如,某中美跨国企业在引进美国规范化管理、先进技术等的同时,参考中方管理者擅长采用的一些成功经验,很好地将目标管理(规范化管理)和职工的广泛参与结合起来,把民主建设和组织结构结合起来。这种做法很适合中国职工,因而双方都充分发挥了积极主动性,体现了团队凝聚力,双方的潜能也达到了"最佳协合"状态。在这里,"最佳协合"就是这种"内聚力"和"一致性"的体现。

3) 共同文化管理以内部合理的企业机制和高效的运行机制为特征

跨国企业的一切生产经营活动都突出以利润为中心,这与国内企业讲求效益的提法是一致的。要成功地追求高额利润,首先要靠科学管理和现代化管理手段提高生产效率,降低生产成本。其次是通过生产管理中的高科技和高质量意识提高产品质量。最后是靠优质品牌和企业良好的信誉来提高市场占有率。显然一个适应跨国企业内部管理,具有高效运行机制的组织管理系统是成功的保证。

跨国企业由于其所有权、经营权、控制权共享的特色,而形成双方共管机制下的董事会领导的总经理负责制和直线职能参与制,在这一共同管理模式下的企业体制通过投资中心、利润中心和成本中心按不同层次构成企业经营管理的宝塔式结构,由此形成了保证企业良性循环所必需的合理的企业机制和高效的经营、运行机制。

所以,在中外跨国企业的共同管理模式中,并不强调单一的模式,共同文化管理所要求的是一个符合企业生产实际,适应内部管理和办事效率高的组织体制。

（4）共同文化管理是一个不确定的、动态的跨文化管理模式。文化一体化仅产生于多文化组织为获得共同目标而联合努力的过程中。因此，共同文化管理模式先天就具有不确定性和动态的特征。共同文化管理是在东道国的政治、经济、文化、社会大环境下，通过以不同民族文化为内涵的双方合资公司的公司文化和双方人员的个体文化在跨国企业内的相互碰撞、叠加、组合而构筑起来的新的跨国企业管理模式。因此，其文化一体化展开的途径是全方位的，没有确定的跨文化管理模式。同时，这一共同文化管理模式并非一成不变的，而是随着企业经营战略的变更、外部环境的变化、生产规模的扩大、双方互相了解和理解的加深而进行适应性调整。

6.1.3 跨国企业共同文化的培植

共同文化管理的关键是培植跨国企业的共同文化，下面将展开讨论这一主题①。

1. 跨文化理解与跨文化整合

1）跨文化理解

利克斯的话发人深省："大凡跨国公司大的失败，几乎都是仅仅因为忽略了文化差异这一基本的或微妙的理解所招致的结果。"跨文化理解具有两层最基本的定义。

（1）要理解他文化，必须理解自己的文化。对我们自己的文化模式的理解，包括对其优缺点及其演变的理解，能够促使文化关联态度的形成。这种文化的自我意识使我们在跨文化交往中能够获得识别自己和其他文化之间存在文化上的雷同和差异的参照系。

（2）基于"文化移情"对他文化的理解。文化移情要求人们必须在某种程度上摆脱自身的本土文化，避免自身那种种族中心的重要或不重要的尺度和公式的投射，摆脱原来自身的文化约束，从另一个不同的参照系（他文化）反观原来的文化；同时又能够对他文化采取一种较为超然的立场，而不是盲目地落到另一种文化俗套和框框之中。

2）跨文化整合

跨国企业的文化的复杂性、不可触摸性和不易改变性，使得共同文化整合成为跨国企业共同文化管理是否取得成功的关键。中国有句古话："行百里半九十。"跨国企业经过一系列复杂而又细微的组建，双方形态上是一个整体，但要真正地貌合神合，企业间整合最关键的就是共同文化的整合。因为共同文化的整合是一个涉及多方面的复杂过程，它不仅表现在管理层的发展战略、经营思想、管理哲学等方面，也表现在企业员工的工作作风、精神风貌、对公司总体目标的认同和自觉贯彻执行等。

跨文化整合一般有如下两种方式：

（1）以新的跨国企业的共同文化代替旧的企业的企业文化，这是当前许多企业采取的一种方式。许多时候，跨国企业的领导者就会把原来自己企业运行得很好的企业文化直接"移植"到被跨国企业中。这就要考虑旧的企业"文化土壤"的差异，简单地将跨国企业的企业文化"移植"到目标企业中，可能会导致企业僵化，管理的低效甚至失败。

（2）保持文化独立。为了防止文化差异方面的问题，把合资另一方作为一个独立的机

---

① 蔡建生．跨文化生存：在外企的成功之路[M]．广州：南方日报出版社，2004：163－168．

构进行经营,允许合资另一方保持其原来的企业文化,将母公司的参与和影响降到最低点。这种方法从短期来看,可以避免文化冲突所带来的风险,但从长期来看,在很多情况下,是存在弊端的。

这两种方式都存在着缺陷,所以我们应该建立一种新型的共同文化,即把两种企业文化相互融合,建立共同文化管理。

图6.2是跨国企业问题及根源树形图,列出了影响跨国企业的一些因素,供我们分析实际情况时进行参考。

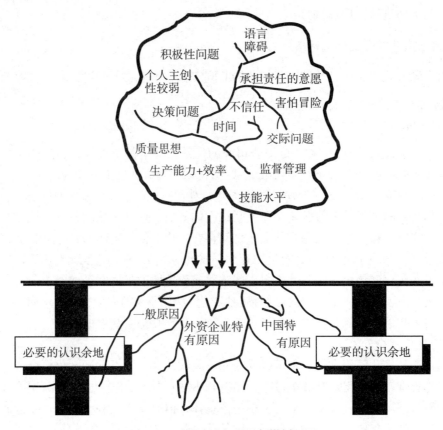

图6.2　跨国企业问题及根源树形图

资料来源:蔡建生.跨文化生存:在外企的成功之路[M].广州:南方日报出版社,2004:164.

2. 跨国企业共同文化的培植

1) 共同文化的培植

跨国企业的文化培植就是在双方充分了解对方的文化,正确地认识双方文化差异的基础上,为实现跨国企业的目标,集中与融合双方文化中先进、优秀的部分,努力创造和建立为企业全体员工共同理解和信守的企业经营理念、经营思想、经营作风、规章制度和行为规范。跨国企业文化的培植,是共同文化管理的核心内容。必须实事求是地、客观地、因地制宜地分析确认双方文化中先进的部分。要形成和发挥多元文化并存交融的优势,就必须根据跨国企业的目标和内外部环境条件,集中与融合双方文化中先进的部分。任何有关本民族、本公司文化中心主义或文化优越感的思想意识都是错误的、有害的,应当在共同文化的培植中加以避免和克服。

2) 共同文化的形成和整合模型

文化是多种多样的,但这种文化的多样性与公司文化特质有不同,至于对公司文化的整合应视具体情况要求而定。

为对公司共同文化形成和整合有系统的总体了解,现在给出以下两个基本图示予以说明,如图 6.3 和图 6.4 所示。

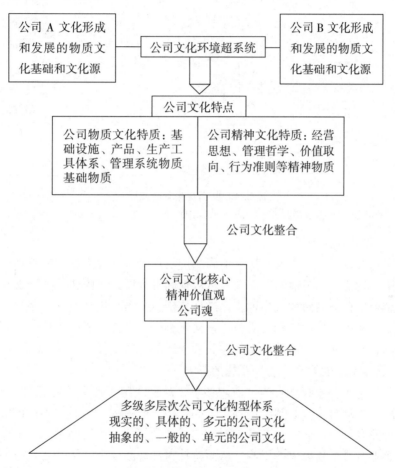

图 6.3　共同文化形成模型

资料来源:蔡建生. 跨文化生存:在外企的成功之路[M]. 广州:南方日报出版社,2004:165.

3. 共同文化培植的步骤

共同文化管理如何在企业的具体运营中得到有效建立呢?如何将各方不同的管理文化在跨文化企业这一特定组织中有机融合成共同的企业管理文化呢?我们将共同文化培植的步骤归纳为以下 8 个方面[①]。

---

① 席旭东. 跨文化管理方法论[M]. 北京:中国经济出版社,2004:166-168.

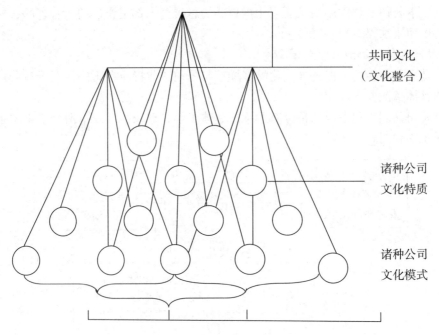

图6.4　共同文化整合模型

资料来源：蔡建生.跨文化生存：在外企的成功之路[M].广州：南方日报出版社，2004：166.

1）文化维度或要素分析

不同的文化背景，决定了人们持有不同的价值观念、行为准则。要管理好具有不同文化背景的员工，就必须了解他们的需求、价值观和行为模式。因此，共同文化培植的第一步，就是对企业中存在的两种或多种文化进行分析，找出文化特质，以便在管理中有针对性地采取措施，减少文化冲突和矛盾，推进文化融合。文化分析的工作，有利于从各个侧面把握文化的特点，从而找出解决文化冲突和矛盾的有效途径。

2）文化特质对企业管理的各项职能的影响

文化特质决定了企业管理者的价值观体系，从而决定了他们的经营理念和管理模式。这种经营理念和管理模式，必然渗透到管理的各项职能中去。同时，不同的文化背景，导致员工对待企业管理各项职能的态度不同。因此，共同文化培植的第二步，就是分析不同文化特质对企业管理各项职能的影响，从而有针对性地减少企业管理者在行使这些职能时有可能引起的文化冲突和矛盾，为企业寻找有效的跨文化管理途径，打下坚实的基础。

3）找出双方文化中的共同点（交叉点）作为共同文化培植的基础

跨文化沟通和文化融合的首要条件就是达成共识。只有在某一方面达成共识，跨文化沟通双方才能在此基础之上互相容忍对方。因此共同文化培植的第三步，就是要找出双方文化的共同点，作为跨文化沟通和进行文化整合的基点。企业管理模式作为企业文化的一部分，比一般文化形式更容易找到共同点。这是因为无论在哪一种文化氛围内，企业的终极目的都是完成盈利和承担部分社会责任。在这种终极目的下，企业经营理念和管理模式都有一些相同之处。因此，找到这些相同之处，并以此为契机进行文化融合，形成冲突双方都能接受的、高效的企业经营理念和管理模式，是跨国企业培植共同文化的重要途径。

4）调查不同文化背景的员工对外来文化的容忍度

在跨文化企业管理中，员工来自于不同的文化背景，他们对某些文化（如需求层次、权力距离等）方面可能容忍程度比较高，易于接受外来文化的新做法。在另一些文化侧面上，他们可能对外来文化持排斥态度（如宗教、传统习俗等方面）。因此，培植共同文化的第四步，就是调查员工对不同于自己的文化的容忍程度。只有这样，才能在制定企业管理的各项规范中，尽量避免越过员工的文化容忍界限，减少引起文化冲突和矛盾的可能。

5）根据企业特点决定采取哪种方式进行文化整合

如前所述，不同企业中的跨文化冲突和矛盾各有特点。因此进行整合也应因地制宜，选择最适合企业实情和所处文化环境的方式。影响文化整合方式的因素很多，最重要的是文化特质的差别大小，及文化特质和代表的管理模式高效与否。文化特质差别大，则应减少文化冲突，整合初期采取保留型的文化整合方式。当企业运作一段时间后，再转向其他文化整合方式。文化特质差别小，则必须考察哪种文化特质所代表的管理模式在市场经济中更高效，并以代表高效的文化特质为主，采取吸收型、反吸收型或融合型的文化整合方式。

6）确定企业文化整合的跨文化企业经营理念

在确定以哪一种文化特质所代表的经营理念和管理模式为主，进行文化整合以后，则应该根据双方文化的共同点及员工对对方文化的容忍度，确定双方都能接受的企业经营理念和管理模式。例如，在经营行为的决策上，中方管理人员的风险意识强，冒险精神弱，在决策过程中偏于保守；而西方企业家则往往富于创新和冒险精神，在采用新技术、开拓新市场方面具有很强的主动性。但市场竞争也使中方人员认识到创新与冒险的必要性。所以许多中外跨国企业采用创新的共同理念和管理模式，得到中外双方管理人员和员工的共同认可。

7）将所确定的经营理念和管理模式贯彻到企业管理的各项职能中去

融合了双方文化特质优点的经营理念和管理模式，只有贯彻到企业管理的各项职能和管理方法中，才能检验它是否有利于减少企业跨文化冲突和矛盾，是否提高了企业管理的效率。文化整合后的企业经营理念，不仅要从制度上成为企业运作的准则，还应该通过各种激励、约束手段，使之内化为员工的价值观念和行为准则，这就会使企业形成独特的企业文化，实现对员工的软管理。

8）设立反馈系统检验文化整合后的企业经营理念和管理模式的效率

跨文化管理中的文化整合及新的管理模式的建立，其目的是更有效地进行企业管理，提高企业的运行效率，并不是片面追求文化冲突和矛盾的减少。减少文化冲突和矛盾，是实现企业高效运作的手段。文化整合以后建立起来的新的经营理念和管理模式须经得起科学检验和市场的考验。所以，必须建立起一套检验新管理模式的反馈系统。通过宏观的反馈系统，可以对企业产出、利润及社会效应等方面进行测量和评价。通过微观的反馈系统，可以对企业管理各项职能效果进行测量和评价。例如，跨文化激励职能的效果，就能够用员工产出和行为科学的方法来测试。通过反馈系统，我们可以不断修正企业经营理念和管理模式，使之达到最佳效率。

6.1.4 共同文化管理模型

1. 共同价值观的形成

共同价值观是指合资双方统一的价值观念，是企业双方成员共享的信念。办好跨国企业，关键是个"合"字，只有在统一的共同价值观基础上，才有组织的内聚力和一致性，才能统一双方的管理观念，才能确定有利于跨国企业共同管理的双方共识的企业管理模式，从而形成一个双方优势互补的组合体。

对跨国企业来说，共同价值观包括共同的经济利益基础和企业的共同社会效益观，它们的构成要素有以下内容。

（1）共同的经济利益基础，需要理顺的关系有 3 个方面：跨国企业的经济效益；跨国企业内部的利益分配和职工福利；双方母公司的资产价值和收益。

（2）共同的社会效益观，包括消费者权益的维护；保护、治理环境；提供就业机会等。

跨国企业共同价值观形成模型如图 6.5 所示。

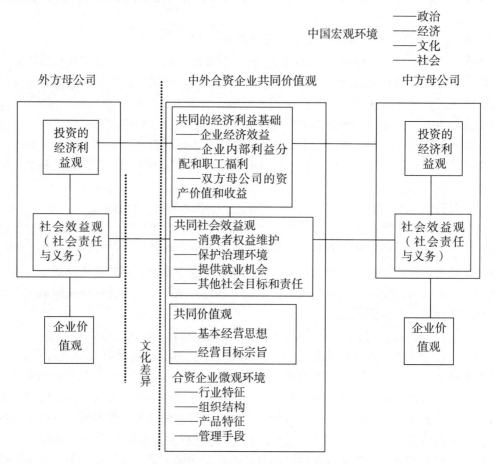

图 6.5 跨国企业共同价值观形成模型

资料来源：蔡建生. 跨文化生存：在外企的成功之路[M]. 广州：南方日报出版社，2004：167.

2. 共同文化管理层次

共同文化管理系统中层次的结构模型由3个部分组成，即管理观念、组织机构和管理方法。三者是由里及表，由粗到细逐步推进的，它们之间既有独立性，又有兼容性。不同跨国企业从实际出发，可选择其中的一个或几个单位模型来推进共同文化管理的建设。从管理观念单元、组织机构单元、管理方法单元三者之间的动态过程入手逐一推进，如图6.6所示。

管理理念 ── 组织结构 ── 管理（或工作）方法
──── 共同文化管理推进方向 ────▶

图6.6　共同文化管理层次

资料来源：蔡建生. 跨文化生存：在外企的成功之路[M]. 广州：南方日报出版社，2004：166.

3. 共同文化管理模型

我们在这里对共同文化管理的结构模型进行展示，该模型是由特征、原则和有效手段组合而成的，旨在通过这一方式来探讨跨国企业共同文化管理中的共性，使之成为跨国企业建立共同文化管理的有效分析工具，如图6.7所示。

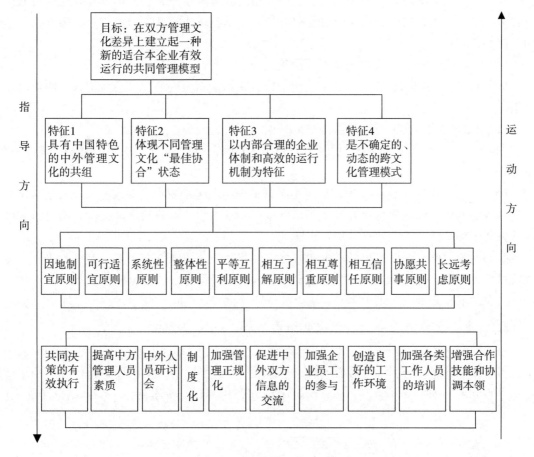

图6.7　共同文化管理系统模型

资料来源：蔡建生. 跨文化生存：在外企的成功之路[M]. 广州：南方日报出版社，2004：168.

6.1.5 共同文化管理的实施

对于如何实施共同文化管理,有的学者提出了 5 点看法[1],有的学者提出了 10 点建议[2]。我们按照 5 个方面来展开。

1. 识别文化差异,打破文化障碍

企业的管理者应该认识到两种文化的差异,学会把文化差异作为企业的一种优势加以利用。也就是说不能全盘否定一种文化,而应该使企业通过不同文化的相互影响来改进管理方式。例如,他可以通过把具有不同文化背景的员工集中在一起,进行专门的文化培训或实地考察,以使每一个人都能了解双方的文化,知道自己企业文化的不足以及对方管理和文化的优点,从而能够打破自己心中的文化障碍,把对方文化上的可取之处自觉地与自己的文化融合在一起。

2. 共同决策,并以企业的整体利益作为共同决策的根本出发点

由于共同决策体现着一种跨文化企业双方相互制衡的经济关系,所以有效地执行共同决策的机制首先需在董事会和高中层管理中开展。要保证共同决策的成功,必须有以下几项保障措施[3]。

(1) 在企业章程、制度中确定共同决策的要求。

(2) 以成文的或双方均认可的统一决策模式来协调双方的利益、思维模式及协商确定决策结果。

(3) 双方努力贯彻实施共同决策这一方式。

(4) 以跨文化企业的整体利益作为共同决策的根本出发点和决策有效性的最终评价点。

(5) 针对许多跨文化企业中方经理不愿意承担个人决策职责而造成决策高度集小化方式这一现实,还可通过提高中方人员的参与意识,以共同目标的制定来支持共同决策积极性等方法以提高共同决策的有效执行程度。

在共同决策的过程中,应该以企业的整体利益作为共同决策的根本出发点和决策有效性的最终评价点。定期或不定期地召开中高层人员的讨论会,把达成一致的观念和工作方法作为企业的工作准则固定下来。在双方友好的交流中逐渐统一观念,改善管理。

3. 鼓励全员参与管理,加强文化与经营理念的交流

在一个企业内,存在着企业亚文化。企业亚文化是与企业文化相独立而存在的,并不因企业文化的变化而变化。企业亚文化在企业的一个部门内或一个团体内被接受,如果这两种文化发生冲突,就会使企业的决策得不到有效执行。在这个过程中,鼓励员工参与,

---

[1] 蔡建生. 跨文化生存:在外企的成功之路[M]. 广州:南方日报出版社,2004:161-168.
[2] 席旭东. 跨文化管理方法论[M]. 北京:中国经济出版社,2004:172-177.
[3] 同上:172.

显然有助于提高决策的质量,并调动起广大职工的积极性,有助于进一步提高管理效率和效果。而且,跨文化企业的共同管理是探索中的跨文化模式,更需要作为企业主体的广大职工参与到这一过程中来,在实际管理活动中完善共同文化管理。员工的参与可通过以下方式或步骤进行[①]。

(1) 决策咨询。员工对于企业经营管理的决策问题有反映意见、提出看法的建议权,如成立"提案审定委员会"一类的机构,鼓励职工提合理化建议,并为此提供条件和奖励。

(2) 参与决策和管理。工人直接参与决策和管理过程,有部分的决定权和监督权。例如,在目标管理中,让职工共同参与讨论,朝着共同的目标,共同来制定每个职工的目标。

(3) 自主管理。对一些由企业法规、规章所议定的事项,如保健、操作流程等,职工在划定的职权范围内有较大自主权和决定权。

4. 加强员工培训,增强协调本领

合作、协调技能不是一蹴而就的。光靠管理观念更新、管理方法的统一等手段获得不了这种技能,而双方的"理解、尊重、信任、关心"也代表不了有效的合作、协调技能。这种技能是在双方努力合作、密切配合过程中逐步获得的。在共同管理文化中,合作、协调技能其实是个学习的过程。因此通过对各类人员的培训,缩短在教育水平、技术素质和管理水平上的差距,加强对文化的融合方法的学习和强化训练,有利于实现在共同管理中的合作。也只有合资各方人员在特定跨国企业的实际运行中通过密切合作实现了企业的成功,我们才能说双方增强了合作技能和协调本领。

5. 共同文化管理是不确定的动态的文化模式,需随时完善

共同文化管理是通过不同文化为内涵的双方个体文化在企业内相互碰撞、融合而构筑起来的新企业管理模式。共同文化展开的途径是全方位的,所以是不确定的文化模式,它需要随着企业经营战略的变更,外部环境的变化,公司规模的扩大,双方相互了解和理解的进一步深入而做出适应性的调节,它需要在动态的适应过程中达到共同文化管理的有效性。

在确定共同文化管理时,必须具备下面3个要素。

(1) 明确性。要简明、确切和突出,使公司经营目标极易为人们所理解和接受。

(2) 连续性。不管企业领导层如何更迭或短期经营目标重点如何调整,公司的核心战略和价值观念必须具有相对的稳定性。也就是说"一个公司为了应对千变万化的社会挑战,可准备改变自身的一切,唯有信念除外"。

(3) 一致性。在公司高层,特别是母公司与跨国企业经理之间必须不断地沟通战略意图,以此确保跨国企业成员对共同文化管理的认同和坚持。

在明确了这3个要素后就要采取强有力的措施,有步骤地建立起具有本企业特色,又能适应环境的独特的共同文化管理。

---

① 席旭东. 跨文化管理方法论[M]. 北京:中国经济出版社,2004:176.

6.2 渐进式文化整合模式

渐进式文化整合模式是区别于共同文化管理模式的分阶段逐步实现文化融合和战略整合的跨文化企业管理模式①。

6.2.1 渐进式文化整合模式的理论来源

1. Nahavandi & Malekzadh 的文化整合模式

Nahavandi & Malekzadh(1993)根据并购双方的接触程度及其解决接触中产生冲突的方式,将被跨国公司并购后的文化适应归为4种模式:

(1) 同化(Assimilation)模式(Seihl & Ledford 称之为"掠夺型"整合)。这种模式一般是并购方的企业文化取代被并购企业的文化,被并购企业被完全吸收进另一方。大多数巨型的跨国公司都倾向于采用这种模式。

(2) 整合(Integration)模式。这种模式一般是经过双向的渗透、妥协,形成包容双方文化要素的混合文化,目标是希望获得融合了双方文化的长处。由于被跨国公司所并购的企业一般不大愿意被跨国公司同化,被并购企业的员工大多希望保持自己的文化和组织标识及组织独立性,因此,这种模式实际操作中运用得较多。

(3) 隔离(Separation)模式。这种模式一般是跨国公司并购完成以后限制双方接触,保持两种文化的独立性,被并购企业员工希望保持原有文化,拒绝接受并购企业的文化时,为了避免强烈的冲突,跨国公司可以被动地采用这种模式。

(4) 文化破坏(Deculturation)模式。这种模式一般是被跨国公司并购的企业员工既不珍惜原来的价值观,将其抛弃,同时又不认同作为并购方的跨国公司的文化时,员工之间的文化和心理纽带断裂,价值观和行为变得混乱无序,这就是混沌化的文化适应状况。

2. Howard Permulter 的 4 个"中心论"模式

美国学者 Howard Permulter 认为并购企业在业务和文化整合上有 4 种不同的基本思路:本国中心论、客国中心论、区域中心论、全球中心论。本国中心论信奉本企业的管理方式,倾向于把企业文化直接移植到被并购企业中;客国中心论主张入乡随俗,吸纳被并购企业文化中的精华部分;全球中心论主张淡化背景文化色彩,创新出一种全新的企业文化;而区域中心论一般被认为是全球中心论的初级阶段。

3. P. Harris & R. T. Moran 解决文化差异的 4 种模式

P. Harris & R. T. Moran(1987)认为,文化差异在组织内有 4 种解决模式:凌越(Dominance)、妥协(Compromise)、合成(Synergy)和隔离(Isolation)。凌越是指组织内一种民族或地域文化凌越于其他文化之上。在这种情况下,组织的决策及行动均受这一文化的指

---

① 晏雄. 面向东盟国家中国企业实施渐进式文化整合模式的可行性分析:以中老合资企业老挝万荣水泥厂为例[J]. 云南财经大学学报,2007,(2).

导,而持另一种文化的员工的影响力微乎其微。合成是指并购双方认识到构成组织的两个或多个文化群体的异同点,但并不是忽视或压制这些文化差异,而是通过文化间的相互补充和协调,形成全新的统一的组织文化。隔离是指并购和被并购的双方企业在极其有限的文化接触、交流的前提下,彼此保持各自文化的独立。

4. 李元勋的跨文化企业管理五模式

厦门大学的李元勋(2005)把企业跨文化管理的模式概括为 5 种。

(1)"本土化"模式。公司经营时,将每一个地区和国家都视为独立的个体,公司政策的制定和执行完全参照当地企业模式进行,并不把母公司的人事运行模式强加于各子公司之上,而是根据各子公司的相应情况制定适合当地实情的人事管理政策。

(2)文化移植模式。这一模式的核心是,母公司派遣人员担任地区或者国家的子公司的重要管理职位,从而保证母公司与关联公司之间的信息沟通及母公司对子公司的监控。

(3)文化嫁接模式。是指以母国文化作为子公司主体文化的基础,把子公司所在地的文化嫁接到母国文化之中。

(4)多方交叉模式。该模式在子公司中并不以母公司的文化作为其主体文化,母公司文化与子公司所在地及其原有的文化之间虽然存在着巨大的"文化差异",但却并不互相排斥,反而互为补充,充分发挥跨文化优势,把双方文化中的积极因素结合起来,创造出新的文化。

(5)借助他方模式。当母公司文化与子公司所在地文化存在巨大差异时,公司所派遣的管理人员要特别注意在员工当中规避双方文化的重大不同之处,可以考虑借助第三方的文化作为沟通的桥梁。

以上 4 类跨文化管理模式为渐进式文化整合模式提供了相关理论基础。它们本身没有好坏、优劣之分,只有适合与不适合、适应与不适应之别。模式成功与否取决于多因素的制约和影响,评定其成功与否的标准,最主要的是看其能否保证企业的发展和壮大。

6.2.2 渐进式文化整合模式

1. 渐进式文化整合模式的定义

所谓渐进式文化整合模式是根据整合战略不同阶段的中心任务和整合策略把文化整合分为 3 个阶段:文化独立阶段、文化吸收阶段和文化创新阶段。3 个阶段各有自己的指导思想、中心任务和实现途径,以配合企业整合战略的顺利实施。

2. 渐进式文化整合模式的内容

(1)文化独立阶段。这一阶段的主要任务是保持双方企业文化的独立性,不做全方位的文化整合,关键是实施好管理层文化整合。管理层文化整合的关键是团队成员的沟通和理解,在成功沟通的基础上对人员、业务、市场等进行平稳调整,在此阶段企业可以通过正式、非正式两种途径增加沟通手段。

(2)文化吸收阶段。此阶段的中心任务是吸纳东道国企业文化中的合理成分,促进全员文化整合。实现途径主要有:一是培训员工的跨文化能力;二是增加横向、纵向上的沟通，发挥不同文化背景的组合优势，使双方人员尽快熟悉和理解对方的文化内涵，改造自己的思维方式和行为方式，增强对当地市场需求的反应能力；三是畅通沟通渠道，如内部电子信箱系统、内部网上论坛等，使内部信息和建议畅通无阻，增强全员凝聚力，促进全员文化的整合。

（3）文化创新阶段。这一阶段主要是面向客户与市场需求构建新型企业文化，把企业文化建立在为全球消费者创造价值这个理念上，往往伴随着全球范围内的组织结构调整和业务模式调整，因此，调整的目的是要实现组织结构演变、业务模式调整与企业文化创新的良性互动。文化创新阶段标志着企业文化达到一个新的高度，并得到全球消费者的认可和支持，企业文化的影响力和整合能力得到提升，企业已成为一个成熟的跨国企业。

文化整合的 3 个阶段是层层递进、互为支撑的，各个阶段所需要的时间要根据企业的具体情况和整合的进程而定。一般情况下，第一阶段的时间不宜太长，时间太长容易使企业经营陷入困境，从而导致跨国经营失败。文化吸收和文化创新阶段往往伴随着企业组织结构和业务模式的调整，时间相对较长，因为要使一个国际化企业在不断地提高自身文化整合能力进程中逐渐成长为一个真正的国际企业并不是短时间就能实现的。

6.2.3　渐进式文化整合模式的实施策略

1. 培养合格的跨文化管理人才

英国出版的《人事管理》杂志曾以这样的标题，将其重要性诉之于众："不称职的驻外人员带来了惊人的损失——失败原因在于不适应文化方面的变化而并非缺乏技术。"在中国企业国际化步伐越来越快的时候，如何管理不同地域、不同文化下的分支机构，就成了摆在企业面前的一道现实难题。据说，有一家进行了几次大手笔海外并购的中国企业老总到德国视察当地分公司时，在周末召开了业务会议——这个行为违反了德国人不在休息时间办公的习惯，导致了当地德国经理的极大不满，以致最终辞职。而更为常见的，则是中国企业从总部派往国外的经理人严重不适应当地经营环境及模式，导致海外业绩始终不尽如人意。因此，跨国企业在进行跨国投资和经营时，能否培养合格的跨文化管理人才将是企业跨国经营能否成功的一个重要因素。我们认为，培养出合格的跨文化管理人才应包括以下几个方面：

（1）跨文化管理人员的选择。对于想要在国外开设分公司的本国企业来说，到底应该找个本国人，还是找个当地人来管理？这两种人才无疑各有优劣。本国经理人的长处一般是比较了解总部意图，对总部忠诚，容易执行董事会的意见，但缺点可能是对当地市场和思维方式不够了解；而当地经理人有语言优势，易于建立与本地供应商和合作伙伴的关系，但是在了解总部意图、与总部沟通方面可能成为劣势。理查德·刘易斯的建议是应该本国人和当地人各找一个。这个本国人必须很了解所在国文化，至少他应该受到这方面的一些培训，让他了解怎么跟当地人更融洽地相处；同时应该把这个当地人应该送到东道国来待上两三个月，让他了解中国的文化，使他能更好地为总部董事会效力。至于这两个人的职位高低，就级别来说应该一样，但如果这是一个中国公司，那中国人应该比当地人略高一点，当地人向中国人汇报工作；如果是跨国公司到中国来开设分公司，情况则应该相

第6章 跨文化管理的方法与实践

反。然而即便如此,这两个人也有可能因为文化和思维差异发生矛盾。这时该怎么办?"如果这两个人永远都无法保持步调一致,那就应该把这两个人换掉。"刘易斯如是说。其实,跨国企业都是要运作很长时间的,管理层董事会应该很谨慎地选择跨文化管理团队,应该通过长期的观察来确定合适的人选,而不是今天说了要选人,明天就选好了。

(2)提升跨文化管理能力。所谓跨文化管理能力是指管理者在不同的文化里,有效地协同不同文化对组织行为的影响的能力和有效地与来自不同国家和文化背景的人沟通的能力。跨文化管理能力包括具有国际视野的商务能力、在国际贸易管理中协调不同文化的能力和在国际贸易中有效管理人力资源的能力。而一个跨国公司在进行跨国投资经营时,往往需要融合3种文化:自己国家的文化、目标市场国家的文化、企业的文化。从这个意义上说,合格的跨国管理人才应具备全球化的视野、对经营情况快速做出反应、协同学习、转变和适应、跨文化交际、合作与国外经验等素质(Adler & Bartholomew,1992)。作为企业的所有者,要认识到跨文化管理对企业生存和发展的重要性,积极为外派人员提高跨文化管理能力创造条件。

一是要安排不同文化背景的经理人体验工作和参加培训。为了提高跨文化管理能力,许多公司将经理人派到海外工作或者学习,让他们亲身体验不同文化的冲击,或者把他们留在自己的国家,与来自不同文化背景的人相处,外加一些跨文化知识和理论的培训。例如,日本富士通公司(Fujitsu)为了开拓国际市场,早在1975年就在美国檀香山设立培训中心,开设跨文化沟通课程,培训国际人才。现在,该公司为期4个月的跨文化管理课程(Intercultural Management Program,ICMP)除了用于培训本公司的人员,还被用于其他公司和国家跨文化管理人才的培训。韩国三星公司(Samsung)每年都会派出有潜力的年轻经理到其他国家学习,学习计划由学员自己安排。但是公司提出一些要求,如学员不能坐飞机,不能住高级宾馆,除了提高语言能力外,还要深入了解所在国家的文化和风土人情等。通过这样的方法,三星公司培养了大批谙熟其他国家市场和文化的国际人才。

二是设立企业学院。大部分跨国公司都在内部设立企业学院,培训国际人才,如摩托罗拉大学、西门子大学、台湾宏基的Aspire学院等。在这些企业学院中,最有名的要数通用电气公司(GE)的Crotonville管理学院,通用电气前行政总裁JackWeloh每月都要花两天时间亲自到Crotonville给他的经理们讲课,十几年风雨无阻,Crotonville成为通用电气全球发展的"引擎"。

三是设立全球服务项目。例如,高露洁公司(Colgate - Palmolive)从1987年开始,就设立了全球性强化培训项目,这个项目的成员是美国的商学院MBA毕业生,他们至少会讲一门外语,并且在国外生活过(他们中有很大一部分是外国公民)。受训者要在美国接受为期24个月的培训。在每项为期3个月的培训中,他们除了学习商务和产品外,还要参加语言和跨文化知识教育。项目成员完成项目培训后,被派到世界各地担任助理产品经理。可口可乐公司成立"全球服务项目",这个项目由500位中高级管理人员组成,每年约有200人调动工作岗位。这些人一方面为公司的全球发展做出贡献,另一方面,可以提高自己的国际管理经验。这个项目的最终目的之一是建设一个具有国际头脑的高层经理团,公司的高层管理人员将从这些人中进行选拔。许多著名的跨国公司都设立类似的特殊项目来培养高级国际人才,如花旗银行(CitiBank)的全球管理人才项目、渣打银行(Standard Chartered Bank)的国际毕业生项目等。

(3) 跨文化适应性培训。当一位管理者来到一个全新的国度展开管理和销售工作,他面对的是具有不同文化的人,其特有的文化已经融化在他们的血液中,他们会极力保护自己的文化特质。因此,这位管理者所能采取的最明智做法,就是理解并适应这种文化。经济学家 S. 纽波宁对此提出了"跨文化训练"理论(Cross-cultural Training),阐明了尽快适应新文化的 5 种途径①:

第一,文字方案。受训的管理者阅读大量关于异文化的文字材料,包括历史、地理、传统、制度、经济等方面,也经常使用录像媒介。

第二,文化融合方案。受训者被要求解决一系列有关异文化和自己的文化相冲突的问题。这样可以使受训者迅速意识到两种文化的不同,并知道如何在自己的管理和销售实践中消除这种不和谐和冲突。

第三,语言指导方案。通过不同方式指导受训者如何在一个新的文化环境中和他人对话,并能在一定程度上使用当地的语言。这需要半年至一年的时间。

第四,敏感性方案。使受训者能领悟新文化中的微妙含义。

第五,实地训练方案。将受训者派到异文化中使其能有亲身感受。

纽波宁的这 5 种方案得到广泛重视和运用。一些学者对此进行了进一步的研究。C. 依勒对 180 名美国公司派驻韩国的管理者进行研究,以发现上述哪一种方案更为有效②。他将这 180 名管理者列为 5 组,各自接受一种方案的训练。然后衡量各自的成效,结果证明 5 种方案的效果相似。所以他建议将这 5 种方案结合使用。问题的关键在于,跨国公司必须对派驻国外的管理者们进行文化适应性的训练。据纽波宁的调查,有 57% 的美国公司在派驻管理者时,不进行这种训练(Lublin, 1997)。这直接导致了美国公司在向外国派驻管理者时较高的失败率(Tuna, 1993)。

中国的跨国企业也普遍存在这一问题。Gallup 调研公司经过调查,把解决问题、领导技巧、人际沟通、创造性思维及谈判技巧列为中国经理人最需要的技能③。因此,对中国企业来说,跨文化适应性培训的重点内容应该是对文化的认识、文化的敏感性训练、语言学习、跨文化沟通及冲突处理、地区环境模拟等。培训方法一是通过公司的内部培训部门、人员或设施进行培训。例如,通过影像向全体员工播放半天针对国别情况的研讨会;向所有面临现实需要或问题的相关员工提供半天的经营文化洗礼课程;设立公司内部网站;提供各国文化和实用旅行信息等。二是通过外包的方式,利用外部培训机构如大学、科研机构、咨询公司等来进行培训。

2. 实施本土化战略

(1) 人力资源本地化。人的本土化是最根本最深刻的本土化,有着"一箭双雕"的

---

① [美] Joann. S. Lublin. *Younger Managers Learn Global Skills* [J]. The Wall Street Journal, 1997, 3(31): 23.

② [英] Christoper Earley. *Intercultural Training for Managers: A comparison of Documentary and Interpersonal Methods* [J]. Academy of Management Journal, 1995, (12): 285-298.

③ [荷] Kalmis, Taiilevine. *Education for PRC Executive* [J]. The China business Review, 1996, (4): 37.

作用。跨国企业要在外国站稳脚跟,必然需要一批熟悉该国政治、经济、文化、法律、风土人情的人才,使公司的各种行为符合各国的国情,更好地"入乡随俗",以保证公司运行平稳。同时,与从本国既输出资本又输出人才相比,企业所在国的人才成本低、优势多,既能为企业在本土化生产中发挥管理作用,又夺取了竞争对手的人才,还可以大大加强公众的认同感,提高企业影响力和产品的竞争力。

阿尔卡特中国有限公司董事长戴伯松在谈到其公司在本土化方面的作为时说:"一旦发现中方的雇员能够胜任工作,我们就让外方雇员离开。在中国的外方雇员都有一项使命,就是要培训出最能取代他们的中方雇员。"有跨国公司本地高层坦言,CEO 的本土化是根本。戴伯松"本土化"中国的最终结果是他自己的光荣回国。另外,在中国本土化程度最高的摩托罗拉公司承诺在中国投资 15 亿元,中国员工达到 1 万人,本地经理人员比例近 80%,每年为本地员工提供 2.7 万个培训日,设立 170 种面向中国本地的课程。进入中国市场的跨国公司纷纷争抢国内人才,重金聘请中国 CEO 等人力资源本土化手段已成为这些公司在中国取胜的秘密武器①。

中国企业的走出去战略也非常注重人力资源本土化战略。世界著名营销大师米尔顿·科特勒先生参观海尔美国公司后说:"海尔改变了美国人对中国人的看法。本来我们习以为常的是韩国、日本在外国设厂都会雇用他们本国的人,只有美国人在外国设厂会用当地人,没想到中国海尔在美国办厂会雇用美国人,这是真正的本土化,难怪海尔在美国发展这么快!"的确,许多在美国的日本公司基本上是通过由总部选派的经理人对其分公司进行管理。而海尔美国公司是海尔同美国家电公司(ACA)的跨国企业,实行海尔控股制,海尔持多数股权,ACA 持少数股权。公司在美国的经营管理完全由这个在美国有家用电器管理经验的总经理迈克·杰米尔决定。他和他的美国伙伴承认,他们具有很大的自主权,由他们来推销品牌,并争取新的客户,以此来推动企业发展并不断进步。海尔母公司要做的只是制定业务发展经营战略。海尔在美国的生产中心虽然是海尔的独资企业,但目前除了几个中国派去的人员外,其主要管理人员和 200 多名普通员工都是美国人②。

中兴通讯重视推广员工本土化战略。在孟加拉国公司,本地员工比例达到 50% 以上。在南非地区,中兴从 2001 年开始招聘本地员工,2002 年开始大规模招聘本地员工,到 2005 年,本地化率超过 70%③。

(2) 研究开发的本土化。开研发分店,争抢国内优秀人才和技术,这比单一的硬指标投入更具战略眼光。《2001 年世界投资报告》显示,随着技术密集型跨国公司在中国投资的不断升温,跨国公司在中国建立研究开发中心已成为引人注目的新亮点。仅 1988—2001 年,各大跨国公司在北京建立的研究院和研发中心就有 20 多家,在全国建立的研发中心达 100 多个,其中有 40 个具有了相当的规模。

(3) 关系本土化。关系本土化是跨国公司本土化战略的核心。中国社会正处在从传统走向现代的过程中,"关系"是一种十分重要的社会组织资源。关系本土化保障了跨国公

---

① 李树林. 制胜之道:中国 100 家成功企业的案例研究[M]. 北京:科学技术文献出版社,2003:77.
② 唐贵瑶. 海尔本土化管理策略阐析[J]. 现代商业,2007,(10).
③ 司岩著. 中国企业征战海外:企业国际理论与实践[M]. 北京:中国发展出版社,2006:81.

司在中国的投资战略的成功,并在很大程度上帮助他们赢得了中国政府和民众的信任。例如,作为第一个在中国实现整车本土化生产的跨国公司,德国大众汽车公司在中国的合资生产,就充分地与中国政府合作,大打"政府牌",实施关系本地化的策略,把"桑塔纳"打扮成近乎100%的中国车,此番用意深得中国政府赞赏和民众信任。目前跨国公司关系本土化采取的策略主要有与高层政府公关、支持中国教育事业、支持中国体育事业、支持中国西部建设、热心公益事业回报社会等策略。

(4) 市场本土化。市场本土化针对的则是消费者。跨国公司并非简单地把国外的先进产品移植到中国市场,而是注重开发能够满足本地消费者需求的适销对路的产品。跨国公司实施市场本土化的营销策略,是在充分理解中国本土文化特征、消费心理和情感需求的基础上,以保持强势国际品牌形象的原有特色为前提,把洋品牌做"土",采取亲情营销,以克服消费文化的隔阂,拉近与消费者的距离,赢得消费者的认可。

(5) 产品本土化。跨国公司高质量的产品及其强大的品牌是其在全球市场攻城略地的锐利武器,但跨国公司绝不能忽视当地市场的特点和居民的消费偏好。为了更好地适应所在国市场的需求特点,把握潜在的商业机会,跨国公司不遗余力地推进产品的本土化。例如,DELL 公司在跨国经营中,注重产品制造的本土化,讲求技术创新、服务与信誉的整合效率,使消费者群体迅速扩大,市场快速裂变与发展。DELL 公司运用互联网等现代营销方式与客户直接联系,通过产品本土化制造,确保在 365 天内将根据顾客个性化需求设计生产的产品交到顾客手中,其价格低于工厂产品的 10% 以上,并有一流的技术和服务保证,从而获得了极大的市场份额。宝洁公司在中国市场的本土化也非常成功。从 1988 年宝洁进入中国市场后,它在产品品牌方面的本土化的确不遗余力,在宝洁铺天盖地的广告中,看不到"美国"的字样。而且,中国宝洁模特无一人是西方人。另外,十多年来,宝洁公司向中国市场推出七大类 17 个品牌的产品,其中产品名称都是广泛调研后产生的,也有不少是中国消费者参与的结果。

(6) 品牌本土化。在相当大的程度上,可以说,跨国公司在中国的成功是品牌营销的成功,是国际知名品牌在中国深入人心、赢得广大消费者认同的结果。同时,在企业开展国际化营销的众多要素中,品牌具有深厚的文化内涵和情感内涵,是最需要本土化的内容。

因此,深谙此道的跨国公司进入中国市场之时就高扬品牌大旗。进入中国市场之后竭力在品牌本土化方面大下功夫,把洋品牌做"土",贴近中国消费者。从品牌名称的设计到品牌形象代言人的挑选,从品牌宣传主题词的编撰到品牌的宣传推广等各方面都致力于与中国的文化、社会习俗及消费者的价值观念等相适应,其中最典型的当属宝洁公司。自 1988 年该公司进入中国市场后,先后推出了七大类 17 个品牌的产品。每一个产品品牌如飘柔、海飞丝、高露洁等都是经过广泛调研,有众多的中国消费者参与确定的,都是原汁原味的中国化的品牌,没有一丝"美国味"。"Coco Cola"品牌的中文翻译"可口可乐"本身就是经典之作。

在围绕提高品牌的知名度、建立品牌忠诚度而展开的品牌宣传和推广活动中,跨国公司将国际知名品牌的人格化内涵同中国消费者心灵深处的自我形象诉求的心理定位相联系,并根据中国人爱面子、讲攀比、喜炫耀的消费特点进一步强化和提炼,赋予品牌特有的魅力。例如,"奔驰"的尊贵威严,"劳斯莱斯"的显赫,"马爹利"的雍容华贵,"皮尔·卡丹"的高雅时尚等,这些品牌所蕴含的强烈而鲜明的社会地位、身份、财富的象征性价值和炫耀性价值,成为吸引消费者购买、仰望和追随的持久动力,有效地树立了品牌的高质形象,建立了品牌崇拜,极大地提升了品牌的附加价值。

(7) 营销方式本土化。企业进行跨国经营最大的困扰是没有自己的营销渠道。中国的商业体系较为零散,市场运作不够规范,许多跨国公司在进入中国市场之初,忽视了中国销售渠道的特殊性,结果吃了大苦头。惠普公司在中国家电市场遭受的挫折即与此有关,宝洁公司早期以广告带动销售的模式也不得不做出调整,将整合经销商和强化终端市场置于特别重要的地位。跨国公司越来越明确地认识到,在中国市场,竞争对手最容易发动攻击的是销售渠道,特别是市场终端,谁掌握了销售渠道,谁就能在竞争中胜出。

(8) 生产本土化[①]。跨国企业实施本土化,最重要的一个原因当然是降低成本。而在世界贸易关税壁垒日益减少而非日益加强的今天,生产的本土化也无疑是规避各种壁垒最好的办法。1999年4月30日,海尔为其在美国南卡罗来纳州中部卡登110英亩的土地上投资3 000万美元兴建的一个30万平方英尺的工厂——海尔生产中心举行了奠基仪式。2000年3月27日,随着第一台印有"MADE IN USA"的冰箱生产出来,海尔开始了在美国制造冰箱的历史。海尔也因此成为第一家在美国制造产品的中国公司。

对中国的海尔为何跑到劳动力价格比国内高十倍的美国去办厂,张瑞敏解释说:"可以说这是一种逆向思维。我们当时考虑美国很多工厂要迁到中国来,到中国生产。他们所看重的是中国廉价劳动力,那么我们现在唯一的一个优势可能就是廉价劳动力,如果我们总等在这里,最后可能什么优势都没有了,所以我们到美国去,主要是获取人才资本,包括技术优势。"从中可以看出,进入美国不仅要考虑劳动力成本的问题,更重要的是非关税进入成本的问题。从美国政府采购家电,只要本土生产制造的产品,使得许多著名品牌家电被迫出局,而海尔一举中标的事件中就可看出制造本土化的正确性。而且,就算中国劳动力成本低,但是像冰箱这种大体积产品,高额的运输费用也足以抵消低廉的劳动成本。

6.3 跨文化管理典型案例

6.3.1 从海尔集团美国建厂看海尔国际化战略

1. 海尔本土化三部曲

海尔创本土化海尔名牌的过程分为3个阶段,即本土化认知阶段、本土化扎根阶段、本土化名牌阶段。这就是海尔走向世界的"三部曲":

第一步,按照"'创牌'而不是'创汇'"的方针,出口产品开拓海外市场,打"知名度"。

---

① 唐贵瑶. 海尔本土化管理策略阐析[J]. 现代商业,2007,(10).

第二步，按照"先有市场，后建工厂"的原则，当销售量达到建厂盈亏平衡点时，开办海外工厂，打"信誉度"。

第三步，按照本土化的方针，实行"三位一体"的本土发展战略，打"美誉度"。第一步是播种，第二步是扎根，第三步是结果。"三部曲"是实践的发展，与此同时，海尔人对国际化经营的认识也在不断深化。

1）"先难后易"达到认知——靠质量让当地消费者认同海尔的品牌

首先，海尔认为必须在观念上转变传统出口的误区，出口是为了创牌而不仅仅是创汇，用"海尔——中国造"的著名品牌提升创汇目标。

在进入国际市场时，海尔采用"先难后易"战略，先进入欧美等在国际经济舞台上分量极重的发达国家和地区，取得名牌地位后，再以高屋建瓴之势进入发展中国家，并把使用海尔品牌作为出口的首要前提条件。海尔冰箱能摆在自己的老师家门口——德国，靠的是揭下商标、打擂台的形式建立起的海尔产品高质量的信誉。

2）"三位一体"扎根——海尔于海外三位一体的结构已在当地深深扎根

为了实现海尔开拓国际市场的 3 个 1/3（国内生产国内销售 1/3，国内生产国外销售 1/3，海外生产海外销售 1/3）的目标，海尔在海外设立 8 个设计分部，专门开发符合当地人消费特点的家电产品，提高产品的竞争能力；1996 年开始，海尔已在菲律宾、印度尼西亚、马来西亚等地建立海外生产厂。1999 年 4 月份，海尔在美国南卡罗来纳州的生产制造基地的奠基标志着海尔集团在海外第一个"三位一体本土化"的海外海尔，即设计中心在洛杉矶、营销中心在纽约、生产中心在南卡罗来纳州。立足当地融智与融资，发展成本土化的世界名牌。首席执行官张瑞敏把海尔的这一思路概括为"思路全球化、行动本土化"，思路必须是全球化的，即使你不去思考全球，全球也会思考你。行动的本土化目的在于加快品牌影响力的渗透过程。海尔的本土化表现在广告上都应本土化，如海尔在美国的广告语是 What the world comes home to，在欧洲则用 Haier and higher。

3）超前满足当地消费者的要求，创造本土化名牌

海尔实施国际化战略的目标是创出全球知名的品牌，要创名牌，仅有高质量是不够的，必须和当地消费者的需求紧密结合，而且要超前满足当地消费者的需求。海尔超级节能无氟冰箱就是一个典型的例证，它既解决了国际社会对于环保的要求，又考虑到消费者的切身利益，在开发无氟冰箱的同时实现了节能 50% 的目标，不但发明了一项世界领先的成果，还取得了巨大的市场效果。海尔超级节能无氟冰箱达到德国 A 级能耗标准，德国消费者凡购买海尔超级节能无氟冰箱均可得到政府补贴。在美国，海尔冰箱提前达到美国 2006 年的能耗标准。

2. 本土化关键是融智

美国海尔是第一个三位一体本土化的海外海尔，海尔认为美国海尔的本土化关键一点是能否融智，即如何使海尔文化得到美国海尔人的认同。因此海尔没有采取派出人员的做法，而是聘用当地的美国人来经营当地的海尔。例如，美国海尔贸易有限公司的总裁就是美国人，他叫迈克，年薪 25 万美元。先让这个总裁认同海尔文化，再通过他的言传身教影响其他美国海尔人。这些工作是中国总部派去的海尔人无法做到的。

实践证明这种做法特别符合美国市场和美国文化。海尔产品在美国市场的迅速发展更坚定了迈克的信心,他认为海尔是一个充满朝气,非常有发展潜力的企业,他说有信心使美国海尔在最短的时间里占到海尔全球营业额的1/3。

为了开拓美国市场,他经常加班工作,特别是在美国人看来星期天工作是不可思议的,迈克经常把软件和笔记本电脑带回家工作。迈克经常来青岛海尔总部,他认为是接待他的海尔业务人员的敬业精神和高效率工作作风给他留下了深刻的印象,并影响了他。他说他要把海尔作为终身追求的事业。

3. 国际化的海尔

美国海尔是海尔集团从海尔的国际化阶段到国际化的海尔阶段的标志。

除美国海尔外,海尔还于1996年起,先后在印度尼西亚、菲律宾、马来西亚、伊朗等国家建厂,生产海尔冰箱、洗衣机等家电产品。在世界主要经济贸易区域里都将有海尔的工厂与贸易中心,使海尔产品的生产、贸易都实现本土化,不仅有美国海尔,还有欧洲海尔、中东海尔等。在融资、融智的过程中,使海尔真正成为世界的名牌。海尔的国际化是国际化海尔的一个基础,只有先做到了海尔的国际化才能去做国际化的海尔。国际化是海尔的目标。海尔的国际化,就是要海尔的各项工作都能达到国际标准,如同参加一项比赛,先要具备参赛的资格。对海尔来讲,主要是三方面:一是质量;二是财务;三是营销。质量要达到国际标准,财务的运行指标、运行规则应该和西方财务制度一致起来,营销观念、营销网络应达到国际标准,海尔自身具备这种素质就可以进入国际市场,所以"出口"是针对海尔的国际化而言的;但国际化的海尔就不同了,"海尔"已不再是青岛的海尔,设在中国的总部也不再仅仅是向全世界出口的一个产品基地。中国的海尔也将成为整个国际化的海尔的一个组成部分,美国海尔、欧洲海尔、东南亚海尔等也势必成为国际化海尔的重要组成部分。

4. 2004年的海尔

2004年1月31日,海尔入选世界品牌实验室评选的"世界最具影响力的100个品牌",成为世界级的强势品牌。这一点同样来之不易,从最初出口的"先难后易"策略到本土化的"三位一体"和"三融一创",创自主品牌的理念和实践,先后经过了十几年国际市场的磨炼,一步一个脚印,踏踏实实。专家分析认为:最有可能在海外市场成功树立自有品牌的中国企业,首先是那些在国内已有低成本、高质量制造经验,并在当地层次上展现出市场营销才干的企业,而目前只有海尔等少数中国企业在美国开办了工厂,可以对当地客户喜好的变化更快地做出反应,抵消因海外生产而增加的制造成本。

产品质量和服务是品牌的两大基石,海尔在海外继续发扬在国内成功的服务理念,力争比当地的同行做得更好。例如,在美国,美国海尔贸易创新性地开设了24小时免费服务电话,美国公司一般1分钟以内接电话,而美国海尔贸易公司要求员工5秒以内接听电话,使海尔的服务变成了美誉。

6.3.2 伊莱克斯中国战略：在迷失中转型①

2003 年注定是伊莱克斯中国公司的战略调整年，仅上半年一幕幕大戏即轮番上演。1月，中国区总裁刘小明突然被总部解职，随后多名高管挂职而去；4月，在昆明召开的全国经销商会议上，刚刚履新的伊莱克斯亚太区兼中国区 CEO 白桦志宣布，从 6 月份始伊莱克斯产品实行全国统一零售价，且上调10%，欲重回高端；5 月，伊莱克斯中国公司突然又宣布，由澳大利亚人唐佳敦接替白桦志任伊莱克斯中国区 CEO 一职；7 月，伊莱克斯断然解除与南京伯乐三年的"婚约"，将其在南京的冰箱和洗衣机生产线移师长沙。这一系列的调整，被业界认为是伊莱克斯中国公司战略大调整的前奏，同时更表明刘小明时代的伊莱克斯彻底终结。那么，伊莱克斯中国战略到底出现了什么问题？伊莱克斯中国战略转型能否成功，以及它的出路何在？让我们一同来关注一下伊莱克斯。

1. 扩张拖累伊莱克斯

伊莱克斯作为世界家电业大鳄，其多品牌的经营战略和市场影响力是毋庸置疑的，除中国市场之外，其在全球每一个角落的扩张几乎都是所向披靡，唯独在中国是一个"怪胎"。追溯伊莱克斯在中国的 7 年历程，所走的每一步几乎都是跟跟跄跄。1997 年，伊莱克斯兼并长沙中意电冰箱厂，开始进入中国冰箱市场，产品锁定高端消费群，随后把其在欧美国家做得非常成功的吸尘器项目也推向中国市场。然而天不遂人愿，伊莱克斯中国 3 年亏损高达 6 000 万元之巨，期间即使频繁走马换帅业绩仍不见起色。无奈之下伊莱克斯瑞典总部正准备撤出中国市场之时，刘小明及时出现。刘上任后进行了大刀阔斧的革新，尤其在营销策略上推行亲情化营销和向经销商提供高扣点政策，至今被业界传为佳话。至 2000 年，伊莱克斯公司宣布中国业务扭亏为盈。

当伊莱克斯"容颜转换"的时候，它已经不再满足于在华的单一经营策略，开始大举进行扩张。

2001 年，伊莱克斯借兼并杭州东宝空调之机杀入空调行业。几乎同时，伊莱克斯在南京又购买了一条生产线，进入洗衣机行业。而为了应对频繁的价格战，同年又在南京兼并了伯乐电冰箱厂。此后通过 OEM 方式，伊莱克斯宣布正式进入厨具行业，加之先期经营的吸尘器等小家电，伊莱克斯在中国全面进入扩张经营时代。低成本的扩张对伊莱克斯的影响是很大的，伊莱克斯这 7 年的中国之旅也有一个大致的轮廓。1999 年之前，虽然伊莱克斯静音系列冰箱在媒体投放上下了很大赌注却效果平平，市场份额始终在 1% ~ 2% 徘徊，但在 2000 年其冰箱市场份额骤然升至 6.5% 左右，2001 年更是高达 8.9%。在部分城市，伊莱克斯冰箱已打破"四大家族"的禁锢，跃居行业三甲之列，但这些是伊莱克斯以价格平均下降 20% 的代价所取得的。伊莱克斯小家电项目自诞生之日起就形同"鸡肋"，至于空调、洗衣机、厨具等项目除在个别城市有一定认知外，一直是不温不火，就从来没有进入行业前十名。除冰箱外，由于其他项目销量一直得不到突破，其协约式的生产买断方式开始经受考验，营销总部与生产商摩擦频频发生，坊间的口碑传播也不甚好。更为严

---

① http://www.chinahrd.net/case/info/49790.（中国人力资源开发网）

重的是，由于其利润逐年下降，伊莱克斯的品牌认知率和忠诚度与时俱退，战略扩张拖累了伊莱克斯。

相关链接一："不用洗衣粉的洗衣机"遭质疑

2002年年初，伊莱克斯召开推介会，并推出"不用洗衣粉的洗衣机"，但令伊莱克斯没有想到的是，这项新提议却激起了众怒，批评和质疑声音不绝于耳。伊莱克斯在新闻稿中这样说，不用洗衣粉就能实现洗衣洁净的离子洗衣机，开创性地通过对水的活化处理达到洁净目的，从而结束近百年来人们使用化学剂清洁衣物的历史，在节能、环保方面走在世界的最前沿。

随后，世界第一家推出"不用洗涤剂"的洗衣机厂家——日本三洋公司，国内洗衣机生产厂商西门子、海尔、小天鹅、荣事达公司，洗衣粉生产厂商宝洁、联合利华公司，中国家用电器协会，北京、广州等地的主要媒体均公开表态，对伊莱克斯推出这种洗衣机提出质疑。

2. 定位策略的迷失

与大多数欧美品牌逐鹿中国的市场策略一样，伊莱克斯中国战略起初是剑指高端，而且通过其系列的整合传播以及产品的独特卖点提炼，也确实给中国消费者带来耳目一新的感觉。但后来伊莱克斯在中国市场定位的频繁转换和一系列市场行为使其与企业理念"全球信赖，备受人爱"大相径庭，虽然其声称这一系列变化是根据中国市场的实际做出的，但显然与其一贯坚持的高端定位形象发生了错位，也使其在消费者心目中原本清晰的形象模糊起来。

（1）产品瓶颈无法突破。理论上，对于产品的高、中、低三阶定位，无所谓优劣，而且具体到一个企业的产品线而言，这三者是可以并存的，因此问题的关键是要看你的品牌抢占消费者的心智资源是什么样子。西门子产品定位于高端，其目标消费群就是特定的高阶消费群，因此其产品设计、功能、价格定位、售后、广告，甚至卖场设计都会迎合这类消费者，因此颇受这类消费者的认同。同为国际品牌的LG、三星则又与西门子迥异，其在中国市场之所以能够迅速崛起，就在于坚持一贯的低价策略，让消费者迅速接受和认同，而且它会通过各种手段不断强化刺激这种低价高质的印象。故而伊莱克斯将产品定位在高端还是中低端市场本身并无对错，只是其转型的速度过快过频，使得消费者原有的心智资源受到了粗暴践踏。尤为重要的是，伊莱克斯这种产品定位的转型要有相应的产品力支撑，而这些又是伊莱克斯的软肋。伊莱克斯虽然号称世界上最大的白色家电专业制造商，但在中国，其对产品的研发和生产线的投入都显得很吝啬，其生产基地基本上都是盘存原有的生产设备，让其自给自足。因此就出现了伊莱克斯的产品在价格上竞争不过国产和韩日品牌，而产品造型、工艺、质量等又远不如西门子、惠而浦等品牌，这样的高不成低不就，让人搞不清楚其目标消费群体到底是哪类人群，这样模糊的产品定位实际上也更容易引起众怒，树敌太多，以至于在售点上成了众矢之的。笔者有一次买电冰箱，在各家电柜台转悠，各品牌厂家在作产品功能比较时，均把伊莱克斯作为靶子，可见各厂家对其颇多怨恨。这么多年我们虽然从伊莱克斯的宣传上知道其有很多创新性的名词，如OZ冰箱、网络冰箱、斜桶洗衣机、免洗衣粉的洗衣机等，但更多的是画饼充饥，在售点上很难看到有产品出样，而被其寄予厚望的自选冰箱，也是"炒作"大于其真正的使用价值，对消费者来说根本就是"聋子的耳朵"——中看不中用，倒是每一次家电业的价格战跟进最快,与其只打"技术战"不打"价格战"的宣称背道而驰。

(2)价格战的拖累。价格战并非中国特色,世界皆然,但若论价格战的频率和幅度,中国家电业在这方面可能是各项记录的保持者。伊莱克斯在刘小明时代的营销上一个显著特点是规模成本取胜,这也是彼时国内家电企业普遍采用的一种策略,但刘显然低估了中国家电业由于市场经济不充分所具有的"耐力",跟进的结果是欲罢不能,几败俱伤。伊莱克斯是以营销公司买断各生产基地产品的经营方式而存在的,为了参与价格竞争,其营销公司势必压低产品的买入价,生产厂家受利益驱动,又势必压低下游供应商的价格,这样整个产业链条都处于利润微薄状态,其结果就是技术研发、产品更新皆后劲乏力,品牌宣传投入也是捉襟见肘。而在消费者心智尚不成熟的中国市场中,品牌长时间的销声匿迹意味着会被渐渐淡忘,而于跨国公司而言,这是尤其不能容忍的。当然,刘小明也有苦衷,即瑞典总部的老东家是只收银子不投入,全部都需要他一个人忙活。

(3)渠道转型的困惑。20世纪90年代末,伊莱克斯切入冰箱市场时,是国产品牌"一统江湖"时代,区域大批发代理制(大户制)在此时的中国还非常盛行,伊莱克斯自建或逐一开拓渠道显然推进速度太慢,也不现实。但那些资金雄厚有分销网络的大户基本上都被"四大家族"海尔、容声、新飞、美菱承包了,加之伊莱克斯当时还是一个陌生的品牌,所以很难进入主流渠道,网点有限,自然销量和影响力也会受到限制。

进入刘小明时代,由于国家当时采取的是紧缩银根的金融和财政政策,再加上那些大户自身的"不检点",传统的大户制几乎是一夜之间分崩离析,对主导品牌来说亦是沉重的打击。刘抓住时机,以高扣点的销售政策加大量广告宣传为承诺,并把产品价格下调,因此很快成为新兴区域代理商的新宠,其销量一路攀升。时间推进到2001年,苏宁、国美等家电连锁客户纷纷"揭竿而起",在各中心城市布局网点,并开始冲击传统的家电零售网点,其所倡导的"低价制胜"策略被业界称为价格杀手。伊莱克斯可能碍于颜面或市场判断,迟迟没有入内,同时当时传统家居百货等家电势力尚还硬朗,经过利益权衡,伊莱克斯只是选择投石问路的策略。但家电连锁随后势如破竹,所到之处,横扫传统家电零售业态,至2003年,在一些中心城市,国美、苏宁和各地方的家电连锁业态的销售额几乎占当地家电总销售额的50%左右,让任何家电厂家均不敢小觑。由于伊莱克斯进入较晚,其相对刚性的销售策略也让家电连锁很不感冒,因此两者之间摩擦不断,同时也在一定程度上制约了自身销量的突破。

(4)公共传播的混乱与吝啬。伊莱克斯"全球信赖,备受人爱"的广告语确实有宏大、亲和的感召力,并且在其以静音为主诉求的产品广告中,欧化的场景设置、低回的音乐、唯美的画面及典型的欧洲人的幽默诙谐都给中国的消费者耳目一新的感觉,也恰如其分地体现了其产品的不同凡响。但伊莱克斯较之于西门子与惠普等欧美品牌,在消费者心中仍然还是稍显陌生了些,在品牌培育阶段,伊莱克斯原本应该能承受亏损的预期压力,但事实却不是这样。

刘小明上任后,针对中国的市场现实,对伊莱克斯的原有产品定位进行了重新测评,即所谓入乡随俗,调低整体产品价格,在传播上,放弃了其国际化品牌一脉相承的科技化形象策略,而加强亲情的成分,其所谓亲情化营销的代表作首推"家电保养师"计划,现在看来其"炒作"的意义大于其现实的运作影响力。在公共传播方面伊莱克斯也显得比欧美同行齐喑，进入中国数年，而且其营销策略号称为亲情化路线，但伊莱克斯却很少参与中国的公益事业建设和其他项目赞助活动，这方面倒要学习一下西门子，西门子不但参加一些体育、教育方面的赞助活动，而且把所有的在华投入收益皆用在扩大更新再生产上，加上西门子在中国的其他项目因品质优秀而受到广泛推崇，因此西门子在华的品牌美誉度、人气指数节节攀升，伊莱克斯错失了与西门子并肩而立的机会。

相关链接二：数字背后的故事

市场占有率长期以来一直被家电企业看作是其企业运作成功与否的标志。伊莱克斯在中国市场上的成功自然也要用数字说话。刘小明引用赛诺市场研究公司2001年4月对全国35个城市的调查表明，进入中国市场仅5年的伊莱克斯，它的零售量及占有率在全部20个品牌名列第二，紧跟排名第一的海尔之后。

熟知家电行业的人都知道这数字背后的故事，区区数百家的调查数据怎能代表中国冰箱行业真正的竞争态势和实际情况？伊莱克斯的营销渠道也只是一些大中城市，而上述的这些调查数字本身就来自于一些中心城市。但这些大城市的销量仅仅占中国冰箱市场细分市场的一小部分。因为像行业内的海尔、容声、科龙、美菱、新飞等企业，它们的营销渠道已经细化到了二、三级市场，甚至三、四级市场。所以这些调查零售市场的占有率本身就存在很多值得质疑的地方。

目前国内冰箱行业海尔、容声（科龙）产销量每年都是200万台以上，美菱和新飞的产销量也在120万台以上。但2002年7月初，瑞典伊莱克斯新上任的CEO汉斯·斯特伯格来华的一个重要工作就是在华出售第166万台冰箱，这就是说伊莱克斯进入中国后总共才销了166万台冰箱。进入中国6年多了，总共才销售了166万台冰箱就排名中国市场的第二？

3. 战略转型路漫漫

历经7年变革，伊莱克斯复归高端，重新回到始点，这对任何一家公司而言在内心深处都是一种痛。当伊莱克斯又一轮变革之旅开始起程的时候，众多读者关注的是这种变革还能不能成功，还需要多少时日。试以其目前自身和市场的现状分析，说其转型之路漫漫，并不为过。

首先，中国家电业品牌塑造的时代业已结束，品牌"再造"之路不但需要系统资源的重新整合，而且更需要巨额的投入，伊莱克斯此前的所作所为，让人们对其能否坚持"持久战"谨慎乐观。跨国公司在中国的投资策略一般都有一个预亏期，一旦超过这个心理预期，势必图谋思变。如惠普之于水仙，美泰克之于荣事达等，都是前车之鉴，而且伊莱克斯当年自身也曾有过撤退的想法。现在的伊莱克斯不得不面对的一个现实是，恢复品牌定位甚至比重新塑造一个新品牌要困难得多。因为这些年来，特别是刘小明时代，伊莱克斯已经沦落为一个中低端的品牌形象，与大多数国产品牌为伍，消费者也已经认同、接受了这种定位，现在要对消费者观念进行改变显然是最困难的，即使舍得投入，有一套科学的品牌塑造计划，也很难改变消费者的原有心智模式的认知。

其次，目前家电业位居高端定位的品牌中，伊莱克斯并没有明显优势。你在哪个行业竞争不重要，重要的是你在这个行业中的竞争优势如何。目前若以伊莱克斯中国公司的目标市场定位划分，真正能称得上与其竞争品牌的为数不多，外资中西门子、惠普与其有一争，而国产品牌中海尔在高端价位上也并不逊色于任何外资品牌，这样一来，若以洗衣机以每年1 200万台的销量而论，其高端价位（2 500元以上）所占份额约为17%，即总共

200万台的销量,而目前海尔约占35%,西门子约占30%,惠普约占8%,伊莱克斯自己能分得几杯羹自己可以掂量,而要想"虎口拔牙"更是难上加难。

虽然伊莱克斯和西门子几乎同时进入中国市场,但两者之间仍然还是有很大差距的,西门子因其卓越的产品工业设计和科技含量给中国消费者留下了很好的印象,一些权威的调查资料显示,西门子甚至就是高端产品的代名词,比如高端滚筒洗衣机,西门子就是代表,其品牌美誉度和忠诚度甚至远高于中国家电中最知名的品牌海尔。同样在冰箱领域,其微电脑控制冰箱更是高档冰箱中的佼佼者。惠普虽然由于波轮洗衣机而影响了其整体的高档形象,但由于其产品先进的科技含量和标新立异而显得与众不同,最重要的是,两者相对在主业上都很专注,而且非常注重产品的创新和品牌形象塑造。反观伊莱克斯,虽然号称是世界专业家电制造商,但这些年在中国的产品推新方面乏善可陈,偶尔推出的新品,如哗众取宠的自选冰箱,倾斜桶洗衣机等,给消费者并没有带来什么具体的利益点。

最后,在后WTO时代,锻造一支文化认同,具有卓越执行能力的团队是成功的关键,而伊莱克斯的人才调整战略显然看不到这个方向。从经验上讲,欧美品牌进入中国,中国的消费者基本上会把其归入高端品牌行列。所以对其品牌的塑造是看其当初占有其心智的资源结构。另外从竞争的基本法则来分析,产品、技术、营销模式等任何的创新,以跨国公司所占有的资源而言,都可能在短期内被快速模仿,而建造一支文化认同、具有卓越执行能力的团队却是稀缺资源,特别是在这个信仰泛滥的时代。许多跨国公司在中国出师不利,更多的是人力资源的问题,特别是管理和文化沟通的差异,导致误解、政令不畅、文化认同度出现偏差等。伊莱克斯中国的刘小明时代,虽然在品牌的定位转型方面引起颇多议论,但其历经多年打造的团队无疑是当时伊莱克斯在中国市场成功的主要原因之一。但现在我们看伊莱克斯的人才战略,当年的一帮创业元老纷纷挂冠离去,而对新聘人员的要求显然更加国际化,作为一个跨国企业,伊莱克斯肯定有着自己深思熟虑的思考。

我们想说的是,对于一个企业来说,其国际化并非"空降"一帮肤色各异的人进来就变成真正的国际化的企业了,走国际化走高端路线不一定要摒弃原有的东西,而是要分辨哪些是适合企业的东西,原有的企业即使再糟糕,也有其优秀的东西,特别在中国化的跨国公司中,能把一帮优秀的中国人凝聚在一起的企业文化,肯定有许多值得继承的优秀的因子,虽然不能说其放之四海而皆准,但就创造团队而言,必然有其可取之处。

不可否认的是,对于已经跨入国门的跨国公司而言,中国巨大的市场潜力和战略位置使其绝不会轻言放弃。伊莱克斯也应该深知其中国战略的转型之路将充满凶险,其能做的,就是在未来变幻莫测的市场环境下亦步亦趋,慎行谨言,转型成功!我们期待着伊莱克斯"三军尽开颜"的时刻!

6.3.3 森马实施本土化战略与温州服企实现对接[①]

作为森马集团的加工企业,佳韵公司不仅有一套完善的员工管理模式,还拥有非常先进的生产线。长长的生产流水线,天天满负荷地运转:一件件牛仔裤,被贴上森马的商标,然后进入森马的物流体系,摆上专卖店的货架。

---

① http://info.china.alibaba.com/news/detail/v0-d1007584754.html.(中国童装网)

这家只管生产不愁销售的企业，叫温州佳韵制衣有限公司。从2006年下半年创立到今年上半年，短短3年时间，年销售总额从2 000万元跃升到1亿元，创出了一家小企业的成长奇迹——在金融危机的背景里，佳韵一鸣惊人的原因只有一个，那就是专业给森马做贴牌加工。

1. 本土化生产选择

森马是一家"没有工厂"的服装企业，为其贴牌加工的生产企业大多分布在"珠三角""长三角"。

这种状况延续到2006年，森马高层管理人员想到了生产订单的"本土化"。森马董事长邱光和称，虚拟经营订单"本土化"操作，可以在很大程度上缩短产品从生产到销售的时空距离，降低物流成本，使品牌企业与加工企业的沟通更顺畅。为此，他们专门举行了一场"森马虚拟经营本土化生产对接会"，迎来了35家温州服装生产企业。20多家企业当场向森马高层发出参观本企业的邀请。

选择的过程并不简单。虽然很多企业有对接的意愿，但符合要求的却很少。

这时候，服装业内人士李灿找到邱光和，说自己愿意投资2 000万元建一个新厂，专门给森马做贴牌加工。

李灿考虑的是，加入森马本土化生产企业名单，可以借助森马的技术、管理、品牌优势，专心做好生产，实现企业的快速成长。邱光和考虑的是，一位有胆识的专业人士，一个从零开始的企业，也许更容易为森马本土化生产提供模板。双方的对接就此开始。

2. 佳韵贴牌加工完美对接

"创办公司后，森马派出了专业团队，向我们输入先进的技术和管理理念，让我们的起点一开始就比较高。"温州佳韵制衣有限公司总经理李灿说。

在佳韵的制衣车间，流水线上的每一个流程、每一个环节都有严格的标准。李灿说，企业创立之初，他并没有急于接森马的订单，而是花了4个月时间，投入数十万元资金，对要生产的产品进行各种各样的试验。正式生产后，又从每个生产流程人手，逐渐改进，制定出一整套新的生产标准，严格控制成本，降低损耗。

李灿给记者算了这样一笔账：例如，一条牛仔裤，验收标准是正负1.5厘米，但是如果每条裤子比标准长1.5厘米，虽然也是合格的，但一年造成的面料浪费，企业要多付出90多万元的成本。又如一条牛仔裤的用线，因工人的操作习惯和方式不同，线头浪费现象严重。公司成立了标准化委员会和技术攻关小组，经过反复测试，规定出了标准化操作流程，一年下来节约生产成本100余万元。

在管理上，佳韵也秉承了森马"小河有水大河满""工人先赚钱，工厂后赚钱"等理念，将团队建设视为企业的核心竞争力。李灿发现员工经常外出理发，费时且价格贵，就特地联系了企业附近的两家理发店，谈妥批发价每人每次5元，每月定期由理发店派人上门帮员工理发，费用全部由企业承担，一年下来，公司要支出理发费用十多万元。很小的细节，却让员工感受到了家的温暖。目前，佳韵的老工人已经占到了90%。而员工队伍的稳定，正是上产量增加订单的保证。

3. 期待更多的对接

佳韵的成功给温州的中小制造企业提供了很好的发展模式。

温州虚拟经营的大企业不少,尤其是服装、鞋革行业。大企业一心发展品牌,中小企业给他们做加工,这是一条很好的"双赢"路子。

可惜的是,我们看到的这种成功个案不多。"虚拟经济本土化,既可以节省巨额的加工费、物流费,又便于管理,且对本地经济发展贡献更大。但是目前,森马的本土加工企业还不到十家。"这是在采访过程中,森马董事长邱光和说的。

究其原因,一是温州大多数中小制造企业生产企业前瞻性不够,不敢投入太多资金,设备上不去,技术跟不上;二是管理水平不高,制造的质量上不去,成本控制不住。所以,他们达不到大企业的要求。按照森马的测算,本土制造企业如果管理得好,纯利润可以达到10%~12%,面料这一块把握好,利润空间更高。但是如果管理不好,利润就极容易被吃掉。

虚拟经营的大企业已经有了"生产本土化"的需求,对于温州中小制造企业来说,谁做好了准备,商机就会落到谁的头上。森马携手佳韵之所以能够成功,很关键的一点就在于双方的对接——从生产到管理,从制度到理念的全面融合。

期待有更多的虚拟经营企业,像森马一样实施"本土化生产";期待更多中小制造企业,像佳韵一样加入制造加工的行列。一个"森马"如果有5个亿的订单下在温州,那么10个"森马"、100个"森马"的订单,让温州 N 个"韵佳"去承接,对温州来说,将意味着多少工业增加值和税收的"回归"?

6.3.4 中老跨国企业——老挝万荣水泥厂的渐进式文化整合模式分析[①]

1. 案例背景

老挝万荣水泥厂是中国云南国际经济技术合作公司在东南亚国家联盟设立的跨国企业之一。在中国商务部和老挝老中投资委的安排下,由中国云南国际经济技术合作公司与老挝农林工贸公司经过几轮谈判后达成了合资意向,于1999年组建了老挝万荣水泥厂,中方持股60%,老方持股40%。共有员工400人,其中中方32人,主要是管理人员和技术人员;老方368人,主要是生产一线的员工。公司设立董事会制度,中方4人、老方3人组成董事会,主要是任命高级管理人员、审批重大决议、对公司的重要活动进行质询和监督。董事长由中方担任,设副董事长2人,其中老方1人,中方1人。董事会下设总经理一名,由中方担任,副总经理2名,由老方担任。中方负责生产、销售、财务,老方负责后勤。目前,老挝万荣水泥厂已发展成为当地最大的跨国企业,年产量达20万吨,产品占了老挝水泥市场的70%。老挝万荣水泥厂之所以取得了如此骄人的经营绩效,其中一个重要的原因就是公司采取了渐进式的文化整合模式,成功地实施了跨文化管理策略。

[①] 晏雄. 面向东盟国家的中国企业跨文化管理问题研究[D]. 昆明:昆明理工大学硕士论文,2006.

2. 老挝万荣水泥厂跨文化管理的成功经验

1) 注重跨文化管理培训

云南国际经济技术合作公司在外派驻老人员之前,对外派人员进行了为期一个月的培训,让外派人员充分了解当地的国情和风俗习惯,进行了相关的市场分析等。合资企业组建后,又根据实际情况分层次、有针对性地对双方管理层和员工分别进行了跨文化能力培训,增进了双方的了解和沟通,为企业的整合打下了良好的基础。

2) 创造良好的工作环境

良好的工作环境,包括良好的岗位环境和人际环境。创造良好的工作环境使跨文化管理更容易开展,同时有助于促使员工积极有效地完成工作。在岗位环境上面,公司制定了岗位责任制,明确工作的职责、权利以及相应的工资报酬,如选派优秀员工到中国学习交流等激励措施,不但提高了员工的工作积极性,还使老挝员工了解了中国,从而更努力地为公司工作。在人际环境方面,公司为了促进中老员工的沟通和了解,每年,都为中老员工组织联欢会等活动,让中老人员有更多的机会交流,达成理解。此外,公司还组织员工在业余时间开展各类文体活动,如举办球赛等活动,使职工在活动中增进相互间的了解。

3) 成功实施本土化策略

第一,人力资源的本地化。公司员工92%是当地人。这在很大程度上消除了语言障碍,节约了昂贵的语言培训费用,还解决了企业在文化和社会适应方面的问题。第二,管理本地化。公司的管理层分工中明确体现了这一策略。老挝方一位副董事长、两位副总经理主要负责后勤、员工管理等工作,包括员工的生活、保障等后勤工作,员工的招聘、日常管理,接待老挝的官方调查,联系老挝有关政府部门等工作,实现了用当地人管理当地人。第三,产品品牌本地化。以公司所在地名"万荣"作为产品的品牌名,使当地人在心理上更容易接受。第四,营销手段本地化。利用原老挝农林工贸公司的销售渠道和东南亚国家特有的"熟人好办事"的文化,通过当地人进行销售,降低了销售费用;另外,通过赞助评选"万荣水泥小姐"等活动,提高了品牌的知名度,增加了产品销售量和市场占有率。

6.3.5 格力电器在巴西的跨文化管理经历[①]

1. 企业背景

珠海格力电器股份有限公司成立于1991年,目前是全球最大的集研发、生产、服务于一体的专业化空调企业。格力电器旗下的"格力"品牌空调,是中国空调业唯一的"世界品牌"产品,业务遍及100多个国家和地区。作为一家国有控股股份有限公司,格力企业的员工总数约80 000人,截至2013年,其年营业额达1 200.43亿元人民币。

作为目前世界级的空调品牌公司,格力从创立之初到发展壮大,以至进入国际化阶段成为全球空调销量冠军,不仅赢得了业界的光环,而且也为国家在世界赢得了民族自豪感。

---

① 富晨. 格力电器跨文化管理案例分析[J]. 企业研究,2014,(12).

然而，对任何一家大企业来说，发展历程都不是一帆风顺的，要想从本国走出国门，并且在世界立足更是难上加难，对于格力更是如此。在国际化进程中，企业不得不面对来自不同国家的文化、政治、经济乃至法律条款等诸多方面的差异，同时还要解决好将当地员工与自身企业的文化相融合，齐心合力为企业创造价值的诸多事项。

格力于2001年6月投资2 000万美元在巴西的亚马逊州首府玛瑙斯市建设的空调器生产基地正式投产，这意味着格力电器正式进军海外，开启了格力公司的国际化的时代。期间，格力也经历了其他跨国企业在国际化进程中同样会经历的问题，如国家间文化、政治、经济和法律等方面的差异所导致的员工和企业文化碰撞的问题。虽然这些跨文化的问题给格力带来了不小的影响，也造成了一些损失，如不明当地法律未按通货膨胀率给当地员工涨工资，引致当地工会抗议，未及时在当地注册商标不得以高价回购等问题，但是格力根据自身公司的文化和特点，也最大程度处理了一些跨文化的问题，如向当地员工注入了公司的奉献精神等。

2. 格力电器的跨文化管理经验与教训

"先有市场，后建工厂"，这是格力在国际化的道路上奉行的经营思路。一个企业"走出去"，一定要有抵御风险的能力，在有市场需求的情况下再考虑投资建厂，这是走出去最稳妥的方式。在巴西已有大量市场需求的情况下才做出在当地投资建厂的决定，格力的这一举措非常有效，不久后格力在巴西的销售网点就已经遍及24个州，有300多家代理商、1 000多家零售商，以及300多个服务网点和安装公司。外界认为格力的国际化进程之路比较顺利，然而格力依旧遇到了跨文化管理中的难题，格力公司既从跨文化事件处理中积累了经验，为自身在当地的本土化发展开辟了道路，同时，格力也不得不为自己在国际化中遇到的诸多因不明当地文化差异、法律条文而遭遇的损失买单。

（1）教训之一：作为外国独资企业，格力因为不熟悉巴西的法律法规，在刚建厂时，不知道巴西法律规定每年必须按照通货膨胀率给员工涨工资，结果导致当地工会前来抗议。

这个教训表明，由于巴西格力是外来企业，不了解巴西与中国之间的法律条款差异，单方面把母国的用工标准迁移到了东道国巴西，由此才出现了当地工会依法为当地员工维权，即依照当地法律法规的用工条款，当出现通货膨胀时，企业应该按照通货膨胀率给员工涨工资。然而，在我国，工人的用工工资更多的是根据当地的消费水平和经济发展状况来决定的，各地存在着差异，显然不同于巴西这种按通货膨胀率来决定工人工资的情况。

（2）教训二：2002年，正值南美金融风暴，刚刚在巴西站稳脚跟的中国格力空调公司的商标被当地独家代理商抢注。格力只能以巨大的代价收购了被经销商抢注的商标，才使这家公司成为自己的。

格力遭受了巨大的经济损失，而这其中的客观原因是自己的代理商抢注商标，这里不排除代理商预计到格力将在当地投资建厂而注册商标，为了赢得擦边球的利益而故意为之；主观原因正是自身企业在国际化中的行动起初的迟缓。换而言之，在国际化进程中，跨国企业或多或少都会倾向于本土化来迎合当地的文化，同时跨国企业也要在做好对当地信息的大量收集。中国有句古语,"知己知彼,百战不殆"。对于格力而言,若在正式进军巴西之前,对巴西市场及代理商做好充分的市场信息调查,那么就会避免商标被抢注而遭受经济损失的情况。从中我们不难反思,若一家跨国企业打算在国际化进程中顺利进行发展,一定要事先对当地的市场及隐患问题做充分的调研和信息的收集来了解当地市场,同时也认清公司自身在国际化中的不足和应改进提高之处,这样才有可能避免因难以预料的原因而导致经济甚至其他方面的损失。

(3) 成功经验:格力电器成功解决用工问题。在中国企业,在8小时之内,一名员工只要不干这活儿就要干别的活儿。但在巴西却不允许,如今天因为材料停工,生产线上的工人就休息,当管理人员叫他扫地,那就是侵犯他的权益,而工人就会告工厂,当地工会就要对企业进行罚款。但格力电器在遵守当地法律的同时,通过交流、沟通及行为表率,让巴西工人感受他们所倡导的奉献精神。久而久之,巴西员工接受了格力电器的管理方式。

由此经验中我们可以清楚地看到,虽然格力同样遇到了跨文化管理方面的用工难题,但是格力充分地利用了企业自身的文化和管理方式,认真了解当地民族文化的思维模式,将中国企业所特有的文化之一——团结、奉献的企业思想,传递给了当地的员工,从而经过时间的磨合很好地解决了用工的问题。不同的民族文化有不同的思维模式,而思维模式的不同又会形成企业运作方式上的差异,这种差异就会造成经营中的跨文化冲突。例如,南美公司的思维方式就是"谁对我好,我就把订单给谁"。虽然格力公司在巴西遭遇了因为不了解当地用工政策而被工会罚款的尴尬,但是格力本着本公司的人文特色和企业的奉献精神,通过交流、沟通及行为表率,让巴西工人感受到了格力公司对他们的好,让巴西工人感受他们所倡导的奉献精神,让当地员工知道格力公司不是不以员工的利益为主的。通过人文情怀这样一个共同点将本身和当地的思维方式连接起来,格力公司很好地让当地员工接受了本企业的管理方式。

3. 格力跨文化管理的经验应用

格力电器取得的成功不能简单地归结为技术创新的大量投入、科学的管理方法、高效的营销,更应归结于处理跨文化管理方面的能力,而对跨文化管理的处理在跨国企业国际化进程中是重中之重。一家靠自身硬实力成长起来的民族企业发展为一家世界级的跨国企业,这不得不说是我们国人的骄傲。在中国的大市场中,格力不仅成就了自己,也为广大的中国企业树立了榜样,要想做强做大,还要靠产品的过硬质量,靠对市场的深谙研究,靠对核心技术的投入,最终还要靠科学的管理和高瞻远瞩的企业文化及跨文化处理能力做依托。在未来的市场上,如果更多的中国企业能像格力一样,专注于自己的产品,专注于市场,专注于客户,有国际化的大视野,尤其在国际化、本土化进程中,注重对当地文化、法律、政治、经济等差异的了解和信息的搜集,加强对跨文化管理的处理,那么越来越多的民族品牌在世界市场上走红,将不是一个梦想。

本章小结

本章主要介绍了共同文化管理、渐进式文化整合模式和跨文化管理典型案例。共同文化管理包括其理论来源、定义及特征、跨国企业共同文化的培植、共同文化管理模型和如何实施共同文化管理等内容。其中共同文化管理的理论主要是莫朗的跨文化组织"文化一体化"管理理论、阿德勒的"文化协调配合"论、斯特文斯的"组织隐模型论"、彼特·基林的企业经营论、保罗·毕密斯的发展中国家的跨国企业论和俞文钊的中外跨国企业共同文化管理模式。实施共同文化管理的途径有：识别文化差异，打破文化障碍；共同决策，并以企业的整体利益作为共同决策的根本出发点；鼓励全员参与管理，加强文化与经营理念的交流；加强员工培训，增强协调本领；共同文化管理是不确定的动态的文化模式，需随时完善。渐进式文化整合模式包括理论来源、内容和实施策略。渐进式文化整合模式的理论来源主要有 Nahavandi & Malekzadh 的文化整合模式，Howard Permulter 的 4 个"中心论"模式，P. Harris & R. T. Moran 解决文化差异的 4 种模式，李元勋的跨文化企业管理五模式。渐进式文化整合模式的实施策略包括培养合格的跨文化管理人才和实施本土化战略。跨文化管理典型案例介绍了从海尔集团美国建厂看海尔国际化战略；伊莱克斯中国战略：在迷失中转型；森马实施本土化战略与温州服企实现对接；中老跨国企业——老挝万荣水泥厂的渐进式文化整合模式分析和格力电器在巴西的跨文化管理的经历分享 5 个案例。

名人名言

管理的重点在建构一个好系统，让人的长处得以发挥，短处得以包容。

——彼得·德鲁克

自始至终把人放在第一位，尊重员工是成功的关键。

——IBM 创始人托马斯·沃森

新经济时代，不是大鱼吃小鱼，而是快鱼吃慢鱼。

——美国斯科公司总裁钱伯斯

差错发生在细节，成功取决于系统。

——全球最大的连锁饭店马瑞特总裁比尔·马瑞特

21 世纪，没有危机感是最大的危机。

——哈佛大学商学院教授理查德·帕斯卡尔

复 习 题

一、选择题（单选）

1. 跨文化组织管理论由（　　）提出。
   A. 阿德勒　　　B. 斯特文斯　　　C. 莫朗　　　D. 彼特·基林
2. 文化特质决定了企业管理者的（　　）体系，从而决定了他们的经营理念和管理模式。
   A. 人生观　　　B. 价值观　　　C. 世界观　　　D. 理想
3. Nahavandi & Malekzadh（1993）根据并购双方的接触程度及其解决接触中产生冲突的方式，将被跨国公司并购后的文化适应归为( )种模式。

A. 3   B. 4   C. 2   D. 1

4. P. Harris & R. T. Moran(1987)认为,文化差异在组织内的4种解决模式是( )。

A. 同化模式、整合模式、隔离模式、文化破坏模式

B. "本土化"模式、文化移植模式、文化嫁接模式、多方交叉模式

C. 本国中心论、客国中心论、区域中心论、全球中心论

D. 凌越、妥协、合成、隔离

二、填空题

1. _____通过对27个发展中国家的66家跨国企业进行广泛调查,在收集资料并对其中12家核心企业进行重点调查基础上,以其所著《发展中国家的跨国企业》(1988)对发展中国家的跨国企业的经营管理做了深入的分析论述。

2. 美国学者 Howard Permulter 认为并购企业在业务和文化整合上有4种不同的基本思路:_____中心论、_____中心论、_____中心论、_____中心论。

三、判断题

1. 美国著名管理学家德鲁克曾经说,"管理越是能够运用一个社会的传统价值观和信念,它就越能取得成功"。 ( )

2. 共同文化管理是一个确定的、动态的跨文化管理模式。 ( )

3. 利克斯说:"大凡跨国公司大的失败,几乎都是仅仅因为忽略了文化差异这一基本的或微妙的理解所招致的结果。" ( )

4. 隔离模式一般是经过双向的渗透、妥协,形成包容双方文化要素的混合文化,目标是希望获得融合了双方文化的长处。 ( )

四、问答题

1. 共同文化管理的理论来源有哪些?
2. 什么是共同文化管理?它有哪些特征?
3. 如何培植跨国企业共同文化?
4. 如何实施共同文化管理?
5. 渐进式文化整合模式的理论来源有哪些?
6. 简述渐进式文化整合模式的内容。
7. 论渐进式文化整合模式的实施策略。

案例应用分析

中美文化的合作与冲突——北京吉普车有限公司[①]

北京吉普车有限公司是克莱斯勒在中国开办的合资汽车企业,其生产的北京吉普在业内颇有名气。在企业发展过程中,由于中美职员存在的文化差异,沟通与决策的冲突可谓家常便饭,用总经理陈须林的话说:"东西方两种的思想观念和管理模式间的撞击一分钟也没停止过。"

---

① 曾忠禄. 中国企业跨国经营决策、管理与案例分析[M]. 广州:广东经济出版社,2003:440-443.

1. 第三班：争吵的苦涩

1) 起因

1991年4月的一天下午，北京吉普有限公司会议室气氛紧张，中美双方经理正襟危坐，展开了一场关于管理思想、管理意义和管理纪律的争论。起因之一是新油漆大线是否能开三班的问题：总装车身技术部的经理范登堡先生花了几个月试图组织新油漆的维修人员开第三班，这对北京吉普的生产来说是非常重要的变革，但范登堡因而拒绝参加本次会议。

2) 唇枪舌剑

执委会副主席豪西先生单刀直入，责问中方经理："北京吉普花了这么多美元请来外国专家，难道就是让他们来听'我们不屑干！'这样的话吗？"美国人集体动了肝火，财务部经理吉格里奥先生指出："在西方，不管是看门人还是总经理，只要你不服从上级的命令就被罚款或解雇，但中方的职员们还缺乏这样的观念。"发动机分厂的厂长博格先生指出："目前，北京吉普缺乏纪律感，应尽快制定出一套强有力的处罚条例。"制作部经理罗曼切克先生认为："北京吉普许多管理制度都是挂在墙上的，遇到实际问题，当段长、班长的还要听任某个工人的安排，这叫什么管理？！"副总经理爱德先生更是咄咄逼人："我们应该明确工厂到底应该由谁来管理，是经理部门还是工人？"

美方经理们火药味十足，中方经理们也沉不住气。销售部经理周开英发问："听说范登堡先生提出要解雇两名拒绝上第三班的维修工，我提醒他一句，假如这样做了，我们上哪去找新的维修工？"工厂改造部经理李焕的发言别有一番味道："任何一个美国专家在北京吉普办事，如果不搞结合而是硬搬西方模式，单枪匹马到下面指挥，我敢断言他不会成功。"

最后，总经理陈须林说："东西方在管理观念和习惯上差距很大。美国专家们提出的方案是好的，但要想使这些好的方案得以实施，又必须考虑中国的国情，特别是对解雇中方职工要慎重。对此，请美国先生们体谅。"爱德先生表示："我早就料到不能立即解雇这么多工人，但我们必须想办法使工人们树立服从观念和奖惩意识，否则，我们这支'军队'是打不了胜仗的！"

激烈争论暂时结束，第三班终于开动。带班的是美国维修专家海德先生，他手下有6名中国维修工，他们克服了住房紧张、白天睡觉难、早晚上下班交通难和晚上孩子无人照顾等困难来上班。55岁的海德先生以身作则，晚上10：30上岗，第二天上午10：00左右才下班，几乎把陪同的翻译小伙子给累垮了，中国工人也逐步适应了开三班。

2. 质量的烦恼

1991年10月份，北京吉普车的产品质量出现下滑趋势，质量管理部的美国经理奥林·文斯基和副经理胡家证大伤脑筋。

1) 认识与行动的差距

在冲压车间，奥林严厉地批评车间主任和加工工人质量意识差，只关心数量而不重视质量。他指出：冲压车间为尽快完成数量指标，对该修理的模具和零件很不在意，有些零件检验人员已挂起黄牌，明确指出应停止生产，但加工工人还是照样干。有些质量问题几个星期前就已经指出，但还是不断出现。根本问题是人们只是嘴上喊质量最重要，但在具体工作的处理上又不能严格把关。

2) 比较说服：克莱斯勒的做法

奥林告诉冲压工，在克莱斯勒，如果出了质量问题，工人会主动挂出一个标签，说明自己做错了；经过检验人员和工段长的分析研究，如果是因为没给加工工人合适的工具或者是没交给他正确的加工方法而造成质量问题，这个责任就由管理人员来承担；但是如果查出是由于加工工人没有专心干好工作而造成质量问题，该职工就会被通知在家休息两天，当然这两天的工资是没有的。如重新上岗后仍然出同样的质量问题，就说明他已经不适合干这项工作，只好将他解雇。如果这个车间的质量问题一再重复出现，那么，这个车间的主任也会受到处罚，甚至可能丢了自己的饭碗。

奥林耐心细致的讲解，使冲压车间的主任和工人们心服口服，立即采取有效措施，制止了质量问题的蔓延。奥林又适时表扬了他们:"这足以说明中国工人与美国工人相比毫不逊色,完全可以把汽车质量搞好,而且能干得非常出色!"

问题:

(1) 第三班的争吵中,中美双方职员考虑问题的出发点有何区别?这导致了哪些冲突?

(2) 在质量问题中,中国企业的传统做法与美国公司有什么不同?克莱斯勒公司质量管理最重要的措施是什么?有什么特色?

(3) 奥林·文斯基在解决冲压车间质量问题中,采取了哪些跨文化沟通与交流的技巧?

(4) 在本案例中,不同文化群体之间的沟通、交流与合作,需要注意那些问题?双方合作的基础与出发点是什么?

还有哪些地方会出错①

位于墨西哥的电器公司总裁乔·冯·威斯特正在思考他的墨西哥城之行及他接手公司6个月以来的生活状况。他记得,有天晚上,已经很晚了,他正坐在位于中国台北的家里看电视,突然接到了一个电话。当时,他是一家比利时公司——电器公司——中国台北公司的运营经理。那个电话告诉威斯特,电器公司墨西哥子公司的总裁布赖恩·霍奇金先生患了严重的心脏病,他可能很快就会退休了。威斯特在会议上见过霍奇金几次,但是并不了解他。打电话的人威斯特在总部的一个朋友斯泰恩。他暗示,总部的管理人员正在寻找霍奇金的接替者,威斯特应该马上与总部国际事业部的总裁谈一下。威斯特一直想自己管理一个分公司。这是一个很好的机会,他告诉斯泰恩他会好好考虑这件事情。

威斯特仔细回顾了他作为电器公司中国台北分公司的运营经理所做的工作。他已经为下一步做好了准备。他曾经希望有机会去加拿大或者美国。但是,他是一个美国人,而他的妻子是比利时人,他们在很多年前就已经决定哪里有机会就去哪里。威斯特与总部的几个人包括国际事业部的总裁交谈过。他申请了墨西哥的那份工作,接到任命时他非常兴奋。成为像墨西哥那样的主要市场的分公司总裁是一次大的提升,同时也是经济上的一大笔奖励。他对这个新的任命寄予了很高的期望。

威斯特到达墨西哥后,他在公司接见了所有的主要负责人。他仔细听了他们的汇报,也问了很多关于生产、营销和销售问题。他通过电话和电子邮件与总部进行了长时间的探讨。他还专门去过布鲁塞尔两次,讨论墨西哥工厂的计划问题。

据大家说,威斯特的家人很好地适应了新的环境。制造部的副总裁安东尼奥·赫南兹为帮助威斯特一家安顿下来出了不少力。赫南兹和他的妻子把威斯特夫妇介绍给了墨西哥城最好的一家俱乐部,还把他们介绍给很多在商业和政治上有影响力的家庭。赫南兹的妻子和威斯特的妻子还成为好朋友。赫南兹夫人还帮助威斯特夫人处理日常购物、小孩上学和寻找家政服务人员等,适应墨西哥城的生活容易多了。

每件事开始时都很顺利。威斯特很难说出哪个地方有什么不对。但随后不久,重大的生产问题和罢工威胁出现了!回顾一下以前,他可以看到问题的苗头,但是,当这些问题第一次出现时,似乎并没有什么了不起的。他不得不去处理这些问题,或许他也可以卷起铺盖走人,去找别的工作。他把每个问题都轮流思考了一番。

1. 生产问题

在墨西哥的工厂制造小型家用电器,如烤面包机、电熨斗、搅拌机和咖啡机。此外,工厂还生产洗衣机零部件,这些零部件由一家美国跨国公司的分公司装配。小型电器主要供应国内市场,而洗衣机除了供应国内市场外还用于出口,主要是出口到别的北美自由贸易协定国家。在前两年,生产线进行了升

---

① [美]Iris Varner of J. B. Schnapp. *Crisis in Caribia*[J]. Harvard Business Review, 1968,(11-12).

级，以便更好地利用最新的制造技术。根据对未来的预期，公司进行了扩张，相信会赚取越来越多的利润。

几个星期前，威斯特接到了生产洗衣机的美国分公司的生产经理的电话。那位经理表达了他对洗衣机零部件质量和交付时间的担忧。不合格零部件的数量在过去3个月中增长得相当快，有5次零部件交付得太晚，以至于影响到洗衣机的生产安排。

威斯特和赫南兹谈过这个问题。赫南兹并不认为这是一个大问题，但是他许诺会调查这件事。尽管如此，威斯特还是很担心。他开始自己动手调查起来。他到车间去了，过去他从来没有单独去过车间，赫南兹总是和他在一起。威斯特觉得有点不舒服，还有一点害怕。他的西班牙语水平有限。他曾经在高中的时候学习过3年。虽然来到墨西哥之后，他开始专心学习西班牙语，但是进步很慢，而且出现错误让他觉得很难为情。生产线的主管德瓦·冈萨雷斯英语说得不错，可以带威斯特到处看看。

冈萨雷斯提到了新机器操作上的某些难度和他们几次故障停产的原因。他还暗示一些新员工没有老员工那么努力。冈萨雷斯没有提到赫南兹，威斯特知道他们之间的关系有点紧张。他更加担忧了，赫南兹从来没有提到过这些问题。他决定再找赫南兹谈谈，强调一下产品质量和按时交货的重要性。

威斯特打电话给赫南兹，可赫南兹出去吃午饭了，可能要第二天才能回来。当威斯特走回自己的办公室时，他突然想起威斯特经常外出。他以前从未注意到这点。于是，他决定以后要留心一下。第二天，威斯特和赫南兹谈起洗衣机零部件的问题。赫南兹非常漠视这些问题。他觉得是冈萨雷斯把问题夸大了。过去确实出现了一些问题，但是没有什么好担心的。一切都挺好的。但是，他也指出，威斯特应该对当地员工的工作态度网开一面。他说："你知道这里一切都很松散。你不能指望他们会像你以前习惯的那样。放轻松点，一切都会好的。别担心，把这些问题留给我吧，我知道该怎么处理。"

赫南兹来自墨西哥的一个显赫家庭。他的祖父是一位杰出的外科医生，他的父亲是一位著名的律师。赫南兹在墨西哥最好的学校上学，并获得了密西根大学的MBA学位。他认识墨西哥城商业圈的每一位重要人物。

但是，赫南兹对这个工厂日常事务的冷淡态度让威斯特越来越担忧。与此同时，他不知道怎样对待赫南兹。他们亲密的交往关系让他很难批评赫南兹的表现。威斯特不知道赫南兹对生产过程和新技术倾注了多少心血，他对他们究竟了解多少。

在接下来的几个星期，当赫南兹不在的时候，威斯特去过工厂好几次。虽然他有限的西班牙语水平使得他与冈萨雷斯和生产线的主管们的交流有些障碍，但是，他开始对生产问题有了更清楚的了解。

在他第一次去工厂并且粗略了解了全面的情况之后，威斯特要他的助手去处理日常事务，直到问题全部解决，他感到满意为止。他还给工厂的管理人员讲了他的管理哲学：在制定决策的过程中，要反映尽可能多的人(包括雇员)的意见。威斯特觉得，通过对重大问题的关注，他可以最好地利用他的专长和才干。每个人都同意他的意见，并认为这不失为一个好办法。

2. 员工骚动

当威斯特在冥思苦想要采取点什么措施的时候，负责人力资源的文森特·加西亚跑来告诉他，员工们骚动不安，他们开始私下成群结队地议论，抵制用电脑程序来监控产出质量、评估生产成本及追踪效率指标的改进情况。虽然前几年的生产设备更新提高了产品质量，但是成本过高的问题一直没有得到解决。而且，采用了新的设备之后，产出的效率水平和质量的提高幅度并没有总部希望的那么多。因此，总部敦促要安装最先进的电脑系统，全面监控生产操作的所有环节。

威斯特的前任不太熟悉电脑程序。事实上，他非常担心总部敦促安装所有软件和程序。最后，一年前，总部派了一位专家来监测这项最新技术的安装和实施情况。霍奇金宣布，技术员琼斯将会在工厂待一段时间，并负责安装所需的一切软件和程序，以跟踪了解生产业绩。弗兰克·琼斯30多岁，他当然了解自己的本行，所以一谈论电脑技术时，他是最高兴的了。他很少和员工直接联系。当他不和员工们沟通的时候，他往往通过制造部的副总裁来转达。如果赫南兹不在，他就和冈萨雷斯交换意见。

霍奇金没有注意到琼斯。当威斯特到了墨西哥后，霍奇金简要地向他介绍了一下技术革新情况。但

第6章 跨文化管理的方法与实践

是，对于公司目前正在发生的每一件事，威斯特没有花时间去熟悉任何细节问题。每件事情似乎都运转得很好。琼斯说，这个系统很快就可以进行测试了，再过几个星期它就能完全用起来了。但是，由于雇员们更了解琼斯所做的事情，他们变得更加忧虑不安了。一些资历较深的员工与跟琼斯共事的科尔特斯谈过这个新系统及他们的担忧。在当地的一家报纸上，有篇文章讨论了另一个工厂引进新技术之后的裁员问题，这让电器公司的雇员们十分恐慌。他们不愿意坐以待毙，眼睁睁地看着失去工作机会。几个小头目正在酝酿组织一个工会，甚至举行一次罢工。威斯特不熟悉墨西哥的工会成立程序和有关工会的立法规定，但是，任何混乱听起来都是很可怕的。

威斯特简直不敢相信这一切。他曾经被告知，工厂的员工们都是安居乐业的。从来没有人谈到过工会，至少没有在公开场合谈过。劳资关系一直不错，而且电器公司以很高的工资和福利著称。这个时候停工会影响工厂的对外交货，还会影响与新客户的关系。

威斯特知道他必须采取一些措施。但是，采取什么措施呢？他决定开一个会来讨论这个问题。他要求以下人员在第二天早上9点来开会：赫南兹、冈萨雷斯、琼斯和桑切斯。

问题：

（1）导致这些问题的潜在的文化根源是什么？

（2）威斯特第一次到墨西哥时，他本来应该做些什么？

（3）威斯特应该怎样与赫南兹交往？分析一下在墨西哥文化中上司的职责，并说明上级和下级之间的关系。

（4）威斯特怎样才能处理好这一劳资纠纷？这个问题与人们对待变革的态度、个人与集体的关系及等级观念有什么关系？

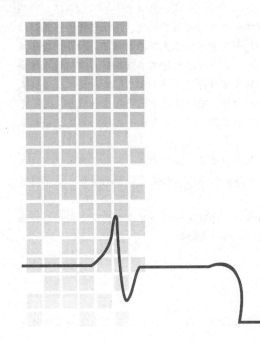

第 7 章

中国企业实施跨文化管理的对策分析

教学目标

了解中国企业跨文化并购的状况,理解中国企业跨文化并购的经验和教训,了解中国企业实施跨文化管理的现状,理解中国企业实施跨文化管理的问题,讨论中国企业实施跨文化管理的对策。

教学要求

知识要点	能力要求	相关知识
中国企业跨国并购的成与败	(1)理解中国企业跨国并购的发展脉络和特点;(2)理解中国跨国并购的经验与教训;(3)具备中国企业跨国并购的政策建议的分析能力	(1)中国企业跨国并购发展脉络;(2)中国企业跨国并购的动因与特点;(3)并购取得的成功与经验;(4)并购的挫折与教训;(5)中国企业跨国并购的政策建议
中国企业实施跨文化管理的现状分析	(1)理解中国企业跨国经营的四阶段;(2)具备中国企业跨文化管理问题的分析能力	(1)中国企业跨国经营所经历的四个阶段;(2)中国企业跨文化管理存在的四大问题
中国企业实施跨文化管理的对策建议	理解和分析中国企业实施跨文化管理的对策建议	(1)正视文化差异,拓宽多元交流;(2)注重沟通,提升文化理解力;(3)使命陈述,塑造共同目标;(4)正确调整和选择管理模式;(5)中国企业跨文化管理的本土化战略;(6)打造优秀跨文化团队,实施人本型法制管理;(7)大力开展中国企业跨文化人力资源培训与开发;(8)政府在企业的跨文化管理过程中发挥保护和促进作用

第 7 章　中国企业实施跨文化管理的对策分析

> 犹豫不决固然可以免去一些做错事情的可能，但也失去了成功的机会。
>
> ——王安

■ 基本概念

跨国并购　　政府主导型并购　　市场主导型的并购　　横向跨国并购　　纵向跨国并购　　混合跨国并购　　凌越　　折中　　融合

■ 导入案例

华为、中兴的国际化历程①

华为，如今已经是全球第一大通信设备制造企业，已经成为中国企业的骄傲。华为成立至今，似乎就是在印证这句话。华为与中兴，中国通信行业的双雄，已经在世界上成为中国企业的名片，其国际化之路也成为所有中国企业的榜样。

突破欧洲，登顶通信行业

华为的国际化始于 1999 年，那时刚成立不久、还非常弱小的华为就已经把国际化作为自己的目标。格局决定未来，华为总裁任正非当年的国际化视野，最终让华为登顶全球通信制造业第一。

中兴的国际化从 2001 年开始。中兴的国际化用简单的三句话总结就是："先终端后系统"，"先边缘后核心"，"先农村后城市"。十多年时间，贯彻这看似简单的三句话，其实也颇为艰辛。曾经，中兴通讯董事长侯为贵在接受采访中表示，突破发达国家市场是一项长期策略。

而时至今日，其实无论是华为还是中兴，都不仅突破了亚、非、拉洲，更在欧洲这样的通信技术发源地的核心之地开花结果。从 1999 年开始，经过 5 年的开拓与努力、数以亿元计的资金的投入之后，华为终于在 2004 年 12 月 8 日迎来了转机。这一天的荷兰海牙，任正非和荷兰 telfort 公司 CEO Stegge 共同签署了超过 2 亿欧元的 WCDMA 合同。任正非笑了，笑了之后的任正非更像一个憨厚的农民。

第二天，在请华为员工吃饭时，平时滴酒不沾的任正非却罕见地举起了酒杯。这是华为在欧洲市场的重大突破，也是华为撞开欧洲 3G 大门的开始。

与此同时，8 月 28 日，中兴通讯微博官网公告，中兴通讯获得跨国运营商 Cosmote 在罗马尼亚的无线项目合同，将在罗马尼亚南部为 Cosmote 完成现有 2G/3G 网络的改造并新建 LTE 网络，预计建设基站量超过 3 000 个。德国电信（DT）间接持有 Cosmote 股权的 40%，而后者总部位于希腊，是巴尔干地区最大的跨国运营商。

中标 Cosmote 的 LTE 合同正是因为中兴在 2010 年承建了罗马尼亚 Cosmote 的 UMTS 项目并受到好评。从中兴通讯的中报来看，该公司在亚洲、非洲的收入出现暂时性下滑，但随着海外战略的推进，在这些优势区域有望重回增长轨道。

---

① 电子工程网，2014 - 09 - 03。http://www.ebnew.com/newsDetail - v - id - 468850573.html。

中兴通讯在欧洲重点市场的突破将开辟国内市场之外的"另一战场",为后续增长打下基础。今天的华为、中兴,已经拿下了除美国之外几乎所有的全球市场。华为在2006—2009年对欧洲市场的突破,更是让华为在发达国家市场站稳脚跟。与此同时,中兴也抓住了欧洲几个系统建设的时间窗,比如2009—2010年2G替换时间窗,其2G/3G/4G整网替换方案得以规模突破。2009—2011年的欧洲有线宽带部署时间窗,此后利用欧洲经济低迷和智能手机盛行的双重刺激,中兴高性价比的智能手机在欧洲获得突破。

美国市场:最后一公里

没能在美国市场扎根,这是华为、中兴国际化征程中最大的遗憾。

2012年10月8日,华为、中兴的"美国故事"再次升级。美国众议院常设特别情报委员会发布的报告中指出,华为、中兴产品有威胁美国国家安全问题。对这份"意料之中"的报告,华为、中兴公开反驳。华为称这一报告本质上是阻止中国企业进入美国市场,充满了传闻和臆测。中兴通讯全球新闻发言人戴澍当时在华盛顿对时代周报记者表示,中兴提供给所有美国运营商的可信赖交付解决方案不会威胁美国通信安全,虽然再受挫折,但中兴不会放弃美国市场。

影响力,就在一点一滴中。华为经过美国市场的12年苦战之后,现在心态变得更从容,显得更大气。而从2013年开始,任正非也一改低调、神秘,开始接受媒体的采访。华为对美国市场的野心很大,但心态更从容了,甚至开始下一盘更大的棋。不争一时之长短,甚至不争一时之市场,哪怕最后只争一口气,这是任正非,他要的是征服美国人。

虽然中兴是上市公司,财务信息一直公开而透明,但在进军美国市场上同样步履维艰。不过,更根本来看,国际化之路的坎坷,也让华为和中兴进一步磨炼自身实力,无论从人才、运营还是全球化的本地化方面,都不断地成长,逐渐成为真正的国际化大公司。

点评:

对中国企业而言,今天的全球化是主动全球化的过程,而非过去的被动全球化。华为与中兴不断拓展国际市场的历程告诉人们,中国已经走到世界舞台的中心,中国企业将逐步走向全球化的征程。

7.1　中国企业跨国并购的成与败

跨国并购是指跨国兼并和跨国收购的总称,是指一国企业(又称并购企业)为了实现某种目标,通过一定的渠道和支付手段,将另一国企业(又称被并购企业)的所有资产或足以行使运营活动的股份收买下来,从而对另一国企业的经营管理实施实际的或完全的控制行为。跨国公司的国际并购涉及两个或两个以上国家的企业,两个或两个以上国家的市场和两个以上政府控制下的法律制度,其中"一国跨国性企业"是并购发出企业或并购企业,"另一国企业"是他国被并购企业,也称目标企业。这里所说的渠道,包括并购的跨国性企业直接向目标企业投资,或通过目标国所在地的子公司进行并购两种形式,这里所指的支付手段,包括支付现金、从金融机构贷款、以股换股和发行债券等形式。而跨国公司的国内并购是指某一跨国性企业在其国内以某种形式并购本国企业。以下主要探讨的是中国企业对外所实施的跨国并购。

7.1.1　中国企业跨国并购发展脉络

我国的一些大型企业集团在20世纪八九十年代就进行了企业跨国并购方面的有益尝

试，其中以首都钢铁集团、中化总公司、中信集团等为代表，开启了中国海外并购的序幕，但总体来说，这一阶段的海外并购主要是尝试性的。以2001年加入WTO为标志，中国企业对外投资开始了新一轮高峰，此时的中国企业已经开始到美国、澳大利亚、欧洲等发达国家和地区寻求收购目标，而且目光也不再局限于当地小企业。1988—2003年，我国企业累计跨国并购总额为81.39亿美元，其中绝大部分发生在1997年之后。1988—1996年，跨国并购年均仅有2.61亿美元，从1997年开始，并购金额逐年增加，2003年增至16.47亿美元。2004—2010年，我国企业参与的跨国并购不仅从数量上有了突飞猛进，并购规模也有了很大的提高，我国正在迎来一个跨国并购高峰期。跨国并购已经成为中国企业走出去的主要方式，2005年我国海外并购金额为70亿美元，境外并购投资占同期我国对外直接投资总额的54.7%，对外并购主要集中在电信、汽车、资源开发等领域。2006年的海外并购金额突破140亿美元，其中能源方面的投资占到61%，哈萨克斯坦、俄罗斯是中国企业2006年并购最大交易的所在地[①]。2006年，中国的收购目标中75%在亚太地区，24%在中东和非洲，但是到2010年上半年，整个目标收购公司的区域分布已非常广，除了亚洲占59%之外，14%在拉美，14%在欧洲、中东和非洲，还有13%在北美。2010年上半年中国企业跨国并购较2009年上半年增加了五成。中国海外并购的另一个特点是交易金额正在大幅增加，2010年上半年7宗海外并购交易金额超过10亿美元，而2009年同期仅为3宗。

如今中国企业的跨国并购，除了常见的因国家战略需要由国有企业进行的并购外，民营企业也逐步成为跨国并购的新生力量；并购领域除了传统的能源、矿产等行业外，越来越多开始尝试收购制造类、高科技类的企业，甚至涉足生产流程、品牌等无形资产。根据中国商务部对外发布的消息，跨国并购已经成为中国企业走出去的主要方式。境外并购类投资占我们对外直接投资总额的60%以上，跨国并购主要集中在汽车、能源、电信/电子等行业，并且并购金额以每年70%的速度增长。

总之，中国企业逐步从过去国际经济游戏规则的受制者，尝试转变到规则制定的参与者。从过去被动参与全球化，到主动参与全球化，中国企业在实施走出去的战略中进行跨国并购逐渐走向成熟。正如瑞士信贷第一波士顿董事总经理、经济学家陶冬所言：中国企业大规模进行海外并购活动，尤其在国际舞台上搞大手笔的收购，体现了人民币升值的压力，政府希望企业走向海外，缓解外汇储备剧增的势头。但并购更是折射出中国企业的成熟和壮大，视野和战略已经开始由全国移向全球。表7-1显示了2001—2014年主要的海外并购事件。

---

① 陈顺长. 跨国并购案例分析及其对中国的启示[D]. 北京：北京交通大学硕士论文，2007.

表7-1 2001—2014年主要的海外并购事件

时间	收购企业	目标企业	目标所在国	收购金额	说明
2001年8月	万向集团	UAI公司	美国	—	收购UAI的21%股份,成为第一大股东
2001年9月	华立集团	飞利浦	美国	—	获得其CDMA无线通信技术及研发资源
2002年1月	中海油	瑞普素公司	西班牙	5.85亿美元	收购其在印度尼西亚的五大油田的部分权益
2002年4月	中石油	戴文能源	美国	2.16亿美元	收购其在印度尼西亚的油气资产
2002年7月	中海油	英国石油	英国	10亿美元	收购其持有的印度尼西亚Tangguh气田的股权,成为印度尼西亚最大的海上石油生产商
2002年10月	中国网通	亚洲环球电信公司	美国	0.8亿美元	取得对其绝对控股,买得19亿美元的网络。这是中国电信首次进行的海外并购
2003年2月	京东方	韩国现代	韩国	3.8亿美元	收购对方3条薄膜晶体液晶显示器生产线,取得进入显示器高端领域的技术
2003年3月	中海油	英国天然气国际公司	英国	6.15亿美元	收购其在哈萨克斯坦里海北部项目8.33%的权益
2003年11月	TCL集团	汤姆逊公司	法国	2.2亿欧元	共同组建了全球最大的菜单供应企业,总资产规模45亿元人民币,TCL控股67%
2004年10月	上汽集团	双龙汽车	韩国	5亿美元	收购其48.9%股份,成为第一大股东
2004年12月	联想集团	IBM	美国	17.5亿美元	获得IBM的PC业务,IBM持有联想的18.5%股份,联想成为全球第三大PC供应商
2005年6月	海尔美国	美泰克	美国	12.8亿美元	竞购未遂,退出竞购

续表

时间	收购企业	目标企业	目标所在国	收购金额	说明
2005年6月	中海油	尤尼科学	美国	185亿美元	阻力重重，最终撤回收购要约
2005年7月	南汽集团	罗孚汽车	英国	5 000万英镑	成功收购罗孚汽车及其发动机生产部分
2005年10月	中石油	PK石油公司	哈萨克斯坦	41.8亿美元	获得加拿大阿尔伯塔省卡尔加里法院的最终批准裁决
2006年9月	中国蓝星	安迪苏集团	法国	4亿欧元	全资收购世界第二大蛋氨酸企业
2006年10月	中国蓝星	罗地亚公司	法国	—	100%收购罗地亚公司有机硅及硫化物的业务，其有机硅单体产能跻身世界第三
2007年2月	中国移动	Paktel	巴基斯坦	2.84亿美元	收购其88.86%股份，并承担债务，4月，中国移动收购了剩余11.14%的股份
2008年9月	中联重科	CIFA	意大利	2.71亿欧元	收购了CIFA100%股权
2009年2月	中铝	力拓	澳大利亚	195亿美元	注资全球矿业巨头力拓方案，力拓最终毁约，未成功
2009年6月	中国五矿集团	OZ公司	澳大利亚	13.86亿美元	100%收购澳大利亚OZ公司主要资产的交易获得成功
2009年6月	中石化	Addax石油公司	加拿大	72.4亿美元	成功收购Addax石油公司，创下中企海外并购新纪录
2009年6月	苏宁电器	Laox公司	日本	8亿日元	收购该公司27.36%的股权，成为其第一大股东，这也是中国企业首次收购日本上市公司
2009年12月	顺德日新	—	智利	10亿元人民币	收购一座储量高达30亿吨的铁矿，日新在矿山项目中持股超过七成
2010年3月	浙江吉利集团	福特汽车	美国	18亿美元	收购沃尔沃轿车100%的股权及相关资产，2010年中国企业跨国并购最大亮点

续表

时间	收购企业	目标企业	目标所在国	收购金额	说明
2010年8月	中国石油	Arrow公司	澳大利亚	35亿澳元	中国石油子公司中石油国际投资有限公司和澳洲壳牌能源控股有限公司以50∶50的比例组成的联合体于2010年3月19日与澳大利亚煤层气公司Arrow Energy签署了股权收购协议,以每股现金4.7澳元的价格收购Arrow公司的全部股份,收购对价约为35亿澳元
2011年11月	中石化	Galp能源公司	葡萄牙	51.8亿美元	收购葡萄牙Galp能源公司30%的股权
2011年10月	中国海航酒店集团	NH酒店连锁集团	西班牙	3.29亿欧元	收购西班牙NH20%的股权
2012年1月	三一重工	普茨迈斯特	德国	4.2亿美元	"全球最大的混凝土机械制造商"收购"全球混凝土机械第一品牌",强强联合的品牌叠加效应
2012年5月	大连万达	AMC影院公司	美国	26亿美元	收购世界排名第二的AMC影院公司,万达一跃成为全球最大电影院
2012年7月	中海油	尼克森公司	加拿大	151亿美元	并购加拿大尼克森公司
2012年12月	中国财团	国际飞机租赁公司	美国	52.8亿美元	收购国际飞机租赁公司,这是中国企业在美国最大规模的一次股权收购
2013年3月	中石油	意大利石油集团	意大利	42亿美元	收购了意大利石油集团埃尼运营的关键区块20%的权益,这标志着中石油进军东非的第一步
2013年5月	中国国家电网公司	澳大利亚Jemena公司	澳大利亚	60亿美元	收购新加坡电力公司子公司澳大利亚Jemena公司60%的股权和澳大利亚新能源澳洲网络19.1%的股份
2013年5月	双汇国际控股有限公司	美国史密斯菲尔德食品公司	美国	71亿美元	收购史密斯菲尔德,该收购获得了美国外国投资委员会的审批许可

续表

时间	收购企业	目标企业	目标所在国	收购金额	说明
2013年8月	中石化	阿帕奇集团	埃及	31亿美元	收购阿帕奇集团的埃及油气业务33%的权益
2014年6月	中国移动	True Corporation	泰国	68.2亿美元	收购泰国电信公司True 18%的股份
2014年10月	联想集团	摩托罗拉	美国	29.1亿美元	并购摩托罗拉移动电信及增值业务

说明：表格空白处为数据缺失。
资料来源：全球并购交易中心、中国行业研究网、海外并购融资中心、人民网、中商情报网、中国经济网。

7.1.2 中国企业跨国并购的动因与特点

1. 中国企业跨国并购的动因

1）国际因素[①]

第一，经济全球化趋势加强。经济全球化使得各国经济依赖性增强。以跨国公司为主要动力的世界市场体系加速融合，各国纷纷开放国内市场来换取参与全球化产业分工体系的机会。同时，经济全球化导致了国际资本流动的加速，资本市场更加自由化，为跨国并购扫除了制度障碍。

第二，全球产业结构面临调整。经济全球化的过程也是发达国家在全球范围内进行产业结构调整的过程。这种调整也是发达国家夕阳产业向发展中国家转移的过程。通过并购，跨国公司以其交易内部化、生产过程全球化和全球生产企业化来重新整合全球的产业结构。目前，发达国家和发展中国家都在根据本国经济的实际状况进行着产业结构的调整，部分国家的结构调整还打破了梯度推进的传统模式，呈现出跨越式发展的趋势。

第三，全球战略竞争愈演愈烈。引进外资极大地助推了我国经济的高速增长，全球化的过程，也让我们领略了在高端领域里中外企业的巨大差距，很多企业乐于守住全球分工所形成的"比较优势"市场份额，更多企业加入了"世界工厂"的行列。在全球经济的价值链再造过程中，中国企业只能依附成长。产业价值链是围绕核心竞争力而建立的，是随区位优势的调整而改变的，也是伴随企业的成长而不断变化的。外资疯狂涌入中国市场，考虑的不仅仅是中国优惠的政策和巨大的市场空间，更是在中国进行全球产业的战略竞争。跨国公司在发展中国家的经济竞争已经不仅是对市场资源、核心商品、制造能力的争夺，而是对一国经济命脉的控制和发展能力的掌握。中国经济的市场化改造使得国计民生获得了极大的提高，同时也增加了与全球经济同步而形成的脆弱性。中国大型国有企业应在面向市场化的过程中承担起保障国家经济安全的使命。

---

① 施丹锋，邓罗飞，何涛舟. 中国企业跨国并购动因、存在问题与对策[J]. 市场论坛，2010，(2).

2）国内因素

第一，开发国际市场，拓展发展空间。随着外资企业把更多的制造和研发中心放到中国，国内企业依靠廉价劳动力产生的成本优势日渐削弱，而在核心技术、管理能力、资金实力、规模效益等方面的劣势却日益明显。同时，随着大部分消费品市场增长放缓，价格竞争激烈，企业面临的生存压力也越来越大。国内单一市场不足以支撑中国企业进一步壮大，也难以同跨国企业抗衡。此外，中国企业大多缺乏国际性品牌，使得产品在国际市场销售不畅，只能靠贴牌生产赚取低廉的加工费，因此，通过跨国并购尽快建立起中国企业的国际品牌并形成自己的营销网络，既能满足企业发展的需要，又能迅速地开拓国际市场。

第二，国内面临产业结构调整。传统产业仍然占据着发展高端产业所必需的要素资源。因此，为了寻求高端产业的发展空间，促进我国产业结构的升级与优化，一个重要的途径就是将日落产业转移至海外，其结果可以降低产品的边际成本并扩大海外市场。

第三，获取战略性资源。中国经济的快速发展，对资源能源的需求与日俱增。中国现有资源难以实现自给自足。据悉，未来十年中国对铁矿石的需求量每年将以8%的速度增长。中国市场的巨大需求，导致国际市场供求关系紧张，使得中国宏观经济发展的对外依存度越来越高。因此跨国并购可以利用国外丰富的各种资源。与此同时，中国经济的飞速发展也让中国企业加快了在全世界范围内寻求收购具有战略性资源目标的公司。

第四，获取互补性技术。在市场经济竞争激烈的情况下，尖端技术的转让不是轻而易举的。发达国家对高新技术的输出有着非常严格的限制条件。一国企业欲获得另一国企业的先进技术，主要靠购买许可证的方法，但这种办法获得的技术往往并不是最新最先进的。通过并购他国具有先进科技的同类企业可以提高自身产品的核心竞争力。通过跨国并购也可以直接利用被并购公司在当地市场的分销渠道及与供应商和顾客建立起的信用关系。此外，被并购企业的员工熟悉当地法律，经营管理上的法律问题可以有效解决。并购公司也可以学习被并购公司比较好的管理方式。另外，通过并购可以直接获得国外企业的世界级品牌，快速在市场上确立起自己的地位，由此进一步推动中国企业的技术进步和产业升级。

第五，外汇储备充足，人民币升值。如表7-2所示，到2009年年底，我国的外汇储备达到23 991.52亿美元，居世界第一。之后逐年增加，2014年年底达到38 430.18亿美元。国内资本供应能力强，具有一定外向投资能力。政府也希望企业通过走向海外，缓解外汇储备剧增的势头。人民币升值情况如表7-3所示，人民币兑美元、英镑等的汇率均有明显增加。以人民币计价的海外资产价格下降，提高了中国企业的购买力，使得中国企业能以更低的价格获得国外企业资产。汇率问题促使我国企业加快了跨国并购的步伐。

表7-2　2000—2014年中国历年外汇储备

年度(该年12月底的数字)	外汇储备(亿美元)	全年净增(亿美元)
2000	1 655.74	108.99
2001	2 121.65	465.91
2002	2 864.07	742.42
2003	4 032.51	1 168.44

续表

年度(该年12月底的数字)	外汇储备(亿美元)	全年净增(亿美元)
2004	6 099.32	2 066.81
2005	8 188.72	2 089.4
2006	10 663.44	2 474.72
2007	15 282.49	4 619.05
2008	19 460.3	4 177.81
2009	23 991.52	4 531.22
2010	28 473.38	4 481.86
2011	31 811.48	3 338.1
2012	33 115.89	1 304.41
2013	38 213.15	5 097.26
2014	38 430.18	217.03
2015	33 300	-5 130.18
2016.04	32 200	-1 100

表7-3　2000—2015年人民币对主要外币的趋势表

时间	美元	欧元	日元	港币	英镑
2000-10-11	827.89	—	7.617 3	106.11	—
2001-10-11	827.68	—	6.866 8	106.07	—
2002-10-11	827.7	818.32	6.698 3	106.08	—
2003-10-10	827.7	979.74	7.576 8	106.93	—
2004-10-11	827.66	1 024.96	7.538	106.1	—
2005-10-11	808.64	981.2	7.116 6	104.2	—
2006-10-11	791.64	992.65	6.613 5	101.56	1 467.9
2007-10-11	751.43	1 062.71	6.415 1	96.893	1 532.05
2008-10-10	683.27	926.34	6.901	88.006	1 163.27
2009-10-09	682.7	1 008.07	7.693 7	88.089	1 094.85
2010-10-11	667.32	932.15	8.127 6	86.029	1 063.11
2011-10-10	635.86	853.45	8.277 8	81.708	990.07
2012-10-10	634.49	816.3	8.103 4	81.843	1 014.8
2013-10-10	614.52	830.25	6.295 3	79.248	980.59
2014-10-10	614.7	780.18	5.702 3	79.249	990.77
2015-09-10	637.52	717.18	5.266 7	82.259	979.88

第六,跨国并购得到政策支持。中国企业跨国并购和扩张才刚刚起步,中国对外投资总额不足全球对外投资总额的1%,并购所占的比例就更低了。但是中国企业跨国并购能力正在不断增长。20世纪,我国就提出了"走出去"的发展战略,这一战略的核心思想就是把"引进来"和"走出去"紧密结合起来,更好地利用国内、国外两种资源、两个市场。近年来,政府又不断地推出种种政策来鼓励企业的海外发展。

2. 中国企业跨国并购的特点

近年来,中国越来越多有实力的企业开始走向全球,开始了跨国并购。目前中国的跨国并购呈现出以下的特点[①]。

1) 政府主导型与市场主导型并购不平衡

政府主导型并购就是政府以企业所有者身份,运用其权力指导企业的并购。市场主导型并购是指企业根据自身的发展,在资本市场上按照并购的规则进行的一系列并购活动。从目前来看,中国政府主导型并购强于市场主导型并购,未来的趋势应该是二者趋于平衡,甚至是后者反超前者。

2) 强弱并购与强强并购发展不平衡

跨国并购是以实现优势互补、提高市场占有率和核心竞争力为目标的大型企业之间的强强并购占主导地位。而在我国的企业跨国并购史中,则是强弱并购多、强强企业并购少,这样的状况与我国处于经济转型期、市场化进程、产权改革等情况紧密相关。

3) 并购类别和形式多样

按跨国并购双方的行业关系,跨国并购可以分为横向跨国并购、纵向跨国并购和混合跨国并购。横向跨国并购是指两个以上国家生产或销售相同或相似产品的企业之间的并购。其目的是扩大世界市场的份额,增加企业的国际竞争力,直至获得世界垄断地位,以攫取高额垄断利润。在横向跨国并购中,由于并购双方有相同的行业背景和经历,所以比较容易实现并购整合。横向跨国并购是跨国并购中经常采用的形式。纵向跨国并购是指两个以上国家生产同一或相似产品但又处于不同生产阶段的企业之间的并购。其目的通常是稳定和扩大原材料的供应来源或产品的销售渠道,从而减少竞争对手的原材料供应或产品的销售。并购双方一般是原材料供应者或产品购买者,所以对彼此的生产状况比较熟悉,并购后容易整合。混合跨国并购是指两个以上国家处于不同行业的企业之间的并购。其目的是实现全球发展战略和多元化经营战略,减少单一行业经营的风险,增强企业在世界市场上的整体竞争实力。

目前,我国企业基本摆脱了盲目多元化的思想,一些调查数据显示,横向并购的方式在中国的并购活动中占得高达50%的比重。如此高的比重对行业发展起着最直接的影响。混合并购方式也有一定程度上的发展,但在实力较强的企业当中发生的频率比较高,而且这种并购方式在很多的行业都有着比较好的效益。纵向并购方式在我国发展得还不是很成熟,基本都在钢铁、石油等能源与基础工业行业。这些行业的原料的成本对效益有一定的影响,因此,纵向并购方式将成为企业强化业务的有效途径。

---

① 魏昀妍. 中国企业的跨国并购战略[J]. 商业文化,2010,(6).

7.1.3 并购取得的成功与经验

从中国经济发展速度和企业发展的规模不难判断,中国企业在跨国并购中总体是成功的,但是各个企业的在并购的成功例子中都有自己的特色。虽然各个企业的成功并购都有其特殊性和不可复制的模式,但是还是可以做一些一般意义上经验提炼的,这些经验不能保证今后中国企业在跨国并购中一定会成功,但会让后来者少走弯路。1991年5月的美国《商业周刊》专题登载了《20世纪80年代最成功与最失败的十大并购交易》,从该文中可归纳出并购成功的5条基本经验,分别是:符合买方战略目的;了解卖方产业;不要买贵;不要借太多钱;妥善且迅速整合。我们在借鉴这5条经验的基础上可做如下归纳:

1. 坚持并购要符合买方的战略目标的法则

从2002年至今,中国的机床企业已经在海外发起了10起并购,且从中获利颇丰,而这些并购的发生地正是那些因工会力量强大、福利制度优越而让中国企业备感困扰的欧美地区。2003年11月,秦川集团以195万美元获得世界顶级机床制造企业UAI(联合美国工业公司)60%的股份。经过两年运营,2005年,秦川UAI实现销售收入460万美元,同比增长176%,实现盈利20万美元。陕西秦川机床工具集团有限公司董事长兼党委书记龙兴元认为:"跨国并购要成功,就三句话:"买得起,用得上,管得住。"① 其中"用得上"这短短三个字正体现了并购的目的。中国企业实施跨文化并购的战略目标有寻找海外发展机会、拓展发展空间、扩大企业和产品的影响、提升技术实力等。在具体实施对某个企业的兼并时,不是为了吸引媒体的眼球,而是为了使兼并后的企业能对自己企业的战略目标的实现起到如虎添翼的作用。同时"用得上"还体现在对所兼并企业的实事求是态度上,对方的企业和产品如果几乎已经瘫痪,像一个病入膏肓的老人,对这个企业的兼并就应该慎重决策。

2. 坚持充分了解卖方产业的法则

2001年,当秦川集团首次向柯克梅尔家族透露收购意图的时候,对方的第一反应是"不予理睬"。当"9·11"事件发生之后,美国的机床制造业陷入低谷,2002年UAI的净利润只有几万美元时,秦川集团再次找到UAI,但这次柯克梅尔家族的要求是秦川要以1 000万美元的价格对UAI进行100%的收购,因为他们对UAI的未来已经没有信心。秦川集团的决策者并不急于求成,而是决定请柯克梅尔家族熟悉的圈子里的人来化解僵局。秦川集团聘请了原中国机床工具协会理事长梁训玕和长期旅居美国的梁任博士作为谈判项目的特别顾问,梁训玕、梁任同爱德华·柯克梅尔相识多年,对UAI的情况十分了解。为了客观、公正地确认UAI的资产价值,秦川聘请美国当地信誉最好的资产评估公司和律师事务所作为第三方机构。柯克梅尔家族对秦川集团的资信和运营能力逐渐建立了信任感。经过认真了解和评估,秦川集团旗下的上市公司秦川发展(000837)最终以总价195万美元获得了UAI 60%的股份。虽然耗时较长,但却实现了董事长龙兴元的理念——"买得起",买得值。

---

① http://www.gotostone.cn/manager/stoneceo/qygl/200803/003763.htm.

3. 坚持妥善且迅速整合法则

(1) 把"抗体"降到最小。这是秦川集团的有效经验。董事长龙兴元认为，跨国收购就是要把自己的理念、文化移植到对方的肌体中。这就像器官移植，接受新器官的载体自身抗体越强，它的免疫力和排他性就越强，而企业文化、工会组织等正是构成这种抗体的因素。秦川集团内部曾经列出选择 UAI 的八大理由，如它所处的地点、它是家族企业、它不设工会等，而这些因素都与龙兴元要把被收购企业中存在的"抗体"降到最小有关。

UAI 位于底特律地区的 ANN ARBOR。在公众的印象中，底特律是美国工会势力最强大的地区，且当地的汽车工业和机械制造业正日趋衰落。但龙兴元在经过多次考察后发现，UAI 作为一家更为单纯的家族企业，最大的优点是没有美国大公司的坏习惯，如怠工、分工过细、缺乏责任感等，企业文化相对单纯，容易被覆盖。而且更为重要的是，UAI 的创始人、时任 UAI 总裁的爱德华·柯克梅尔一直没有在企业内部设立工会组织，这在底特律地区并不常见。事实证明，秦川集团的判断是对的，这为企业裁员和进行人力资源调整减少了很多阻力。到 2005 年 UAI 的美国员工从过去的 40 人减少到 16 人，另有 5 人为临时工。这种裁员速度在有工会的企业里几乎是不可能的。

(2) 适时"示弱"法则。中联重科董事长詹纯新认为，学会在适当时候有所"示弱"、彼此尊重与加深了解，是跨国公司并购后的融合方式之一。他经常提醒自己的属下：去收购别人时，经营账当然算清楚；收购前后，也要多站在别人的立场上考虑问题，要懂得向对方示弱。

2007 年下半年，中联重科获悉了 CIFA 公司股东有意出让股权的消息，董事刘权亲赴米兰了解潜在收购对象的经营情况。"CIFA 的管理层陪我参观米兰工厂的时候，我就跟他们聊聊中意的不同文化。谈到正事时，我避开了 Purchase（并购）这个触及人心的敏感字眼，谨慎地选用了 Cooperation（合作）这个词。我们知道，每个 CIFA 员工当时的心情都会很复杂，心理非常脆弱。"刘权还告诉意大利人，中联重科与 CIFA 有着明显差距："CIFA 是全球混凝土机械的第二或者第三，而中联只排在第五，如果两家企业能够携手合作，将会带来极大的协同效应。①"这些表现赢得了意大利人的好感，为企业的顺利并购和整合铺平道路。

(3) 及时调整公司的重要管理人选。在秦川集团发展控股 UAI 之后，爱德华·柯克梅尔继续留任 UAI 总裁，但这位 60 多岁的老人希望秦川只作为 UAI 的大股东，不要过多参与日常的经营管理。他曾这样向龙兴元表示："控股只能决定企业的发展方向，并不是把企业的决策权完全转让给你。"对此，龙兴元回应："只要你能跟得上秦川集团的步伐，企业可以由你来管理。"龙兴元注意到，UAI 是一家非常保守的传统美国企业，在那里工作的是清一色的盎格鲁－撒克逊人，这样的文化十分尊重女性。于是，龙兴元很快联系上自己在美国留学时的同学毛峰，邀请她担任 UAI 的 CFO。毛峰有很好的沟通能力，在龙兴元和柯克梅尔之间起到了重要的协调作用。在被秦川收购之前，UAI 在中国市场有自己的代理商，在秦川发展进入之后，柯克梅尔的态度一度是"以前的代理商和秦川机床都可以

---

① http://finance.sina.com.cn/roll/20090708/11342938039.shtml.

做",但毛峰表示秦川是 UAI 的大股东,也是中国市场里的龙头企业,由秦川代理 UAI 的产品必然有利于双方的长远利益。而另一个不争的事实是,由于秦川的进入,老客户们重新建立了对 UAI 的信心,仅 2005 年上半年 UAI 就拿到了相当于以往全年的订单。

然而,秦川集团收购 UAI 的目的并不仅仅是帮助后者打开其在中国的市场,更重要的是要获得关键产品的核心技术,并借助 UAI 的网络把秦川的产品卖到海外。但龙兴元很快发现,柯克梅尔对秦川的需求并不热衷。

经过一年多的合作,UAI 与秦川的融合渐有起色,但一个让龙兴元不能容忍的问题日益暴露:柯克梅尔仍然对于如何利用 UAI 的网络销售秦川的产品很不热衷。理念的差异不能通过沟通解决,就只能换人。2007 年年初,秦川方面提出希望由一名叫 King 的副总接替柯克梅尔出任总裁一职,但后者表示反对,并向 UAI 的员工表示,一旦更换总裁,员工们的日子会很难过。之后,柯克梅尔以员工反对为由,拒绝辞职。

2007 年 3 月,龙兴元一行三人来到 UAI 美国总部。在与柯克梅尔做最后谈判的前一天,龙兴元召集 UAI 的所有员工开了一次会,并告诉员工几件事,如把薪酬与绩效挂钩、改善员工的福利待遇等是秦川提出的方案,同时也是秦川在帮助 UAI 生产适合中国市场需求的产品,从而打开中国市场。秦川与 UAI 是一体的。柯克梅尔当晚就得知自己已经失去了"群众基础",第二天,当龙兴元面带笑容地问他:"怎么样,上次我提出的您光荣退休的问题考虑得如何了?"柯克梅尔笑了笑说:"没问题。"当天晚上,龙兴元请柯克梅尔和所有 UAI 的员工吃饭,代表秦川向柯克梅尔两年多来的工作表示感谢[1]。龙兴元顺利地完成了他的重要人事调整,实现了他的对跨国并购公司"管得住"的目标。

相比较而言,中联重科的人事大变更则显得更加融洽。2008 年 9 月中联重科完成收购后,CIFA 原董事长法拉利继续留任,并在中联重科下设的混凝土跨国事业部兼任 CEO、中联重科副总裁等另两大职务。CIFA 原 CFO Stefano Marcon(马克)则被任命为 CIFA 的新 CEO。时隔一年,詹纯新认为此时调整架构应该是时候了。在"CIFA 公司"和"混凝土跨国事业部"两个层面上人事被重新布阵:马克代替了法拉利出任 CIFA 公司的董事长,其 CEO 一职仍然不变;而法拉利也卸任了混凝土跨国事业部的 CEO,由中联重科总裁张建国接替。

2009 年已经 61 岁的老臣法拉利也并没有隐退江湖,他将常驻长沙,协助詹纯新拓展海外并购、建设海外品牌并制定新的海外战略。在讨论调整方案时法拉利对詹纯新直接发问:"你不是为了安慰我,才把我调到长沙的吧?"面对这位 20 世纪 70 年代戴着毛主席徽章、熟悉中国人情世故的伙伴,詹纯新很坚定地回答道:"你参加了整个 CIFA 的并购过程,既了解中联,也熟悉欧美市场,你认为谁比你更合适这个位置呢?"听完这番话,法拉利欣然地接受了这项任命[2]。

4. 坚持"少食多餐"的并购法则

美国通用电气公司在并购活动中坚持的"少食多餐"法则,对中国企业的跨国并购具

---

[1] http://www.gotostone.cn/manager/stoneceo/qygl/200803/003763.htm.

[2] http://finance.sina.com.cn/roll/20090708/11342938039.shtml.

有学习的价值。在媒体关于跨国并购的报道中，很少看到美国通用电气公司的身影。难道通用电气公司不从事跨国并购吗？完全不是！恰恰相反，通用电气公司几乎每天都在并购，每年的并购总额都在上百亿美元，但由于每次并购的规模较小，没有引起媒体的关注。每年的并购总额并不小，从而推进通用电气公司的不断成长。这就是"少食多餐"法则：每次并购规模小，有利于消化和吸收，保证较高的成功率；每年并购规模并不小，有利于新业务扩展和业务的更替，保证较大的成长性[1]。

在这方面，中国万向集团、海尔集团的成绩较好，而联想集团、TCL集团的成绩有待提高。海尔集团1991年开始出口产品到欧洲，秉承"先有市场再建工厂"的原则，1996年开始在发展中国家建厂，1999年到美国建厂，派往美国的人员先在菲律宾工厂锻炼。在此基础上，2001年6月19日海尔集团并购意大利迈尼盖蒂公司所属一家冰箱厂，这是中国白色家电企业首次实现跨国并购。

5. 坚持"以研发能力为基础"的跨国战略法则

在这方面，中国华为集团的学习成绩较好，而华立集团、联想集团的学习成绩有待提高。

华为集团仅在3G的研发上就投入了40多亿元，在欧美建有5个研究所，目前在海外的销售研发人员达3 000多人，仅欧洲就有1 000多人。它在1996年开始海外发展，先在发展中国家，再到发达国家，2004年年底，华为成功拿下欧美各一个3G订单，都超过1亿美元。2009年华为全球销售收入1 491亿元人民币（约合218亿美元），同比增长19%，营业利润率14.1%，净利润183亿元人民币，净利润率12.2%。根据收入规模计算，华为已经成功跻身全球第一大设备商[2]。

近几年来，战略被中国企业列为首要的问题。但是，仍有不少企业对战略的本质没有很好地理解和把握。其实，任何战略必须考虑3个方面的因素：一是我们的使命和目标；二是外部环境变化与要求；三是我们的资源和能力。只有以上3类因素共同构成的范围才是我们需要的战略选择。在设计跨国经营战略时，一定要有相应的跨国经营能力开发战略，把跨国经营人才的选择和培养作为能力开发的战略重点；在具备基本能力的条件下，实施跨国并购活动；在并购整合过程中，不断把提升能力作为目标。

7.1.4 并购的挫折与教训

目前中国企业缺乏并购经验，战略规划和管理水平也较低，使得它们在并购过程中面临信息缺失、法律风险和文化冲突等不利因素，往往导致并购失败或结果不理想。据商务部统计，近几年中国的海外并购势头发展迅猛，从2002年的2亿美元，迅速上升至2008年的205亿美元，占当年对外总投资的50%。但是仅2008年一年，中国企业海外并购的损失就达2 000亿元人民币左右[3]。

总结并购中失利的教训，有如下几点。

---

[1] http://news.xinhuanet.com/world/2005-02/03/content_2542839.htm.

[2] 同上。

[3] http://www.techweb.com.cn/news/2009-05-27/407733_1.shtml.

第 7 章　中国企业实施跨文化管理的对策分析

1. 不知己，不知彼

《孙子兵法》说："知己知彼，百战不殆。"然而在一些企业的并购失利案例中，并没有遵循老祖宗的祖训。TCL 并购阿尔卡特的结局[①]为我们做了一个很好的诠释。

2004 年 9 月，TCL 通讯以 5 500 万欧元现金的代价并购阿尔卡特集团手机业务，双方合资成立 T&A，TCL 通讯与阿尔卡特分别控股 55% 与 45%。成立后的 T&A 将为 TCL 移动提供一个迅速发展国际业务的平台，这将有助于 TCL 移动快速实现成为一家全球领先的移动终端制造商的目标。然而牵手仅仅 7 个月之后，TCL 通讯发布公告，正式宣布 TCL 将以换股的形式，收购阿尔卡特持有的合资公司 TCL 阿尔卡特 45% 的股份，至此，阿尔卡特正式退出 T&A 的经营与管理。

是什么导致了这桩联姻在短短 7 个月之后就以失败告终？T&A 北京分公司员工的话也许能说明问题："阿尔卡特退出后，我们(T&A)终于不用背负阿尔卡特员工的巨额工资，运作成本也可以降下来，公司可以得到更多的资源支持。"

其实，早在合资公司成立之前，TCL 就已经面临巨大的资金压力。从 2004 年 4 月 26 日 TCL 集团宣布并购阿尔卡特全球手机部门之后，该公司股价一直呈跌落之势。在"五一"长假股市停盘前的最后两个交易日，即 2004 年 4 月 29 日和 30 日，TCL 集团股价又分别下挫了 2.28% 和 1.46%。一些媒体甚至惊呼这是"集中抛售 TCL 集团的新一轮热潮"。

应该说明，TCL 集团在 2004 年 4 月 29 日公布了当年第一季度的财报，当年第一季度每股收益为 0.09 元，前一年同期则为 0.1 元，抛开 TCL 集团所持 TCL 移动业务权益增加部分收益，TCL 集团 2004 年第一季度净利润增长率仅为 18%，每股收益与前一年相比反而降低，这固然部分导致了股票价格下跌，但不容置疑的是，再次施行海外并购仍不可避免地成为最主要因素。《华尔街日报》援引了一位香港分析师的看法，称 TCL 集团与阿尔卡特交易具有与之前收购汤姆逊类似的风险，因为"阿尔卡特的手机业务一直在亏损，在某个阶段，TCL 集团将需承担这一亏损"。雪上加霜的是，成立不过 200 天的 T&A 就俨然一个"无底洞"，截至 2005 年一季度，亏损已经高达 3.78 亿元。为了缓解资金压力，TCL 集团香港公司已先后向国外金融机构借款超过 10 亿美元，资产负债率趋近 70%，短贷长投、借新还旧，使得财务风险加大，并且降低了以后的筹资能力。此外，TCL 集团在分拆手机业务香港上市时，未能如愿发行新股筹集资金，成为打乱 TCL 集团原本"连环套"式的资本运作、获得行业扩张的资金支持的如意算盘的另一个意外。在此情形下，TCL 集团已深陷全面亏损境地，跨国并购的包袱及整合的难题都使得 TCL 不得不尽早结束了这场跨国婚姻。

应该说，TCL 集团及早发现问题，并承认现实，及时调整这一决策是正确的，这使得 TCL 集团后来的发展没有受到太大影响。2009 年 TCL 全球营业收入达到 442.95 亿元人民币，5 万多名员工遍布亚洲、美洲、欧洲、大洋洲等多个国家和地区。在全球 40 多个国家和地区设有销售机构，销售旗下 TCL、Thomson、RCA 等品牌彩电及 TCL、Alcatel 品牌手

---

① http://china.findlaw.cn/falvchangshi/gongsishougou/kuaguobinggou/anli/28406.html。

机。2009年TCL在全球各地销售超过1 428万台彩电,1 612万部手机。

2. 资金与成本问题

并购成本包括交易成本和整合成本。其中,交易成本是显而易见的,可以量化的,而整合成本却往往是并购者事先容易忽略的。

在TCL与阿尔卡特的案例中,尽管5 500万欧元的交易成本并非天文数字,并且TCL集团利用5 500万欧元资金获得了一定国际品牌、技术和企业实体(阿尔卡特的研发人员有近600人),说得上是一桩好买卖。然而,并购不应该仅仅考虑交易成本,TCL没有预想到整合成本是如此之大。对整合成本的估计不充分直接导致了并购企业在短期内出现巨大亏损。在并购之前,阿尔卡特的手机业务就一直亏损。并购后,巨大的人员和运营成本转嫁到新成立的T&A,以至于拖累了TCL通讯这个控股母公司,导致并购与合资不得不以失败告终。

明基西门子的案例[①]中也有类似问题。在并购之前,西门子手机业务在2005年已经累计亏损达到5.1亿欧元,成为整个西门子集团的拖累。虽然明基希望通过西门子,打开欧洲市场并强化自有品牌,并且并购交易还得到来自西门子2.5亿欧元的陪嫁,但西门子手机巨额的亏损大大超出了明基事先的预算和估计。为了弥补亏损,明基动用了西门子2.5亿欧元并购资金,但如果要挽救明基西门子手机业务,估计仍然需要追加8亿欧元投资。这种情况令原本股价35元台币的明基股票在短时间内一路下滑到17元台币,总市值蒸发了将近一半。资产的缩水令明基更加无力承担挽救西门子手机的重任,只能在整合一年后宣布退出。

3. 管理与企业文化冲突

中国企业并购跨国企业后,首先面临的往往就是文化冲突和管理问题。东西方文化差异和管理风格的差异令中国企业不知如何去驾驭或激励远在海外的被并购公司。

在明基西门子的案例中,明基属于朝气蓬勃的台湾企业,尽管1994年才作为宏碁的手机业务切入手机市场,到2004年明基手机的市场占有率在全球已经达到2%。明基CEO李耀雄心勃勃地希望通过并购西门子获得品牌优势和国际市场。

比起明基对市场的快速反应,西门子是一个百年历史的德国老牌企业,具有典型的德国管理风格,严谨稳重,对于市场的反应比较缓慢。这两种不同的企业文化和管理风格在并购之后产生了矛盾。对于明基派往德国西门子的台湾高管的管理方式,西门子表现出了明显的不适应和无法接受,双方的矛盾导致业务无法顺利开展,从而耽误了新产品上市等策略性举动。

另一个企业管理风格冲突的例子是联想与IBM。联想并购IBM PC业务以后,企业文化的融合也同样成为联想前进途中的绊脚石。并购早期,联想派驻海外的中国员工都感觉到无法参与到当地业务管理中的尴尬,提出的建议常常被客客气气地"晾在一边"。杨元庆亲自带部下前往开拓德国消费市场的举动,也从侧面证明中国企业要将自己的企业管理推广到国外的被并购企业,需要足够的耐心和时间。

---

① http://china.findlaw.cn/falvchangshi/gongsishougou/kuaguobinggou/anli/28406.html.

4. 当地的法规与工会力量的尴尬

中国企业跨国并购的另一个尴尬是,对当地的法规和工会不够了解,导致在人员管理中往往陷入进退两难的困境。

明基并购西门子手机业务失败之后,明基集团向德国法庭提出西门子手机的破产保护,同时撤出欧洲手机市场。此举造成了明基西门子移动3 000多名德国员工失业,西门子也由此背上了"出卖"工人的罪名。当地工会出于不满,发动工人们上街游行抗议。游行惊动了德国政坛,德国总理默克尔甚至呼吁西门子"对员工负起责任,不然将伤害德国产业形象"。西门子手机厂所在地北威州州长吕特·格尔斯和数百位员工一起举行示威。他表示:"明基在接手的时候向西门子保证德国的3 350名员工不会被解雇,并宣称5年后仍会在德国生产手机。这件事十分令人愤怒,不能这么简单就结束。"他计划立即与明基管理层会商,尽可能保住坎普林特福尔特和波希尔特手机厂员工的饭碗。巴伐利亚州政府也声明,愿意与员工站在同一阵线,与明基一同找出解决方案。

为了结该事件,西门子推迟一年执行其管理层加薪30%的计划,以节省资金用于培训其手机部门的3 000多名前员工,帮助他们找到新工作。

中国企业在海外并购中,尤其是被并购地企业的人员成本较高、工会力量强大的地区,需要格外小心关于"员工安置"的条款。在并购协议中,一定要明确规定对被并购企业的员工劳动关系是否继续保留,如果解除劳动关系,赔偿责任将由谁来承担评估。如果有必要,在并购协议签订之前,并购者最好与当地工会联系,充分了解工会将在多大程度上介入员工事务,并与他们沟通合适的员工安置方案,以避免并购企业成立之后关于员工的劳动关系、薪酬待遇和工作时间上有任何变化而造成员工和工会的不满,加以抗议,从而导致公司新政策无法顺利实施。

5. 缺乏宏观调控

国家对企业跨国投资的总体发展,包括投资方向和发展规模、行业重点与地区选择、阶段性任务与长远目标等方面未形成明确的宏观指导战略。仅靠企业的自身探索研究,海外企业各自为政,相互竞争,难以在此基础上促进我国产业结构的合理优化升级。对外投资产业和国内相关产业发展缺乏相关性,难以做到互动。

6. 目标企业定位存在问题

发展中国家在国际产业调整中处于被动地位,但不能完全随波逐流。在我国,很多产业迫切需要通过跨国并购的方式来谋求发展。该买的一定要买,不该买的坚决不能买。经济增长的主要来源是生产要素的技术应用,而不是简单的生产要素的存量增加。并购的最终目的也不是做大,而是做强。国际上的跨国并购的目的一般是实现其全球范围扩展,而不是单纯追求企业的规模增长和并购收益的节约。我国企业参与跨国并购时大多把大规模和低成本作为目标来追求,战略决策失误,从此背上沉重的包袱。联想的连年亏损就是典型的并购失败案。因此,在并购什么的问题上,我们的确需要更加理性的思考。

7. 忽视政治风险因素

市场的管理永远是有限的,许多并购都因为染上政治色彩而叫停。尤其是涉及东道国具有战略意义的资源时，收购就更加具有政治敏锐性。对当地法律的认识和了解不足也容易受制于人。在收购策略上也有待改进以规避当地法律的限制。

8. 并购后的整合失败

并购交易的完成并不是整个并购活动的完成。Haberk 等人综合各种并购失败情况，认为并购失败主要原因在于并购后的整合，并购后整合失败占并购失败案例的53%。我国的国际化管理经验不足，即使把世界上最好的企业买下来，也未必能有效驾驭。并购之后的整合过程，特别是中外文化差异孕育了巨大的整合风险。

7.1.5 中国企业跨国并购的政策建议

国外跨国公司取胜的关键是牢牢掌握产品的高端生产环节，高附加值，高经济规模效应。而我国经济自改革开放以来虽然有很大发展，但主要是建立在廉价劳动力上的低级产品的加工或组装上。如果不积极采取措施扭转局面，经济安全将面临巨大隐患。第五次并购[①]导致我国在整个国际分工的价值链中处于被动、受人遏制的环节。要想从根本上改变，不是靠一方的努力就能达到的，要求政府、企业、个人共同努力。

1. 加大政策和立法支持

跨国并购并不是纯粹的企业行为，政府有关职能部门要从战略的高度对待我国企业跨国并购，根据目前跨国并购的现状，通过法规、政策、措施等对我国的跨国并购活动从宏观上加以引导、协调、监督、管理、扶持，使得跨国并购活动能够顺利、平稳、持续地发展。可以成立全国统一的跨国并购管理机构，统一管理和协调各方面的活动；成立全国性的跨国并购信息咨询服务机构，为企业进行跨国并购提供信息和咨询服务。尽快完善我国跨国并购的法律规范，制定出适用的操作方法和程序。政府还可以提供税收优惠政策，鼓励企业开展跨国并购。

2. 扩大融资渠道

实现产业资本与金融资本紧密结合，还可以设立海外投资基金，通过吸纳社会资本，创设海外投资基金为海外投资企业融资。另外，争取我国跨国经营的金融机构在海外分支机构的支持。最后，给予企业必要的海外融资权，鼓励企业开拓国际化融资渠道。政府应适当放松对企业的金融控制和外汇管制，并提供必要的政府担保。企业则应通过在国际金融市场上发行股票、债券或成立基金等直接筹集国际资本，扩大海外资金来源。

---

① 全球跨国公司的成长发展史也可以说是跨国并购的历史。从19世纪70年代起发生的第一次并购浪潮，1916年起发生的第二次并购浪潮，至20世纪60年代末发生的第三次并购浪潮，前三次并购潮中企业追求的目标是规模经济效应和市场份额的垄断优势。而发生于20世纪70年代末的第四次并购浪潮是最具有投机色彩的，金融创新的杠杆式并购追求的是股东利益最大化。在前四次大企业跨国并购浪潮中基本上形成了以美国企业为主，英国企业也参与其中的局面。而其他西方跨国公司如日本、德国和法国等企业都持谨慎态度，它们更加重视增强公司的长期竞争力而不仅仅是规模扩张的经济效应。第五次跨国并购发生在20世纪和21世纪之交。以美国为首的跨国公司在世界市场上又一次掀起了并购狂潮，这次并购的特点是规模大、范围广、资金金额巨大。

3. 建立健全中介服务机构

国家应大力发展中介机构，尤其要培育我国的大型投资银行，扩大涉外律师队伍，对已具投资银行雏形的规模较大的证券公司重点扶持，并从政策上鼓励投资银行业务的开展，进而形成一批专业投资银行。这些投资银行应在扩大规模、积累经验的基础上不失时机地走出国门，重点开展与我国企业跨国并购有关的业务，真正履行为企业跨国并购提供全方位、高质量服务的职责。

4. 关注高新技术产业

国家应更加关注高新技术产业的并购，使中国企业不断提高自己的技术水平，增强核心竞争力。对外投资于高新技术产业，可以带动国内相关产业的发展，实现本国产品技术升级，逐渐赶超发达国家水平，在世界市场上争取自己的份额。

5. 重视并购后整合，培养跨国经营人才

并购成功只是开始。对并购企业来说，必须认真思考如何利用所收购企业的资源强化其在国内市场中的地位；如何强化被收购企业在海外市场的竞争力并使之成为本企业的国际竞争力，将两个企业有效地整合起来形成协同效应。这些都涉及并购后的整合问题。进行跨国并购，必须为并购整合制订详细的整合计划。整合过程和整合后协同效应的发挥都离不开跨国经营人才。为此建议：第一，整合全球人才资源。人才资源本地化可以缓解海外人才不足的问题。第二，选派国内优秀人才到海外进修，学习世界先进的技术和管理经验。第三，吸引我国留学人才。企业可制定优惠的政策，积极引进专业人才。第四，要在国内重点高校开设相关专业，培养精通国际金融、国际经营、国际商法和跨文化管理等的专业人才。

6. 建立跨国投资保证制度

正如前文所述，在跨国并购过程中会面临着极大的政治风险。这类风险是投资者无法控制的，是对投资者影响来说最大的风险，极大地阻碍了海外投资的发展。而跨国投资保证制度是一种保险制度，是资本输出国或投资国政府对本国海外投资者承担政治风险的保险责任，基于保险契约负责补偿投资者因东道国政治风险所受损失并取得代为求偿权的法律制度。我国应参照美、日等国的跨国投资保障制度中某些行之有效的经验，从我国实际出发，建立起自己的跨国投资保证制度。

7.2 中国企业实施跨文化管理的现状分析

跨国经营产生的同时，跨文化管理也随之诞生。因此，中国企业实施跨文化管理与中国企业跨国经营同时起步。新中国跨国经营的历史源头可以追溯到1979年。在改革开放政策的大前提下，1979年国务院颁布了15项经济改革措施，其中明确规定允许出国办企业，这就为当代中国企业的跨国经营与中国跨国公司的形成和发展提供了有力的政策依托和前进的动力。1979年11月，北京市友谊商业服务公司与日本东京丸一商事株式会社在

东京合资兴办了京和股份有限公司。1980年3月中国船舶工业总公司、中国租船公司与香港环球航运集团等合资成立了国际联合船舶投资有限公司。1980年7月，中国银行与美国芝加哥第一国民银行、日本兴业银行、香港华润集团合资在香港创办了第一家中外合资金融企业中芝兴业财务有限公司。这段时期中国企业还通过对外直接投资的方式在荷兰、也门、澳大利亚、比利时等国开办了合资企业。这是改革开放以后中国兴办的最早一批境外企业。其后，随着改革开放的深入，中国企业的跨国经营也日益发展成熟。

7.2.1 中国企业跨国经营的发展阶段

目前，中国企业的跨国经营范围遍布全球170多个国家和地区，投资范围以资源和贸易为主，已由单一的进出口业务朝着多形式、多渠道、多功能的方向发展。不少企业已经在国外设立了分支机构或生产性企业，实行国际化经营管理。有的企业还在国外建立了研发机构，标志着中国企业的跨国经营进入了一个崭新的阶段。历史地看，中国企业跨国直接投资的发展历程可以分为四个阶段[①]。

1. 起步阶段（1979—1985年）

这一时期是中国企业跨国经营的起步阶段。这期间共兴办了海外企业185家，投资总额为2.96亿美元，其中中方投资1.78亿美元。海外投资企业分布在45个国家和地区[②]。从投资范围看，主要以发展中国家和地区及港澳地区为主，对发达国家的投资比重很低。从投资规模看，普遍较小。从投资领域看，主要集中在承包建筑工程、咨询和餐饮等服务业，机械加工等制造业投资较少。从投资主体看，由于这一阶段我国处在经济体制改革的初期，政府对于境外投资企业实行严格的审批制度，只有具备外贸权的进出口公司和各省市的经济技术合作公司（主要是外经贸部下属的企业）才有资格进行境外投资活动。因此，这个阶段参与对外直接投资的主要是专业外贸公司和大型的综合性集团。

2. 迅速成长阶段（1986—1990年）

1985年7月，国务院授权外经贸部制定并颁布了《关于在国外开设非贸易性合资企业的审批程序和管理办法》，在一定程度上放松了对国内企业境外投资的管制。境外投资主体的范围得到扩展，企业只要拥有稳定的资金来源、一定的技术水平和明确的合作对象，都可以申请境外投资，并且部分审批手续被简化了。因此，这期间兴办的海外企业在数量及投资总量上都比上一阶段有了很大的提高。这些境外企业分布在90多个国家和地区，其中以亚洲各国和地区居多，并开始进入发达国家。1990年，中国境外企业超过200家，对外直接投资达3.67亿美元[③]。对外投资的主体逐渐向大中型生产企业、企业集团、国际信托投资公司、科研机构扩展，其中一些规模较大的企业在国际市场上已经具备了一定的竞争力。投资领域也开始向资源开发、制造加工、交通运输等20多个行业延伸。

---

① 潘素昆. 跨国公司经营与管理[M]. 北京：中国发展出版社，2009：215-217.
② 郭铁民，王永龙，等. 中国企业跨国经营[M]. 北京：中国发展出版社，2002：373-375.
③ 潘素昆. 跨国公司经营与管理[M]. 北京：中国发展出版社，2009：215.

3. 调整发展阶段(1991—1998 年)

进入 20 世纪 90 年代，华人跨国公司逐渐引起工商界和媒体的注意，不但英国的《经济学家》杂志谈论它们，连世界级的管理学大师彼得·德鲁克都已经专门拿出时间来考察这一新生事物。联合国《1995 年世界投资报告》中首次按海外资产额(1993 年)排列了全球发展中国家与地区最大的 50 家跨国公司，其中华人跨国公司占了 17 家。仅 1991—1993 年 3 年间，我国批准新办的非贸易性境外企业数就比 1979—1990 年 12 年的总和还多。

一方面，1992 年邓小平南巡讲话以后，外经贸体制改革进一步加快，对境外投资企业的审批手续进一步放宽。同时，国内经济形势发生了显著的变化，产业结构调整的要求和国内资源相对短缺的矛盾日益突出，推动企业积极向外发展，更好地开发国际市场，利用国外的资源。并且，投资的范围和区域也有了进一步的扩展。另一方面，进入 20 世纪 90 年代以后，随着经济全球化的加速发展，跨国直接投资已经成为推动世界经济增长的最重要的动力。经过 10 多年的改革开放，国内市场已经接纳了许多国外跨国公司，我国企业与世界经济潮流的联系日益密切。在内力与外力的共同作用下，中国企业对外直接投资得到了迅速发展。

20 世纪 90 年代中期以后，我国企业海外投资的行业构成和地区分布也日趋平衡。到 1998 年上半年，我国已在 160 个国家和地区设立了 5 539 家海外企业，投资总额逾 90 亿美元，其中中方协议投资额超过 60 亿美元；投资涉及的行业也从初期集中在贸易方面发展到资源开发、生产加工、交通运输、工程承包、医疗卫生、旅游餐饮及咨询服务等领域。我国在海外行业的投资规模依次为：贸易(377 亿美元)、资源开发(12 亿美元)、生产加工(71 亿美元)、交通运输(1.1 亿美元)、其他(3.9 亿美元)。地区分布依次为：港澳地区(35.9 亿美元)、北美洲(8.9 亿美元)、大洋洲(4.5 亿美元)、欧洲(3.2 亿美元)、亚洲(3.7 亿美元)、拉丁美洲(2.5 亿美元)、非洲(3.1 亿美元)[①]。

4. 快速发展阶段(1999 年至今)

1999 年之后，中国对外直接投资进入了快速发展阶段。尤其是加入 WTO 后，中国对外开放的速度大大提高，对外直接投资也迅速发展。据商务部统计资料显示，2003—2006 年 4 年的对外投资占了之前 28 年的差不多 60%[②]。2006 年中国对外直接投资净额 211.6 亿美元，在全球国家(地区)排名第 13 位。截至 2006 年年底，中国 5 000 多家境内投资主体设立对外直接投资企业近万家，共分布全球 172 个国家(地区)，对外直接投资累计净额 906.3 亿美元。

商务部、国家统计局、国家外汇管理局联合发布了《2008 年度中国对外直接投资统计公报》，共同发布中国全行业对外直接投资统计数据。公报从中国的对外直接投资概况、中国对外直接投资的特点、中国对主要经济体的直接投资、中国境内投资者的构成、对外直接投资企业的分布、综合统计数据 6 个部分对中国对外直接投资进行阐述。概况部分主

---

① 郭铁民，王永龙，等. 中国企业跨国经营[M]. 北京：中国发展出版社，2002：373 - 375.
② 潘素昆. 跨国公司经营与管理[M]. 北京：中国发展出版社，2009：215.

要集中反映了中国的对外直接投资现状及在全球对外直接投资中所处的位置：

——2008年，中国对外直接投资净额（以下简称流量）559.1亿美元，较上年增长111%。其中非金融类418.6亿美元，同比增长68.5%，占74.9%，金融类140.5亿美元，同比增长741%，占25.1%。

——截至2008年年底，中国8 500多家境内投资者在全球174个国家（地区）设立境外直接投资企业（以下简称境外企业）12 000家，对外直接投资累计净额（以下简称存量）1 839.7亿美元，境外企业资产总额超过1万亿美元。

——2008年年末金融类对外直接投资存量366.9亿美元，其中银行业267.9亿美元，占73%；保险业5.1亿美元，占1.4%，证券业为5.3亿美元，占1.4%，其他金融活动88.6亿美元，占24.2%。2008年年末中国国有商业银行共在美国、日本、英国等28个国家和地区设有43家分行、20家附属机构，就业人数达8.1万人，其中雇用外方员工7.9万人；2008年年末中国共在境外设立保险业金融机构12家。

——2008年，中国非金融类对外直接投资418.6亿美元，同比增长68.5%；境外企业实现销售收入5 343亿美元，同比增长58.3%。境内投资者通过境外企业实现的进出口额1 792亿美元，其中出口321亿美元，较上年增长29.4%。

——2008年年末境外企业就业人数达102.6万人，其中雇用外方员工45.5万人。

公报的第二部分分析了2008年中国对外直接投资流量、存量的特点：

——流量首次突破500亿美元，规模较上年放大一倍；收购、兼并金额占当期对外直接投资流量的一半；金融业对外直接投资活跃，流量较上年增长7.4倍；当期利润再投资所占比重较上年下降19.2%；流向商务服务业、金融业、批发和零售业、采矿业、交通运输业的投资占到当年对外直接投资流量的九成；亚洲是当年流量最为集中的地区，非洲是增长幅度最大的地区；地方对外投资稳步增长，广东、江苏、山东位于各省区市非金融类对外直接投资流量前列；中央企业占到流量的85.4%，私营企业仅占流量的0.3%。

——存量规模不断扩大，投资覆盖的国家（地区）较上年略有增加；行业分布多元化，商务服务业、金融业、批发零售业、采矿业、交通运输/仓储和邮政业、制造业聚集了中国对外直接投资存量的九成；国有企业和有限责任公司是中国对外直接投资的主要力量；在非金融类对外直接投资存量中，中央企业和单位占81.3%，地方企业占18.7%。

公报的第三部分主要从投资的行业构成等角度，分析了中国对欧盟、美国、澳大利亚、俄罗斯联邦、东盟及中国香港6个主要经济体的直接投资。

公报的第四部分主要从所有制类型、所属行业等角度对境内投资者构成进行分析：

——中国对外直接投资者继续保持多元化格局。国有企业占整个境内投资者的比重下降。有限责任公司占境内投资者的比重上升到50.2%，位于境内投资者数量的首位。国有企业境内投资者数量占16.1%，较上年下降3.6个百分点，位于境内投资者数量的第二位，私营企业占9.4%，位于投资者数量的第三位。

——在非金融类对外直接投资者中，中央企业及单位仅占5.6%，各省区市的投资者占了94.4%。

——从境内投资者的行业分布看，制造业投资者总数占42.7%，其次为批发和零售业，之后为建筑业、商务服务业、农/林牧/渔业等。

第 7 章 中国企业实施跨文化管理的对策分析

公报的第五部分主要就中国对外直接投资企业(简称境外企业)的国家(地区)分布、行业分布进行了说明：

——2008 年年底,中国的 12 000 多家对外直接投资企业(简称境外企业)共分布在全球 174 个国家和地区,投资覆盖率为 71.9%。

——亚洲、非洲地区投资覆盖率最高,分别达到 90% 和 81.4%。

——从境外企业的地区分布看,亚洲、欧洲地区集中了境外企业数量的 71%。

——从境外企业的设立方式看,子公司及分支机构占境外企业数量的 96%,联营公司仅占 4%。

——浙江、广东、江苏、山东、北京、福建、上海、河南、黑龙江八省一市的境外企业数量占境外企业总数的六成。浙江省是中国拥有境外企业数量最多的省份。

第四阶段中国对外投资呈现出几个特征：①中国的一些大型集团迅速成长,成为发展中国家主要的跨国公司,如联想、华为、趋势科技(Trend Micro)、UT 斯康达、优派、鸿海(Hong Hai Precision Industries)等 IT 企业。在技术密集的制约行业,也产生了新的华人跨国公司,如美国华生制药、万全科技等。中国香港的和记黄埔公司(Hutchison Whampoa Ltd)1999 年首次进入世界 100 大跨国公司行列,排名第 48 位。2004 年,第三家华人跨国公司中信集团登上此榜,排名第 94 位。②中国的跨国企经营业涉及不同所有制、不同行业。既有中石油、中石化、海尔、联想等国际化程度较高的企业,也有万向、远大空调、新希望等民营企业,且民营企业比重在不断增加。③跨国并购成为一些大型工业企业对外直接投资的重要方式。四是投资地区进一步分散,投资领域进一步扩大。

但是,国外投资和经营范围的扩大并不等于跨文化管理的成功,事实上,中国企业跨文化管理的现状并不容乐观。新加坡南洋理工大学商学院教授洪洵在"跨文化领导力"论坛上指出："跨文化管理已经成为跨国企业进一步融入国际化的最大瓶颈之一。随着中国企业进一步融入国际大潮,已有越来越多的企业领导者在管理中品尝到了'文化差异'带来的苦涩。"有数据显示,目前世界上共有 5 000 多种不同的文化群体[①]。文化差异就像一团漫漫迷雾,充斥着世界各个角落,让许多中国企业的领导者备感迷茫。在中国企业国际化的征途中,"文化差异"逐渐成为管理者的核心难题。

7.2.2 中国企业跨文化管理存在的问题

改革开放以来,中外合资企业得到了快速发展。我国在引进国外资金、技术管理制度的同时,还在中外合资企业管理模式上不断地进行探索。中外合资企业具有跨文化企业的经营活动复杂、组织机构遍布世界各地等特点。在跨文化状态下,各国不同的政治体制、不同的经济发展现况和不同文化的总和所引起的文化偏差和排斥往往被称为跨文化问题。同样,中外合资企业从现象上看,是不同国家的资本、技术、劳务、管理的结合,而其更深的内涵则是不同国家或民族的文化差异。据有关部门的调查,中国 67% 的境外投资不赚钱,因此,中国企业在迈向海外的进程中如何实施好跨文化管理和经营成为目前企业共同

---

① 蹇文馨. 基于文化差异分析的跨文化管理研究[D]. 保定：华北电力大学硕士论文,2009.

关注的话题。也有资料认为，中外合资企业管理的成功率只有45%左右①，其中一个重要的原因就在于中外双方经营思想、管理观念、管理方式和员工行为的不协调，亦即没有解决好跨文化管理的问题。许多中国企业在国内发展时一帆风顺，但随着公司发展壮大、踏出国门，由于不适应文化差异，不能合理解决文化冲突，导致企业"水土不服"，开始走"下坡路"，有的企业甚至最终走向夭折。

1. 中外文化价值观差异使中国企业在跨文化管理中出现不适

1）中外文化价值观差异导致的跨文化管理冲突

2001年，当华立集团进军美国，收购了飞利浦在美国CDMA研发中心的时候，华立集团第一次直接面临了美国文化的冲击。当时最大的挑战其实在于收购后双方可能出现的文化冲突，正是这一点前些年把一些雄心勃勃在美国收购研发机构的中国企业最终打下马来。华立集团董事长汪力成承认，最开始肯定有些抵触，但现在大部分员工还是接受了。"因为我告诉他们，这是一个中国人控股的美国公司，所有的运作都将按照美国的程序，今后我们请的CEO、CTO也都会是美国人，而不是从中国派过来的。当我把这些运作计划告诉他们之后，他们都认为这是完全按照美国化的高科技公司的运作方式，像硅谷的很多高科技公司，但比美国公司更具优势的是我们有强大的中国市场做背景。"

在华立集团收购的研发中心里，由一名美国员工Dannis负责CDMA核心技术的研发，汪力成为了表示对其工作的重视，按中国人的习惯，每隔两天就给他发一封电子邮件，询问工作进展。然而没过10天，该员工就向汪力成提交了辞职报告。汪力成对此大惑不解："我如此关心你，你为什么还提出辞职？"该员工说："你每隔两天就发邮件给我，这说明你对我不信任；如果信任我，我会按时完成任务；如有问题，我自然会向你报告。"经过再三解释，汪力成终于与这位员工消除了误解。此后，双方调整了沟通方式，汪力成不再发邮件，这位员工定期向汪力成做汇报。

2003年《世界经理人文摘》曾载文说，中国华立公司在意欲收购飞利浦的CDMA芯片设计部门时，受到温哥华、圣何塞等地电子工程师们的极力抵触。华立公司高层急忙施展外交手腕，强调新公司不是一家中国公司，而是一家"有中国投资背景"的公司。文章指出，美国芯片业的工程师多数都是来自中国、印度等地的技术移民，他们对于中国文化管理的认同尚且如此，设想如果是以白人文化为主导的公司，后果将更加无法预料。在总结本次文化冲突事件时，华立公司称，历史上许多中国公司在美国的收购行为都遭遇了全体员工辞职的噩梦。如果不是被收购公司里有40%的华人工程师，如果不是碰到美国经济萧条，失业率高，员工不敢轻易跳槽，华立也不敢进行收购。

海尔在美泰收购战中理智退阵的一个重要原因便是文化因素。在海尔计划收购美泰的举动中，始终保持低调的首席执行官张瑞敏说，收购最大的难题不在资金，中国企业国际化最大的忧虑是文化整合问题。

（1）组织团队的冲突。国际化发展战略，不仅仅面临着东西方文化的差异，还面临着如何整合不同组织文化背景下的团队的问题。跨国公司、无边界组织的不断扩张、发展，

---

① 李雄诒. 中国企业跨文化管理问题及对策研究[J]. 商业现代化，2005，(11).

这类组织形成了跨国、跨民族、跨地域、跨政体的特殊实体，成为跨文化组织。这种跨文化组织所产生的文化差异，必将导致企业在员工管理方式、组织结构设计、工作场所安排等方面产生多种矛盾，这类企业要想获得健康快速的发展，必须把具有不同文化背景、不同价值标准、道德标准和行为模式的各国员工凝聚起来，形成有战斗力的团队，共同实施公司的经营战略。如何对待团队中不同国度员工的不同文化，如何消除不同文化背景下团队成员心理上的距离感，如何妥善处理团队成员间的冲突，成为中国企业跨国经营经常要面临的问题。

（2）在权力、目标、风险偏好等问题上的差异。在"权力层次"上，中方文化趋向于多权力层次，而西方文化趋向于较少的权力层次，讲究人与人之间的平等，由此可见，中国企业的跨国经营管理中，大多企业不能形成平等、宽松的文化氛围；在"过程目标"导向上，中方文化趋向于过程导向，而西方文化是目标导向型的；在"个人集体"导向上，中方文化认为个人不能脱离于一定的社会背景，较少纯自我意识，西方文化注重独立的自我，在个人权利上强调自我的实现和成功；在"对待风险"导向上，东方文化是风险规避型的，中方经营者会产生逃避风险、集体负责（实际上是无人负责）的现象，在经营中"求稳怕变"，难以把握瞬息万变的机会，而西方经营者相对来说是喜欢冒险的，敢于接受挑战，善于把握各种机会；在"管理信念"上，中方管理者注重情、理、法，西方管理者关注法、理、情。这些差异和分歧，明显地反映在中国跨国公司外方雇员与中国雇员的工作交往和沟通中，进而影响工作的效率。

（3）在人力资源管理问题上的分歧。在人才的选拔使用上，中国企业强调政治素质、个人历史、人际关系，而西方文化则把职位的调整与所从事的工作性质和工作业绩挂钩，注重企业人才结构的合理性。因此，在人员选拔上的不同标准会使中外员工产生误解，这对企业来说是一种会影响企业运作效率的内耗。在薪酬上，中方文化在确定薪酬标准时注重员工的资历、学历、经历等硬性指标，但西方文化认为薪酬应和岗位、绩效挂钩。两种不同的人力资源管理观念上的冲突，不仅给企业薪酬管理制度的制定和执行带来了矛盾和混乱，而且会因心理层面的不平衡导致中外员工之间人际关系的恶化，进而影响员工之间的相互协作。

（4）个人隐私冲突。在某些方面，中国人的隐私观念比较"薄弱"。中国人提倡互相关心、互相帮助，故而很愿意了解别人的酸甜苦辣，对方也愿意坦诚相告。而西方人则非常注重个人隐私，不愿意向别人过多提及自己的事情，更不愿意让别人干预。许多我们中国人认为可以公开关心和友好的询问，如"How old are you? How much money can you make each month? Where are you going?"等，会引起西方人的不快，他们会认为这是触犯了个人隐私。因为外国人通常情况下忌讳问年龄、婚姻，甚至收入等，因此在隐私问题上中西双方经常发生冲突。

（5）时间观冲突。中国人属于多向时间习惯的国家，有些人在时间的使用上具有很大的随意性，一般不会像西方人那样严格地按照计划进行，而西方人的时间观和金钱观是联系在一起的，"时间就是金钱"的观念根深蒂固，他们养成了按时赴约的好习惯。在西方，要拜访某人，必须事先通知或约定，并说明拜访的目的、时间和地点，经商定后方可进行。这种差异使中国的跨文化管理者往往感到不适应，有时会引发冲突。

（6）客套语冲突。各国的风俗、礼仪、交流都受特定环境的影响，都具有鲜明的特色。中国人注重谦虚，在与人交际时，讲求"卑己尊人"，这是一种富有中国文化特色的礼貌现象。在受到赞扬时，我们往往会自贬一番，会谦虚地说"不好""不行"等。尽管内心极度高兴，但也绝不喜形于色，因为谦虚是中国人的美德。这体现出中国人在交往时，更注重委婉、含蓄。西方国家却没有这样的文化习惯，当他们受到赞扬时，总会很高兴地说一声"Thank you"表示接受。因为西方人注重直来直去，坦率就能体现他的价值观和交流方式。由于中西文化差异，我们会认为西方人的表现过于自信，毫不谦虚；而当西方人听到中国人否定别人对自己的赞扬或者听到他们自己否定自己的成就，甚至把自己贬得"一文不值"时，会感到非常惊讶，认为中国人虚伪、不诚实。

2）中外文化价值观冲突导致的跨文化管理后果

涉外经营或贸易往来在管理上不可避免地要遇到文化碰撞与文化冲突。如果合作双方缺乏有效沟通，就不能跨越文化鸿沟，从而导致猜测和怀疑，对立与冲突加剧。有研究表明，在跨国经营的失败案例中，有30%是由于技术财务战略方面的原因导致失败，而70%失败是由于文化沟通和融合方面出现了问题。还有部分调查表明，有30%～40%的跨国企业的经营是不成功的。另有调查显示，目前有1/3的著名跨国公司因为跨文化管理不利而面临关系紧张的状况，它们几乎都是因为忽视了文化差异所导致的。

正如美国著名跨国公司文化差异研究专家戴维·A.利克斯所做的评论："凡是跨国公司大的失败，几乎都是因为忽视了文化差异所招致的结果。"美国著名管理学家德鲁克也认为，国际企业其经营管理"基本上就是一个把政治上、文化上的多样性结合起来而进行统一管理的问题"。在多文化背景下的组织中，如果不能处理好跨文化差异，就必然会引发文化冲突，进而导致管理失效、沟通中断、交易失败、人际关系紧张，甚至一些非理性的反应，威胁企业经营运作的效率和效果，更严重的是，不同文化间冲突的存在会导致跨国公司市场机会的丧失和组织机构的低效率，并使得其全球战略的实施日益陷入"文化沼泽"的困境——文化差异导致的文化冲突会造成文化困惑，文化困惑又反过来加剧文化冲突，二者交互影响，文化冲突的负面影响在企业的不同层面展开，将对组织造成以下严重的负面影响。

（1）沟通中断。组织中的文化冲突会破坏组织成员之间的和谐友善关系，造成成员之间的不信任和疏远，影响组织沟通。管理者如果不能积极地去理解本地员工，有效地解决跨文化冲突，就必然会造成管理者与员工之间关系的疏远和距离的增加，甚至造成沟通中断。管理者如果对文化冲突采取以自我为中心的强硬态度，则员工也会采取非理性的行动，这样误会越多，矛盾越深，对立就成为必然，对公司的整体会产生恶劣的负面影响。

（2）效率降低。价值观的不同，必然会导致不同文化背景的人拥有不同的行为方式，从而，同一公司内部就会产生文化冲突。随着跨国公司经营区域和员工构成的多元化，这种日益增多的文化冲突表现在公司的内部管理上就是组织的协调难度增大，组织结构运转效率低下，管理费用增加。

（3）市场流失。文化冲突的增加表现在外部经营中就是使跨国公司不能以积极和高效的组织形象和精神面貌去迎接市场竞争和挑战，往往处于被动地位，丧失许多宝贵的市场机会，阻碍企业的发展，甚至影响企业的生存。

企业跨国经营所产生的文化冲突，对一个渴望实现成功经营的企业来说，无疑形成了巨大的挑战。在内部管理上，文化冲突必将导致管理费用的增大，增加企业目标整合与实施的难度，提高企业管理运行的成本。在外部经营上，语言、习惯、价值观等文化差异使得经营环境更加复杂，从而加大市场经营的难度。在并购后的跨国公司的经营中，管理人员如果缺乏跨国、跨文化交流和管理的知识和技巧，文化之间的差异就会导致误会和摩擦，最终会影响并购的商业价值的实现，甚至导致并购的破产。

因此，克服由于文化差异引起的种种文化冲突，实现有效的跨文化管理，已经成为企业跨国经营中必须首先考虑的一个重要问题。对于文化差异的研究，是探讨如何在跨文化条件下最大限度地克服与异质文化的冲突，并对国际企业的经营管理进行卓有成效的指导与支持；是设计高效可行的组织结构和管理机制，合理配置企业资源，最大限度地将现实的文化差异转化为企业的竞争优势，充分激发企业跨国资源的活性和潜力，从而最大化地提高企业的综合效益。可以说，跨文化管理研究的本质就是为企业跨国经营的成功提供获取跨文化优势的有效途径。

2. "法治"与"人治"的文化差异

西方文化强调理性的思维习惯和强调公平的意识表现在社会制度上是以法治国，表现在企业运作上则是企业制度的建立和完善。首先，制度是理性思维的产物，是对企业内部流程，对员工工作动机，对企业所处的经济大环境全面充分分析的结果，而不是个别人拍脑袋的产物。其次，因为有了制度，才有了客观可依赖的标准，才可能对每个员工一视同仁，才能实现真正的公平。在这种文化理念的影响下，西方国家（尤其是美国）企业的制度建设通常非常完善，小到每个工作岗位的职务分析，大到绩效考核的整套方案，都有完整的书面材料。在这一点上，美国的企业也是做得很到位，即使是对很难监督的工作，都会设计出完善的监督系统来实现考核的目的。相反，中国人的传统管理思维都是以"人治"为主，很少有管理者注重制度的建设、程序的建设，而是上任者根据自己的喜好各干一套，延续性很差。这样的管理思路与中国文化中两个重要特征——强调等级和人际关系是一脉相承的。而中国由于文化和历史的原因，日常生活中不可避免地存在"人治"的痕迹，在向市场经济转轨的过渡时期，这种情况还将继续相当长的时间。另外，在人员任用方面，中外差异也是很大的，例如，中国人比较注重德才兼备、人际关系等，而西方则把经营管理能力放在第一位。

3. 中国的跨国企业缺乏明确的价值体系和价值观念

由于缺乏明确的企业发展目标和鲜明的企业精神，中国跨文化企业的成员也就难为自己的行为找到一种合适的价值取向。此外，由于近年来私有经济观念的恢复和传统伦理观念的幻灭，单纯以短期利益为唯一目标也成为一些企业的追求。在这种观念的诱导下，不遵循商务规则游戏的行为也常有发生，因此而导致对外合作的受挫或失败。企业文化强调"人"在企业管理中的重要地位，主张企业家依靠精神和文化的力量诱发员工的责任心和献身精神，建构新型企业文化，成为跨文化管理的关键问题。

4. 中国跨国企业缺乏跨文化管理人才

1）跨文化管理人才困境

TCL 是中国最热衷跨国并购的中国企业，先后收购过德国施耐德和法国汤姆逊，成立 TCL–汤姆逊电子。然而，跨国并购显然不是简单的数字累积，这两次并购后的跨文化管理失败让 TCL 集团尝到了失败的滋味。集团总裁李东生也公开承认过：做完跨国收购的 TCL 还不懂跨国管理，的确，全球性的整合对双方企业及员工的影响是很大的[①]。

一个企业跨出国界经营，要实现商业目标必须融合 3 种文化——自己国家的文化、目标市场国家的文化、企业的文化，执行这项任务的当然是企业的国际经理人。国际经理人必须建立更大的文化核心，这个文化核心要像一个工具箱，把更多的文化"工具"放进去，需要用的时候马上能调用，建立工具箱的方法是了解自己国家的文化、目标市场的文化和自己企业的文化，能自如使用这些"工具"，就是国际经理人的跨文化管理能力。

对国际经理人来说，既要掌握公司的原则性文化，又要根据不同的情景做出判断，适应本土具体情况，最难的就是有机地平衡普遍性和灵活性。要做到这样不是一件容易的事，是管理追求不断提高的过程。中国企业要成功跨国经营，就要不断打造自己企业经理人的文化工具箱。

有专家分析说，应前瞻性地培养国际化人才而不是"临时抱佛脚"。TCL 集团在宣布与汤姆逊合并后不久，旋即开始大规模招聘海外人才。TCL 集团人力资源总监曾表示，TCL 计划在全球招聘 2 200 名具有国际化背景的中高级经营管理人才和研发人才。这 2 200 名招聘人才分布在 TTE、移动通信、家用电器、数码电子、电气等方面。这一举动恰恰暴露了 TCL 缺乏国际化人才的软肋，TCL 并未在国际化发展方面做有前瞻性的人才储备。仓促招聘的国际化人才并不能够很快真正融入企业，发挥应有的作用，产生应有的影响。

另外，跨国经营需要的是懂国际经营技能、国际风险管理、跨国文化管理、世界法律体系、国际市场营销等多方面知识的高素质综合型人才。而中国企业大多采用血缘、亲缘或地缘式组织管理模式，任人唯亲、因人设职的现象非常普遍，这种现象在中国的跨国企业中依然存在，其结果不仅限制了企业内部人才的使用，也妨碍了外部跨文化管理人才的聘用。

2）缺乏高效的人事管理模式

当企业的经营活动仅限于一国范围内，而且其员工都有大致相同的文化背景时，可以在企业内部实行统一的人事制度和考核标准、报酬体系。而当企业跨国经营时，能否按国际标准并结合当地实际情况给来自不同文化背景的员工提供适当的报酬，充分调动驻外人员和其他员工的积极性，这也是中国企业能否在国际市场上增强竞争力的关键性问题之一。

中国企业迈出国门，面临的竞争日益激烈，全球竞争的关键在于，中国企业能否在全球市场中比竞争对手更快更好地提供更富有价值的产品和服务，而提供产品和服务的源泉主要依靠中国母公司派驻国外的中国员工或者当地的外籍员工。例如，华为、中兴已在世

---

① 冯宗智. 跨文化管理考验中国企业[J]. 科技智囊，2005，(4).

界上几十个国家设有机构，拥有几千名在海外工作的中国员工。但是统计数据表明，中国企业海外员工两年内的离职率高达70%，造成这种状况的主要原因是，中国很多跨国企业在海外机构的人事制度、考核标准、报酬体系等方面难于统一，同时母公司又缺乏高效的海外人事管理模式，不仅要花费大量精力协调海外公司做出合适的人事安排以适应复杂多变的外部环境和不同国家的文化环境，而且那些文化适应能力较差的管理人员与海外员工协调不顺、沟通不畅，加上不同民族人们思维方式及管理惯例的不同，造成管理者与员工大量离职或流失，由此给中国企业跨国经营带来巨大的损失[①]。

7.3 中国企业实施跨文化管理的对策建议

WTO和经济全球化向纵深发展的趋势进一步带动了国际经贸和商务活动的蓬勃发展，然而，中国企业在跨国经营和跨文化管理的过程中不可避免地会遭遇文化差异与文化冲突。能否成功地实施跨文化管理的融合对策及措施，消除文化差异，避免文化冲突，是能否顺利开展跨国经营活动的关键因素。

7.3.1 正视文化差异，拓宽多元交流

如果中国企业在国际化经营过程中不考虑文化差异，而一味地照搬、照抄在自己国内的做法，其结果将是致命的。同时，文化的差异性带来了不同国家的商业习俗、经营行为与管理方式的差异性，并直接影响公司的管理理念、组织结构及设计原则、沟通与激励方式、领导与决策风格、人力资源开发与培训战略等[②]。因此，中国企业要想在跨文化管理中减少可能遇到的文化冲突，做到在任何文化环境中都能够游刃有余地开展工作，一方面，要正确面对和认识不同文化的差异；另一方面，要加强对于多元文化知识的透彻把握，拓宽多元交流，这是成功把握有效的跨文化管理途径的前提条件。

1. 尊重多元化的文化价值观

任何民族的价值观都有着自己赖以生存发展的根基与土壤，必然都具有地域性、本土性、特殊性和相对静止性的特点。因此，世界不同民族、不同文化系统的价值观体系都是具体的，并且都打上了深深的民族文化烙印，不会存在一个统一的普遍适用的价值观。

不同民族文化背景下的社会价值观会使人们对工作的意义产生迥然不同的理解，进而会形成不同的工作动机与行为。例如，澳大利亚人十分重视假期，他们将海边度假或旅游视为比工作更重要的生活内容，因此超时工作在他们看来是难以忍受的，尽管根据澳大利亚的法律规定，超时工作可以获得至少高于正常小时工资1.5倍的薪酬，但绝大多数的澳大利亚人还是不愿意超时工作。而对于日本人来说，超时工作被视为理所当然的事情，即使是无薪加班，日本人也是无怨无悔的，因为在他们看来，超时工作是对公司忠诚的表现。因此，对于国际经营管理者来说，必须首先要理解不同文化背景中的雇员对工作含义

---

① 塞文馨. 基于文化差异分析的跨文化管理研究[D]. 保定：华北电力大学硕士论文，2009.
② 同上.

的不同理解，才能选择适合于特定文化要求的管理和激励雇员的有效方法与手段。

2. 尊重不同的宗教信仰

在某些国家，宗教价值观是构成其文化价值观的核心，甚至整个社会的结构系统与法律系统都是以宗教价值观为依托的。因此，宗教信仰对人们的商业行为与管理行为产生直接的影响。

世界上的宗教有几千种，其中重要的有基督教、伊斯兰教、印度教、佛教等。

不同的宗教系统提供不同的激励工具及其物质生活背后的各种意义，因此，宗教信仰的差异是引发跨文化管理与沟通障碍或冲突的重要因素。特别是在宗教势力强大的国家，更要特别注意尊重当地人的宗教信仰，即使不小心冒犯了东道国人民的宗教信仰也会造成严重的后果。例如，在某些国家，脚，特别是脚底被认为是十分干净的。而孟加拉国有家名叫托姆·麦克安的鞋业公司，该公司将字迹模糊的老板的签名印在鞋底上，而此签名又恰好貌似阿拉伯语种的上帝（Allah）字样，由此引发的暴乱导致50多人受伤。在阿拉伯人看来，似乎该公司是想要通过让孟加拉国人将上帝的名字踩在脚下来亵渎上帝，由此可见，忽视文化差异的后果是不可估量的。因此，在具有强烈宗教价值观的这些国家中从事商务活动，必须对宗教中的各种禁忌及习惯等有着清楚的认识与了解，以便能够预先采取适当的文化避讳策略，有效地避免文化冲突。

3. 尊重各国的商业习俗

某欧洲石油公司业务部经理在与一位韩国石油商就一份石油订单合同进行谈判，第一次会晤时，韩国商人向这个欧洲经理赠送了一支银质的钢笔。然而，这一份小礼物却因这位欧洲经理害怕受贿而婉言谢绝了（尽管他当时也知道韩国人有赠送礼物的风俗）。第二次会晤时，这个韩国人再次向他赠送了一部立体声收音机，他害怕受贿的恐惧更加强烈了，所以又拒绝了。第三次会晤时，这个韩国人向他赠送了一件韩国瓷器，他这时才明白了是怎么回事，他的婉言谢绝本是想让对方明白该是谈生意的时候了，而对方却误认为礼物还不够分量，因此礼物一次比一次贵重。他后来发觉韩国商人只是想通过礼物来建立一种良好的关系，根本没有行贿之意。为了避免类似的误解，在后来与韩国人的谈判中，这个欧洲经理决定告诉对方他很愿意建立良好的关系，但没有必要赠送贵重礼物，当然他还可以通过另外一种方式，即互赠价位不大，但能表示兴趣或友好的小礼品。

一个国家的商业习俗与该国的文化密切相关，就犹如语言一样，它也是文化环境的组成部分。由于东道国的文化在商业活动中占据支配地位，在这种情况下，全面认识与了解东道国的文化商业习俗就变得尤为重要。例如，在接到日本人的礼物时，不能当面打开，除非送礼的人要求你这样做；但在美国、英国、澳大利亚，就必须当着送礼人的面将礼品打开，并用适当语言对礼品表示赞赏，还要对送礼人表示感谢。总之，对于一名跨文化管理人才来说，必须严格遵守、尊重不同国度的文化商业习俗，这对于与对方建立良好关系，获得商业伙伴的信任是十分重要的。

4. 尊重不同的管理习惯

管理习惯与不同的文化相结合，形成不同的管理哲学和管理风格。例如，美国式管理强调个人价值，强调严格的制度、理性决策技术和追求最大限度的利润等；日本式管理则强调上下协商的决策制度、和谐的人际关系、员工对组织的忠诚与企业的社会责任等；而在西班牙、意大利等南欧国家，文化强调的是维护个人与公司的权力与权威。显然，在管理活动中所体现出来的这些不同的管理模式的特色，其深层因素就是源于不同的文化背景。

5. 从文化差异中寻求竞争优势

文化差异不是障碍，而是创新的推动力。合理利用文化差异，可以创造竞争优势。所以，与其让一种文化压倒或控制另一种文化，不如采取积极有效的跨文化管理手段，发挥跨文化优势，将来自不同文化背景、持有不同价值观、具有不同期望的人们有机地结合在一起，使跨国生产经营步入正确的市场运行轨道，形成良性的循环，取得预期的商业目标。

对于中国跨国经营企业而言，通过合理有效的跨文化管理手段，文化的差异可以为企业带来优势，成为资源而不是障碍。例如，跨国经营带来了文化多样性的优势，体现在以下几个方面：在市场方面，提高外方投资商对于中国市场文化偏好的应变能力；在资源获取方面，提高公司人脉质量和人力资源水平，给公司带来了更多的科研能力和创新能力；在成本方面，减少了公司在周转和聘用非当地管理人员方面花费的成本；在解决问题方面，员工的多样化所带来的广阔视角和分析问题的能力提高了公司制定决策的能力和质量。

7.3.2　注重沟通，提升文化理解力

跨文化沟通与理解是跨国公司存在的方式，有效的沟通和理解是跨国公司跨文化合作存在的基础。沟通合作的核心在于通过沟通与协调，磨平文化差异带来的"鸿沟"，主要内容体现在基本价值观和行为方式两方面，因此加强国际企业不同文化背景员工之间的价值观和行为方式的认同与理解就显得尤为重要。回顾跨国公司发展的进程，不难发现，许多跨国公司或跨文化管理者的失败并不是由于战略上的错误，而是由于缺少对多元文化的意识和理解，缺乏在多元文化背景下运营的专业知识、技能和经验。

1. 注重沟通

1）双向沟通，改进反馈机制

双向沟通是指沟通的双方均参与编制信息与接受并理解信息的过程。双向沟通的结果及所得到的反馈，可以帮助进一步阐述意图。在上一轮的沟通中出现的含糊不清的意图可以在下一轮的沟通中得到解决。尽管双向沟通会受到许多因素的干扰，但与单向沟通相比，它不失为一种较好的沟通方法。

对于全球化经营的企业，在母公司和世界各地子公司之间建立有效的反馈机制甚为重要。这种机制包括面对面会谈、电话交谈和电子邮件等人际沟通方式，也包括汇报、预算、计划等方式。美国公司经常定期召开全球或地区性会议。调查显示，75%的美国公司召开全球各地子公司经理年会，只有不到50%的欧洲和日本公司召开这样的年会。这也从一个侧面说明了为什么一些跨国公司的效益不高。母公司沟通不当，缺乏反馈是不容忽视的原因之一。

2) 提高共感，消除沟通障碍

如不能正确理解和评价别人的价值观，缺乏共同的背景，缺乏对与我们所拥有的特定的世界观和价值标准不同的人的宽容态度，缺乏共感是导致沟通失败的原因之一。因此，提高共感，消除不同文化背景下管理者和员工的沟通障碍就显得十分重要。

要提高共感，首先要承认不同文化之间、不同个体之间存在的许多差异。认识到这种差异存在及其特性，才能为发展共感找到切入点。其次要正确认识自己，消除优越感和民族中心主义的偏见，消除自我和环境相分离的状态。最后要站在他人文化立场上看问题，从他人的思维方式、风俗习惯等角度设想和处理问题。例如，提倡一种共同的审美标准、消费意识，就是在共感基础上的一种沟通与融合，麦当劳、肯德基快餐店在世界各地的落地生根，西服的风靡世界，汽车成为各民族所有人的梦想，说明共感不仅存在而且具有强大的文化震撼力和竞争力。

3) 了解自己，改善沟通态度

了解自己是指要识别那些同类群体中大体一致的态度、意见和偏向性的简单行为，这些态度不仅帮助决定我们说什么，也有助于决定我们听取别人说什么。了解自己的倾向性与民族中心主义的程度，就为识别这些倾向、程度并加以处理创造了前提。隐藏在内心的先入之见，是引起跨文化沟通诸种问题的重要原因。了解自己还包括去发现我们对世界其他部分进行描绘所得出的种种印象，即我们如何进行沟通。要想改进沟通，了解别人对我们的反应，我们就必须获得不同文化背景下的员工怎样感知管理者的某些观念。如果对怎样表现自己，对个人的和文化的沟通风格都有着相当明确的了解，我们就能够更好地理解他人的反应，从一种沟通情境转入另一种情境的时候就能够在沟通方式上做出必要的调整。就制度而言，要想在了解的基础上改进沟通效果，开展与文化因素相关的培训就相当重要。对跨国公司来讲，为了提高海外子公司人员沟通的有效性，母公司应根据不同国家文化环境特点，因地制宜地制订培训计划，让驻外管理者尽快适应当地的文化环境，避免文化的巨大差异带来的负面影响，提高管理者和被管理员工双方的心理承受能力。

2. 提升文化理解力

1) 全球化的思维力及多元文化的敏感力

文化差异构成了国际经营管理的复杂性和多样性，因此，对于跨文化经营管理者来说，不仅要对跨文化管理有系统的认识，形成国际化的视野，而且要具备理解多元文化的敏感性，以减少在经营管理中由于文化差异所带来的冲突，这是跨文化管理成功的基本保证。卜洛斯·戈恩，这位有着深厚跨文化管理经验的经理人生于巴西，长于黎巴嫩，后加入法国籍，会讲多种语言，曾在欧洲、拉丁美洲、北美工作过，他不平凡的经历使他比其他管理者更具全球化的思维力及对多元文化的敏感力，他通过不断了解日本文化，调查日本市场，从细节入手，迅速赢得尼桑日本管理者和员工的信任和支持，使尼桑公司成功复兴。

2) 多元文化的学习力与适应力

跨文化经营管理者必须认识到文化的差异性，尊重不同文化背景中的客户与雇员，乐于成为文化的"适应者"，而不是文化的"传教者"。不同国度间的文化没有"对"与"错"之分，只有相互适应与否的问题。

在多元文化的背景下，适应性与灵活性是跨国经营管理者职业生涯成功的关键。当公司进入一个与自己的文化截然不同的国家的市场时，管理者祈望像传教士那样将自己国家的成功经营经验及管理文化"灌输"或"移植"到另一个文化背景中去将会是一个错误的选择。1999年，海尔在美国建厂的初期，也曾将海尔的文化移植到美国的公司中，让班组内被评选的最差员工站在海尔6S大脚印上进行反思，结果引起了美国员工的广泛抱怨，因为美国员工认为这种方式有损他们的自尊心。后来海尔就根据美国员工喜欢炫耀的性格，改派最好的员工上去交流经验，结果收到了意想不到的效果。

一名跨文化管理者，应具备多元文化的学习力与适应力，始终保持对异质文化巨大的好奇心和了解文化差异中的广泛兴趣，愿意与具有不同文化背景的人们共享交流知识信息，愿意了解学习另一种文化土壤中的价值观、工作态度、生活方式、工作与组织的运作程序等，这些是国际经营企业成功实施全球战略不可或缺的战略性能力，也是未来国际化管理人才所不可或缺的素质能力。

3）多元文化的理解力

各国价值观和行为准则的差异性，造成了各国人民思维方式和行为规范的不同，并通过不同的形态表现出来。在国际商务中，这些差异很容易导致交易双方的误解。对于美国人而言，任何超过50年的建筑物都可以称为国家历史圣地，因此，许多美国人并不为拆掉这样的建筑而代之以现代化的办公大楼而感到丝毫遗憾；而在欧洲，人们却为拥有数千年历史的建筑物或者旅游胜地而感到自豪。这样就导致了文化冲突的发生。1990年6月，麦当劳公司想在巴黎一家有180年历史而且是毕加索和其他一些著名艺术家曾经驻足过的建筑物中开设餐馆，尽管麦当劳拥有对香格里拉大街建筑物的某些特许权，但巴黎市民宣称城市的历史纪念地不容侵犯，麦当劳最后只能放弃。

可见，透过多样的文化现象去理解其内在的文化蕴含绝非易事，因此有效的跨文化管理者必须首先摆脱本国文化中心主义的偏见，客观、公正、全面深入地认识和理解异质文化；在多元文化背景下，学会换位思考，了解与自己的文化背景不同的人的感受，尤其是与自己的文化背景不同的同事、下级、客户的思维方式与行为方式，才能更好开展跨文化管理，使企业跨国经营渐入佳境。

4）多元文化背景下的合作能力与沟通能力

对于国际经营企业来说，要想在一个多元的国际环境中生存与发展，关键在于如何获得与这些外国合作者及雇员的合作能力，以及经营管理者超越本民族文化，与来自不同文化背景的人有效交流沟通的能力。

诺基亚行政总裁卓玛欧利亚认为，行政总裁应具备的最重要能力是有效沟通合作能力和管理能力。而爱立信公司行政总裁坤特赫尔斯特摩也有相似的看法。面对经济全球化时代，我们不难看出基于多元文化背景的合作与沟通变得越发重要，并已成为高级跨文化管理者的核心能力之一。事实上，许多世界知名的企业管理者都已将这种多元文化背景下的合作与沟通能力看作是他们取得成功的关键。

7.3.3 使命陈述，塑造共同目标

目标是指在一定的时间内，所要达到的具有一定规模的期望标准，是人们所期望达到

的成就和结果。如果这个目标符合客观规律，而且企业人员都协调一致为之努力，则企业就兴旺发达。反之，如果企业确定的目标不符合客观规律，或者企业人员对目标没有共识，则企业必然运转艰难，甚至难以生存。

1. 科学定位，打造共同目标

科学定位是战略制定的先导，但是定位是企业战略决策者的一种理性认识，必须通过使命陈述，使跨国企业的抽象前景展望具体化为可实现的战略目标，通过使命与目标的传播与强化，内化为员工的共享价值观。使命与目标陈述是企业成功的最重要的因素之一。使命与企业的历史、现状与未来发展密切相关，许多世界知名企业都将使命目标与陈述作为管理的重要任务。

作为文化重要组成部分的价值观，是一种比较持久的信念，它可以确定人的行为模式、交往准则，判别是非、好坏、爱憎等。不同的文化具有不同的价值观，人们总是对自己国家的文化充满自豪，大多数人总是有意无意地把自己的文化视为正统，而认为外国人的言行举止总是稀奇古怪的，而事实上，这些看似古怪的言行举止、价值观念对该国人民来说是再自然不过的了。因此，我们要尽可能消除这种种族优越感，尊重和理解对方的文化。

2. 明确核心价值观，塑造共通企业文化

把个人文化融入企业文化，充分发挥文化差异的价值，建立一个明确的企业文化和一致的价值观。在建立核心价值观时，可以采用"整合"或"一体化"两种方法。"整合"是指在求同存异的基础上，把各种不同的价值观融合成一种价值观，这种价值观既来源于多种价值观，又高于这些价值观，是符合企业需要的价值观。"一体化"是指多数员工认同的价值观，然后使有不同价值观的员工认同这一共同的价值观，至少在组织环境中，在工作时接受这一价值观。这种明确的价值观和企业文化，能统一中外双方的管理观念。在共同的价值观的基础上，企业就能减少内部冲突，发挥文化差异的优势，创造整体的经营绩效。

该模式最为适用于采用无差异策略推广单一产品的特大型跨国公司，即人力资源管理政策统一由母公司制定，在世界范围内的子公司只是严格地执行这些已经标准化的管理政策。运用这种模式的跨国公司其经济实力必须是强劲的，在世界上的影响必须是巨大的，其企业文化已被世界各国广泛认识并且能够被其他民族所接受。这些企业一般是已经发展到高度成熟的特大型跨国公司，如美国的迪士尼、IBM、麦当劳等，这些跨国公司已成为树立全球"明确核心价值观，塑造共通企业文化"的典范。

迪士尼把对全球员工的培训作为企业价值观和企业精神教育的一种重要手段。所以，迪士尼对所有员工的培训开始都是近乎宗教式的灌输，培训成为企业长期坚持的核心价值工程之一。迪士尼要求每一个员工，不论是新聘任的副总裁还是入口处收票的业余兼职短工，都要接受由迪士尼大学教授团针对新员工企业文化训练课，以便让他们认识迪士尼的历史传统、成就、经营宗旨与方法、管理理念和风格等，保持全球迪士尼文化的统一。在这种反复强化的训练中，迪士尼的宗旨，即"迪士尼给人们带来欢乐"已经被灌输进每个被培训者的脑海里。不管是东京的迪士尼，还是香港的迪士尼，世界各地的合伙人都非常希望自己的迪士尼乐园和美国的一样能给大家带来欢乐。

IBM 公司也是这种使命目标强烈的企业文化的代表之一。公司从外在着装着手,让员工们有使命感和集体荣誉感,公司坚持在制服着装规定、运作程序等方面全世界保持标准一致。例如,你可以在世界的任何地方很容易地认出一名 IBM 的经理,因为他的着装必定是深色西服、白衬衫和窄领带,行为规则和谈判方式也体现着全球大体一致的标准。从全世界相同的经营运作标准中可以得到较大的竞争优势,尤其是在某些以工程技术为动因的行业中,如石油或建筑业,还有一些高科技领域如通信领域等。

众所周知,美国的快餐业遍及世界各地,其生命力之强、"繁衍"速度之快,时至今日没有任何其他国家快餐业可以与之匹敌。研究其生命力的核心,使命荣誉感和共性目标的建设无疑占据了主要地位。长期以来,中式快餐比不过洋快餐,很大程度上也正是输在标准上。麦当劳公司通过详细的程序、规则和条例规定,使分布在世界各地的所有麦当劳分店的经营者和员工们都遵循一种标准化、规范化的作业。麦当劳公司对制作汉堡、炸土豆条、招待顾客和清理餐桌等工作都事先进行了翔实的动作研究,确定各项工作开展的最好方式,然后再编成书面的规定,用以指导各分店管理人员和一般员工的行为。公司在芝加哥的汉堡包大学,要求所有的特许经营者在开业前都接受为期一个月的强化培训,回去以后,他们还被要求对所有工作人员进行培训,确保公司的规章制度得到准确地理解和贯彻执行。汉堡包大学命令学员在烤制汉堡包时必须严格遵守翻动的时间限制、配送外卖的运输标准,甚至用竞赛的方式来达到鼓励学员遵守规定的目的,环境的清洁也是必须不折不扣地按标准执行。

企业文化和共同价值观的建立需要长期持续的努力,需要所有员工的认同与高层管理人员的支持,以便落实到具体的工作实处。管理人员要以身作则,落实企业文化与共同价值观,树立良好的典范,在企业中营造开放沟通的气氛和环境,提供员工有关企业内部的各种信息,以便增进员工对企业的认同,使员工的个人文化能够真正融入企业文化。中国跨国企业的企业文化的培育和建设应该注意以下几个方面:一是平等对待母国文化和东道国文化,在母国文化和东道国文化基础上进行企业文化塑造;二是跨国企业子公司的企业文化不是母公司企业文化的自然延伸,而是在跨国企业全球战备指导下的企业创新;三是跨国企业的企业文化要具有明确性,即简明、贴切、突出,能被具有不同文化的职员所理解和接受;四是跨国企业的企业文化建设要循序渐进,这是跨国企业中多元文化的存在所决定的。国际企业可以通过文化的整合与一体化机制,逐步培育出为企业不同文化职员所接受,反映企业全球战略,引导企业成员努力奋斗的企业文化。

3. 协商共事,增强集体荣誉感

由于在跨文化企业中,对双方跨文化管理的相互了解和对特定的跨文化管理模式的探讨是一个无止境的过程,因此在跨文化企业管理中,"协商共事"原则在寻求企业共同目标,追求集体荣誉就显得相当重要了。

在这一过程中,跨文化企业中的上下级,特别是当上下级分别拥有不同文化背景时,更要注重彼此的沟通和交流,充分发挥多元化的潜能和优势,在工作中加深了解,在合作中培养默契,只有在整合中寻求双方都能接受的管理理念,才能增加效益,取得经营成功。因此,可以说,当今世界的潮流是"竞争"之中有"整合",各种文化的优质要素经过整合后形成一个新的企业文化,这并不是替代或战胜,而是适应或融合。

7.3.4 正确调整和选择管理模式

跨文化管理是对不同文化背景下具有不同价值观的个体及他们所构成组织的管理。它强调理顺文化差异、价值观认同与个体激励、组织信任、团队合作等组织行为之间的相互关系,在此基础上,控制文化冲突,并做出合适的文化融合策略选择。不同类型的国际化企业根据其不同的经营策略,在母国和东道国文化出现明显差异时,会采取不同的跨文化管理模式,加拿大著名的跨文化组织管理学家南希·爱德勒认为解决组织跨文化冲突有3种选择方案。

(1)凌越(Beyond),其特点是组织由一种文化凌驾于其他文化之上,组织决策及行为均会受这种文化支配,其他文化则被压制。这种方式的优点是能在短期内形成"统一"的组织文化,缺点是不利于博采众长,而且因其他文化受到压抑而极易使其成员产生反感,最终加剧冲突。

(2)折中(Compromise),是指不同文化之间采取妥协与退让的方式,有意忽略回避文化差异,从而做到求同存异,以实现组织内的和谐与稳定,但这种和谐与稳定的背后往往潜伏着危机,只有当彼此之间文化差异较小时,才适应采用此法。

(3)融合(Synergy),是指不同文化之间在承认、重视彼此之间差异的基础上相互尊重、相互补充、相互协调,从而形成一种你我合一的、全新的组织文化,这种统一的文化不仅具有较强的稳定性,而且极具"杂交"优势。文化融合使得多元文化组织具有了更多的优势,表现出智力互补、知识互补、思维互补,从而使组织易产生更好的主意、设想,更多的创新、创造,更高的效率和竞争力,更强的适应能力和应变能力。融合互补不仅是人类未来文化发展的方向,更是企业跨文化生存的必然选择。然而,这种优势是潜在的,它们的获得有赖于跨文化管理恰当的发掘和激励,从而将潜能转变为现实的优势。

基于上述对跨文化管理的认识,我们认为:文化融合一方面伴随着与异质文化的碰撞与冲突,另一方面包含着同一文化在传统与现代的张力和平衡中的协调。由此看来建立适合企业自身的管理模式、构建共同的组织文化等是跨文化管理的重要策略。

1. 本土化经营模式

企业在跨国经营时,将每一个地区和国家的子公司都视为独立的个体,公司政策的制定和执行完全参照当地企业模式进行,并不把母公司的运行模式强加于各子公司,而是根据各子公司因地制宜的特殊情况,制定适当的管理政策。以这种方式制定的各子公司的管理政策,既不以母公司的管理政策为其建立的基础,也不刻意模仿母公司的管理模式,各个海内外子公司可以选用完全不同于母公司的管理政策,在管理人员的任用上,并没有十分明确的地域或者国籍概念。不仅任用母公司人员,也聘请大量的当地员工,借助他们熟悉当地的风俗习惯、市场动态及政府各项法规的优势,使公司在当地站稳脚跟。

"本土化"经营不仅可以减少跨国经营磨合期不必要的浪费,节约派遣海外人员的高昂费用,而且有利于东道国增加就业机会、管理变革、加速与国际接轨。这种模式往往被多国企业所采用。

2. 文化移植嫁接模式

文化移植模式是指母公司派遣人员担任各个地区或者国家的子公司的重要管理职位，从而保证母公司与子公司之间的信息沟通，以及母公司对子公司的控制。母公司通过派驻高级主管和管理人员，把母公司的经营理念和企业文化全盘移植到各个地区和国家的子公司中，让子公司的当地员工逐渐适应这种外来文化，并按这种文化背景下的工作模式来开展公司的日常业务。主要的管理政策统一由母公司制定，各个地区和国家的子公司只是严格地执行这些已经标准化的管理政策。运用这种模式的跨国公司其经济实力必须是强劲的，在世界上的影响必须是巨大的，其企业文化已被世界各国广泛认同并且能够被其他民族所接受。这种模式往往被全球企业所采用。

文化嫁接模式是指以母国的文化作为子公司主体文化的土壤，将东道国的文化嫁接到母国的文化之上。即以母公司制定的大政策框架为基础，海外子公司根据当地情况，制定具体的政策和措施。在人员配置上，母公司的高级管理人员由母国人担任，而子公司的高级管理人员大部分由母国人担任，少部分由当地人担任。其优势是同时兼顾全球统一战略和东道国文化背景的不同，既保证了企业统一的文化，又具备一定的灵活性。这种模式往往被国际企业所采用。

3. 文化多向交叉模式

文化多向交叉模式是指，在选聘员工时，有意识地多聘用有交叉文化背景的管理人员来进行跨文化管理。具体方法有以下几种：其一，选聘拥有当地国籍的母国人；其二，选聘具有母国国籍的外国人；其三，选聘到母国留学、工作过的东道国人；其四，选聘到当地留学、工作的母国人。这些人都同时具备两种文化背景，能够较好地处理母国和东道国的文化冲突。这种模式往往被跨国企业所采用。

4. 文化相容渗透模式

单纯从文化的角度出发来看，文化相容渗透模式是一种最理想的经营模式，国际化公司的子公司中并不以母国的文化或是东道国的文化作为子公司的主体文化。母国文化和东道国文化之间虽然存在着巨大的"文化差异"，但却并不互相排斥，反而互为补充，同时运行于公司的经营管理活动中，不但没有出现跨文化冲突问题，而且跨文化差异反而转变成了公司的一种特殊的竞争优势。国际企业和跨国企业都可以考虑采用这种模式。

由于对文化的理解、学习、改变，需要长时间的观察和培育，母公司派往东道国工作的管理人员在面对母国文化和东道国文化的巨大差异时，并不试图在短时间内迫使当地员工服从母国的管理模式，而是凭借母国的强大的经济实力所形成的文化优势，对子公司的当地员工进行逐步的文化渗透，使母国文化在不知不觉中深入人心，东道国员工逐渐适应了这种母国文化并慢慢地成为该文化的执行者和维持者。全球企业、国际企业和跨国企业都有可能采用这种模式。

5. 文化规避模式

文化规避模式也可称为文化差异模式，当母国的文化与东道国的文化之间存在着巨大的不同，母国的文化虽然在整个子公司的运作中占了主体，可又无法忽视或冷落东道国文化存在的时候，由母公司派到子公司的管理人员就必须特别注意在双方文化的重大不同之处进行规避，尽量避开"敏感地带"，以免造成文化冲突，特别是在宗教盛行的国家要尤为注意。

不同的国家和地区，不同的民族和群体，有着不同的生活习俗，在购物的需求上也千差万别，我们以文化规避模式的成功范例——法国家乐福为例。1999年之前，法国家乐福在世界零售商排名榜上仅位居第六，但在并购普拉马德斯之后，它一跃成为仅次于沃尔玛的世界第二大零售商。在世界零售业市场竞争日趋激烈的今天，家乐福之所以能够取得如此好的成绩，除了不断完善它的全球信息系统、发挥自己在经营上的优势外，因地制宜地开拓国外市场，采用文化差异战略起着至关重要的作用。土耳其的家乐福是土耳其式的，巴西的家乐福是巴西式的，中国的家乐福是中国式的……"与所在地的周围环境融为一体""确认当地居民的需求和希望，推荐他们期待的商品和服务，按照当地的民情民意办店"是达尼埃尔·贝尔纳领导的家乐福的宗旨。全球各地的家乐福都尽力办出自己的特色，千方百计满足当地居民的购物需求，这是家乐福的一项基本政策。例如，买鱼，法国人买鱼除了仔细看，还要用鼻子闻；日本人喜欢包装精美的半成品；土耳其人买鱼"翻鱼鳃"；中国人喜欢买活鱼回家；波兰人和捷克人要求售货员当场将鱼敲死，以保证新鲜。30多年来，家乐福一直针对不同的文化差异开展不同的经营模式，并以此当作国际化经营的法宝。

为了做到这一点，家乐福在开设每一个新店前，都要进行长期细致的市场考察，诸如当地的消费水平、生活方式、都市化水平、居住条件、人口增长、兴趣爱好、意识形态、宗教信仰、中产阶级比例等，所有这些因素都在考察之列。一般来说，该项考察工作要用两年的时间，一个小组进行选点考察，另一个小组便与当地行政部门建立关系，着手选择商品供应商，这就是家乐福成功的秘籍。

6. 借用第三方文化模式

企业跨国经营时，由于母国文化和东道国文化之间存在着巨大的"文化差异"，而母公司又无法在短时间内完全适应，这时母公司可以借助比较中性的，并且能够被母国文化和东道国文化都接受的第三方文化模式，对设在东道国的子公司进行控制管理。例如，欧洲的跨国企业如果想在美洲设立子公司，可以先把子公司的海外总部设在管理理念较为先进的美国，然后通过美国总部对美洲所有子公司实行统一管理。这种借助第三方的文化模式可以避免资金和时间的无谓浪费，使子公司在东道国的经营活动迅速取得成效。全球企业和跨国企业经常采取该种模式。

7.3.5 中国企业跨文化管理的本土化战略

跨国企业本土化就是跨国企业为适应东道国独特的文化和社会习俗、意识形态及独特的社会规则，包括潜规则，将生产、营销、管理、人事等全方位融入东道国经济中的过程。通俗地说就是要入乡随俗，是跨国公司与东道国当事双方所寻求到的一种战略协调模式，实质和难点是企业经营哲学和文化的本土化。本土化策略要遵循"思维全球化和行动当地化"的原则来进行跨文化管理。本土化有利于跨国公司降低海外派遣人员和跨国经营的高昂费用，易于树立在东道国良好的品牌形象，消除当地消费者对外来产品的抵触心理，与当地社会文化更好地融合，减少当地社会对外来资本的危机和反感情绪，是一种必需的生存战略和经营策略。我国企业在"走出去"的过程中要立足于投资国当地的社会文化环境，以当地市场需求为导向适应当地的生活消费习惯进行研发经营，以保证产品的市场占有率。

关于本土化战略的内容，我们在第六章有详细论述，这里不再重复。以下仅以中国品牌本土化为例来分析中国企业如何实施本土化战略[①]。

1. 掌握本土化游戏规则：制定周密的品牌营销战略，扩大在公众中的影响

在跨文化管理过程中，中国品牌成功走向国际的关键，除了包括通晓并掌握国际市场的游戏规则外，还要根据企业自身的经营理念和经营模式，结合各区域市场及不同国家的特点，深入分析各国的风土人情、人文地理及消费心理等，从而制定相应的本土化发展战略。

欧美发达国家从政府到企业都非常重视品牌本土化战略。近年来，西班牙在国际上积极推广西班牙品牌和西班牙国家形象。西班牙名牌论坛总干事奥特罗说，上海世博会就是推广品牌的一个极好机会。西班牙有15个著名品牌参与了上海世博会西班牙馆的展示。西班牙馆还将举行"西班牙品牌日"活动，聘请一些中国知名人士作为"西班牙品牌之友"。

相比较而言，中国企业的本土化战略刚刚起步。目前有一个好的现象，中国的一些企业在西班牙与当地企业结成联盟，如中国联通和西班牙电信。中兴、华为等也成为西班牙企业的合作伙伴。双方借助彼此优势共同发展，提升品牌的知名度。

马德里市政府"全球马德里"战略办公室总协调员伊格纳西奥认为，中国企业应该有一个周密的品牌营销战略，扩大中国品牌在西班牙公众中的影响，提高知名度。中国企业和品牌可以参与赞助当地的一些重大活动，成为广告赞助商，下力气贴近西班牙一般民众。

埃及三角洲集团宏观市场分析师萨义德·马尔万认为，近年来，越来越多的中国大企业在埃及投资设厂或建立办事处，并长期通过各种行之有效的营销策略推广其品牌形象，广大埃及消费者对一些中国品牌耳熟能详，认可度也随之提高。目前在埃及市场上赢得极佳口碑的中国品牌，基本都来自在当地拥有生产线和完备售后服务体系的中国企业。

2. 有效整合资源：掌握第一手资料，为品牌增值和理念推广奠定基础

如今，走向海外的中国商品使国外零售商利润丰厚。澳大利亚哈维诺曼大型家具、电器连锁商场电器部经理帕特里克·默莱汉说，商场愿意经销知名品牌的商品，也愿意经营中国品牌。"中国制造"价廉物美，商场可以获取较高的利润。他认为，近年来，在打造自主品牌方面，中国企业做出了努力，也取得了成功。

莫斯科市民鲍利斯介绍说，在北京购买的 条牛仔裤，在莫斯科能卖到3~5的价格。

[①] 张金江，李景卫，管克江，等. "中国品牌"走向国际本土化战略势在必行[N]. 人民日报，2010-07-01.

喜爱中国货的俄罗斯小伙子亚历山大认为，俄罗斯消费市场很大，中国品牌要想赢得市场，不能光靠价格优势，还要研发核心技术和完善售后服务。

提升商品竞争力，打造国际品牌，本土化战略势在必行。在品牌本土化道路上，中国企业可以通过并购本土企业或相互合作，有效整合资源，以全球化视角生产与经营，尤其是充分整合有关国家在技术、人才、市场及品牌等方面优势，逐步扩大品牌及企业在海外的影响力。

奥特罗说，中国一些企业通过并购世界知名企业提升知名度，如中国企业并购西方著名汽车企业，收购国外的一些著名品牌，这些做法值得肯定。中国有几家汽车公司通过西班牙的汽车销售企业推销汽车。海尔在皇马足球队主场伯纳乌体育场做广告，这些也都是提升品牌知名度的有效方式。还可以借助名人推广中国品牌，如篮球明星姚明。

美国洛杉矶银行家斯蒂芬·普尔正在从事的一个项目，是在洛杉矶建一座中国商品商贸城，让中国商家直接和美国的大型零售商见面。他说，美国人对中国品牌了解得不多，中国企业需要在品牌形象和产品营销上下功夫。他希望类似合作能把更多的中国品牌带到美国来。

埃及信息和通信部部长助理艾明·赛义夫表示，从中国品牌在当地市场的成长和发展历程来看，本土化是实现品牌效应的必由之路。本土化意味着设计、生产、广告宣传、销售、售后服务、消费者意见采集和反馈等流程，都长期立足于当地市场，随时掌握市场动向和鲜活的第一手资料，从而为品牌增值和理念推广奠定坚实基础，同时也有利于品牌同消费者建立彼此间的熟悉和亲切感。

3. 把好质量关：生产实现本土化，售后服务日趋完善，质量方面的问题得到明显解决

中国商品从设计、销售、售后服务等各个环节都需要考虑到当地市场的需求，迎合其文化特点和消费习惯。尼古拉是居住在莫斯科的一位大学退休老师，对中国的瓷器情有独钟。在他家里，大部分瓷器都是中国制造的。他说："我最喜欢景德镇的瓷器，做工精细，美观，质量上乘。"他是听了中国朋友的介绍，才开始关注景德镇瓷器的。"中国好的商品有不少，但如果不为人知，实在是很可惜。"他建议中国商品在国外多做广告，扩大知名度。

本土化战略需要超越地理文化边界，在造型、名称和文化内涵上贴近当地社会。埃及开罗吉萨金字塔景区导游法耶德表示，随着为数不少的中国企业在埃及扎根，生产实现本土化，售后服务日趋完善，质量方面的问题得到明显解决。不过，中国品牌在外观设计方面仍有很长的路要走，因为不同地域的消费者在审美领域都有着鲜明和独特的诉求，年轻人对潮流时尚的追逐也是左右消费行为的重要因素。所以，中国品牌在造型美学方面的突破，应该是其下一步继续扩大其品牌价值的重要方向。

本土化战略需要个性化营销手段和广告宣传。美国大学英语教授梅耶认为，中国公司要针对美国消费者的心理进行营销推广。由于文化不同，品牌的名字也要通俗易记。在莫斯科专门经营中国时尚女包的米哈伊尔说："中国生产的女包大多数是欧美品牌，而少数中国品牌的女包也使用了欧化的品牌名称。如果使用带有中国特色的品牌名称，商品可能

会更受欢迎。另外，中国商品很少在俄罗斯做广告，许多中国名牌商品在俄罗斯也很少有人知道。"无论采取何种销售策略、推广手段，在本土化过程中，中国企业需要始终关注的是产品质量和售后服务。一些民众在记者调查时反映，质量问题仍然是中国品牌发展的障碍之一。常去当地华人超市购物的美国人安·吉尔格说，中国要建立品牌形象，需要加强质量控制意识。大学生琼也表达了同样的看法。她说："中国生产了很多商品，我不用3秒钟就可以给你指出来一件。中国商品要创品牌，一定要把好质量关，要像日本和韩国一样，让人一听产地就觉得是好产品。"

7.3.6 打造优秀跨文化团队，实施人本型法制管理

1. 打造优秀跨文化团队

要解决文化差异问题，中国企业在跨国经营时有赖于优化组织结构，建立一支高素质的跨文化管理队伍。在遴选或优化人员结构时，尤其是选拔高层管理人员时，在可能的情况下，建议选用具有留学经历或者有跨国工作背景的人员，这些人不仅具备较为完备的管理经验、渊博的技术知识、良好的敬业精神，而且有较强的沟通能力和应变能力。与此同时，他们经过不同的文化洗礼，思维开拓灵活，平等意识强，尊重他人，能够容忍不同意见，善于同各种不同文化背景的人友好合作。这样的管理者不仅对本土文化有深刻的了解，能够从跨文化的视野中发现问题、解决问题，而且他们的管理理念更容易被员工所接受。

高效的团队是形成企业竞争力的关键。现代意义上的跨文化团队是指多元文化团队，是由来自不同文化背景的员工所构成的，在价值观念、行为习惯、信息沟通方式、制度体系等诸多方面表现出多元化的特征。中国企业跨国经营的发展过程中，更应尤为注意打造多元文化工作团队，协调好、发挥好组织内部的多元文化的管理环境，使来自不同国家、具有不同文化的管理人员、技术人员和其他员工能在一起有效地工作，从而达成较高的协同性和绩效目标。

2. 实施"情""法"结合的人本型法制管理

中国企业在跨文化管理时应该采取以"情"为核心的伦理型管理和以"法"为核心的制度型管理相结合的管理方式，兼顾中西方管理文化特点。制度型管理追求管理制度的客观性、程序化、规范化，在管理中要求每一个人都按共同准则制约自己的行为，反对掺杂人情的因素。但是法制管理对人的行为的直接规范是有限的，而文化对人的行为和思想的约束作用是无处不在的。企业中如果缺乏有效的人际伦理关系，制度管理将是高成本的，也是难以深入，二者的有机结合才是高效管理的源泉。

中国企业文化的实质是符合儒家社会人群关系特点的，人们对企业的要求不仅是解决经济收入问题，还要维持与所在群体的良好关系，况且中国人大多遵循"情、理、法"的思维轨迹，而制度式管理方式过了"理性化"或者强调"法"的严肃性，极易造成人际关系的冷漠，使员工在企业中无法感受到"和为贵"的温情，从而降低对组织的忠诚度。人本型法制管理的根本特征是将法制精神建立在人本主义管理思想的基础上，在管理制度的制定执行的全过程中始终将人放在核心位置上。因此，中国企业在跨国经营时可以采取

"情""法"结合的人本型法制管理。至于"情"与"法"两者的比例和比重,则依据跨文化所在国的本地文化做出相应调整。

7.3.7 大力开展中国企业跨文化人力资源培训与开发

跨文化人力资源培训与开发战略是一项系统工程。它不是仅仅针对企业里最高领导者或特定部门、特定层级的员工而开展的培训开发活动,而是牵涉到整个企业的方方面面和各个层次的一个全方位、多层次、立体化的培训开发方案。它至少包括微观、中观和宏观三个层面[①]。微观层面主要指员工层面的培训与开发;中观层面是针对管理者的培训开发,而宏观层面则是对企业整体文化的整合与重塑。

1. 企业员工层面的跨文化人力资源培训与开发策略

员工层面是企业跨文化人力资源培训与开发的基础层面,它是更高层面管理的基石。这一层面的跨文化培训主要着眼于两个方面:国际化语言能力培训和多元化文化意识培训。

1)国际化语言能力培训

语言与文化向来密不可分,语言是文化的重要组成部分,也是文化的载体,是企业内部和外部交流与沟通的媒介。没有一种共同的语言作为交流媒介就会产生沟通障碍,更谈不上文化的融合。所以,语言能力培训是对员工最基础性的培训。目前英语已经成为一种全球性的语言,成为实现国际联系和交往的重要工具。因此,培养和提高企业员工的英语沟通能力,鼓励多语种交流,营造一种学习外语的良好氛围,成为我国企业的首要选择。

企业在对员工进行国际化语言能力培训的过程中,一套行之有效的办法就是设立专项基金鼓励员工自觉参加语言培训,通过自学提高英语运用水平,同时运用国际标准建立跨文化交流与员工选拔及培训的考核体系。至今,全球已有60多个国家和地区的5 300多家著名的跨国企业使用美国教育考试服务中心开发的TOEIC考试来营造本企业的语言交流管理体系,成效显著。TOEIC进入中国短短几年,就受到包括海尔、海信、东风、美的等先行的中国国际化公司的青睐。

2)多元化文化意识培训

来自不同文化背景的人们具有不同的价值观、生活态度和行为方式。然而,人们总是对自己民族的文化充满自豪感,有意无意地将其视为正统文化,而对外来文化心存抵触。这就是文化差异带来的文化冲突问题。在全球化的大市场中,不同文化间的差异和冲突无处不在。它给国际化企业的人力资源管理带来了巨大的挑战。对员工进行多元化文化意识的培训正是企业应对这一挑战的一剂良方。这一培训旨在让员工充分了解不同文化的内涵和精髓,分析在不同文化下人们的行为模式和事物的表现形式。充分认识不同文化背景下人们不同的思维方式、行为模式等文化维度特征。促进不同文化背景下的员工的相互理解,互相尊重,求同存异,各展所长、优势互补。同时使员工对文化冲突做好心理准备,减少其在工作中的不适应和不协调,为合作奠定基础。

---

① 落杰,宫海亮. 中国企业跨文化人力资源培训与开发战略选择[J]. 时代人物,2008,(4).

2. 企业管理者层面跨文化人力资源培训与开发策略

一个国际化的企业,其技术、产品是相对比较容易从一个市场复制到另一个市场的。然而,一种商业模型在这个市场成功,复制到另一个市场未必能一样成功。因为企业赖以生存的商务环境和消费者发生了改变。因此,企业要在国际市场取得成功关键在于管理者的跨文化领导能力。这种能力表现在企业领导者能在不同的文化环境和市场环境中建立相应的商业模式、组织结构并能激励不同文化背景的员工。可见,对企业管理者的跨文化培训与开发至关重要,是决定整个企业国际化发展成功与否的关键因素。这一层面的培训与开发主要从3个方面入手:文化智力培训、文化敏感性培训和文化适应性培训。

1) 文化智力培训

文化智力(CQ)这一概念是2003年伦敦商学院的P. Christopher Barley和新加坡南洋理工大学的Soon Ang共同提出的,是指人们在新的文化背景下,收集处理信息,做出判断并采取相应的有效措施以适应新文化的能力。它是跨文化管理者、跨国经理或国际化经理所必备的要素和指标。进行文化智力培训首先要根据CQ理论测量国际化管理人才的CQ类型,然后根据文化智力分类原理,从认知、动力和行动3个方面进行培训。文化认知能力培训主要是提高管理者认识、了解和领悟不同文化的能力,培养其对异质文化的敏感性和领悟力。文化认知动力培训旨在激发管理者融入其他文化的愿望和激情。文化行动能力培训着眼于塑造管理者尊重不同文化的诚恳态度,增强其模仿不同文化的应变能力、与异质文化沟通融合的能力及协调解决文化冲突的能力。

2) 文化敏感性培训

所谓文化敏感性(Intercul – tural Sensitivity,ICS)主要指的是在不同文化交汇的情景下,通过言语及非言语沟通,推断他人的感受和想法,并做出正确的反应,从而实现双向沟通理解的技巧。它是一种核心的跨文化管理能力,被认为是多文化工作团队取得成功的最好指标之一。跨文化敏感性的缺乏导致工作效能下降和工作满意度的普遍降低,同时还引发文化适应上的问题。对企业管理者文化敏感性的塑造成为跨文化人力资源培训与开发的重点。文化敏感性培训主要是提升管理者对自己和他人文化的领会、接受、赏识和有效利用的能力。文化敏感性高的管理者在与不同文化背景的人们进行互动时,能够从对方角度去理解、沟通和合作,使双方在令人满意的交互过程实现各自的目标。文化敏感性培训的目的在于使管理者容忍模糊性、改变自我中心、避免文化偏见。文化敏感性的养成是个体学习和发展的结果,其中情境条件和行动潜力(即立场转换能力)存在交互作用。因此,文化敏感性培训着眼于营造一种跨文化情境,使管理者不断进行跨文化"学习—行动—学习"的动态训练,最终形成一种在不同文化交汇的情景下用灵活的方式应对文化差异的习惯。

3) 文化适应性培训

根据权变理论,管理者应该根据企业内外部环境的变化,权变地选择不同的管理方式。然而在此过程中,有人转变容易,有人转变却困难,这和管理者的文化适应性相关。文化适应性强的领导者对不同文化背景的员工,会采用不同的领导方式、激励策略,达到事半功倍的效果。因此帮助管理者提高文化适应性成为企业跨文化人力资源培训的当务之急。文化适应性培训,可以派管理者到海外工作或者出差,让他们亲身体验不同文化的冲击,或者让他们在国内与来自不同文化背景的人们如外籍员工相处,管理者可以通过实践经历和海外出差获取适应其他文化的知识和技能。以三星集团为例:三星集团将国内学习和国外实践相结合,大胆地实施"地域性专家培养制度",每年选派一批具有5年工作经验的本土年轻经理到国外观察体验一年。公司要求学员必须深入了解所在国家的文化和风土人情。通过这样的方法,三星集团培养了大批谙熟其他国家市场和文化的韩国国际人才,帮助企业实现全球化战略。

3. 企业整体层面跨文化人力资源培训与开发策略

企业管理的最高境界是文化管理,每一个成功的企业都有一种独特的企业文化,它潜移默化地影响甚至决定着每一个企业管理者和员工的思想和行为。我国企业整体层面跨文化人力资源培训与开发就是要继承和发扬博大精深的中国传统文化,吸收和借鉴先进的西方现代管理理念,融合各文化中的优秀特质,建立起一套适合跨文化条件的企业管理新模式,塑造一种融合双方或多方文化且适合本企业发展的新的文化体系。最终将这种新的企业文化理念植入每个企业成员的思想深处,并促使其外化形成符合该文化体系框架的各种行为。

纵观中国企业文化建设的历程,其主要偏重于对西方企业文化理念的引进借鉴,而对中国传统文化挖掘、提炼不够。同时我国企业在对西方企业文化的引进过程中,往往只是直接引进了企业文化的管理形式,而对企业文化的内涵、实质及适用条件等缺乏认真细致的研究,致使人们对企业文化与社会文化的关系、企业文化与企业管理的关系、企业文化表层形式与企业文化实质的关系等问题的基本理解出现偏差。

我国的传统文化源远流长,儒家、道家、法家蕴藏着许多哲学思想和道理,对我国企业的管理有着极其重要的影响。中国传统文化讲究中庸与和谐。它重视人与自然的统一,以及人与人之间的互助合作,主张义利共生的价值取向。这些精神价值观曾经濡润了一代又一代的商人,乃至形成了所谓儒商的传统……至近代的徽商、浙商、晋商,以及洋务运动,无不是将中国文化传统引申到企业管理之中而创造出奇迹的。

近几年来,我国社会掀起了一阵阵国学热、儒学热,在传统文化回归的大潮中,敏锐的企业不失时机,深挖中国传统文化的资源宝库,古为今用。他们通过组织各种国学管理课程的学习来提升管理、修身养性;用传统文化对员工进行培训;重新解读《孙子兵法》《三国》《水浒》等古典名著,从中探求管理"秘诀",尝试着在企业管理中,寻求外儒内法,强调德治、以人为本、构建和谐。我国企业应该从五千年中华文明中吸取营养,培育有中国特色的企业文化,为参与全球化竞争奠定基础。我国企业只有立足于中国传统文化,将西方科学管理理论与我国传统文化的"合理内核"有机地结合起来,才能在国际化的征程上走得更远。人力资源是企业最重要的战略资源。我国企业在国际化的发展过程中必须重视对人力资源跨文化能力的培训与开发。一个拥有多元文化意识的员工和拥有跨文化管理能力的管理者的企业势必在全球化的竞争中脱颖而出。我国企业必须顺应时代发展,高瞻远瞩,抓住时机实施国际化人才培训与开发战略,为在激烈的竞争中取胜奠定人力资源基础。

从跨文化人力资源培训与开发战略的 3 个层次及其过程来看，跨文化人力资源的培训与开发是一个推动企业成员不断学习的过程，学习不同的语言、文化、理念等。因此企业可以将其与学习型组织的营造密切结合。"问渠那得清如许，为有源头活水来。"只有不断学习的组织才有发展的不竭动力。

7.3.8 政府在企业的跨文化管理过程中发挥保护和促进作用①

1. 为企业对外直接投资建立良好的投资环境

中国企业"走出去"所面临的国际障碍，企业自身无法独自解决，所以，政府必须为其提供相应的措施：首先，应加强与投资所在国及地区政府之间的交往，建立良好的官方关系，争取合资合作的项目能够得到东道国政府的支持，同时保障企业享受到该国的各项优惠政策；其次，应积极利用各种国际组织对本国海外投资企业的利益给予维护，在政府积极发展官方关系的同时，应当积极利用多边投资担保机构公约的有关条款，使得中国对外投资企业的利益得到保护；最后，政府应按照国际惯例，建立并完善海外投资的政治风险担保制度，以确保中国企业在瞬息万变的国际市场经营中，能够抵御由不可预期的政治风险所带来的经济损失。

2. 加快对外投资的立法进度

对外投资需要法律的保护和支持。改革开放以来，中国对外投资的立法一直落后于实践。到目前为止，政府仍然没有制定关于对外投资行为的相关法律，仅有一些管理规定与办法。随着对外投资步伐的加快，更高层次的法律亟须出台，以切实维护相关投资者的利益，并制约相关的投资行为。

3. 放宽审批手续

中国政府应该重新审视对外投资的审批程序，简化手续、减少环节、提高效率，同时也不能放松审批的条件，使企业对外投资的质量和效益得到保证。

4. 完善监管体系

在鼓励企业"走出去"的同时，对政府监管和管理的职能要进一步加强与完善，尤其对海外投资的后期监管应给予加强，这是"走出去"战略贯彻实施的保证。在加强管理的同时，又要防止政府过度的干预。

5. 进一步完善海外投资金融服务体系

对银行的服务功能要逐步加强，早日构建起一个完善的海外投资金融服务体系。中国大多数海外投资企业信誉度较低，自身无法在国外轻易融资，因此，中国几大专业银行应凭借其在国际金融市场上比较高的信誉，对中国向海外投资的企业给予支持并与其合作，提高其在国外融资的可能性。

---

① 杨硕. 中国企业"走出去"的障碍及对策分析[D]. 长春：吉林大学硕士论文，2009.

本章小结

本章主要介绍了中国企业跨国并购的成与败、实施跨文化管理的现状分析和实施跨文化管理的对策建议。中国企业跨国并购的成与败介绍了中国企业跨国并购发展脉络、动因与特点、成功的经验、失败的教训及中国企业实施跨国并购的对策建议。其中中国企业跨国并购成功的经验是坚持了并购要符合买方的战略目标、充分了解卖方的产业、妥善且迅速整合、"少食多餐"、以研发能力为基础等跨国并购法则。失败的教训是不知己,不知彼;资金与成本问题;管理与企业文化冲突;当地的法规与工会力量的尴尬;缺乏宏观调控;目标企业定位存在问题;忽视政治风险因素;并购后的整合失败等。中国企业实施跨文化管理的现状分析介绍了中国企业跨国经营的4个发展阶段及跨文化管理存在的问题。最有一节提出了如下建议:正视文化差异,拓宽多元交流;注重沟通,提升文化理解力;使命陈述,塑造共同目标;正确调整和选择管理模式;中国企业跨文化管理的本土化战略;打造优秀跨文化团队,实施人本型法制管理;大力开展中国企业跨文化人力资源培训与开发;政府在企业的跨文化管理过程中发挥保护和促进作用。

 名人名言

一次良好的撤退,应和一次伟大的胜利一样受到奖赏。

——瑞士军事理论家菲米尼

如果有一个项目,首先要考虑有没有人来做。如果没有人做,就要放弃,这是一个必要条件。

——联想集团总裁柳传志

除了心存感激还不够,还必须双手合十,以拜佛般的虔诚之心来领导员工。

——日本经营之神松下幸之助

以爱为凝聚力的公司比依靠畏惧维系的公司要稳固得多。

——美国西南航空公司总裁赫伯·凯莱赫

复 习 题

一、填空题

1. 中国企业跨国并购的国际因素有经济_____趋势加强;全球_____面临调整;全球_____愈演愈烈。

2. 陕西秦川机床工具集团有限公司董事长兼党委书记龙兴元认为:"跨国并购要成功,就三句话:_____,_____,_____。"

3. 2009年华为全球销售收入1 491亿元人民币(约合218亿美元),同比增长19%。营业利润率14.1%,净利润183亿元人民币,净利润率12.2%。根据收入规模计算,华为已经成功跻身全球设备商的第_____位。

4. 管理习惯与不同的文化相结合,形成不同的管理哲学和管理风格。例如,_____式管理强调个人价值,强调严格的制度、理性决策技术和追求最大限度的利润等;_____式管理则强调上下协商的决策制度、和谐的人际关系、员工对组织的忠诚与企业的社会责任等;而在西班牙、_____等南欧国家,文化强调的是维护个人与公司的权力与权威。

二、判断题

1. 政府主导型并购指企业根据自身的发展，在资本市场上按照并购的规则进行的一系列的并购活动。（　　）
2. 纵向并购方式将成为企业强化业务的有效途径。（　　）
3. 中联重科董事长詹纯新认为，学会在适当时候有所"示弱"、彼此尊重与加深了解，是跨国公司并购后融合方式之一。（　　）
4. 美国通用电气公司不搞并购。（　　）
5. 2008 年，中国企业海外并购的损失就达 2 000 亿元人民币左右。（　　）
6. 跨文化管理人才必须严格遵守、尊重不同国度的文化商业习俗，这对于与对方建立良好关系，获得商业伙伴的信任是十分重要的。（　　）
7. 跨文化人力资源培训与开发战略是一项系统工程。它不是仅仅针对企业里最高领导者或特定部门、特定层级的员工而开展的培训开发活动，而是牵涉到整个企业的方方面面和各个层次的一个全方位、多层次、立体化的培训开发方案。（　　）

三、问答题

1. 简述中国企业跨国并购发展脉络。
2. 试分析中国企业跨国并购的动因与特点。
3. 中国企业跨国并购取得的经验有哪些？教训有哪些？
4. 试论完善中国企业跨国并购的建议。
5. 简述中国企业跨国经营所经历的 4 个阶段。
6. 试分析中国企业跨文化管理存在的四大问题。
7. 论中国企业实施跨文化管理的对策建议。

 案例应用分析

吉利并购沃尔沃：后发大国海外投资模式要素①

后发大国对外投资模式明显不同于既有跨国投资模式，这是确定无疑的。它是否走得通，是否能形成一种具有一般意义的发展道路，尚不得而知，需要得到理论和实践的证明。

不久前我曾写过一篇文章——《企业走出去的"后发展大国"逻辑》（《中国经济》2010 年 3 月期），对中国企业走出去对外投资和跨国并购的理论基础及现实条件进行了一些分析，提出类似中国的后发大国有可能走出一条既不同于发达国家也不同于一般发展中国家的走出去道路或模式。

那篇文章写作与发表前后，恰恰是中国民营企业吉利汽车巨资收购瑞典知名车企沃尔沃案沸沸扬扬之时。如今，沃尔沃收购案已尘埃落定，两家公司前几天刚刚办完资产交割，李书福出任沃尔沃全球董事长，而沃尔沃的原有运营团队基本保持不变。在这一事件相对沉寂，不再是媒体头条，可以稍微理性看待之时，作者想借吉利并购沃尔沃案例，对中国企业走出去的道路与条件再做一些讨论，算是对前文未尽之意的补白和引申。

吉利并购沃尔沃案，典型地属于作者所谓之"后发大国海外投资模式"。这一模式包含几个要件，吉利收购沃尔沃案全部符合：

其一，投资者是来自相对落后、收入水平较低的发展中大国的民族企业，其规模、实力、经验、特

---

① http://auto.china.com/zh_cn/news2/10003230/20100908/16132988.html.

别是技术、品牌、知名度等无形资产与竞争力均处下风。按照既有对外直接投资理论，低收入国家的海外直接投资应当是试探性的和学习型的。在沃尔沃案中，收购者浙江民企吉利公司与全球知名跨国公司沃尔沃差距巨大，无论销售额、资产规模、人力资源、国际化程度，还是专利数量、品牌价值、商誉等均远远落后。按照跨国并购理论，吉利的投资肯定是超前的、早熟的。沃尔沃经营不善可以被收购，但收购者不应是吉利。然而，"后发大国效应"使吉利不仅有能力参与并购，而且能击败其他国际竞争者，一举完成并购。

其二，投资的直接目的和动因是通过海外投资获得自身缺乏的垄断优势与核心资源，如专利、技术、工艺、品牌、商誉，以及设备、人才等，期望通过海外投资直接获得这些优势资源，绕开后发国家实现赶超所必须面对的自主创新难题，至少大大缩短自主创新的时间。吉利收购沃尔沃的目的此至为吻合，正是为了获得沃尔沃的技术、品牌和商誉及其载体专利、设备、人才团队等，以此大大加快自身技术升级的步伐，跨越式地拥有和积累技术优势与核心竞争力，并实现吉利的"借船出海"——通过并购将自身的产品系列、技术基础、企业形象、知名度等大幅度提升。

其三，投资过程得到政府或其所属机构的大力支持与帮助，从政策、法规、融资、外汇，到税收、人才、信息及舆论。后发国家大多市场经济体制发展不成熟，政府在经济中处于主导地位，政府支持是决定一项经济活动成功与否的关键因素之一。吉利汽车虽是典型的民营企业，与政府的联系程度弱于国有背景的企业，但作为民族汽车品牌和汽车产业自主创新的代表之一，其海外投资行为仍然关乎民族产业与国家利益。吉利收购沃尔沃，显然得到从中央到地方各级政府在政策、信息、融资、财税、舆论等方面的大力支持。据报道，这些支持不仅来自吉利所在地浙江省，而且来自北京、四川等地政府部门。

其四，投资者所处的后发大国巨大的国内市场是海外投资成功的重要保障。在后发大国对外投资模式中，即使并购完成后收购方未能进一步发展被收购企业的国际市场份额和影响力，甚至难于维持收购前的国际化水平，但后发大国巨大的国内市场还是足以支撑投资者将并购品牌和产品导入国内，进而获得发展与盈利。海外投资收购行为某种程度上起到将被收购企业本土化的作用。以吉利收购沃尔沃看，中国巨大的国内汽车市场是保证吉利收购后沃尔沃生产经营得以发展的条件。吉利固然希望收购后继续扩大沃尔沃的海外存在，但更希望大大扩张沃尔沃在中国的产量和影响力，包括现有工厂的扩产和计划中将建在北京或成都的年产30万辆新车的新工厂，以中国市场的销售支持沃尔沃扭亏和盈利。

最后，在后发大国海外投资并购模式中，虽然投资者希望充分利用海外的技术等优势，实现优势的逆向转移，但收购者与被收购者巨大的落差，还是有可能使两者难于在短期内整合为一个有机整体。于是，收购完成后两者仍平行独立运行，互不交叉、互不干扰，形成"一国两制"式的企业格局。这一点也与吉利收购沃尔沃后的策略吻合。吉利明确宣布：沃尔沃总部将留在瑞典哥德堡，团队基本保持原样，在可以预见的未来将单独运转，与吉利不发生横向交叉，吉利还是吉利，沃尔沃还是原来的沃尔沃，"两者是兄弟，不是父子"。

归纳起来，吉利收购沃尔沃这一新鲜的经典案例，非常有助于我们认识后发大国对外投资与海外并购模式的特征：与传统跨国公司海外投资理论和实践相左，后发大国的投资/并购者不是待自身竞争优势积累到足以与国际巨头竞争，或者足以制胜于海外的时候才开展大规模对外投资，而是在国际竞争力还很欠缺的时候就开始大规模对外投资；不是通过利用自身相对优势到更为落后或发展水平相近的其他发展中国家投资（下行投资或平行投资），而是直接到发达国家和地区进行投资（上行投资），超越所谓"周边国家—其他发展中国家—发达国家"的发展轨迹；不是待国内人均收入达到较高水平（按当今的币值算大概应到五六千、七八千美元甚至更高）、资本相对过剩时再展开大规模投资，而是在国内收入水平还较低，国内尚有大量投资需求时即在政府支持和鼓励下开始大规模对外投资；不是以控制被收购者的劣势资产并以自身优势加以改造为目的，而且通过并购获得更先进的优势资产和垄断资源，通过优势逆

第7章 中国企业实施跨文化管理的对策分析

向转移建立自己的核心竞争力，获得优势资产外溢价值。

可见，后发大国对外投资模式明显不同于既有跨国投资模式，这是确定无疑的。它是否走得通，是否能形成一种具有一般意义的发展道路，尚不得而知，需要得到理论和实践的证明。仅就理论逻辑而言，后发大国对外投资模式的最终成功显然需要一些条件。能满足这些条件，这条道路就可以持续下去，或可形成具有独特意义海外投资模式。否则，将在对外投资与跨国并购中花掉真金白银而收获甚微，最多是在国内赚几个小钱，培养不出具有国际竞争力的跨国公司。

初步想来，以下几项可能是后发大国优势寻求型对外投资模式成功的必要条件。

条件一：通过海外并购能够获得具有长期价值的资产。后发大国进行跨国并购的主要目的是获取有价值的优势资产，特别是无形资产，如技术、专利、品牌及与之相联的机器设备、人才团队、资料软件等，以缩短自主研发和创新的周期，在尽可能短的时间建立自身的核心竞争力，与发达国家的跨国公司展开全球竞争。问题是，通过收购的方式是否能够获得尚处资产生命周期上升期和持续期的具有长期价值的资产并非没有疑问，至少需要证据。一般来说，出售者是不会将生产周期前期技术、核心技术和主线产品、一线品牌出售的，特别是不会出售给未来有可能与其形成正面竞争的同业企业。能够出售的往往是边缘技术、非核心资产和生命周期晚期的技术。当然，在商业竞争中，不排除一家公司陷入经营困难时将主流技术和核心资产出售。

条件二：通过海外收购获得的资产能够内部化为自身的资产。通过跨国并购方式获得的海外优势资产，包括无形资产，虽然可以在一定时间内使收购者通过这些资产获利，但后发大国海外并购更主要的目的是将海外优势资产内部化为自身的优势，"嵌入"自己机体之中，与自身既有的资产水乳交融为一体。否则，如果如油水难于相溶，或可获利于一时，但终将成为与自身资产格格不入的附着在体外的异物。特别是对于品牌、商誉等具有深层文化内涵的资产，以及技术、知识等具有高度路径依赖特点的资产，更是如此。

一个品牌，经过几十年上百年的积淀已经成为某个民族、某种文化的一部分，即使外来者可以将其购得，却很难"本土化"为自身的东西。经验地看，还很少有哪个国家的著名品牌是通过海外资产收购获得的。一国具有国际影响的知名品牌，都是土生土长自主创新的结果，所谓越是民族的，越是世界的。即使强大如美国福特汽车公司，收购沃尔沃以后也未能使其成为美国文化的一部分，它还是瑞典的象征。此外，技术与知识具有很强的选择性和路径依赖，除非将自己原有技术路线完全放弃，否则是很难通过直接收购方式使外来技术与自身技术有机融合在一起的。

条件三：海外并购的结果是将"母体"国际化而不是将"客体"本土化。后发大国通过跨国并购方式获取海外优势资产，目的是培育自身竞争力，与国际大企业展开竞争，立足于国际市场。因此，这类并购成功与否的依据，主要是看其能否提升国际竞争力、影响力，并在国际市场上获利。

前文已提到，通过海外并购方式获得的资产有可能是已经过气的资产，或者由于文化土壤不同并购后即贬值，或者无法融入母体而孤立存在。不过，由于后发大国国内市场广阔，即使发生上述情况仍然可能通过国内市场扩张为并购者带来不错的收益，按照一般跨国并购成功的标准衡量，这种并购仍是成功的。关于发展中国家跨国投资的某些既有理论也正是这样看待问题的。在他们看来，只要发展中国家企业的海外投资能为其国内经营带来利润并使公司总体业绩改善，跨国投资就是成功的。但是，从本文的角度看，这种状况虽然符合一般企业海外投资的逻辑，却不符合后发大国海外投资的逻辑，因为它无助于改善后发大国的国际竞争力，培养自己的跨国公司。只有当海外并购获得的资产植根于自身企业体内并带动整个企业的竞争力提升和国际化经营，海外并购才能被认为是成功的。

问题：

（1）根据案例归纳后发大国海外投资模式成功的条件。

（2）你是否赞同这些条件？为什么？

"走出去"企业必看：中国企业跨国资源并购的失败案例[①]

三年前，在国内也算"有头有脸"的老陈有了一次灰头土脸的人生体验。就因为一点言语上的不合，身处异国他乡的陈总就被当地政府工作人员和企业主挥舞着棍棒，牵着猎狗连夜驱逐。漆黑的夜里，老陈和他的助手数人在荒郊野地东躲西藏，雷雨交加之下狼狈不堪。而就在几小时前，双方还把酒言欢，谈笑风生。老陈几个被当地视为"座上宾"，他们是被特别邀请去开发大煤矿，"一起发财"的。

好不容易跑回国内，身为一家国有大型煤炭集团分公司负责人的老陈，很快向集团董事长建议：即使有再好的优惠条件，即使有再好的资源，都别去那样的国家买煤矿了。因为政局不稳，规则无定，说翻脸就翻脸，风险太大。

这是笔者听亲历者讲的关于资源并购的小故事之一。再看故事之二，这是由开滦集团董事长张文学亲自讲的。开滦曾通过开滦股份与首钢矿业、德华公司等企业合作，在加拿大获取了盖森煤田和勘探墨玉河北部煤田两块优质资源，储量50亿吨，大部分属于市场上稀缺抢手产品。

能在海外弄到优质资源，这对国内企业而言绝对是好事，是荣光的事，是实力的明证。但开滦这次资源并购的成功也并非一帆风顺。按照加拿大政府的要求，所有外资企业的经济活动都要征得原住民的同意。盖森的项目涉及5户原住民，开滦集团一直积极协调与他们的关系，争取其对项目的支持。加拿大BC省矿业部门官员为了促成此次并购的成功，曾组织4户原住民两次到开滦集团。开滦尽量让原住民们在中国待得舒服，玩得开心。但问题还是出现了：因为个人有事没能来中国的那一家原住民后来就表示强烈不满，总是找项目影响"风水"之类的理由阻止项目开工，数番来回，问题才最终得以解决——但问题是项目因此延迟了大半年。

一次，张文学带队去香港招商引资。一位印度尼西亚大公司70多岁的董事长亲自飞到香港请他吃饭，邀请其印度尼西亚合伙投资，但张最后婉拒："印度尼西亚、越南和蒙古国这些地方一时都太可能去做大的投资，综合评估下来，风险不小。"也有国内勘探机构的领导找张文学，推荐澳大利亚一个地质储量达400亿吨的大项目，张文学说："和我说了很多次，我考虑了一段时间，最后还是否了。"

类似的"道听途说"的故事只是再次提醒我们"在外的孩子都不容易"：国际化及走出去肯定是趋势与诉求，但海外资源并购面临审批、评估、融资、财务、整合不利等诸多风险，必须慎之又慎。稍有疏忽，都可能"仰天大笑出门去，垂头丧气哭回来"。

今年3月底，国家相关部委发布了《推动共建丝绸之路经济带和21世纪海上丝绸之路的愿景与行动》。文件提出，要拓展相互投资领域，加大煤炭、油气、金属矿产等传统能源资源勘探开发合作，积极推动水电、核电、风电、太阳能等清洁、可再生能源合作。

实事求是地讲，借资源价格的周期性波动，以及"一带一路"等相关政策的支持，国内企业确实面临又一波进行跨国的煤炭、油气、金属矿产等资源并购整合的好时机。

借鉴往可以知来！中国企业在过往的跨国资源并购中有过不少教训，我们先不做高大上的复杂分析和评判。在此做几个小故事的梳理，以飨读者。

1. 首钢在秘鲁的风雨历程

1992年，秘鲁政府决定把长期亏损的国有企业秘鲁铁矿私有化。在秘鲁铁矿的国际招标中，首钢以1.2亿美元投得该标，收购了秘鲁铁矿公司98.4%的股份，获得马科纳矿区670.7平方公里内所有矿产资源的无限期开发和利用权。

老牌国有企业出海以后，也要有一个熟悉水性的过程。第一个吃螃蟹的首钢在秘鲁呛的第一口水，就是投标时出价过高带来的债务负担。由于前期调研不足，首钢对秘鲁政府的意愿并不清楚，对参与投

[①] http://www.gsc-offshore.com/post-881.html.

标的其他几个竞争对手也不了解,在投标中一下子就开出了 1.2 亿美元的高价。事后他们才知道,这个价格远远高出秘鲁政府的标底,也大大高出其他对手的出价。这笔投资的本息,要用秘鲁铁矿每年卖铁矿石的收入来偿还。以后很多年中,首钢秘铁长期存在贷款规模过大、偿付能力偏低、每年支付银行的财务费用过高等问题。尽管首钢秘铁大部分年份都有盈余,但扣除需付银行债务的本息后,始终难以摆脱亏损困境。为此,首钢秘铁采取了许多办法清还债务,直到 2002 年,其银行贷款余额才压缩到 1 000 万美元以下。

从进入秘鲁铁矿开始,首钢就被各种名目的罢工示威所困扰,频繁的劳资纠纷曾一度令秘鲁铁矿处于半死不活的状态。每年三四月份,首钢秘鲁铁矿公司都要集中精力应对矿业工会的强势。每次费尽心力解决问题后,又面临下一波威胁。而每次罢工的目的几乎都是涨工资、加福利。据不完全统计,矿工罢工给秘鲁铁矿公司带来的日平均损失在 100 万~200 万美元不等。仅 2004 年的罢工事件,给秘鲁铁矿造成直接经济损失达 500 多万美元。

此外,秘鲁铁矿的人事管理问题也曾困扰首钢多年。进入秘鲁铁矿之初,首钢试图在秘鲁引入国内管理体系,利用中方人员进行企业管理。首钢最多时曾向秘鲁铁矿派驻的中方管理人员达 180 多名,其中一些人把国内的矛盾也带到国外,不但没有帮助解决海外公司的经营困难,反而带去了很多内部问题。之后,首钢开始采用"本土化经营"的策略,更多地雇佣当地管理人员,经过努力,此后首钢秘铁的中方管理人员已经精简到 20 多人。

经过多年海外并购的试水,目前,对于很多大型企业来讲,在海外的资本投入和经营管理已经不再算是挑战,而在一个陌生的国家如何以当地人能够接受的思维和处事方式处理好劳资关系、搞好政府公关,才是真正的难点所在。只有摆脱夜郎自大和妄自菲薄的心理,以国际化的思维去审视矿业并购,进而用对方欢迎和接受的方式去进行交往、谈判及并购后的整合,才能使企业的海外并购行动避免因思维的差异而铩羽而归。

2. 中铝深陷泥沼、华菱并购 FMG 的亏本买卖

2008 年 2 月 1 日,中国铝业通过新加坡全资子公司,联合美国铝业公司,获得了力拓上市公司 12%的现有股份,相当于力拓集团股份的 9%,交易总对价约 140.5 亿美元。而中铝 2007 年的利润为 200 亿元人民币,交易对价远高于年利润。到 2008 年年底,力拓的股价跌去 74%,中铝的亏损额达到 80 亿美元。到 2009 年年底,中铝两年亏损累计达 120 亿美元,排名冶金行业央企利润榜的最末位,创造了跌幅"神话"。仔细分析,我们会发现这项交易无论是从财务、价格、控制力还是并购后效果的角度进行评价,都背离了收购的目标。

2009 年 2 月,华菱集团与澳大利亚 FMG 公司在香港签署股权合作协议,以 2.38 澳元/股的较低均价收购 FMG 公司 17.34% 的股权,成为 FMG 第二大股东,并获得了 1 000 万吨/年的铁矿石资源。按照华菱钢铁董事长李效伟的说法,此次并购首先是价值投资,更确保了原料基地。然而,华菱集团却并未从这一大手笔国际化布局中获得应有的好处。2010 年,华菱使用铁矿石约 1 200 万吨,但只从 FMG 这里获得约 300 万吨。而且,据知情人士透露,2010 年华菱并未从 FMG 获得分红。2010 年,华菱以 26.4 亿元的亏损额名列沪深两市亏损榜第一名。

中铝收购力拓 9% 股份后的巨额亏损、湖南华菱收购 FMG 后的原料供应问题等都是事前未做好尽职调查工作导致的严重后果。以中信泰富澳洲磁铁矿项目投产日期推迟为例,2006 年中信泰富出巨资开建澳洲磁铁矿项目,资源量为 20 亿吨,设计年产量 2 500 万吨,原计划投资 42 亿美元。由于事先没有做调研,开工之后才发现其工程规模之大、系统之复杂"远远超出最初的预期",导致投资预算增加至 52 亿美元,其后投产日期被迫一再推迟。

很多时候,人们走得太远以至于忘记了为什么而出发。缺乏长远的目标与规划,为了走出去而走出去,国际并购焉能不败?因此,在国际矿业并购中,需要确立长远的规划和清晰的目标,始终保持头脑的清醒和手段的灵活,确保并购活动达到既定目的,利国利民。

3. 国内企业竞标蒙古奥尤陶勒盖项目失败

21世纪初,蒙古国开始实行放开资源开发的政策,世界各大国闻讯纷纷加入对蒙古资源的开发行列,为从中分得一杯羹而奋力一搏,其中以奥尤陶勒盖铜矿项目最为引人注目。该矿是全世界迄今为止最大的铜金矿,包括紫金、中铝在内的六七家中国公司积极参与到了奥优陶勒盖项目的开发当中。然而,就在中国企业踌躇满志的时候,事情却节外生枝。

当时很多国内媒体为了突出报道主题,在措辞方面很不注意,这让蒙古觉得奥优陶勒盖项目的背后还有着强烈的政治色彩。另外,政府层面的介入,让他们很反感,也伤了蒙古人的自尊心。2009年10月初,在连续数年的冗长谈判后,澳大利亚矿业巨头力拓矿业集团、加拿大艾文雷矿业与蒙古政府签署了在该国南部戈壁沙漠开发奥尤陶勒盖铜金矿工程的协议。如今控制奥优陶勒盖的4家公司为澳大利亚力拓、日本三井、住友及蒙古本土的一家企业。该项目于2013年投产,5年后预计达到年产黄金33万盎司,年产铜45万吨,成为亚洲最大的铜矿之一。

当自己欣喜若狂的时候,是否考虑到了对方的感受?当我们说一句话、做一件事的时候,是否考虑过它的负面作用?资源并购的过程往往是利益对冲的过程,任何一个不经意的行为都有可能引起对方的反感和质疑。可见,海外并购波谲云诡,唯平和、积极的心态与低调、务实的行动能够制胜。

4. 紫金矿业败走刚果

从紫金矿业豪情满怀地发布《紫金矿业关于收购 Platmin Congo Limited 股权公告》,到媒体报道该收购被刚果(金)政府宣布无效,再到紫金矿业宣布放弃收购,这一过程可谓极具戏剧化。

2010年5月7日,紫金矿业宣布将与中非发展基金联合收购 Copperbelt 所持有的 Platmin 全部已发行股份及 Copperbelt 集团内部应收账款,获得 Deziwa 铜钴矿项目及 Ecaille C 铜钴矿项目的控股权,收购总花费约为2.84亿美元。5月10日,《美国之声》援引刚果(金)矿业部长的幕僚长 Alexis Mikandji Penge 的话称,该项联合收购协议,"违反有关规定,在刚果(金)没有效力"。

8月24日,中非发展基金总裁迟建新表示,该项目已经有很大进展,中非发展基金的代表团刚刚和刚果(金)政府进行过接触,刚果(金)政府已明确表示欢迎中国企业到刚果(金)投资。9月1日,资金矿业副董事长蓝福生对外表示,仍然在等刚果(金)政府的批准,具体事宜由被收购方来操作。9月7日,紫金矿业即发出了放弃收购的公告。

在国际资源并购过程中,始终要保持国际化的法律意识,同各国的法律服务机构保持紧密联系,避免出现因不懂法律和政策而带来的损失。尤其要注意不同国家间法律体制的区别,如美国、加拿大和澳大利亚都是二级立法体制,省和州的权力在某些方面比中央还大。

5. 中信泰富澳洲磁铁矿项目的雇工重担

原住民自我维权意识的觉醒使得投资者与当地居民的社区关系愈加紧张。加拿大因纽特人、澳大利亚土著人、美加印第安人、新西兰毛利人、芬兰的拉普兰人居住区或保护地都可能存在此类风险。以加拿大安大略省勘探最热的"火圈"地区为例,该地区本是世界上为数不多的原生态环境之一,现因为矿业的兴起而面临着前所未有的环境危机。当地原住民称"资源公司"弃其利益于不顾,也担心被破坏的湖泊与沼泽得不到恢复。

在国际资源并购中,环保与社区问题掺杂了文化传统与民族感情的因素,已经远远超出法律范畴,解决起来非常困难。此外,在某种程度上,雇工问题是国际矿业并购成功整合和顺利运营的最大障碍。

一些国家强大的工会组织及倾向明显的劳工保护政策使中国矿业海外投资项目的推进步履维艰。以中信泰富澳洲磁铁矿项目为例,由于难以承受当地矿工相当于教授水平的工资标准,中信试图将国内劳动者输出到西澳大利亚。经过中方企业和政府双双出面游说,才拿到数百个签证名额。但澳大利亚政府要求所有上岗工人必须通过全英文的资格认证,这难倒了几乎所有的待输出劳工。

重视团队,相信团队,进而依靠团队开疆拓土、创造辉煌;谨慎用工,规范用工,建立和谐的劳资关系,这是一切国际并购活动取得成功的必由之路。

问题:
(1) 从材料中归纳中国企业跨国并购失败的教训。
(2) 如何克服这些教训?

参考文献

[1] 蔡建生. 跨文化生存：在外企的成功之路[M]. 广州：南方日报出版社，2004.
[2] 陈晓萍. 跨文化管理[M]. 北京：清华大学出版社，2005.
[3] 陈晓萍. 跨文化管理[M].2版. 北京：清华大学出版社，2009.
[4] 窦卫霖. 跨文化商务交流案例分析[M]. 北京：对外经济贸易大学出版社，2007.
[5] 葛存根. 文化融通[M]. 北京：经济管理出版社，2006.
[6] 郭铁民，王永龙，等. 中国企业跨国经营[M]. 北京：中国发展出版社，2002.
[7] 黄煜峰，荣晓华. 管理学原理[M]. 大连：东北财经大学出版社，2002.
[8] 胡军. 跨文化管理[M]. 广州：暨南大学出版社，1995.
[9] 贾砚林，颜寒松，等. 团队精神[M]. 上海：上海财经大学出版社，1999.
[10] 黎永泰，黎伟. 企业管理的文化阶梯[M]. 成都：四川人民出版社，2003.
[11] 李昆益，王峻. 商务谈判技巧[M]. 北京：对外经济贸易大学出版社，2007.
[12] 李树林. 制胜之道：中国100家成功企业的案例研究[M]. 北京：科学技术文献出版社，2003.
[13] 刘园. 国际商务谈判[M]. 北京：对外经济贸易大学出版社，2008.
[14] 潘素昆. 跨国公司经营与管理[M]. 北京：中国发展出版社，2009.
[15] 司马云杰. 文化价值论[M]. 济南：山东人民出版社，1992.
[16] 司岩. 中国企业征战海外：企业国际理论与实践[M]. 北京：中国发展出版社，2006.
[17] 王朝晖. 跨文化管理[M]. 北京：北京大学出版社，2009.
[18] 席旭东. 跨文化管理方法论[M]. 北京：中国经济出版社，2004.
[19] 薛求知. 无国界经营[M]. 上海：上海译文出版社，1997.
[20] 曾忠禄. 中国企业跨国经营决策、管理与案例分析[M]. 广州：广东经济出版社，2003.
[21] 张静河. 跨文化管理[M]. 合肥：安徽科学技术出版社，2002.
[22] 朱筠笙. 跨文化管理：碰撞中的协同[M]. 广州：广东经济出版社，2000.
[23] [美]Alan M. Kantrow. *Sunrise sunset：Challenging the Myth of Industrial Obsolescence*[M]. New York：John Winley & Sons，2000.
[24] [美]Edward T. Hall. *Beyond Culture*[M]. New York：Anchor Press Doubleday，1976.
[25] [美]Gary P. Ferraro. *The Cultural Dimension International Business*[M]. New Jersey：Prentice Hall，1990.
[26] [美]L. A. Samovar，R. E. Porter，N. C. Jain. *Understanding Intercultural Communication*[M]. Belmont，CA：Wadsworth，1981.
[27] [英]Philip R. Harris. *Managing Culrural Differences*[M]. Houston：Gulf Publishing co，1987.
[28] [美]Raymond Cohen. *Negotiating across Cultures*[M]. Washington，DC：United

States Institute of Peace，1991.

[29] [美]艾里丝·瓦尔纳，琳达·比默．跨文化沟通（原书第3版）[M]．高增安，马永红，孔令翠，译．北京：机械工业出版社，2006.

[30] [美]彼得·法布．词的使用[M]．纽约：阿尔费雷德·A.诺普夫出版公司，1974.

[31] [美]迪恩·B.麦克发林，保罗·D.斯威尼．应用导向赢得国际战略机会和提升跨文化管理能力：国际管理[M]．黄磊，译．北京：中国市场出版社，2009.

[32] [美]菲利普·R.哈里斯，罗伯特·T.莫兰．跨文化管理教程[M]．关世杰，译．北京：新华出版社，2002.

[33] [荷]G.霍夫斯泰德．跨越合作的障碍[M]．尹毅夫，陈龙，王登，译．北京：科学出版社，1996.

[34] [荷]G.霍夫斯泰德．文化之重：价值、行为、体制和组织的跨国比较（第2版）．上海：上海外语教育出版社，2008.

[35] [美]雷诺兹，等．跨文化沟通指南[M]．张微，译．北京：清华大学出版社，2001.

[36] [瑞士]苏珊 C.施奈德，等．跨文化管理[M]．石永恒，译．北京：经济管理出版社，2002.

[37] [美]理查德·刘易斯．文化驱动世界[M]．李家真，译．北京：外语教学与研究出版社，2007.

[38] [丹麦]理查德·R.盖斯特兰德．跨文化商业行为：40多个国家商务风格掠影[M]．李东，译．北京：企业管理出版社，2003.

[39] 陈顺长．跨国并购案例分析及其对中国的启示[D]．北京：北京交通大学硕士论文，2007.

[40] 范徵．如何进行跨文化谈判[J]．中国外资，2004，(12).

[41] 冯宗智．跨文化管理考验中国企业[J]．科技智囊，2005，(4).

[42] 李雄诒．中国企业跨文化管理问题及对策研究[J]．商业现代化，2005，(11).

[43] 彭贺，苏宗伟．东方管理学的创建与发展：渊源、精髓与框架[J]．管理学报，2006，(1).

[44] 丘慧慧．华为人才国际化：海外员工本地化率达57%[J]．21世纪经济报道，2009，(8).

[45] 塞文馨．基于文化差异分析的跨文化管理研究[D]．保定：华北电力大学硕士论文，2009.

[46] 施丹锋，邓罗飞，何涛舟．中国企业跨国并购动因、存在问题与对策[J]．市场论坛，2010，(2).

[47] 唐贵瑶．海尔本土化管理策略阐析[J]．现代商业，2007，(10).

[48] 魏昀妍．中国企业的跨国并购战略[J]．商业文化，2010，(6).

[49] 吴敏华．个体主义与集体主义：中美日管理的文化研究[J]．国际贸易问题，2006，(9).

［50］王鹏飞，袁征．论柔性管理在企业管理中的作用［J］．黑龙江对外经贸，2007，（2）．

［51］晏雄．面向东盟国家中国企业实施渐进式文化整合模式的可行性分析：以中老合资企业老挝万荣水泥厂为例［J］．云南财经大学学报，2007，（2）．

［52］杨硕．中国企业"走出去"的障碍及对策分析［D］．长春：吉林大学硕士论文，2009．

［53］张金江，李景卫，管克江，等．"中国品牌"走向国际本土化战略势在必行［N］．人民日报，2010-07-01．

［54］章迪斌．传统中国式治理的几个特点［J］．管理学报，2006，（3）．

［55］綦春玉．论跨文化的管理与沟通［J］．管理探索，2007，（4）．

［56］因德伊·拉齐乌．经营国际化［J］．国际商业与管理，1989，（2）．

［57］［英］ChristoperEarley. *Intercultural Training for Managers*：*A comparison of Documentary and Interpersonal Methods*［J］. Academy of Management Journal，1995，（12）．

［58］［美］See R. Roosevelt Thomas, Marjorie I. Woodruff. *Building a House for Diversity*［M］. New York：American Management Association，1999．

［59］［美］Joann. S. Lublin. *YoungerManagers Learn Global Skills*［J］. The Wall Street Journal，1997（1）．

［60］［荷］Kalmis, Taiilevine. *Education for PRC Executive*［J］. The China business Review，1996，（4）．

［61］［美］Iris Varner, J. B. Schnapp. *Crisis in Caribia*［J］. Harvard Business Review，1968，（4）．

［62］http：//finance.ifeng.com/roll/20100904/2588093.shtml．

［63］http：//www.gotostone.cn/manager/stoneceo/qygl/200803/003763.htm．

［64］http：//finance.sina.com.cn/roll/20090708/11342938039.shtml．

［65］http：//news.xinhuanet.com/world/2005-02/03/content_2542839.htm．

［66］http：//www.techweb.com.cn/news/2009-05-27/407733_1.shtml．

［67］http：//china.findlaw.cn/falvchangshi/gongsishougou/kuaguobinggou/anli/28406.html．

［68］http：//auto.china.com/zh_cn/news2/10003230/20100908/16123988.html．

［69］http：//news.xinhuanet.com/fortune/2009-09/08/content_12016244.htm．

［70］http：//www.gsc-offshore.com/post-881.html．